KOBE BRYANT

THE RISE

EDEL SPORTS

MIKE SIELSKI

KOBE BRYANT

THE RISE

Inhalt

Vorwort: Die Zukunft

Am Tag nach dem Tod von Kobe Bryant schickte mir ein Klassenkamerad aus der Highschool eine E-Mail, die mich mit einer Wucht traf, die ich nicht hatte kommen sehen. „Ich dachte, das würde dich interessieren“, schrieb Ben Relles. Die Nachricht enthielt einen Link zu einem 36-sekündigen Video. Auf der rechten Seite des Splitscreens war Kobe zu sehen, der einen anthrazitfarbenen Pullover mit Rundhalsausschnitt trug, an einem großen Holzschreibtisch saß und gebannt Videos auf einem Laptop ansah. Ben war Teil der Geschäftsleitung von YouTube, sein Job war es, neue Inhalte für das Videoportal zu finden. Kobe war im Januar 2018 in die Zentrale des Unternehmens nach Südkalifornien gekommen, um ein Showformat vorzuschlagen, das auf „Wizenard“ basierte, einer Kinderbuchserie, die er geschaffen hatte, und die Sport, Fantasie und Magie miteinander verband. Wie sich bei dem Meeting schnell herausstellte, hatte YouTube zu diesem Zeitpunkt kein großes Interesse an Formaten für Kids und kaufte die Show nicht. „Aber es war wirklich einer der beeindruckendsten Pitches, die ich je gesehen habe“, sagte Ben. „Er präsentiert die Idee mit unglaublicher Leidenschaft.“

Auf der linken Seite des Videos waren jene Bilder zu sehen, die Kobes Aufmerksamkeit erregt hatten: Aufnahmen eines Basketballspiels zwischen zwei Highschool-Teams aus einem Vorort von Philadelphia – die eine war seine Alma Mater, Lower Merion, die andere meine, Upper Dublin. Ben und ich waren damals Seniors, Zwölftklässler in unserem Abschlussjahr. Er war Backup-Forward, ich war Redakteur der Schülerzeitung und besaß weder die Fähigkeiten noch die Athletik, um auf diesem Niveau mitzuhalten. Kobe Bryant war Freshman, besuchte also die neunte Klasse. Es war das zweite Spiel seiner Highschool-Karriere.

Am 7. Dezember 1992 veröffentlichte die Tageszeitung *Philadelphia Inquirer* eine Vorschau auf die kommende Saison im Junioren-Basketball mit kurzen Artikeln über jedes Highschool-Team. Sowohl von Lower Merion als auch Upper Dublin wurde nicht viel erwartet. Doch für Jeremy Treatman, Autor des Beitrags über die Lower Merion Aces, gab es in dem Team zumindest einen Hoffnungsschimmer: „Merkt Euch diesen Namen: Kobe Bryant."

Eine Woche später standen sich die beiden Mannschaften in der Trostrunde eines Turniers in Lower Merion gegenüber. Im 36-sekündigen Video von dieser Partie warf ein älterer Guard von Upper Dublin, Bobby McIlvaine, der ein rotes Trikot mit der Nummer 24 trug, einen Pass über den ganzen Court auf seinen Mitspieler Ari Greis. Nachdem Greis den Ball auf dem rechten Flügel gefangen hatte, zog er mit einem Dribbling an Kobe vorbei in die Zone und versenkte einen Floater übers Brett. Ein Freund der Familie hatte das Spiel gefilmt, und Ben, der das Band über all die Jahre aufbewahrt hatte, hatte die Aufnahme vor dem anstehenden Treffen mit Kobe digitalisiert. Als Ben das Video auf dem Laptop abspielte, hielt einer seiner Mitarbeiter Kobes Reaktion darauf fest. Eine geradezu kosmische Begegnung. Man konnte dabei zusehen, wie der inzwischen 39-jährige Kobe sein 14-jähriges Ich in Echtzeit betrachtete.

„Das ist zum Totlachen", sagte er. „Ganz tolle Defense, Kobe ... Was für eine schreckliche Verteidigung ... Das kannst du den ganzen verdammten Tag lang wiederholen ... Oh. Mein. Gott ... Nawwwww! ... Witzig ... Wir haben in dem Jahr ganze vier Spiele gewonnen."

Wo warst du, als der Hubschrauber im Januar 2020 über Calabasas abstürzte? Standest du gerade in der Küche? Oder lagst du entspannt im Liegestuhl? Oder warst du in der Garage?

Ich saß in meinem Auto, mit meinen beiden Söhnen auf dem Rücksitz, und fuhr zügig nach Hause, damit sich mein Achtjähriger noch für sein Basketballspiel um 15.45 Uhr umziehen konnte. Und als wir dort eintrafen, war da ein Spieler der gegnerischen Mannschaft, dessen Arme wie kleine Äste unter einem weißen T-Shirt und einem grünen Tank-Top hervorlugten. Auf einem seiner Ärmel stand mit schwarzem Marker das Wort „KOBE" geschrieben. So einen Tag vergisst du nicht. Du kannst keinen Tod vergessen, der den Globus erschüttert hat.

Das war die Reichweite, die Kraft von Kobe Bryant.

Wir hängen so sehr an unseren Sportlern. Wir sehen, was sie geleistet haben und zu was sie noch in der Lage sind. Das macht die Anziehungskraft aus, die sie auf uns ausüben. Sie geben uns einen Maßstab vor, an dem wir uns messen können, und bei Kobe war diese Anziehungskraft sogar noch stärker, weil er sich nicht auf den Basketball beschränkte. Er war der Executive Producer eines animierten Kurzfilms, *Dear Basketball*, der einen Oscar gewann und auf einem Gedicht basierte, das er nach seinem Rücktritt verfasst hatte. Nach seiner Zeit bei den Lakers war er allem Anschein nach ein liebevoller Ehemann für seine Frau Vanessa und ein liebevoller und gewissenhafter Dad für seine vier Töchter. Mit der Zeit schienen auch die Medien und seine Fangemeinde bereit, ihm jenen Skandal zu verzeihen, der einst seinen Ruf befleckt hatte: den Vorwurf der Vergewaltigung, der ihm im Jahr 2003 eine Verhaftung im US-Bundesstaat Colorado beschert hatte. Mit dem Kauf eines riesigen Diamantrings für Vanessa hatte er diesen Skandal für die meisten, wenn auch nicht für alle, zu einer Nebensächlichkeit werden lassen. Er hatte seine Kleinkriege mit Trainer Phil Jackson und Teamkollege Shaquille O'Neal hinter sich gebracht. Es schien, als stünden ihm große Dinge bevor, Dinge jenseits der fünf NBA-Championships, der 15 All-Star Games, der 33.643 Punkte, der Auszeichnung als NBA-MVP 2008 und der Selbstsicherheit, diesem Glauben an sich selbst, der so absolut und offensichtlich war, dass Kobe davor zu triefen schien. Jener Selbstsicherheit, die du brauchst, um den letzten, entscheidenden Wurf zu nehmen, wenn alle Augen in der Halle auf dich gerichtet sind. Jetzt waren all das Herausragende, die Erlösung und das Versprechen ausgelöscht. Alles ergab keinen Sinn mehr. Und es erschien auch nicht den geringsten Versuch wert, nach einem Sinn zu suchen. Du saßt einfach da, es sank in dich hinein. Du schütteltest deinen Kopf und starrtest ins Leere.

Ihren Anfang hatten diese ganzen großen Dinge in und um Philadelphia genommen. Natürlich war Kobe lange Zeit ein Teil von Los Angeles, dort ist er zum Mann gereift, stand ständig im Scheinwerferlicht. Und es schien so, als sei er als voll ausgebildeter 17-Jähriger mit blitzsauberem Jump Shot aus einem der Hügel Hollywoods herausgewachsen. Aber nein, so war es nicht. Die großen Dinge hatten in Lower Merion begonnen, an der nach einer Eisenbahnroute benannten Main Line, die sich an der Westgrenze Philadelphias entlangschlängelt und wo das „alte Geld" der Stadt angesiedelt ist. Die großen Dinge begannen auf den dortigen Freiplätzen, in den stickigen Turnhallen der örtlichen Highschools und bei Turnieren der Amateur Athletic Union, kurz AAU. Sicher, viele Einwohner Philadelphias weisen heute gerne noch darauf hin, dass Kobe technisch gesehen nicht aus der Stadt stammte, also keiner von ihnen war. Aber, fragt euch selbst: Gab es jemals einen Spieler, der den für den Basketball aus Philadelphia so typischen Kampfgeist, diesen unbedingten Siegeswillen repräsentierte? „Philadelphia hat mich gelehrt, hart zu sein und ein dickes Fell zu haben", sagte er Ende 2015 vor seinem letzten Spiel in Philadelphia gegen die heimischen 76ers. „Es gibt hier keinen einzigen Freiplatz, auf dem die Leute einfach nur Basketball spielen und keinen Schwachsinn reden."

Die großen Dinge begannen mit seinem Highschool-Trainer Gregg Downer, der Kobe formte und von ihm geformt wurde, der mit ihm eine Meisterschaft gewann und ihm immer treu blieb, der in seiner Küche zusammenbrach und die Nachricht von Kobes Tod einfach nicht wahrhaben wollte. Die großen Dinge begannen mit Treatman, der sich von einem freiberuflichen Sportjournalisten zu einem der engsten Vertrauten von Kobe und zu einem der wichtigsten Akteure in der Welt des Philly-Basketballs entwickelte. Seine Geschichte im *Inquirer* war die erste Erwähnung von Kobe in einem großen Medium: *„Merkt Euch diesen Namen?"* Treatman selbst sorgte dafür, dass niemand diesen Namen je vergessen würde. Auf Wunsch von Downer wurde er Assistant Coach für Jungenbasketball in Lower Merion und erhielt die Aufgabe, sich um die nicht enden wollenden Interviewanfragen zu kümmern. Er sollte die Medien bei der Stange halten, aber genug Distanz zu ihnen wahren, sodass sie nicht zu einer Belastung und Ablenkung beim kometenhaften Aufstieg Kobes wurden. Treatman erzählte jedem, der irgendeine Frage über Joe Bryants Sohn stellte, dass Kobe das nächste große Ding sei, dass wir alle am Ende sagen könnten, wir wären dabei gewesen. Er war Kobe so nah, dass die beiden eine Reihe von Interviews für ein Buch führten, das Treatman indes nie schreiben sollte. Gleichwohl bewahrte er die Mikrokassetten und Transkripte einiger dieser Interviews auf. Zu diesen Gedanken und Erinnerungen eines nicht mal 20 Jahre alten Kobe hat mir Jeremy Treatman anlässlich dieses Buchs Zugang gewährt.

Am 26. Januar 2020 rief mich Treatman von der Jefferson University im Stadtteil East Falls in Philadelphia an, wo er gerade ein Mädchen-Basketballturnier leitete, und stammelte: „Ich kann es nicht glauben."

Die großen Dinge begannen an einer Schule, deren Basketballprogramm für Jungen in der Bedeutungslosigkeit versunken war, das dann aber dank Kobe zum besten Team des Bundesstaates wurde. Sie begannen in einer Gemeinde, die sich mit ihrer ethnischen und wirtschaftlichen Vielfalt und Harmonie brüstete, deren Bewohner aber in Wirklichkeit nach einem sie einigenden Aspekt des Stolzes suchten. Die großen Dinge begannen in Summer-League- und Pickup-Spielen, die zu Mythen wurden. Es waren Geschichten, die nicht ausgeschmückt werden mussten, weil die Realität an sich verblüffend war: Hier war ein 17-jähriger Junge, der den besten Spielern auf diesen Plätzen ebenbürtig war oder sie gar übertraf, was bedeutete, dass er in seinem zarten Alter einigen der besseren NBA-Spieler mindestens ebenbürtig war oder sie übertraf. Die großen Dinge begannen bei den Trainingssessions der Sixers an der St. Joseph's University Mitte der 1990er-Jahre, als der Teenager Kobe die Halle betrat, viele dieser NBA-Veteranen in den Schatten stellte und Trainer John Lucas sich wünschte, dass sein Klub den Jungen eines Tages draften würde.

Als Redakteur und Sportkolumnist der Studentenzeitung von La Salle hörte ich Gerüchte über diese Trainingseinheiten. Wie alle anderen auf dem Campus, die sich die besseren Zeiten des La-Salle-Basketballs zurücksehnten – die Spielzeiten mit 20 Siegen, die Conference Championships, die Teilnahmen am NCAA Tournament, die nur wenige Jahre zuvor als selbstverständlich angesehen worden waren – hoffte ich, dass Kobe sich für La Salle entscheiden und im selben Programm spielen würde, zu dem sein Vater so starke Verbindungen hatte.

Joe Bryant war ehemaliger La-Salle-Spieler und -Trainer! Er und Kobe stehen sich sehr nahe! Wenn das keine Vorbestimmung ist?

Aber wie realistisch erschien dieses Szenario, nachdem Kobe erkannt hatte, dass er es längst mit Profis aufnehmen konnte, dass er mit ihren Tricks und Ellbogen nicht nur zurechtkam, sondern es ihnen in gleicher Weise heimzahlen konnte?

Die großen Dinge begannen mit dieser Erkenntnis. Alles muss damals begonnen haben.

Und es begann zu einem Zeitpunkt, als der traditionelle Weg hin zu sportlichem Ruhm als der einzig wahre erachtet wurde – eine Annahme, die Kobe gleichzeitig zu befolgen und zu widerlegen wusste.

Die großen Dinge begannen mit einer Jugend, die einerseits völlig typisch war und andererseits anders als alles, was ein Teenager erleben konnte, eine Jugend, die heute so weit weg zu sein scheint. Die großen Dinge begannen im Dezember 1992, als Kobe gerade 14 Jahre alt war. Und seht nur, wohin das alles geführt hat.

Der kurze Ausschnitt jenes Films, den Ben Relles fast 30 Jahre lang aufbewahrt hat, erzählt nicht die ganze Geschichte des Spiels. Lower Merion schlug Upper Dublin mit 74:57, und Kobes peinlicher Moment, den der Camcorder wie in Stein gemeißelt für immer festgehalten hatte, war kaum repräsentativ für seine Gesamtleistung. Kobe hatte 19 Punkte erzielt, und in einem fünfminütigen Ausschnitt des Spiels, den Ben später entdeckte, war Kobe die auffälligste Figur: Er zieht zum Korb und trifft. Er steigt für zwei Punkte hoch. Er schüttelt seinen Verteidiger vor einem Einwurf ab und versenkt einen offenen Jumper von der linken Grundlinie aus. Eine Zeit lang wirkt das längere Video wie ein Highlight-Reel von Kobe, und wenn man ihn sieht, fragt man sich, wie die Aces jemals verlieren konnten, während er für sie spielte. Aber sie verloren – und Kobe hatte recht: Das Team gewann mit ihm, dem Freshman, nur drei weitere Male und schloss die Saison mit einer Spielbilanz von vier Siegen und 20 Niederlagen ab.

Aufschlussreicher als die präzise Erinnerung an diese Saison war jedoch sein Gesichtsausdruck, als er das Spiel noch einmal verfolgte. Er lächelte, kicherte und verfluchte sich selbst für seine nachlässige

Verteidigung, kaute auf einem Kaugummi, seine Augen auf den Bildschirm des Laptops gerichtet. Aber sein Geist suchte innerlich, versuchte, diesen Moment in seinem Leben zu erspüren, das Wunderkind, das er einmal gewesen war.

Das Filmmaterial hatte ihn eindeutig überrascht, es hatte ihn tief in seine Vergangenheit katapultiert, und wenn er weit genug zurückging, konnte er bereits die Konturen jenes Mannes erkennen, zu dem er geworden war. Die Vorlage war schon da gewesen. So viele Eigenschaften, die ihn später ausmachen sollten, waren zu diesem Zeitpunkt in seinem Leben bereits angelegt gewesen: der Übermut, das Konkurrenzdenken, die Wärme und die Kälte, die je nach den Umständen und seinen Wünschen und Zielen zum Vorschein kamen, diese jugendliche Unsicherheit, der selbstverständliche Umgang mit dem Ruhm, die seinem Alter deutlich enteilte Besessenheit für den Sport Basketball und das übernatürliche Verständnis dafür, was man braucht, um Perfektion zu erreichen. Die Eigenschaften, die er im Laufe der Zeit beibehalten, und die Eigenschaften, die er abgelegt hatte.

Die Erinnerung ist ein Geschenk, das oft in einer fest verschlossenen Kiste versteckt ist, und dieses Spiel war der gleitende, sich drehende Schlüssel, der Kobe Zugang zu Sounds, Orten und Menschen verschaffte, die für ihn wieder greifbar und vertraut wurden. Er sah sich neu.

Was jetzt folgt, ist der Versuch, ihn noch einmal auf diese Weise zu sehen.

1

TEIL EINS

Ich bin mir sicher,
dass ihr denkt,
ich hätte im Moment
ein perfektes Leben.
KOBE BRYANT

1 | Nach dem Feuer

Am Ende des grauen Betonwegs vor dem Eingang des *Kobe Bryant Gymnasium* blühte ein provisorischer Gedenkgarten voller Farben und Erinnerungen: Kerzen, Kränze, Sneaker und Trikots hatten sie zur Sporthalle gebracht, das Kastanienbraun und Weiß standen für die Lower Merion High School Aces, Lila und Gold für die Los Angeles Lakers, das Orange und Braun symbolisierte Basketbälle, Rosen sah man in Gelb und Rot. 48 Stunden zuvor war ein Sikorsky S-76B-Hubschrauber vom John Wayne Orange County Airport in Südkalifornien abgehoben, in Kreisen über einem Golfplatz geschwebt, hatte versucht, eine dichte Nebelbank zu durchschneiden, und war dabei in eine Schlucht inmitten von Hügeln gestürzt. Neun Menschen an Bord des Helikopters waren dabei ums Leben gekommen: Kobe, seine 13-jährige Tochter Gianna, der Pilot und sechs Teilnehmer von Kobes AAU-Basketballprogramm, darunter zwei von Giannas Mannschaftskameradinnen – alle auf dem Weg zu einem Turnier in Kobes Mamba Sports Academy, 45 Meilen nordwestlich von Los Angeles.

Das Unglück hatte sich am Sonntag, den 26. Januar 2020, zugetragen. Jetzt war es Dienstag, ein kristallklarer Nachmittag in den Vororten westlich von Philadelphia, ein Schultag, luftig und kühl. Die Schüler, die über das Gelände gingen, blieben vor dem Eingang der Sporthalle stehen, um die verschiedenen Gegenstände zu betrachten und miteinander zu tuscheln. Männer und Frauen mittleren Alters parkten ihre Autos ein paar Blocks entfernt und gingen dann in Stille zu diesem Ort, so, als würden sie eine Kirche betreten. Mark Kerr, ein 64-jähriger Lakers-Fan aus New Jersey, war an diesem Tag 90 Minuten mit dem Auto nach Philadelphia gefahren, um mit seiner Frau und seinem Neffen die Gedenkstätte zu besuchen, um sich mit

Kobe verbunden zu fühlen. Drei Mitglieder des Junioren-Basketballteams, das 2006, also zehn Jahre, nachdem Kobe die Schule zur State Championship geführt hatte, den Erfolg wiederholt hatte, stellten ein gerahmtes Foto auf. Darauf saß Kobe mit ihnen auf einer Bank. Eine WNBA-Spielerin hatte ihm einen Brief auf Papier geschrieben: „Ich fühle mich so egoistisch, weil ich einfach nur daran denke, was du alles über die Zeit unter uns noch hättest erreichen können ..."

In diesen zwei Tagen hatte Gregg Downer nicht ferngesehen, er hatte es vermieden, Radioberichte zu hören, und war nicht ein einziges Mal an der Gedenkstätte stehengeblieben. Wie oft war er mit gesenktem Kopf dort vorbeigelaufen und einfach in die Turnhalle gegangen? Wie oft würde er noch darüber nachdenken müssen, was er verloren hatte, was die Welt verloren hatte? Downer konnte es nicht sagen, aber er wusste, dass er es nicht ertragen konnte, seine Zeit dort zu verbringen. Es war auch so viel von ihm, das auf diesem Boden zu sehen war. Er war jetzt 57, sein Gesicht war faltiger und wettergegerbter als zu seiner Zeit mit Kobe, als er Anfang 30 und so jungenhaft war, dass man die beiden für Zimmergenossen auf dem College hätte halten können. Sie hatten sich so nahegestanden, sich so gut gekannt und einander so sehr respektiert.

Am Morgen und frühen Nachmittag jenes Sonntags stand Downer in seiner Küche und beaufsichtigte seine siebenjährige Tochter Brynn und eine ihrer Freundinnen. Wann immer Kobe Brynn begegnet war, hatte er sie in den Arm genommen, ihr Gesicht gestreichelt und sie fest an sich gedrückt, als wäre sie seine eigene, seine fünfte Tochter. Downer war erst mit 50 Vater geworden, nachdem Kobe und Vanessa bereits zwei Mädchen, Natalia und Gianna, bekommen hatten. Ihm war aufgefallen, dass Brynns Augen immer zu funkeln begannen, wenn sie Kobe sah – andersherum war es genauso gewesen. Downers Telefon klingelte. Ein Reporter. Downer ahnte, worum es gehen würde: Am Abend zuvor hatte LeBron James in Philadelphia Kobe überholt und war nun der Spieler mit den drittmeisten Punkten der NBA-Geschichte. Downer ging davon aus, dass der Reporter ein Zitat von ihm dazu haben wollte, und ließ das Handy einfach klingeln. Doch das Klingeln hörte nicht auf, über

90 Sekunden lang brummte und vibrierte das Handy ununterbrochen, als sei es von einem Poltergeist besessen. Downer wurde neugierig und öffnete Twitter. Dort sah er einen Link auf einen TMZ-Artikel: Kobe ist tot. Fünf Minuten lang betete Downer, dass die Klatschseite sich geirrt und sich ein kranker Internet-Troll einen grausamen Scherz erlaubt hatte. Dann war Brynns Spielstunde vorbei und die Küche der Downers ein Tal der Tränen.

Er ging die Treppe hinauf, ging wieder hinunter, ging durch die Haustür und lief durch die Vorstadtsiedlung, in der er und seine Frau Colleen seit 15 Jahren wohnten. Vorbei an braunen Rasenflächen und abgedeckten Swimmingpools, vorbei an den Häusern von Freunden, vorbei an all den Leuten, die schon lange wussten, dass Kobes Coach in ihrer Nachbarschaft wohnte. Downer konnte weder mental noch emotional Fuß fassen. War das wirklich passiert? Wer war noch an Bord des Hubschraubers gewesen? Wer hatte schon davon gehört? Würde er es den anderen erzählen müssen? Den anderen Männern, die Kobe in Lower Merion trainiert hatten? Den Mannschaftskameraden, die vor langer Zeit als Teenager Kobes engste Freunde gewesen waren, und seit er ein Star geworden war und in Los Angeles lebte, nun nicht mehr oft von ihm hörten und zu Leuten geworden waren, die früher mal Mannschaftskollegen von Kobe Bryant gewesen waren? Was war mit Jeanne Mastriano, die 30 Jahre lang Englisch an der Schule unterrichtet hatte, die zwar keine formale Verbindung zum Basketballprogramm hatte, aber dennoch eine Mentorin für Kobe geblieben war, weil sie die intellektuelle Neugier in ihm entfacht hatte? Wer würde es all diesen Leuten sagen? Tränen flossen in kleinen Schüben aus ihm heraus. Auf einem Tisch in seinem Haus brummte sein Handy weiter, Anrufe und Textnachrichten, jede einzelne ein kleiner Faden in einem Netz aus Entsetzen und Trauer. Downer ging nach Hause, ohne zu wissen, wen er als Erstes erreichen würde. Er fragte sich, ob er das Telefon überhaupt in die Hand nehmen sollte.

Ihre vier Kinder, alle unter elf Jahren, langweilten sich und suchten an einem winterlichen Sonntagnachmittag zu Hause nach einem Weg, um ihre angestaute Energie loszuwerden. Also nutzten Phil und

Allison Mellet ihre Möglichkeiten. Beide waren ehemalige Schüler von Lower Merion, hatten 1998 ihren Abschluss gemacht. Sie hatten sich als Seniors kennengelernt und waren seitdem zusammen, Allison arbeitete dort noch immer als Spanisch-Lehrerin. Sie kam daher auch am Wochenende ins Gebäude. Schnell wurde zusammengepackt, eine kurze Fahrt zum Kobe Bryant Gymnasium, und schon waren sie in der Sporthalle: Während Allison aufs Laufband ging, spielte Phil mit den Kindern Basketball und Football. Mellet hatte sein Handy in einer Ecke der Turnhalle an die Wand gelehnt, gleich neben dem großen Berg an Winterklamotten, die die Kinder ausgezogen und dort aufgetürmt hatten.

Die Sporthalle, die seit 2010 Kobes Namen trug, nachdem er dem Schulbezirk 411.000 Dollar gespendet hatte, war viel größer als die alte, in der er und Mellet in der Saison 1995/96 in einem Team gespielt hatten. Damals hatte Kobes Stern bereits hell geleuchtet und Mellet, inzwischen Unternehmensanwalt, war ein dürrer Typ im zweiten Schuljahr gewesen und froh darüber, das ganze Kobe-Spektakel als Bankdrücker mitverfolgen zu können. Seit damals hatten sie nicht mehr miteinander gesprochen.

Ohne die Tribüne, die nun an die Mauer gerückt war, wirkte die Halle sogar noch riesiger. Die Stimmen der Kinder hallten wider, als stünden sie auf dem Boden einer Schlucht. Die einzige weitere Person in der Schule war der Hausmeister. Trotzdem bemerkte Mellet, dass sein Handy brummte und Textnachrichten aufleuchteten. Sie stammten von alten Freunden und enthielten schreckliche Nachrichten.

Als er sie las, erfüllte ihn eine seltsame Leere. Obwohl er wie die meisten Jungs aus der alten Mannschaft keine Beziehung zu Kobe mehr hatte, war Mellet doch glücklich, mit ihm gespielt und ihn kennengelernt zu haben. Wann immer er in seinem Job jemanden traf, seien es Investoren oder Aktionäre oder andere Anwälte, fand er einen Weg seine Verbindung zu Kobe zu erwähnen. Was für ein wunderbarer Eisbrecher, besser jedenfalls als die immergleichen Fragen zu den Kindern oder dem Golfspiel oder zu anderen Themen, die jeder hätte stellen können. *Du warst im selben Team wie KOBE?!* Die Gesprächspartner strahlten und Mellet verspürte selbst eine gewisse Aufregung, wenn er die Geschichten von damals zum Besten gab. Diese Verbindung war nun durchtrennt. Ein Stück seines Lebens, ein Stück, das ihm viel bedeutete, es war einfach weg.

Keine 20 Minuten vergingen, da kam der Hausmeister und bat Mellet und seine Familie, das Gebäude umgehend zu verlassen. Das Kobe Bryant Gymnasium werde abgeriegelt.

Vor dem Tiefkühlregal eines Supermarktes in Narberth, Pennsylvania, anderthalb Meilen von der Highschool entfernt, stand Amy Buckman und schaute sich die Auslage hinter dem Glas an. Sie war gerade dabei, die Lebensmitteleinkäufe für sich und ihren Mann Terry zu erledigen. Amy hatte die Lower Merion bis 1982 besucht, und ehe sie der Schulbezirk im März 2018 als Sprecherin der Schule eingestellt hatte, war Buckman ein Vierteljahrhundert lang als Produzentin und Reporterin für den TV-Sender *Channel 6 Action News* in Philadelphia tätig gewesen. Ihr Mann Terry, der zu Hause vor dem Fernseher saß, schrieb ihr eine SMS. Sie waren seit 32 Jahren verheiratet. Er wusste, was sie interessierte.

Sie berichten, dass der Hubschrauber von Kobe abgestürzt ist.

Während Amy Buckman sich durch den Supermarkt drängelte, versorgte Terry sie weiterhin mit Updates und weiteren Details. Sie fuhr nach Hause, packte die Einkäufe aus und schickte Textnachrichten an den Superintendenten des Schulbezirks, Robert Copeland, an den Schulleiter, Sean Hughes, und an den Leiter der Schuleinrichtungen des Bezirks, Jim Lill. *Ich gehe ins Büro. Wir werden die Nachrichten sein.* Sie rief Downer an, dann Doug Young, einen der Assistant Coaches von Downer, der obendrein ein ehemaliger Mannschaftskamerad von Kobe und ihr Vorgänger als Bezirkssprecher war.

Downers düsteres Flüstern am Telefon verriet ihr, dass der Mann noch nicht bereit war, vor Publikum zu sprechen. Es reichte für ein Statement von sechs Wörtern, das Buckman in die 189 Wörter umfassende Pressemitteilung aufnahm, die sie an ihrem Schreibtisch verfasste. Anders als Downer oder auch Young hatte sie die nötige Distanz für diese Aufgabe. Sie hatte Kobe nie getroffen. In ihrer Fernsehkarriere hatte sie über den Prozess um Ex-Football-Star

O.J. Simpson berichtet, Oprah Winfrey interviewt, eine morgendliche Talkshow produziert und mit Dutzenden von Personen aus Philadelphia für eine lokale TV-Sendung gesprochen – mit Köchen, Rentnern oder auch Vorsitzenden von gemeinnützigen Organisationen. Kobe war berühmter als jede dieser lokalen Größen, dennoch hatten sich ihre Wege nie gekreuzt. Das war für Amy Buckman in diesem Moment alles andere als ein Hindernis. Es war ein Vorteil. Schließlich musste jemand hier klar und deutlich denken und sprechen. Jemand musste das Gesicht der Alma Mater von Kobe Bryant am Tag seines Todes sein.

Der improvisierte Schrein breitete sich bereits vom Bürgersteig vor dem Eingang der Sporthalle bis zu den Türen selbst aus. Reporter und Kamerateams hielten sich dort auf, um Interviews mit den Trauernden vor Ort zu führen; sie hofften darauf, Einlass zur Schule zu erhalten, um Aufnahmen für die Nachrichtensendungen des Abends machen zu können: Bilder vom Trophäenschrank und den darin befindlichen Erinnerungsstücken, Kobes Namen an den Wänden der Sporthalle, die offensichtlichen Bilder. Um 16:30 Uhr trat Buckman vor den Eingang der Schule und las folgende Erklärung vor:

Die Gemeinschaft des Schulbezirks Lower Merion ist zutiefst betrübt über den plötzlichen Tod eines unserer berühmtesten Absolventen, Kobe Bryant. Die Verbindung von Mr. Bryant zur Lower Merion High School, wo er vor seinem Eintritt in die NBA Basketball spielte, hat den Namen der Highschool und unseres Bezirks in der ganzen Welt bekannt gemacht …

Gregg Downer war von 1992 bis 1996 Trainer von Mr. Bryant. Mr. Bryant führte das Team 1996 zur State Championship. *Downer sagte, er sei völlig schockiert und am Boden zerstört gewesen, als ihn die Nachricht erreicht hatte und fügte hinzu: „Die Aces Nation hat ihr Herz verloren. Die gesamte Community des Schulbezirks Lower Merion spricht der Familie von Mr. Bryant ihr tiefstes Beileid aus."*

Buckman sagte den Medienvertretern, dass sie das Gebäude nun betreten und ihr Filmmaterial drehen könnten. Dies sei nur heute noch möglich. Niemand werde sie am Montag für weitere Aufnahmen wieder hineinlassen, weil Montag ein Schultag sei. Die Reporter gingen hinein und sammelten ihr Schnittmaterial, richteten ihre Kameras auf den glitzernden Hartholzcourt und die Meisterschaftsbanner, die in der Turnhalle hingen, auf die kaleidoskopischen Mosaike von Kobe an den Wänden außerhalb der Turnhalle, auf den gläsernen Trophäenschrank, in dem die Schule fünf Paar von Kobes Sneakern und vier gerahmte Fotos von ihm und den Pokal der State Championship von 1996 ausstellte, den glänzenden goldenen Basketball, den er in jener Nacht in Hershey über seinem Kopf gehalten hatte.

Die Reporter verschwanden. Der Strom der Trauernden brach nicht ab. Der Teppich aus Briefen, Blumen und Basketbällen – es waren mehr als 400 Bälle – schlängelte sich bis zum Rand des Eingangs, blockierte dort die Türen, was einen Verstoß gegen die Sicherheitsbestimmungen darstellte. Deshalb riegelten Buckman, Hughes und Lill einen nahe zur Halle gelegenen Rasenabschnitt ab und begannen, Briefe, Lilien und Rosen einzusammeln. Diese trugen sie vorsichtig und behutsam und deponierten sie neben die Türen, in die Nähe von verdorrten Büschen und einer Fläche mit Mulch und Erde. Bis in die Dunkelheit des frühen Montagmorgens dauerte es, ehe sie alle Gegenstände weggeschafft und einen Weg zum Betreten und Verlassen der Schule freigemacht hatten. Amy Buckman trug immer noch die hellbraunen Cord-Leggins und den schwarzen Daunenmantel, mit dem sie am Sonntag im Supermarkt gestanden hatte.

Zur gleichen Zeit, als der Hubschrauber seines alten Freundes abhob, hatte sich Doug Young für einen kurzen Flug von Alabama nach North Carolina in den Sitz eines Flugzeugs gezwängt. Der Kommunikationsstratege hatte die Woche in Mobile verbracht, um am Senior Bowl teilzunehmen, einer Veranstaltung, bei der NFL-Führungskräfte und -Trainer College-Spieler scouteten. Gleichzeitig bot der Senior Bowl die Gelegenheit zum Networking für einige von Youngs Kunden, aufstrebende Coaches und Quarterback-Gurus beispielsweise. Der 1,95 Meter große und schlanke Young hatte ein stilvolles Äußeres und gepflegtes Auftreten, das keinerlei Hinweise auf seine bedingungslose Loyalität und Zuneigung zu seiner Highschool gab. Niemand wusste mehr über die Geschichte von Lower Merion und das dortige Basketballprogramm als er, und mit Ausnahme von Downer hatte niemand mehr dafür getan, die Verbindung zwischen Kobe und der Schule am Leben zu halten.

Als das Team 2018 nach Los Angeles gereist war, um Kobe zu besuchen, hatte sich Young etwa um die Reiseroute und die Unterbringung gekümmert, eine 90-minütige Gesprächsrunde zwischen Kobe und den Spielern in Kobes Büro arrangiert und dafür gesorgt, dass jeder Spieler ein signiertes Exemplar von Kobes Buches „The Mamba Mentality" erhielt. Wann immer Downers Spieler eine besondere Inspiration benötigten, kümmerte Young sich darum, eine Telefonkonferenz bzw. ein aufmunterndes Gespräch mit Kobe in den Zeitplan einzubauen. Seine beiden letzten Schuljahre waren mit Kobes erstem und zweiten Highschool-Jahr, der neunten und zehnten Klasse, zusammengefallen.

Während der 45 Minuten, die das Flugzeug in der Luft war, ließ Young sein Mobiltelefon und seinen Laptop ausgeschaltet. Doch nach der Landung bemerkte er, dass einige der Passagiere weinten, nahezu alle schauten gebannt auf ihre Telefone und waren in ihren Sitzen erstarrt: Person um Person, Reihe für Reihe – ein Dominoeffekt an Schock und Trauer. Young schaltete sein Telefon ein, und war sofort selbst wie betäubt.

Auf dem Weg zum Terminal, um für seinen Flug nach Philadelphia einzuchecken, wurde ihm plötzlich bewusst, dass er sich völlig zufällig an einem sehr speziellen Ort befand: Charlotte Douglas International Airport. Charlotte, die Heimat der Hornets. Jenes Teams, das Kobe gedraftet hatte.

In den zwei Tagen nach dem Unfall reagierte Downer nur auf wenige der Anrufe. Er verharrte in einem Halbschlaf, in den er an jenem Nachmittag verfallen war. Hughes hatte ihm gesagt, er solle nicht kommen und zu unterrichten versuchen. *Bleib zu Hause. Nimm dir die Zeit, die du brauchst.* Downer hatte Textnachrichten mit Kobes Cousin John Cox ausgetauscht, aber er hatte nichts von seinen Eltern Joe und Pam gehört. Niemand hatte etwas von ihnen gehört.

Sie hatten sich öffentlich nicht äußern wollen. Downer hoffte auf ein baldiges Signal von ihnen, aber bis dahin musste er sich erst einmal um dringendere Angelegenheiten kümmern. Hughes und Jason Stroup, der sportliche Leiter der Schule, wollten Downers Spieler vor dem anstehenden Training zusammenrufen, um mit ihnen zu sprechen, und Lower Merion hatte am Dienstagabend noch immer ein Spiel zu spielen. Einige der Spieler hatten Kobe kurz zuvor während eines Besuchs in Los Angeles getroffen, und da Downer die Aufgabe, die Spieler zu beruhigen, nicht Hughes und Stroup überlassen wollte, machte er sich auf den Weg zur Schule. Dort wollte er mit der ihm eigenen Autorität zu den Spielern darüber sprechen, wer Kobe gewesen war und was er von ihnen nun erwartet hätte.

Downer sprach mit seinen Spielern über Kobes Tod auf eine Art und Weise, von der er hoffte, dass sie bei den Teenagern Anklang finden würde. *Hier kreisen eine Menge Emotionen, Jungs,* sagte Downer ihnen. *Wir müssen diese zehn oder 15 Emotionen auf drei oder vier reduzieren. Wenn ich darüber nachdenke, was Kobe sich in einer solchen Situation wünschen würde, dann denke ich, dass er so schnell wie möglich wieder den Ball in die Hand nehmen wollen würde. Wir haben am Dienstag ein wichtiges Spiel. Wir sollten mit dem Ball dribbeln wollen. Wir sollten unsere Sneaker quietschen lassen wollen. Wir sollten wie verrückt kämpfen wollen – und das werden wir auch. Wir sollten uns bewusst sein, dass wir alle gesund sind. Lasst uns bewusst machen, dass wir in der Lage sind, Basketball zu spielen, und lasst uns versuchen, dabei eine Menge Spaß zu haben.*

Seit Buckmans Erklärung hatte er sich nicht öffentlich geäußert, aber nun ließ sich das nicht mehr vermeiden. Eine regelrechte Welle von Interviewanfragen für Downer hatte die Verantwortlichen im Schulbezirk überrollt. Daraufhin hatte Buckman eine Pressekonferenz mit Downer und Young im Verwaltungsgebäude anberaumt. Es war eine Strategie, direkt aus dem Lehrbuch der modernen Medienarbeit, die angesichts von Kobes Ruhm die passende war. Buckman wollte lokalen Fernsehsendern, Zeitungen und Websites und vielleicht auch dem einen oder anderen überregionalen Medium – der *New York Times*, der *Washington Post* – die Gelegenheit geben, persönlich mit

Kobes Coach zu sprechen. Im Anschluss daran – und Buckman hatte dies zur Bedingung gemacht – würde der Bezirk den Reportern, von denen 30 zum Termin erschienen waren, es erst einmal nicht mehr erlauben, Downer oder sonst irgendjemanden in Lower Merion zu Kobe zu befragen. Downer hatte noch immer ein Team zu coachen, außerdem brauchte er Zeit zum Trauern. Wie jeder andere auch.

Einer nach dem anderen marschierten die Medienvertreter in einen Konferenzraum, in dem ein großer, hufeisenförmiger Tisch umgeben von dicken Holzstühlen stand. Die Phalanx der aufgebauten Kamera- und Mikrofonstative schloss das offene Ende des Hufeisens ab. Hinter dem Kopf des Tisches hing ein kastanienbraunes Transparent. Auf einer Staffelei stand ein großes Foto von Kobe aus der Zeit seiner High-School-Spiele. Darauf trug er ein weißes Trikot und hielt einen Basketball in der rechten Hand, sein Mund stand offen, die Augen waren nach oben gen Korb gerichtet, während er kurz davor war, den Ball für einen Reverse Layup über den Kopf zu heben – ein makelloser Schnappschuss seiner Athletik, seiner Anmut auf dem Spielfeld.

Gefolgt von Young betrat Downer den Konferenzraum durch eine Tür hinter dem Banner, sein strohgrauer Kurzhaarschnitt passte perfekt zur klassischen Vorstellung des Berufsbilds: Seit mehr als 20 Jahren war er Sportlehrer an dieser Schule. Minuten zuvor noch hatte er einen Schrank in einem Lagerraum neben der Turnhalle durchwühlt und ein wertvolles Artefakt herausgekramt: Kobes weiße Aufwärmjacke, die ihn als Junior und Senior in seinen letzten beiden Highschool-Jahren begleitet hatte, mit der Nummer 33 auf den Ärmeln. 24 Jahre lang hatte sie in diesem Schrank gelegen, seit Kobe sie das letzte Mal getragen hatte – und: 24 war Kobes erste Trikotnummer in Lower Merion gewesen, seine zweite Trikotnummer bei den Lakers. Seltsamer Zufall? Oder nicht? Als Downer jedenfalls sich auf das Zusammentreffen mit der Presse vorbereitete, zog er sich die Aufwärmjacke an, als wäre sie ein Schutzmantel. Er hatte das Gefühl, dass er ihn tragen musste, dass er dadurch sicherer und stärker war.

„In einem Moment wie diesem gibt er mir Kraft", sagte er später. „Ich war mir nicht sicher, ob ich den gestrigen Tag überstehen würde. Ich war mir nicht sicher, ob ich meine Gefühle unter Kontrolle halten könnte. Und ich … schaffte es. Das kommt durch ihn. Es bedeutet mir sehr viel, diese Jacke zu tragen. Wenn es eine kleine Verbindung zwischen ihm und mir gibt, dann mit dieser Aufwärmjacke, die er getragen hat …"

Er saß am Kopfende des Tisches, während Young auf dem Stuhl links von ihm Platz genommen hatte. „Ich danke für eure Geduld", sagte Downer zu den Medienvertretern. „In den letzten Tagen haben wir schlecht geschlafen, wenig gegessen und viel geweint." Man sah es ihm an: Sein Gesicht war aufgedunsen, seine Augen rot. Zu seiner Rechten, in einer Ecke des Raums, saß eine Gruppe von Männern: ehemalige Spieler und Trainer, Alumni, Freunde von Downer. Jeremy Treatman stand zwischen ihnen, die Arme vor der Brust verschränkt, den Kopf kraftlos zwischen den Schultern baumelnd, als hänge sein Genick an einem Haken.

Die Ansammlung all der Leute verdeutlichte Kobes Stellenwert, aber auch den von Downer. Kobes erste Saison bei den Aces war die dritte, in der Downer das Schulteam trainiert hatte. Als er Kobe als Achtklässler zum ersten Mal spielen sah, hatte der Coach gescherzt: *Ich werde auf jeden Fall noch vier Jahre hier sein.* Aus vier Jahren waren 30 geworden, und Lower Merion hatte in dieser Zeit 15 League Championship gewonnen. Mit Kobe hatten sie 1996 die State Championship gewonnen und diesem zwei weitere folgen lassen. Downer hatte nie wieder eine Saison wie die letzte von Kobe an der Highschool erlebt – die Nachfrage nach Autogrammen, nach Eintrittskarten, die Menschenmassen, das Medieninteresse. Es waren Spiele, die zu Rockkonzerten wurden – aber ohne diese irre Spielzeit, so glaubte er, wäre keiner der nachfolgenden Erfolge möglich gewesen. „Der Weg unseres Programms wäre ganz anders verlaufen, wenn er nicht zu uns gekommen wäre", sagte Downer. „Er hat uns beigebracht, wie man gewinnt. Er hat uns beigebracht, wie man hart arbeitet. Er hat uns gelehrt, es uns nicht einfach zu machen. Die Messlatte lag sehr hoch … Ich glaube nicht, dass der

Antrieb für alles Folgende da gewesen wäre, wenn wir nicht das Glück gehabt hätten, diesen unglaublichen Spieler, diesen unglaublichen Menschen kennenzulernen."

Downer suchte nach Worten, was ihm sichtlich schwerfiel, als ihn jemand fragte: „Hast du schon mit jemandem aus Kobes Familie gesprochen?" Die Frage traf ihn ins Mark. Joe und Pam Bryant waren im Prinzip auch Mitglieder seiner Familie gewesen. Joe war sogar der Coach des Junior Varsity Teams unter Downer gewesen, als Kobe dort spielte. Das Verhältnis zwischen Kobe und seinen Eltern jedoch hatte während seiner Zeit bei den Lakers Schaden genommen. Die Eltern hatten es für einen Fehler gehalten, dass ihr gerade mal 21 Jahre alter Sohn die 18-jährige Vanessa heiratete. Zudem hatte sich Kobe mit Pam gestritten, als diese einige seiner persönlichen Gegenstände und Erinnerungsstücke hatte verkaufen wollen. *Du bist noch nicht bereit, zu heiraten … Doch, das bin ich … Ich werde einige deiner Sachen verkaufen … Nein, das tust du nicht.* Es hatte Streit gegeben, vollkommenes Schweigen, vorübergehende Versöhnungen, erneutes Miteinander-Brechen und dann doch wieder die kleine Chance, dass es alles noch mal gut werden könnte … der komplette Konflikt, letztendlich wegen Kleinkram –– Highschool- und Lakers-Trikots, Meisterschaftsringe, einfach Kleinkram, und was war dieser ganze Kleinkram jetzt noch wert?

Die Wunden waren so tief. Downer wusste, dass sie der Grund dafür sein mussten, dass Joe und Pam sich noch nicht öffentlich zum Tod ihres Sohnes geäußert hatten. Downer hatte Vanessa nie persönlich getroffen, aber er hatte seine Beziehung zu Kobe stets aufrechterhalten. Er hatte ihn in den letzten 18 Monaten dreimal gesehen, hatte sein Team nach L.A. begleitet, hatte sich mit ihm in Philadelphia bei einer Autogrammstunde getroffen. Kobe hatte im März 2019 eine Buchreihe für Grundschulkinder herausgebracht, die er verschenkte – er verkaufte sie nicht, er verschenkte sie. An diesem Tag hatte Downer das letzte Mal persönlich mit ihm gesprochen. Er konnte sich nicht daran erinnern, wann er das letzte Mal mit Joe und Pam persönlich gesprochen hatte, und jetzt war da diese Frage, und die Kameras waren auf ihn gerichtet …

„Ich hatte eine wunderbare Beziehung zu Pam und Joe … Ich habe von Joe viel über Coaching gelernt, und ich denke mit Hochachtung an ihn … Ich möchte Vanessa und die anderen drei Mädchen unbedingt unterstützen. Ich möchte unbedingt für sie da sein, in jeder auch noch so kleinen Weise, die mir möglich ist. Und ich … äh … möchte auf jeden Fall mit Joe und Pam in Kontakt treten."

Jetzt weinte er. Jetzt folgten keine Worte mehr.

„Joe und Pam, wir haben einen großartigen Menschen verloren. Ich liebe Kobe, und ich liebe auch Joe und Pam."

Er griff nach einer Flasche Gatorade, die er vor sich auf den Tisch gestellt hatte. Er hielt sie kurz an seine Lippen, wischte sich mit der rechten Hand über die Augen, dann mit der linken. Im Raum hätte man eine Stecknadel fallen hören.

Einen Monat später, Dienstag, der 25. Februar. Der Tag nach der Gedenkfeier für Kobe und Gianna Bryant im Staples Center in Downtown Los Angeles. Um acht Uhr in der Früh saß Downer an Bord eines Flugzeugs zurück nach Philadelphia, wo er um 19:30 Uhr ein Spiel der District Playoffs coachen sollte. Downer hatte die letzten vier Trainingseinheiten seiner Mannschaft verpasst und kein Videomaterial über den Gegner angesehen. Stattdessen hatte er sich mit seinen Assistant Coaches ausgetauscht und er hatte keinen Zweifel daran, dass seine Spieler für das Spiel bereit sein würden. Doch in Wahrheit war er mit seinen Gedanken noch immer beim Vortag.

Downer, Treatman und Young waren einem Plan gefolgt, den sie kurz nach Kobes Tod gefasst hatten. Egal, wann die Lakers eine Gedenkfeier für Kobe abhalten sollten, die drei würden dazu an die Westküste reisen. Downers Gedanken schweiften zur Feier zurück. Es war schwierig gewesen, überhaupt Karten für die Zeremonie zu bekommen, weil nur sehr wenige verfügbar waren und die Zeremonie stark auf die NBA und Los Angeles ausgerichtet war; man hatte Vanessas Wünschen gerecht werden wollen. Aber Tim Harris, der *Senior Vice President for Business Operations* der Lakers, hatte sich für Downer & Co eingesetzt. Harris hatte sogar noch zusätzliche

Karten besorgt, sodass Jeanne Mastriano und Downers jüngerer Bruder Brad ebenfalls an der Zeremonie teilnehmen konnten.

Die Gruppe verließ ihr Hotel früh am Morgen, Brad fuhr sie zum Staples Center. Für Gregg waren zehn Minuten zu früh sowieso schon immer zehn Minuten zu spät, und richtigerweise hatten sie Verspätungen einkalkuliert, die über das übliche Chaos der Rush Hour in Los Angeles hinausgingen. Einige Straßen waren abgesperrt worden. Der Rest erstickte im Verkehr. Außerhalb der Arena waren in den Tagen nach seinem Tod riesige Wandgemälde von Kobe entstanden, an denen nun die Fans vorbeigingen. Die meisten von ihnen trugen Lakers-Trikots, aber auch einige Lower-Merion-Trikots waren zu sehen. Lower-Merion-Trikots in Kalifornien, in China ... die Reichweite ... Kobes Reichweite ... allein in dieser Umgebung ... Young staunte bei den Gedanken an die Community, die durch diesen einen Menschen entstanden war. Leute verkauften Kobe-T-Shirts. *Die Leute kaufen sie?*, dachte Downer. Er hatte Mühe, das zu verdauen. Es erschien ihm schlichtweg unangemessen. Kobes Geist war hier allgegenwärtig, und man konnte ihn kaufen, im Siebdruck auf Viskose, für schlappe 15 Dollar.

Auf dem Weg ins Stapels passierten sie die Sicherheitsleute und Ganzkörperscanner. Zu einer anderen Zeit, in einem anderen Kontext, wäre die Szenerie im Inneren der Halle um ihn herum ein Traum für Gregg Downer gewesen: Er, das Arbeiterkind aus Media, Pennsylvania, umgeben von Michael Jordan, Bill Russell, Kareem Abdul-Jabbar, Elgin Baylor, Jerry West, Shaquille O'Neal, Magic Johnson, Tim Duncan. Er war immer davon ausgegangen, dass er bei der Aufnahme von Kobe in die Naismith Memorial Basketball Hall of Fame inmitten dieser Unsterblichen sitzen würde. Doch der Anlass dieses Aufeinandertreffens war sein schlimmster Albtraum. Er kämpfte immer noch damit, diese neue Wirklichkeit zu begreifen.

Zwei Jahrzehnte lang hatte er sich an der Westküstenzeit orientiert und gelernt, mit fünf Stunden Schlaf auszukommen, damit er jede Nacht Kobes Kämpfe und Triumphe verfolgen konnte. Er sah Kobes Airballs in Utah während der demütigenden Playoff-Niederlage in seinem ersten Jahr, sein 81-Punkte-Spiel, die fünf Meisterschaftsringe.

Ehe er im Herbst 2018 gestorben war, hatte Downers Vater Robert alle zu später Stunde übertragenen Spiele der Lakers aufgezeichnet und sie sich am nächsten Morgen gleich angesehen. Anschließend begann er jedes der dann folgenden Telefonate mit seinem Sohn mit der Standardfrage: *Hast du gesehen, was Kobe gestern Abend gemacht hat?* – es sei denn, Kobe war nicht zum Einsatz gekommen, dann hatte Robert Downer die Aufzeichnung des Spiels einfach ungesehen gelöscht.

Für Gregg jedoch gab es zu viele Erinnerungen, die er einfach nicht löschen konnte. Etwa wie er mit Kobe im alten Great Western Forum vor dem Training der Lakers Freiwürfe warf. Wie er in Kobes Haus mit Blick auf den Pazifik aß, nachdem sie zuvor darin geschwommen waren. Wie er zu Spielen im ganzen Land reiste, nur um Kobe spielen zu sehen. Wie er an Kobes Basketball-Camps mitarbeitete. Wie er mit Kobe E-Mails über Taktiken austauschte. In einem privaten Moment in Lower Merion hatte Downer ihm mitgeteilt, dass er Vater werden würde. Kobe hatte ihn umarmt.

Noch eine Erinnerung, diesmal ganz frisch: Gregg hatte Joe und Pam Bryant und Kobes Schwestern Sharia und Shaya Sekunden nach der Zeremonie eng umarmt, Treatman und Young waren auch da gewesen. Alle hatten sie miteinander geweint. Die Zeremonie war wunderschön, auch wenn weder Joe und Pam noch Kobes Highschool-Zeit erwähnt wurden. Vanessa hatte über das Programm entschieden und natürlich war sie bestrebt, ihre Tochter ebenso zu ehren wie ihren Ehemann. Aber das frostige Verhältnis zwischen ihr und Kobes Eltern war doch sehr offensichtlich. Treatman hatte beobachtet, dass sie während und auch nach der Zeremonie kein Wort miteinander gesprochen, geschweige denn sich angesehen hatten.

Rob Pelinka, Kobes ehemaliger Agent und General Manager der Lakers, hatte eine Rede gehalten. Ebenso der Frauenbasketball-Coach der University of Connecticut, Geno Auriemma, und eine seiner besten Spielerinnen, Diana Taurasi. Vanessa hatte gesprochen. Genauso wie Shaq, Magic und Michael. Die letzte Rede, die von Jordan, hatte Downer so sehr bewegt, hatte ihn an die Gespräche erinnert, die er mit Kobe geführt hatte, als dieser 16, 17 Jahre alt war und so offensichtlich Jordans Bewegungen und Verhaltensweisen auf dem Spielfeld nachgeahmt hatte. Die Rede hatte Downer bewegt, weil Jordan, der immer so stoisch und stolz wirkte, Kobe als seinen „kleinen Bruder“ bezeichnet hatte, als einen erstaunlichen Spieler. Wie Kobe wohl darauf reagiert hätte!

Als die Zeremonie zu Ende war, eilten Downer und Treatman zu Joe und Pam, die in der Nähe der Bühne saßen. Als sie Treatman sah, rief Pam: „Das ist Jeremy! Ich bin's, Jeremy!“ Als ein Security-Mann die beiden aufhielt, spielte Downer eine Karte aus, die er noch nie gespielt hatte. Er blickte dem Mann in die Augen und sagte: „Ich bin der Highschool-Coach von Kobe Bryant. Ich muss jetzt seine Eltern sehen. Deshalb bin ich hier.“ Der Security-Mann ließ ihn passieren, und Joe Bryant, der gerade noch Shaq umarmte, ließ diesen los, packte stattdessen Downer und zog ihn zu sich heran. Er lächelte breit und begann, Downers Schultern zu massieren, als wolle er die Anspannung und den Druck und das gemeinsame Elend lindern. Dabei wiederholte er immer und immer wieder denselben Satz:

„Wir haben ein Kind für die Welt gemacht“, sagte Joe Bryant. „Wir haben ein Kind für die Welt gemacht.“

Und jetzt, wo alle Reden beendet waren … was sollte nun kommen? Downer hatte sein Leben aus vier verschiedenen Perspektiven betrachtet: aus der des Lehrers, des Coaches, des Vaters und Ehemanns. Und was nun? Er war sich nicht sicher. Erinnerungen und Rückblicke waren in Lower Merion omnipräsent. Zehn Monate im Jahr, sechs Tage in der Woche, trainierte er in der Turnhalle, die Kobe finanziert und gebaut hatte und die seinen Namen trug. Kobe konnte ihm in jedem Moment und aus irgendeinem Grund in den Sinn kommen. Vor ein paar Wochen hatte sich Downer eines Morgens aus ihm nicht erklärlichen Gründen plötzlich auf den Boden der Schule fallen lassen, seine Brust an die Fliesen gepresst und 24 Liegestütze gemacht.

Downer begann, Gedanken, zufällige Eingebungen und Merksprüche zu notieren. *Kobe braucht es, dass ich stark bin. Meine heutigen Spieler brauchen es. Meine Schüler brauchen es. Ich muss die Spieler und Schüler weiterhin positiv beeinflussen, so wie ich es seit 30*

Jahren versucht habe. Kobe würde wollen, dass ich aufrecht und entschlossen bleibe.

Er dachte an Brynn, an den Hashtag, der sich in den Tagen nach dem Flugzeugabsturz wie ein Lauffeuer über die sozialen Medien verbreitet hatte, weil ein Clip von Kobe viral gegangen war: In einer Late-Night-Talkshow hatte er sich als „Girl Dad" bezeichnet. Das fühlte sich für ihn jetzt greifbar an. Vielleicht war es diese Verbindung zu Kobe, die er gebraucht hatte. Brynn war immer zu den Basketballspielen ihres Vaters gekommen. Hatte ihr eigenes Klemmbrett mitgebracht. Sie war bei allen Video-Sitzungen und Ansprachen vor dem Spiel dabei gewesen. Hatte ihren Vater bei Siegesfeiern nach einem Spiel in der Kabine mit Wasser übergossen. War mit ihrem Vater zusammen schwimmen gegangen. Hatte mit ihm vor dem Kamin genächtigt. Und Football und Baseball mit ihm gespielt. Vor nicht allzu langer Zeit hatte sie ihren ersten Treffer auf einen Korb in drei Metern Höhe erzielt. Gregg Downer schrieb weiter.

Sie kann sein, was immer sie sein möchte, und ich möchte sie so sehr durch die guten wie die schlechten Zeiten begleiten. Die Liebe von Kobe zu seinen Girls, sein Vermächtnis als Vater, gibt mir Kraft. Die Verbundenheit, die wir während der Erziehung unserer Töchter miteinander hatten, ist das größte Geschenk unserer Beziehung. Es ist das, was mich am meisten inspiriert. Zu meiner eigenen Motivation und für meinen Seelenfrieden sind drei Worte entscheidend: Mut, Widerstandsfähigkeit und Liebe.

Jeder Trainer, so glaubte er, braucht zu jeder Zeit einen Plan. Zum ersten Mal seit dem 26. Januar und fast 30 Jahre, nachdem er Kobe Bryant zum ersten Mal getroffen hatte, glaubte Gregg Downer, einen Plan zu besitzen. Das Flugzeug glitt durch die Wolken und brachte ihn nach Hause, zurück dorthin, wo die Reise begonnen hatte.

Ich weiß, dass die Spieler,
die vor mir gespielt haben und die,
die immer noch spielen,
die NBA zu dem gemacht haben,
was sie heute ist. Wie hätte ich
das nicht verstehen können,
nachdem ich meinen Vater
spielen gesehen habe und weiß,
was er durchgemacht hat?

KOBE BRYANT

2 | Ein sicherer Hafen

Einige der zu Kobe Bean Bryants Geburt veröffentlichten Details strotzen nur so vor Zweideutigkeiten und Fehlern. Verbrieft ist immerhin, dass er am 23. August 1978 im Lankenau Hospital zur Welt kam. Und das ist ein Fakt, der zu der eher nachtragenden Einstellung vieler Sportfans aus Philadelphia beitrug, die Kobe nie ganz akzeptiert, geschweige denn ihn als einen der ihren angesehen haben. Genau genommen wurde Kobe gar nicht in der Stadt Philadelphia geboren. Zwar lag Lankenau seine ersten 93 Jahre lang innerhalb der Grenzen der Stadt, 1953 jedoch zog das nach einem deutschen Kaufmann benannte Hospital in die Lower Merion Township im Montgomery County, ein 93 Hektar großes Speckgürtelareal. Kobe stammte also nicht aus Philadelphia. Aber die gelegentliche fälschliche Darstellung seines Geburtsortes ist ein weniger großer Fehler als jener, den die beiden Zeitungen begingen, die seine Geburt zuerst erwähnten. Am Tag, nachdem er das Licht der Welt erblickt hatte, verkündeten der *Philadelphia Inquirer* und die *Philadelphia Daily News* – erstere ein nüchternes Mainstreamblatt, letztere eine Boulevardzeitung – seine Geburt auf die gleiche fehlerhafte Weise. Seinen Vornamen schrieben sie: „Cobie“.

Ein in gewisser Weise verständlicher Fehler. Denn es war ein ungewöhnlicher Name mit einer ungewöhnlichen Entstehungsgeschichte. Als sich der August 1978 dem Ende neigte und der Trainingsstart der Philadelphia Sixers näher rückte, stand Joe Bryant kurz vor seiner vierten Saison im Team. Joe hatte über die Jahre eine Vorliebe für ein bestimmtes Restaurant entwickelt: Das Kobe Japanese Steak House in King of Prussia, Pennsylvania. Das zu Beginn der 1970er-Jahre eröffnete Restaurant war an ein Hilton-Hotel angeschlossen und lag nur einen Steinwurf von der Hauptattraktion des Vorortes entfernt, der

King of Prussia Mall. Sein Besitzer, Christ Dhimitri, pries es als exotische Alternative zu den bewährten amerikanischen Steakhäusern an, wobei es tatsächlich so wahnsinnig exotisch nicht war. Serviert wurden Speisen nach Teppanyaki-Art – gebraten, gegrillt, in der Pfanne zubereitet. Sushi oder Sashimi standen nicht auf der Speisekarte, und ironischerweise gab es auch nichts vom Kobe-Rind: Wegen des Ausbruchs der Maul- und Klauenseuche in Japan war es in den Vereinigten Staaten damals verboten, das saftige Fleisch zu importieren.

Während Joes Zeit bei den Sixers hielten diese ihr jährliches Trainingscamp im September ab, zunächst am Ursinus College, später dann am Franklin & Marshall College. Das machte jeweils längere Fahrten aus Philadelphia oder Wynnewood nötig, auf denen man, wenn man wollte, im Kobe Japanese Steak House einkehren konnte. Viele Sixers wollten das, und so wurde das Restaurant zu einer Art Treffpunkt für die Spieler, die zum Trainingscamp pendelten. Gastgeber Dhimitri zählte zu seinen Kunden unter anderem Julius „Dr. J" Erving und Maurice Cheeks, und auch die Bryants besuchten das Restaurant häufig.

„Damals", sagte Dhimitri später, „war japanisches Essen wirklich etwas ganz Besonderes, mit frischen Zutaten, in angenehmer Atmosphäre. Deshalb sind sie gekommen."

Als er 1998 vom Magazin *Sports Illustrated* gefragt wurde, weshalb Pam und er ihren Sohn Kobe genannt hatten, witzelte Joe: „Ich weiß nicht, ob ich das sagen sollte, weil die vielleicht die Rechte daran haben wollen." Dabei war seine Sorge grundlos. Dhimitri hatte sich nie darum bemüht, von den Bryants irgendwelche Tantiemen zu verlangen. Die Möglichkeit, diese Geschichte zu erzählen, „sein" Kobe mit *dem* Kobe in Verbindung zu bringen, reichte ihm vollkommen aus; auch wenn man sich fragen mag, warum ein Mann seinen einzigen Sohn nach seinem Lieblingsrestaurant benennt.

Heutzutage besteht die Straße, in der Joe Bryant den größten Teil seiner Kindheit verbracht hat, der Block 5800 der Willows Avenue in West Philadelphia, aus einem rund 161 m langen, zickzackförmigen Bürgersteig mit Unkrautflecken, die aus Rissen im Beton hervorschießen, aus sieben verfallenen Reihenhäusern mit verbogenen Sperrholztüren und rostigen Fliegengittertüren, die im Wind schwingen und knarren, und aus Autos am Straßenrand, die so dicht nebeneinander geparkt sind, dass kein Blatt zwischen sie passt. Wenn man aus einem dieser Reihenhäuser heraustritt, um die Ecke biegt, den Cobbs Creek Parkway überquert und nach Norden geht, stößt man auf eine Oase: einen leuchtend grünen Park mit einem Basketballplatz, auf dem Joe als Junge spielte. Der Block verströmt heute nur noch wenig von dem, dessentwegen Joe Bryant Sr. – Kobes Großvater – aus Dooly County, Georgia, dorthin gezogen war. Er war einer von Hunderttausenden Schwarzen, die während der Great Migration aus dem Süden nach Philadelphia gekommen war; insgesamt sechs Millionen Afroamerikaner waren damals aus den ländlichen Gebieten im Süden in den industriellen Norden der USA umgesiedelt worden.

In Philadelphia hatten sich die Neuankömmlinge vor allem in den nördlichen, südlichen und westlichen Vierteln der Stadt niedergelassen, sie gliederten sich an die bereits bestehenden ethnischen Enklaven der Umgebung an, gelegentlich vermischten sie sich mit ihnen – mit den russischen Juden im Westen, mit den Italienern im Süden. Es entstanden Reihenhauskolonien inmitten von Handwerksbetrieben, Teppich- und Bekleidungsherstellern, Wohnungen, die sich über Lebensmittelläden stapelten, fensterlose Lagerhäuser aus hellbraunem Backstein, an denen die Straßenbahn vorbeifuhr. Es gab eine Zeit, da gab es mehr schwarze Hausbesitzer als in jeder anderen Stadt nördlich der Mason-Dixon-Linie, der historischen Grenze zwischen den Nord- und Südstaaten der Vereinigten Staaten. Die Besitzer dieser Häuser waren Bauarbeiter, Stahlarbeiter und Lastwagenfahrer, deren harte Arbeit ihnen die Genugtuung einbrachte, an kühlen Abenden auf den Veranden und Stufen ihrer Häuser zu sitzen und ihren Kindern zuzusehen, die auf den Straßen ihres Teils der Stadt spielten. Sie einte das Wissen, dass sie der Hölle entkommen waren und etwas Gutes und Solides für sich geschaffen hatten. Sie waren nicht reich, sie mussten aber auch nicht reich sein, denn das Geld, das sie verdienten, gehörte *ihnen* – und das machte es unbezahlbar. Als Joe Sr. 25 Jahre alt war, war er einer dieser Männer:

ein Ehemann, ein Vater, über 1,80 Meter groß, ein stattlicher Körper, eine tiefe, gutturale Stimme, eine *Erscheinung.* Joe Sr. hatte die gleiche Reise hinter sich und zwei dieser Häuser gekauft – das erste an der 42. und Leidy in West Philadelphia, das zweite an der 58. und Willows, knapp fünf Kilometer weiter südlich. Und: Er hatte sich einen dieser Jobs gesichert. 16 Jahre lang arbeitete er bei einem Uniformverleih als Betriebsleiter. Er gründete eine Familie – eine Frau, zwei Söhne und eine Tochter, sein ältestes Kind war nach ihm benannt, er hütete es wie seinen Augapfel.

Stellt euch diesen seltsamen Anblick vor: ein 16-jähriger Junge, 1,90 Meter groß, mit einer Lücke zwischen den Vorderzähnen, die sein Lächeln breiter und strahlender erscheinen lässt, dünn wie eine Bohnenstange, und er rennt, rennt, rennt. Joe Bryant tat das immer: Er rannte einfach los, wenn er und sein Vater aneinandergerieten, wenn Joe Sr. ihm klar und deutlich zu verstehen gab, dass er keine Ausreden für Verstöße gegen die Regeln im Hause Bryant hören wollte. Eine dieser Regeln: *Bringe niemals Tageslicht in dieses Haus.* Das bedeutete, dass Joe unter keinen Umständen bei Tagesanbruch zurück nach Hause kommen durfte. Wenn er es doch tat, zahlte er einen hohen Preis: Er machte Bekanntschaft mit der eisernen Faust seines Vaters.

Big Joe war von Natur aus streng, nicht ungewöhnlich für Väter in dieser Zeit. Es gab durchaus Anlass zur Sorge, wenn Joe nicht zeitig zu Hause war. Philadelphia war in den 1960er-Jahren ein Paradies für Straßengangs. Ihre Zahl wuchs im Laufe des Jahrzehnts, und nach Schätzungen der Philadelphia Crime Commission gab es im Jahr 1969 75 Gangs mit insgesamt 3.000 Mitgliedern, die für 45 Morde und 267 Verletzungen in jenem Jahr verantwortlich waren. Als Zehn-, Elfjähriger war Joe in einige Schlägereien verwickelt, auf dem Schulhof, in der Nähe des Schwimmbads im Fairmount Park. Einmal prügelten er und einige Freunde sich mit einer Gang namens „39th and Poplar“, benannt nach der Straßenecke, die ihre Mitglieder bewachten. Joe war der Jüngste in seiner Gruppe, und als die Schlägerei begann, spürte er einen Schmerz in seiner linken

Hüfte, so als ob ihn eine Nadel gestochen hätte. Als er nach unten blickte, sah er, wie das Blut an seinem Bein herunterlief und sich an seinen Füßen sammelte. Er war mit einem Messer verletzt worden, und die Wunde hinterließ eine auffällige Narbe.

Basketball war sein sicherer Hafen. Der Sport hatte ihn schon lange in seinen Bann gezogen. Als Star im Team der Bartram High School war er am Ende der neunten Klasse 2,01 Meter groß und konnte jederzeit und überall in der Stadt spielen. Er hatte ein Brett samt Korb, das an einem Strommast an der Ecke 58. und Willows festgeschraubt war. Und er hatte den Cobbs Creek Park. Nachdem seine Familie den Sonntagsgottesdienst in der New Bethlehem Baptist Church besucht hatte, gleich um die Ecke vom Haus seiner Großmutter, durfte Joe ein Spiel auf dem Platz nebenan spielen. Es gab die Bartram High, wo Joe für Jack Farrell spielte, ein Coach, der trotz einer freundlichen Miene hart mit seinem Team umging. Und es gab die Summer Leagues in Philadelphia und seinen Vororten. Joe begann in der Narberth League in der Lower Merion Township und stieg dann in die wichtigste Summer League der Stadt auf, die Sonny Hill League. Dort wurden die talentierten Spieler von Highschool-Trainern und College-Scouts aus Philadelphia und dem ganzen Land entdeckt. Hier lernte Joe, der als bester Spieler der Philadelphia Public League galt, Mo Howard kennen und freundete sich mit dem Point Guard der St. Joseph's Prep an, der seinerseits als bester Spieler der Philadelphia Catholic League galt.

Fortan rannte Joe zu diesen Spielen, wo auch immer sie stattfanden. Oder er rannte zu Howards Haus in North Philadelphia, schlängelte sich durch etwa zehn Kilometer Hausblöcke, suchte Howard schließlich auf der Straße oder dem Court auf und forderte das Schicksal dann in einem Maße heraus, wie es wohl nur ein junger Athlet von seiner Statur tun konnte. Die Gangkultur brachte einen Kodex mit sich, die Rettung für Joe: Wenn man ein guter Sportler war, hatte man bessere Chancen, in Ruhe gelassen zu werden. Sonny Hill, ein ehemaliger Gewerkschafter mit der Anziehungskraft und dem Verkaufstalent eines Marktschreiers, nutzte sein Verhandlungsgeschick, um Waffenstillstände zwischen den

Gangs auszuhandeln. Damit verschaffte er den Kids, die in seiner Liga spielten, Freiheiten und beruhigte zugleich deren Eltern. Das sprach sich herum: Wenn man wie Joe Teil der Sonny Hill League war, wenn man wie Joe in seinem Highschool-Team herausragende Leistungen erbrachte, dann erkannten die Leute, dass man nach Größerem, Besserem strebte und es auch erreichen konnte. Die Leute bewunderten dich, sie schützten dich vor der Gewalt. Für Joe Bryant war das eine wertvolle Lektion, die er allerdings erst dann richtig zu schätzen wusste, als er später selbst Vater eines Sohnes wurde: Der Basketball machte ihn unantastbar, half, das harte Leben in der Stadt zu vergessen bzw. verschaffte ihm sogar einen Vorteil. Er wusste, woher seine Gegner kamen und wie sie ihn einschätzten, welche Taktiken sie anwandten, um sich einen mentalen und körperlichen Vorteil zu verschaffen. Um diese Dinge zu lernen, musstest du nicht in der Stadt leben, aber du musstest in ihr spielen.

Das Schöne an Joe als Spieler war, dass seine Schnelligkeit nicht seine einzige herausragende Eigenschaft war. Er tat alles, was seine Trainer von ihm verlangten, alles, was seine Teams brauchten. Sein Vorbild war Earl Monroe, ebenfalls ein Bartram-Absolvent, der später eine Hall-of-Fame-Karriere bei den Baltimore Bullets und den New York Knicks hinlegte. Obwohl er 14 Zentimeter größer war als der 1,92 Meter große Monroe, wollte Joe dem Stil und den Fähigkeiten von „The Pearl“ nacheifern. Auch als sein dünner Körper muskulöser wurde, behielt er die auffällige Hand-Augen-Koordination bei, die ihn immer schon ausgezeichnet hatte. Er dribbelte den Ball zwischen seinen Beinen hindurch oder hinter dem Rücken, drehte und wendete sich wie ein kleinerer Spieler, wie ein Guard. Was er manchmal auch war.

Joe besaß Fähigkeiten, die andere Kinder seiner Größe nicht besaßen oder, falls sie sie doch hatten, nicht einsetzen durften. Ein Coach, der einen Spieler von 2,06 Meter oder mehr Körpergröße im Team hatte, beorderte diesen Spieler auf die Fünf, ins Zentrum von Offense und Defense. Bleib in Korbnähe. Wirf Korbleger. Vielleicht mal einen Hakenwurf. Beschütze unseren Ring. Aber Joe … er war anders.

In seiner Senior-Saison verzeichnete er durchschnittlich 27,4 Punkte, 17 Rebounds, sechs Assists und sechs Blocks. In der Public League erzielte Joe 57 Punkte in einem Spiel gegen Bok, gegen Overbrook waren es in seinem letzten Heimspiel für Bartram 40 Punkte und 21 Rebounds. Joe lief die Meile in vier Minuten und 45 Sekunden und die 800 Meter in zwei Minuten und einer Sekunde. Für das Leichtathletik-Team von Bartram schaffte er im Weitsprung 5,79 Meter, im Dreisprung 12,16 Meter. Joe war so verdammt athletisch und sah dabei so gut aus – flüssige Bewegungen, ohne Ecken und Kanten, immer in seinem eigenen Tempo spielend, fast wie ein Balletttänzer – von den anderen Jungs auf den Plätzen erhielt er einen Spitznamen, der aus einem alten Glenn-Miller-Song stammte, und im Slang verkürzt wurde. *„Gotta be jelly cause jam don't shake!"* (*Muss Gelee sein, denn Marmelade wackelt nicht!)* Joes Spiel wackelte nicht. Es zischte und rauschte. Joe war längst nicht mehr Joe. Joe war Jellybean, eine Geleebohne. Perfekt. „Ich esse ungefähr vier Pfund am Tag", sagte er in der Highschool. Und selbst wenn das übertrieben war, so war es eine angemessene Übertreibung, weil sie bestätigte, was ohnehin jeder wusste: Selbst für ein Kind war Joe noch ein Kind.

Jack Farrell sagte zu einem Reporter, Joe sei „der Beste in der Stadt", der beste Spieler in einer basketballverrückten Stadt. Und Joe ließ sich nicht davon abhalten, alle seine Freunde und Kollegen wissen zu lassen, dass er tief im Inneren dasselbe dachte – dass er der Beste war. Wenn Bartram ein Spiel gewann, versammelte er alle um sich, um mit ihnen wahlweise zu feiern oder es ihnen sie nach allen Regeln der Kunst aufs Brot zu schmieren und sie daran zu erinnern, wer der wahre Prinz der Stadt war. Und wenn Bartram verlor? Nun … irgendwie war Joe dann nie zu Hause. Komisch.

Ich hatte das Glück,
in einer liebevollen Familie
aufzuwachsen ... Manche
haben keine solche Familie,
wie ich sie hatte.

KOBE BRYANT

3 | Gott und der Teufel in ihnen

Die Kirche bildete das Lebenszentrum der Familie Cox. Die 1893 gegründete St. Ignatius of Loyola Church mit ihren grauen Backsteinmauern ist nach Angaben der Erzdiözese „die älteste Schwarze Gemeinde Philadelphias". Eines ihrer ersten Gemeindemitglieder war John A. Cox, der Urgroßvater von Kobe Bryant, der eine halbe Meile von der Kirche entfernt wohnte, der bedeutenden katholischen Laienvereinigung der Kolumbusritter beitrat und mehr als 40 Jahre lang den Secondhandladen von St. Ignatius leitete … nun, es hätte schlimmere Lebensvorbilder für Kobe Bryant geben können als seinen Großvater mütterlicherseits.

Beide Seiten von Kobes Familie hatten neben der Religion auch Basketball im Blut. John Cox Jr., der Sohn von John A. Cox, etwa war ein Ausnahmespieler gewesen. Im Alter von 16 Jahren hatte er in der örtlichen Boys' League in einer Saison einen Punkterekord aufgestellt und dann mit dem Sport aufgehört. Im Februar 1953 war er in die Armee eingetreten und hatte Mildred Williams geheiratet. Er war 20 und sie gerade 17 Jahre alt. Das Paar bekam zwei Kinder, Pam und John III, und John Jr. trat der Feuerwehr von Philadelphia bei. Seine Karriere dort beendete er im Rang eines Leutnants, ein Zeugnis dafür, wie hart er gearbeitet hatte und wie resilient er gewesen war. John war ein harter und strenger Charakter, was sich für ihn als nützlich erwies.

John III, „Chubby" genannt, weil er so ein pummeliges Kleinkind gewesen war, hatte von seinem Vater die Hartnäckigkeit und die Liebe zum Basketball vererbt bekommen. In Pam paarte sich die Härte von John Jr. mit der Liebenswürdigkeit Mildreds, und obwohl sie ebenfalls Basketball spielte – „Ich habe gehört, dass sie einen guten Jump Shot hat", sagte Kobe einmal – hatte sie andere, größere Interessen als den Sport. An der Overbrook High School war sie eine von zwei Schülerinnen, die in das John Wanamaker Teen Board berufen wurden, um Jugendveranstaltungen in dem berühmten Kaufhaus Wanamakers in der Innenstadt Philadelphias zu organisieren. Ein Gremium von Wanamaker-Mitarbeitern hatte Pam aufgrund von „Gelehrsamkeit, Persönlichkeit, Selbstsicherheit und körperlichen Eigenschaften" ausgewählt, wie es in einem Zeitungsartikel stand. Mit einer Größe von 1,78 Metern, hohen Wangenknochen und glänzendem dunklen Haar ähnelte Pam, als sie älter und reifer wurde, der Soulsängerin Diana Ross. Nachdem sie in das Gremium berufen worden war, trat sie bei mehreren Modenschauen im Kaufhaus als Model auf.

Dass sich ihre Wege mit Joe Bryant kreuzten, erschien im Nachhinein lediglich eine Frage der Zeit. Auch weil die Großeltern von beiden in derselben Straße wohnten. Eines Tages saß Joe mit Freunden auf den Stufen vor einem der dortigen Reihenhäuser, als Pam vorbeikam. Während die anderen Jungs flüsterten, pfiffen und nach ihr riefen – *Seht euch Pam an! Sie sieht gut aus!* –, formulierte Joe seelenruhig ein konkretes Ziel: „Ich werde sie eines Tages heiraten."

Es war nicht zu erahnen, dass der Campus des La Salle College ohne eine geeignete Halle – oder überhaupt eine Halle – für das Herren-Basketballteam die Heimat eines der besseren Programme im College-Basketball war. Das La Salle College, dessen Gebäude sich zwischen den vielen Häusern und kleinen Geschäften im Stadtteil Olney in North Philadelphia versteckten, war vor allem ein College für die Kids von Pendlern. Erschwinglich für die katholischen Arbeiterfamilien der Stadt, gut erreichbar mit Bus, Auto, Zug oder Straßenbahn. Diese Verkehrsmittel mussten die Schüler im Übrigen auch nutzen, um eines der Basketball-Heimspiele des Collegeteams zu besuchen. Sie konnten nicht einfach zu Fuß gehen. Denn die Explorers trugen ihre Heimspiele entweder im Palestra oder im Philadelphia Civic Center aus. Beide Venues lagen in West Philadelphia, jeweils eine 15-minütige Fahrt vom Campus entfernt.

Die Stadt war jedoch so reich an Basketballtalenten, dass La Salle und die vier anderen Division-One-Programme, welche die Big Five bildeten – Villanova, Temple, St. Joseph's und Penn – sich immer wieder aus einem großen Pool bedienen konnten. La Salle hatte 1952 die National Invitational Championship und zwei Jahre später das NCAA Tournament gewonnen. Der größte Star der Mannschaft (und damals des gesamten Collegesports) hieß Tom Gola, war ein 2,01 Meter großer Guard/Forward und ein Lokalheld, der in Olney geboren und aufgewachsen war. Mitte der 1960er-Jahre wurde La Salle wegen eines Skandals für zwei Jahre auf Bewährung gesetzt – der Coach hatte einige Spieler bezahlt und anderen das Stipendium entzogen. Im Anschluss stellte das College Gola als Head Coach ein, um seinen Ruf im Basketball wiederherzustellen. In Golas erster Saison 1968/69 erreichten die noch immer vom NCAA Tournament ausgeschlossenen Explorers eine 23:1-Bilanz und waren damit zweitbeste Mannschaft im Land. Lediglich das legendäre Team der UCLA Bruins mit Coach John Wooden und Star-Center Lew Alcindor, der sich später in Kareem Abdul-Jabbar umbenennen sollte, war besser. Gleichwohl gilt das 1969er-Team der Explorers auch heute noch als eines der besten in der Geschichte der Big Five.

Diese besondere Saison hallte auch drei Jahre später noch nach, als der damals beste Highschool-Spieler der Stadt über seine College-Wahl nachdachte. Joe Bryant hatte den Großteil des Frühjahrs 1972 damit verbracht, sich weiteren Division-One-Coaches bei verschiedenen All-Star-Spielen und Turnieren zu präsentieren. Besondere Aufmerksamkeit hatte er auf sich gezogen, als er beim Dapper Dan Roundball Classic in Pittsburgh zum wertvollsten Spieler gekürt wurde. Bei diesem Turnier traten die besten Spieler des Bundesstaates gegen Highschool-Stars aus dem Rest der USA an. Veranstalter war ein Geschäftsmann und Promoter aus West-Pennsylvania namens Sonny Vaccaro.

Joe hatte seine College-Liste auf La Salle, Temple, Oregon und Cincinnati reduziert, doch der Auswahlprozess verwirrte ihn und seine Eltern zunehmend. Sie wurden mit Anfragen und Informationen überhäuft und wussten nicht, wem sie trauen sollten. Um die Dinge zu vereinfachen und sich eine gewisse Geborgenheit zu erhalten, machte Joe die Nähe seines zukünftigen Colleges zum Elternhaus zur Top-Priorität. „Ich könnte Heimweh bekommen", sagte er einmal und ließ zwei Vorteile von La Salle folgen. „Ich muss nur 40 Cent in die Mautstelle werfen und bin zu Hause oder ich laufe einfach den Hügel hinunter zu meiner Großmutter." La Salle bot ihm noch einen weiteren Vorzug gegenüber den anderen Programmen: Gola war nach zwei Spielzeiten zurückgetreten und sein Nachfolger Paul Westhead setzte auf einen freien, offensiv ausgerichteten Spielstil, der zu Joes Fähigkeiten zu passen schien. Westheads Pitch an Joe war direkt und ohne Umschweife: *Bleib zu Hause und spiel vor deinen Freunden und deiner Familie. Du warst in Bartram so erfolgreich, und diesen Erfolg kannst du in La Salle fortsetzen. Es ist ein natürlicher Übergang.* Joe stimmte zu.

„Das war, ehe das landesweite Rekrutieren richtig losging", erklärte Westhead später. „Spieler wollten in der Regel in ihrer Gegend bleiben. In der Ära von Joe Bryant sagte kein Spieler: ‚Ich könnte zu Arizona gehen' oder ‚Ich könnte zur Cal Berkeley gehen'. Denn diese Möglichkeit gab es einfach nicht.'" Das traf im Allgemeinen zu, es gab allerdings auch Ausnahmen.

Wilt Chamberlain war an der Overbrook High School mit über 37 Punkten pro Spiel so dominant gewesen, dass er an jedes College des Landes hätte wechseln können. Im Jahr 1955 entschied er sich für Kansas. Gene Banks von der West Philadelphia High ging 1977 zu Duke. Rasheed Wallace verließ Simon Gratz 1993 für die Universität von North Carolina, um dort für Dean Smith zu spielen. Hin und wieder kam es also doch vor, dass sich ein überragender Spieler aus Philadelphia oder einem seiner Vororte gegen die Big Five entschied und einen anderen Weg einschlug.

Joe saß in seinem ersten Studienjahr, als Freshman in der Saison 1972/73, infolge mangelnder akademischer Leistungen bei jedem Spiel nur auf der Bank. Als er dann endlich spielen durfte, gelangen ihm in seinem ersten Spiel für La Salle 19 Punkte, 15 Rebounds, ein Block und drei Pässe hinter dem Rücken. La Salle schlug Lehigh mit 50 Punkten Unterschied. Seine Leistung auf dem Spielfeld war indes nicht sein persönlicher Höhepunkt des Abends.

La Salle-Lehigh war das erste Spiel eines Zweierpacks im Palestra, im Anschluss traf Villanova auf Richmond. Bei den Wildcats trugen vier Freshmen zum 71:58-Sieg bei, darunter Point Guard John „Chubby" Cox. Pam, die eigentlich an der Clarion State University in Pittsburgh studierte, besuchte gemeinsam mit John Jr. und Mildred das Spiel ihres Bruders. Auf der anderen Seite des vollbesetzten Palestra sah Joe Pams Eltern, und Pam sah Joes Eltern. Er durchquerte die Halle, um Mr. und Mrs. Cox zu begrüßen. Pam war bereits auf dem Weg zu seinen Eltern.

„Es war ein bisschen wie bei Miss Piggy und Kermit", sagte Joe einmal. „‚Hey, wie geht's?' Oder sowas in der Art. An diesem Abend hatten wir jedenfalls unser erstes Date."

Sie heirateten noch vor dem folgenden Sommer. Pam wechselte für ihr drittes College-Jahr als Junior nach Villanova, um nicht knapp 500 Kilometer von Joe entfernt zu leben. Sie wollte an seiner Seite sein, während er in La Salle eine Karriere als Basketballprofi anstrebte.

Für Joe und diejenigen, die ihn gut kannten, kam sein persönlicher Wandel einem Erdbeben gleich. Zuvor galt er als Partylöwe, als Playboy. Joe war charmant. Auf der Highschool hatte er eine Freundin namens Linda Salter, aber er konnte seinen grundlegenden Charakter nicht ändern: Jungs gab er das Gefühl, schon ewig mit ihnen befreundet zu sein, selbst wenn sie ihn gerade erst kennengelernt hatten. Jungen Frauen konnte er das Gefühl geben, sie seien das Zentrum der Welt, selbst wenn er sie nur Sekunden zuvor erstmals angelächelt hatte. Jemand hat mal sehr treffend geschrieben: Joe hatte zwei Minuten für jeden und zwei Stunden für niemanden.

Pam war die Ausnahme. Sie erweiterte seine Vorstellung davon, wie sein Leben aussehen konnte und wie es aussehen sollte. „Ich werde das bis zu meinem Todestag sagen: Pam war wirklich gut für Joe", erklärte Mo Howard. „Wir alle wollten die gleiche oder eine bessere Familie haben als die, in der wir aufgewachsen sind. Pam brachte Joe dazu, konzentrierter und verantwortungsbewusster zu werden. Er war ein Freigeist. Durch die Beziehung zu Pam erkannte er, was für ein Vater er sein wollte. Er ist endlich zur Ruhe gekommen."

Das erste Spiel gegen Lehigh wurde für Joe in La Salle zur Blaupause. Es hatte alles, was seine College-Karriere ausmachen sollte: die bemerkenswerten Statistiken, den Show-Aspekt und die atemberaubende Vollständigkeit seines Spiels. In seiner zweiten Saison erzielte er durchschnittlich 18,7 Punkte und 10,8 Rebounds pro Spiel und führte die Explorers mit einer 18:10-Bilanz zum Sieg in der Middle Atlantic Conference Eastern Division, und er führte sie ins Conference-Finale. Im darauffolgenden Herbst flatterten etliche Briefe von Agenten in Westheads Büro. Sie alle wollten Joe managen, obwohl der noch zwei Jahre Spielberechtigung hatte. Um bereits nach seiner Junior-Saison am NBA Draft teilnehmen zu können, hätte Joe einen Härtefallstatus beantragen müssen, also die nominelle Bestätigung seitens der Liga, dass der Spieler aus finanzieller Not zum Profi wird.

Zunächst war sich Joe nicht sicher, ob er weggehen wollte; er und Pam wurden von seinem Vater finanziell unterstützt, während sie das College besuchten. Im Winter jedoch stürzte Joe Sr. und verletzte sich so schwer am Rücken, dass er arbeitsunfähig wurde. Joe dachte über seine Zukunft nach, was auch seinem Vater nicht verborgen blieb: „Er will einen bestimmten Lebensstil beibehalten, und das ist jetzt eine Hürde. Denn er mag es nicht, von jemandem abhängig zu sein. Ich denke, alles hängt davon ab, was man ihm nun anbietet."

Westhead betrachtete Joes Situation mit den üblichen Interessenkonflikten eines jeden College-Coaches. Natürlich war es Joes Entscheidung und er musste tun, was für ihn und seine Familie am besten war. Aber Westhead, der später sechs Jahre lang in der NBA coachen sollte, damals aber noch nicht in der Liga gearbeitet hatte, wollte sich nicht festlegen, ob Joe bereit für diesen Schritt war: „Ich kenne das Profispiel nicht. Doch wenn er ein weiteres Jahr Erfahrung sammelt, könnte er der beste Basketballspieler des Landes werden."

Joe jedoch wollte nicht mehr warten. Der Sprung zum Profi juckte ihn und die Saison, die er spielte, schien diesen Reiz nur noch zu verstärken. Er führte die Statistiken der Big Five mit mehr als

21 Punkten pro Spiel an und sein Hunger wuchs, sich bald auch auf dem höchsten Level durchzusetzen. Westhead hatte Joe erlaubt, mit demselben aufsehenerregenden, trickreichen Stil zu spielen, mit dem er in Bartram alle begeistert hatte. Weder bestärkte der Coach Joe in seinem Tun, noch beschnitt er ihn. Für Westhead war es einfach ein Teil des Pakets, dass Joe den Ball manchmal im Stile eines Point Guard nach vorne trug, dass er manchmal aus über sechs Metern warf wie ein Shooting Guard, dass er Rebounds holte wie ein Center, dass er den Ball zwischen den Beinen dribbelte, er Shake-and-bakes einstreute, zwei Pump-Fakes auspackte und dann einen gut verteidigten Wurf nahm, einfach weil es sich gerade richtig für ihn anfühlte.

Ein Beispiel: Als Sophomore, in seinem zweiten Studienjahr, erzielte er gegen Rider 37 Punkte, sein Rekord am College. Er traf dabei 17 seiner 27 Würfe, verzichtete auf jegliche Theatralik und dominierte das Spiel einfach mit Korblegern und starken Drives zum Korb. Seine Leistung war ein Musterbeispiel dafür, wie er eigentlich immer hätte spielen sollen, doch er schien dies aus einer Laune heraus getan zu haben. Nach dem Spiel sagte er einem Reporter beiläufig: „Ich sollte morgen ein bisschen mehr rebounden.“ *Oh, OK, Joe.* Er konnte nicht anders. Die Ausnahme von all dieser taktisch grenzenlosen Freiheit war ein einziger Spielzug, auf den sich Westhead immer dann verließ, wenn die Explorers unbedingt einen Korb benötigten: Er ließ Joe zwei bis drei Meter vom Korb entfernt aufposten, sagte den La-Salle-Guards, sie sollten ihm den Ball geben, und ließ Joe einen kurzen Turnaround-Jumper werfen. In allen anderen Fällen ergab es keinen großen Sinn fürs Team, Joes Möglichkeiten in der Offense einzuschränken. „Er entsprach nicht der Norm, wie große Spieler spielen sollten“, sagte Westhead später. „Damals hatte jeder einen festen Platz. Jeder Trainer hatte ein offensives Schema und jeder respektierte das Schema des anderen. Es war ein Ritual, und Joe widersetzte sich diesem Ritual.“

La Salle ging 1975 mit einer 21:6-Bilanz ins Endspiel der East Coast Conference gegen Lafayette, dessen Sieger am NCAA Tournament teilnehmen würde. In diesem Spiel widersetzte sich Joe nicht nur dem

Ritual, sondern zudem noch etwas anderem. Zu dieser Zeit – und wer mag sich das heute noch vorstellen – waren Dunks im College-Basketball nicht erlaubt. Die NCAA hatte sie im Jahr 1967 verboten. (Der offizielle Grund dafür war, dass der Verband den Einfluss der großen Spieler, insbesondere von Alcindor, begrenzen wollte. Der eigentliche Grund hatte wahrscheinlich mehr mit der Hautfarbe der Spieler als mit ihrer Körpergröße zu tun: Die NCAA wollte den Inbegriff der schwarzen Dominanz in dieser Sportart unterdrücken.) Was auch immer die Absicht dieser offensichtlich absurden Regel war, sie besaß immer noch Gültigkeit. Die Schiedsrichter mussten jeden Dunk mit einem Technischen Foul ahnden, das dem gegnerischen Team zwei Freiwürfe sowie Ballbesitz garantierte.

Jeder kannte diese Regel. Sie war auch Joe sehr bewusst, während er beim 92:85-Sieg seiner Explorers 28 Punkte erzielte und La Salle damit den Conference-Titel sowie einen Platz im NCAA Tournament sicherte. Als er sieben Sekunden vor Spielende bei acht Punkten Führung einen Ball an der Mittellinie abfing und freie Bahn hatte, konnte er trotzdem nicht widerstehen. Man konnte fast die Gedankenblase über seinem Kopf schweben sehen: *Wir haben dieses Spiel im Griff. Ich war die ganze Saison über gefügig. Ich habe nicht ein einziges Mal gedunkt. Ich muss es wenigstens einmal tun!*

Das Verlangen zu dunken, das sich über zwei Jahre aufgestaut hatte, explodierte kurz darauf, als wäre Joe eine geschüttelte Wasserflasche, die man gerade geöffnet hatte. Er ließ es krachen, ohne jeden Anflug von Reue.

Die gesamte Arena erstarrte. Westhead konnte es nicht fassen, während Joe mit einem Grinsen im Gesicht auf ihn zuging.

„Coach", sagte Joe, „ich musste es tun. Ich musste es tun. Ich habe das ganze Jahr darauf gewartet."

Das ist Joe, dachte Westhead. Alles Instinkt, kein Kalkül. Jahre später sollte es Westhead faszinieren, wie sehr sich Joe und Kobe auf dem Spielfeld unterschieden. Joe tat im Spiel immer genau das, was ihm gerade in den Sinn kam. *No-Look-Pass? Warum nicht?* Kobe war das genaue Gegenteil davon: Er kalkulierte jede Bewegung. *Ich gehe drei Schritte nach links. Dann drehe ich mich wieder nach rechts.* Westhead zufolge war bei Kobe alles präzise geplant. Bei Joe entstand alles aus dem Flow, er konnte einfach loslassen. Für ihn konnte sich auch das wichtigste Spiel seiner College-Karriere, das NCAA-Halbfinale 1975 gegen Syracuse, wie ein ganz normaler Nachmittag auf den Plätzen im Cobbs Creek Park anfühlen.

Und selbst dieses Spiel konnte er wie ein gewöhnliches Pickup-Spiel auf dem Freiplatz aussehen lassen – 25 Punkte in den ersten 39 Minuten, Syracuse fiel nichts gegen ihn ein. Natürlich nicht. Sie spielten im Palestra. In der Halle, die er am besten kannte, wo er Pam kennengelernt und all die spektakulären Scoring-Nächte erlebt hatte. Und dies sollte eine weitere werden. Eine Minute vor Spielende stand es 71:71. Auf Anweisung Westheads ließen die Explorers die Uhr bis auf die letzten zehn Sekunden herunterlaufen, ehe sie ihr zuverlässigstes Play starteten: Joe im Post. Sie gaben ihm den Ball rund zwei Meter vom Korb entfernt, genau wie sie es sollten, mit dem Rücken zu seinem Mann, der keine Chance hatte, ihn zu blocken, drehte sich Joe um und nahm diesen weichen Fadeaway …

… und der Ball traf vorn auf den Ring …

… und rollte um den Ring herum …

… und die Sirene ertönte …

… und der Ball flog raus.

Das Spiel ging in die Verlängerung, die schrecklich für Joe lief. 1:42 Minuten vor dem Spielende foulte er aus. Syracuse ging mit einem Korbleger nach Backdoor-Cut spät in Führung, am Ende gewannen die Orangemen mit 87:83. Die Saison von La Salle war beendet.

Genau wie Joes Karriere. Einen Uni-Kurs nach dem anderen sagte er ab, oder er erschien einfach nicht mehr. Er verließ das College jedoch nicht offiziell. Dazu hätte er jemandem – etwa einem seiner Professoren oder Westhead – in die Augen sehen müssen, um seine Absichten zu erklären und sich womöglich einer Konfrontation auszusetzen. Wenn er konnte, vermied Joe solcherlei Unannehmlichkeiten. „Ich habe mich etwas zurückgezogen“, sagte er. „Jeder schwänzt mal den Unterricht. Das ist normal.“ Anfang April, anderthalb Monate vor dem NBA Draft, beantragte er erfolgreich den Härtefallstatus. War er bereit für die beste Liga der Welt? Die Zahlen jedenfalls sprachen dafür: 21,8 Punkte und 11,8 Rebounds pro Spiel, eine Trefferquote von 51,7 Prozent, der anerkannt beste Spieler in der anerkannt besten Stadt für College-Basketball in den USA.

Pam hatte immer noch ihre Zweifel. Sie und Joe waren frisch verheiratet, beide noch im College-Alter. Was, wenn kein Team ihn nehmen würde? Was, wenn ein Team ihn draftete und dann fallen ließ? Was, wenn er am Ende in Philadelphia zu spielen hätte? Es war schon schwer genug, die Frau eines College-Basketballstars aus Philadelphia zu sein. Und sie war ohnehin nicht begeistert davon, wie die Zeitungen der Stadt über Joe berichteten. „Wenn er gut spielt, was meistens der Fall ist", sagte sie, „erwähnt ihn kaum jemand, außer um zu sagen: ‚*Das* hat er falsch gemacht.' Und wenn er wirklich gut spielt, sagen die Leute: ‚Er sollte noch *besser* spielen.'" Sicherlich wäre die Kritik noch heftiger ausgefallen, wenn er Profi gewesen wäre und aus irgendeinem Grund keinen Erfolg in der NBA gehabt hätte. Es musste ja gar nicht einmal seine Schuld sein. Angenommen, er würde beim falschen Team landen – einem mit zu vielen Veteranen und zu wenig Talent. Angenommen, er hätte den falschen Trainer – einen, der seine Fähigkeiten nicht maximieren konnte, der keine Verwendung hatte für einen 2,06 Meter großen Spieler, der keine feste Position auf dem Spielfeld hatte (und diese auch gar nicht anstrebte). Ein Coach, der Joe im Vergleich zu einem durchschnittlichen NBA-Spieler immer noch als zu dünn empfand und Sorge hatte, dass er auf dem Court nur herumgeschubst werden würde. Angenommen, Joe würde zu einem weiteren dieser *local heroes* werden, die die in sie gesetzten Erwartungen nicht erfüllten; ein Junge, der weder bereit noch reif genug war, um auf der höchsten Ebene des Basketballs zu bestehen; eines dieser vermeintlichen Wunderkinder, das sich als Flop erwies.

Joe ließ sich von all dem Pessimismus nicht beirren. Es juckte ihn nicht. „Ich weiß, wo ich stehe", sagte er. „Ich weiß, wohin ich gehe. Es ist alles okay." In der Nacht des Draft war es das tatsächlich. Die Golden State Warriors, die nur vier Tage zuvor ihre erste NBA-Championship gewonnen hatten, wählten Joe in der ersten Runde an Position 14 aus. Das Einzige, was Joe daran hinderte, seine Karriere bei den Warriors zu starten, war eine obskure Vorschrift der Liga: Sobald ein Team einen Spieler gedraftet hatte, musste es ihm bis zum 1. September einen Vertrag anbieten, um die Rechte an ihm zu bewahren. Andernfalls kam der Spieler zurück auf den freien Markt. Die Regel war eine reine Formalität, die durch ein einfaches Schreiben des Golden-State-Managements an Joes Agenten Richie Phillips erfüllt werden konnte. Ein Kinderspiel, sollte man meinen. Und im Anschluss würden sich Joe und Pam auf zur Westküste machen.

Für Pat Williams verging der 1. September, ohne dass sich in der NBA etwas Bemerkenswertes ereignete. Der General Manager der Sixers ging davon aus, dass sein Kader komplett und bereit für das Trainingscamp war. Diese Annahme hielt sich, bis Williams ein paar Tage nach Ablauf der Vertragsfrist einen Anruf von Richie Phillips erhielt.

„Wir haben noch keinen Vertrag von den Warriors bekommen“, sagte Phillips zu Williams. „Heißt das, dass Joe überall unterschreiben kann?“

„Richie“, sagte Williams, „so verstehe ich das zumindest.“

„Nun“, sagte Phillips, „sie haben ihm immer noch keinen Vertrag gegeben. Hättet ihr Interesse an ihm, wenn er Free Agent wäre?“

Williams riet Phillips, noch ein oder zwei Tage auf den Vertrag zu warten. Doch dieser kam nicht mehr. Die Warriors hatten es schlichtweg versäumt, ihn abzuschicken – und damit konnte Joe fortan bei jedem Team unterschreiben. Und er wollte in Philadelphia bleiben. Auch Williams war überzeugt und stattete Joe mit einem langfristigen Vertrag aus. Williams gab später einmal an, dass der Vertrag eine Laufzeit von fünf Jahren bei einem Verdienst von 140.000 Dollar pro Jahr gehabt habe. Medien sprachen damals sogar von sechs Jahren Laufzeit und 1,4 Millionen Dollar Gehalt. So oder so erhielt Joe eine für ihn magische Summe, mit der er sich erst mal einen Sportwagen kaufte: einen weißen Datsun 280Z. „Es ist unglaublich“, sagte Joe Sr. „Wie viele Leute können ihren Sohn schon in der Junior Highschool, der Highschool, dem College und in der NBA spielen sehen – und das alles in derselben Stadt?“

Was man dann aber für einige Zeit lang sah … war alles andere als gut. Joe vergab 30 seiner ersten 36 Würfe als Profi. Als er bei einem Sieg gegen die Kansas City Kings Anfang Dezember endlich zum ersten Mal zehn Punkte in einem Spiel erzielte, genoss er die daraus resultierende Aufmerksamkeit der Journalisten so sehr, dass sich einige seiner Teamkollegen darüber lustig machten. „Ich labere nur ein bisschen", sagte Joe. „Ich habe dazu ja nicht mehr so oft die Gelegenheit."

Zum ersten Mal seit fünf Jahren erreichten die Sixers die NBA-Playoffs, schieden dort allerdings in der ersten Runde gegen die Buffalo Braves aus. Joe hatte seine Rolle als Bankspieler gefunden, spielte 16 Minuten pro Abend und erzielte sieben oder acht Punkte pro Spiel. Er sorgte für Instant Offense, wenn er sich reinhängte und seine Würfe fielen, ansonsten aber fehlte ihm die Konstanz. Es war Mitte April, Pam und er waren erst einen Monat zuvor Eltern einer Tochter namens Sharia geworden. Joe wollte die bevorstehende Sommerpause nutzen, um sich in dem Haus einzuleben, das er und Pam an Heiligabend für 82.000 Dollar gekauft hatten. Es war ein Haus mit fünf Schlafzimmern in der Remington Road 1224 in Wynnewood. Joe war Ehemann. Er war Vater. Er genoss die Sicherheit, den Wohlstand und, wenn er es denn wollte, hatte er als Basketballprofi eine sichere Zukunft vor sich. Oder wie Joe Sr. es ausgedrückt hatte: Joe wollte einen bestimmten Lebensstil. Jetzt hatte er ihn. Aber Joe war noch jung. Er war 21 Jahre alt.

Am Mittwoch, dem 5. Mai 1976, bemerkten zwei Beamte des 18. Bezirks der Polizei von Philadelphia, die für die Überwachung des Bezirks Fairmount Park West zuständig waren, um 23:37 Uhr einen weißen Datsun 280Z, der an ihrem Van vorbeifuhr und dann an einer Kreuzung anhielt. Eines der Rücklichter des Datsuns war defekt. Im Fahrzeug saßen Joe Bryant und eine 21-jährige Frau, seine Ex-Freundin Lisa Salter.

Die Beamten näherten sich dem Datsun und fragten Joe nach Führerschein und Zulassung. Joe stieg aus, übergab ihnen die Zulassung und stieg wieder in den Wagen, also ob er nach seinem

Führerschein sehen wolle. Doch stattdessen drehte er den Schlüssel um, trat aufs Gaspedal und raste mit ausgeschalteten Scheinwerfern in Richtung Süden davon.

Einer der Polizisten, John Pierce, forderte über Funk Verstärkung an, bevor er Joe im Van hinterherfuhr. Es entwickelte sich eine rasante Verfolgungsjagd, an der sich auch Officer Robert Lombardi in einem nicht gekennzeichneten Polizeifahrzeug beteiligte. Die wilde Fahrt ging über fünf Kilometer und gipfelte am 900er-Block der South Farragut Street in einer Sequenz, die einem Steve-McQueen-Film würdig gewesen wäre: Der Datsun rammte ein Stoppschild, schleuderte über die Straße, prallte gegen ein Parkverbotsschild, knallte zurück, pflügte ein weiteres Straßenschild um, krachte gegen die linke Vorderseite eines geparkten Autos, gegen das Heck eines anderen und gegen die Vorderseite eines dritten. Schließlich prallte er gegen eine Mauer und blieb liegen.

Joe sprang heraus und versuchte, zu Fuß zu entkommen, er kam allerdings keine zwei Meter weit. „Ich habe ihn gepackt", sagte Lombardi später vor Gericht. „Als er seine Faust gegen mich erhob, habe ich ihn geschlagen. Ich überwältigte ihn und legte ihm Handschellen an." „Geschlagen" und „überwältigt" waren Untertreibungen: Joe war in jener Nacht im Philadelphia General Hospital mit sechs Stichen genäht worden.

Bei seiner Vernehmung hatte er der Polizei gesagt, dass er keinen regulären Führerschein besäße, sondern lediglich einen abgelaufenen Lernführerschein. Zudem hatten die Beamten bei der Durchsuchung des Datsun auf dem Vordersitz zwei Tütchen mit Kokain gefunden.

Joe wurde wegen Drogenbesitzes, rücksichtslosen Fahrens und zweimaligen Widerstands gegen die Staatsgewalt angeklagt. Bei seinem Prozess rief Richie Phillips 20 Zeugen in den Gerichtssaal, die für Joe aussagten. Pam, Sharia und Joe Sr. erschienen an Joes Seite, sie vervollständigten die breite Front aus Familien-, Team- und Gemeindemitgliedern, die zu Joes Unterstützung gekommen waren. Ein Foto in den *Philadelphia Daily News* vom nächsten Tag zeigt das Paar beim Betreten des Gerichtssaals: Joe in einem dunklen Anzug mit Krawatte, den Mund halb offenstehend. Pam zu seiner Rechten, in einem hellen Kleid, den rechten Finger am Kinn und mit einem Blick, der anzudeuten scheint, dass sie soeben eine überraschende wie beunruhigende Information erhalten hat.

Die Bitten der zahlreichen Zeugen um Milde überzeugten den vorsitzenden Richter J. Earl Simmons. Er erklärte die Durchsuchung, bei der die Tütchen gefunden wurden, für rechtswidrig. Simmons nannte sie „eine verfehlte Reaktion auf etwas, das im Grunde nichts anderes als ein Verstoß gegen die Straßenverkehrsordnung war". In den übrigen Anklagepunkten befand er Joe für nicht schuldig.

Kurz darauf gab Joe gemeinsam mit Phillips ein Interview. Im Gespräch mit Phil Jasner von der *Daily News* beteuerte er, er werde nun härter spielen, sich mehr fokussieren. Der Vorfall werde ihn den Rest seines Lebens lang begleiten und er hoffe, dadurch ein besserer Mensch zu werden. Es war ein klassischer PR-Schachzug, das Konstrukt einer Erlösungsgeschichte: Junger Sportler begeht Fehler, lernt eine schwierige Lektion, ändert sein Verhalten und ist fortan erfolgreich. Aber was geschah in den Tagen und Nächten abseits des Platzes und der Kameras, jenen Momenten, in denen Joe und Pam allein waren und sein Fremdgehen und seine Nachlässigkeit zwischen ihnen standen?

Das konnten nur diejenigen verstehen, die Joe und Pam damals besonders nahstanden. Für Pam kamen Joe und ihre Familie immer an erster Stelle – sie beschützte sie, unterstützte sie, verwöhnte sie. Für sie war „Bis dass der Tod uns scheidet" keine leere Floskel. Warum sie blieb? Eine Frage, die sich keiner stellte, der sie gut kannte. Sie war eine starke, schwarze, katholische Frau – und ein Ehepaar hielt einfach zusammen. Ganz simpel. Was auch immer passiert, eine Ehefrau hatte zu ihrem Mann zu stehen; eine Mutter hatte zu ihren Kindern zu stehen. In jeder Ehe gab es schwere Zeiten, auf die schweren Zeiten der Bryants indes schauten die große Öffentlichkeit. Genauso wie sie später auf ihren Sohn blicken sollte.

Wie nicht anders zu erwarten, tauchte Kobe Bryant bereits an den frühesten Tagen seines Lebens in die Welt des Basketballs ein. Die Bryants besuchten so viele Heimspiele der Sixers, dass das Spectrum zum zweiten Wohnzimmer der Familie wurde. Joes Eltern saßen in Sektion H und die Bryants gehörten bald so sehr zum Inventar, dass Pat Williams Joe Sr. bei jedem Heimspiel begrüßte. Joe ging nach seiner Rückenverletzung nun am Stock, ebenso wie Pam, die Kobe im Kinderwagen schob. „Er ist im Spectrum aufgewachsen", sagte Williams.

Das Baby war in der Halle glücklicher als sein Vater. Nach außen hin war er „Good Time Joe" – schicke Seidenhemden, Plateauschuhe, Baskenmütze auf dem Kopf, lockeres Grinsen. Seit seiner Verhaftung hatte er auch keine Probleme abseits des Platzes verursacht. Seinen Platz in der Hierarchie des Teams jedoch, als Backup-Forward, als achter oder neunter Mann, empfand er als Schlag ins Gesicht. Wie die Sixers aufs Joes Vorfall reagiert hatten? Statt auf dessen Leistungssteigerung zu vertrauen, hatten sie sechs Millionen Dollar für Julius Erving von den New York Nets ausgegeben. Das hatte Joe auf der Bank noch ein Stück weiter nach hinten rutschen lassen. Und als er eines Abends im September 1979 mit zwei Reportern vor einer Motel-Bar in Lancaster, Pennsylvania, plauderte, wo die Sixers gerade ihr Trainingscamp abhielten, fiel in dem Gespräch der Name eines anderen Spielers. Ein Neuling bei den Lakers: Earvin „Magic" Johnson. „Er kommt mit all diesem Zeug in die Liga, und sie nennen es *Magic*", sagte Joe verbittert. „Ich habe all die Jahre genau das Gleiche gemacht, und sie nennen es *Schulhof*."

Einen Monat nach dieser Frust-Aussage, 14 Monate nach der Geburt von Kobe, wurde Joe von den Sixers für einen Erstrunden-Pick zu den San Diego Clippers getradet. Er freute sich über diesen Wechsel und schwor, dass „die Sixers bei diesem Deal schlecht aussehen werden. Ich kann Defense spielen, ich kann Offense spielen, und es gibt nicht allzu viele Spieler, die beides können … Dieses Vertrauen in mich habe ich. Merkt euch das: Ich bin weg, aber ich werde nicht vergessen werden."

Er behielt das Haus in Wynnewood und zog mit Pam und den Kindern nach Südkalifornien um – der erste klare Bruch mit Philadelphia und mit ihrer Familie. Ohne Joe bei den Sixers gab es jetzt, zum ersten Mal seit Jahren, ein paar leere Plätze in Sektion H des Spectrum, nur sechs Plätze links von einem Jungen, dessen Vater und Brüder selbst Dauerkarten hatten. Nur sechs Plätze links von einem Jungen namens Gregg Downer.

Dadurch, dass ich in Italien aufgewachsen bin, habe ich gelernt, wie man Basketball richtig spielt: Du fängst mit den Basics an. Ich werde immer dankbar sein für das, was ich von meinen Coaches dort gelernt habe …
Ich wusste, dass es anders sein würde, dass die Kultur dort anders war. Ich erinnere mich noch gut daran, wie wir das erste Mal den Fernseher einschalteten.
Es lief ein italienischer Cartoon, und meine Schwestern und ich haben uns kaputtgelacht.
Er lief auf Italienisch, aber der gleiche Cartoon war auch in Amerika gelaufen. Es war genau derselbe, nur eben auf Italienisch.
Es war seltsam, aber wir waren total aus dem Häuschen.

KOBE BRYANT

4 | Kind der Welt

Stellt euch ein dreijähriges Kind vor, ein frühreifes kleines Kind, das in einem Flur der Übergangswohnung seiner Familie in San Diego steht. Wie es den Mini-Basketball mit seinen Mini-Mini-Händen aufhebt. Der Ball ist wie der Mond, zu groß, um ihn mit nur einer Hand zu greifen. Was ein Hindernis für seine Entwicklung hin zu einem außergewöhnlichen Basketballer sein könnte, stellt sich tatsächlich als komplettes Gegenteil heraus. Gerade weil dieses Kind während seiner gesamten Jugend nicht in der Lage sein wird, einen Basketball zu greifen, und weil seine Hände nicht ausreichend wachsen, sodass er den Ball beim Dunk später immer im Handgelenk einklemmen muss, wird sich dieser Junge deutlich mehr anstrengen müssen, um die Basics absolut fehlerfrei zu gestalten: jeden Fehler oder jede Unvollkommenheit in der Fußarbeit, in der Wurfbewegung und der Technik zu eliminieren. Diese oft einsamen Übungen sind allerdings noch Jahre entfernt. Im Moment hält das Kind nur seinen Mini-Basketball in den Händen, sieht am anderen Ende des Flurs dieses winzige Trampolin vor einem Miniatur-Korb stehen und tut dann etwas, das ihm Freude macht und das es sein ganzes Leben lang tun wird. Das Kind rennt den Flur hinunter, springt auf das Trampolin, wird in die Luft katapultiert und stopft den Ball in den Korb. Seine Mutter warnt: *„Nicht dunken, mein Schatz. Du machst sonst den Korb kaputt.“* Das Kind hebt den Ball wieder auf. Es dunkt wieder. Es ist drei Jahre alt.

Bevor die Sixers Joe Bryant zu den Clippers schickten, hatten seine Teamkollegen in Philadelphia bereits Spitznamen für Kobe eingeführt. In den Sixers-Teams der späten 1970er-Jahre spielten ungewöhnlich viele Spieler, deren Söhne selbst zu Elite-Basketballern reiften. Henry Bibbys Sohn Mike etwa war im NBA Draft 1998 die Nummer zwei und spielte 14 Jahre lang in der Liga. Mike Dunleavys Sohn Mike Jr. war die Nummer drei im NBA-Draft 2002 war, spielte zehn Jahre in der NBA; sein anderer Sohn Baker schaffte es ins Collegeteam von Villanova. Joe allerdings hatte Kobe, der von Joes Teamkollegen und deren Familien – und auch seine eigenen Eltern – als „der Auserwählte" und als „Goldenes Kind" bezeichnet wurde.

Nun also würde das Goldene Kind einen Teil seiner Kindheit im „Golden State" verbringen, wie man Kalifornien auch bezeichnet. Zunächst hatte Joe diese Vorstellung regelrecht gehasst. Er hatte sich lange schon einen Trade gewünscht, aber als dieser dann Wirklichkeit wurde, verletzte es ihn, dass das Team seiner Heimatstadt ihn als entbehrlich ansah und abgeschoben hatte. Die Sixers, so Joe, hatten ihn „mitten ins Herz getroffen". Der Trade erfolgte zwei Wochen vor seinem 25. Geburtstag und brachte Joe durchaus auch offensichtliche Vorteile – allen voran mehr Spielzeit sowie einen Neustart.

Joes Spielzeit verdoppelte sich, die Ergebnisse allerdings verbesserten sich nicht. Er hatte nicht die Freiheit, so zu werfen, wie er wollte oder mit dem Ball zu zaubern und einfach nur er selbst zu sein. Überdies war das Spiel der Clippers so chaotisch, dass er nicht einmal die – zugegeben magere – Genugtuung wie in Philadelphia erfuhr, seinem Team dabei helfen zu können, mehr Spiele zu gewinnen als zu verlieren. Die Differenz bei der Teambilanz zwischen seinem ersten (35:47) und zweiten Jahr (36:46) bei den Clippers war nicht der Rede wert. 1981 musste er an beiden großen Zehen operiert werden. Und falls noch irgendwelche Zweifel daran bestanden, wie sehr Joe die Gegend um Philadelphia vermisste, räumte er sie in jedem Sommer aus: Dann kehrte er mit seiner Familie nach Wynnewood zurück, um in der dortigen „Baker League" zu spielen. Zudem rief er nach jedem Clippers-Spiel seinen Vater an, der daraufhin die Philly-Lokalzeitungen, insbesondere *The Bulletin* und *The Tribune*, ständig mit Neuigkeiten versorgte.

Das Beste an San Diego, vielleicht das einzig Gute, war die Stadt selbst – das Wetter, die Sonne, die Menschen, charmant und entspannt. Joe und Pam nahmen die Kinder mit nach Disneyland, SeaWorld und in den Zoo von San Diego. Joe blieb dabei stehts nahbar und entspannt im Umgang mit Fans, war einfach ein weiterer Vater, der ein Orca-T-Shirt oder eine Mütze mit Mäuseohren trug. Sharia, Shaya und Kobe gingen zur Schule, wo Kobe seiner Lehrerin im Stile eines Sportreporters immer wieder gerne von Joe erzählte. *Die Mannschaft meines Dads hat gestern Abend gewonnen, und mein Dad hat einen Slam Dunk hingelegt.* Wenn er sich abends die Spiele seines Vaters im Fernsehen ansah, warf er sich ein Handtuch über die Schulter wie die erwachsenen Spieler. *Mom, ich schwitze.*

In der Saison 1981/82 stürzten die Clippers ab, gewannen nur 17 Spiele und belegten den letzten Platz in der Pacific Division. Am Ende der Spielzeit legte es Joe darauf an, getradet zu werden, indem er gegen eine Sparmaßnahme des notorisch geizigen Clippers-Besitzers Donald Sterling protestierte. Sterling hatte verfügt, dass Coaches und Spieler nicht mehr in der ersten Klasse fliegen sollten, weil er das Geld sparen wollte. „Die Jüngeren wären auch im Frachtraum mitgeflogen“, sagte Joe, „aber als Veteran habe ich mich für die Rechte der Spieler eingesetzt.“ Angesichts der Tatsache, dass NBA-Commissioner Adam Silver Sterling im Jahr 2015 aufgrund rassistischer Äußerungen gegenüber seiner Lebenspartnerin auf Lebenszeit sperrte, hätte Joes Protest 33 Jahre zuvor wohl als frühe Warnung angesehen werden können. Im Juni 1982 arrangierten die Clippers einen Trade mit den Houston Rockets, Joe gefiel das.

Er hatte sich darüber hinaus auch mit einer anderen Option befasst: Basketball-Coach am College zu werden. Im Sommer spielte er in Philadelphia nicht nur in der Baker League, sondern coachte auch in der College-Division der Sonny Hill League. Joe genoss diese Erfahrung und war überzeugt, dass er einem Team der Big Five als Assistant Coach und vor allem als Recruiter gute Dienste würde leisten können, wobei ihm seine gesellige Persönlichkeit hilfreich sein würde. „Ich glaube, ich könnte die besten Spieler davon überzeugen, daheim zu bleiben“, sagte er. „Dann würde ich sehr hart daran arbeiten und diesen Spielern helfen, ihr volles Potenzial auszuschöpfen.“

Stellt euch das Kind vor, vier Jahre alt, das frühreife kleine Kind, das einen weißen Karate-Anzug trägt und in einem Dojo im Südosten von Texas steht. Das Kind ist, wie sein Alter vermuten lässt, ein Neuling im Bereich der Kampfkünste, aber der Sensei, der Lehrer, sieht etwas in ihm. Er beschließt, das Kind zu testen. Es gibt einen älteren, körperlich stärkeren, erfahreneren Jungen im Dojo, einen Braungurt. Der Sensei sagt dem Kind, es solle gegen diesen Gegner kämpfen. Dem Kind laufen die Tränen über das Gesicht.

Er ist so viel besser als ich, sagt es.

Das Klagen verärgert den Sensei. *Du sollst mit ihm kämpfen!*

Mit einem Kopfschutz über dem Schädel und glänzenden roten Kampfhandschuhen an den Händen schlurft das Kind auf die Matte. Die anderen Kinder umringen es und den größeren Jungen, sie wollen mit ansehen, wie das Kind eine Tracht Prügel kassiert. Das Kind ist überfordert, verängstigt. Der größere Junge verpasst ihm einen Schlag, dann einen Tritt, einen weiteren Schlag. Das Kind hört auf zu weinen, bleibt im Ring, steckt die Schläge ein, schlägt zurück. Und siehe da, es landet ein paar gute Treffer. Das Kind verliert den Kampf, aber es hat sich gewehrt – und als der Kampf vorbei ist, zieht es eine befreiende Lektion daraus. Es hatte sich das Schlimmste ausgemalt, aber Ausgang und Folgen des Kampfes waren nicht so schlimm wie befürchtet. Es ist eine Art instinktives Erkennen, ein Erwachen, welches das Kind für immer prägt. Es ist vier Jahre alt.

In Houston war Joe Teil eines weiteren schlechten Teams auf dem Weg ins Nichts. Er stellte sich die Frage, die seine NBA-Karriere bis dahin begleitet hatte: Lagen seine Schwierigkeiten an den Umständen, oder war er selbst die Ursache für seine Verzweiflung und seinen Unmut? In Kansas City kam er zwei Minuten zu spät zum Mannschaftsbus, der ihn zum morgendlichen Training bringen sollte. Als der Bus ohne ihn abfuhr, konnte er sich kein Taxi zum Training nehmen, weil er in der Nacht zuvor sein Geld beim Pokern verloren hatte. Er ging also zurück auf sein Hotelzimmer und legte sich schlafen. Pam scherzte danach, dass sie von nun an vor jeder Teamreise einen Fünf-Dollar-Schein in einen von Joes Socken stecken würde. Joe schien es nicht in den Sinn zu kommen, dass er sich das Vertrauen seiner Coaches und damit eine bessere Karriere hätte verdienen können, wenn er sich sorgfältiger und professioneller verhalten hätte. Zu diesem Zeitpunkt jedenfalls hatte er diese Einsicht nicht.

So schlecht Joes letzte Saison in San Diego gewesen war, die Saison in Houston war sogar noch schlechter. Unter Coach Del Harris wiesen die Rockets mit 14:68 die schlechteste Bilanz der Liga auf. Die Franchise befand sich im Wiederaufbau, Joe wurde auf dem Spielfeld nicht mehr benötigt. Als sein Vertrag endete, wollte ihm weder Houston noch irgendein anderes NBA-Team einen neuen geben. Der damalige Rockets-Besitzer Charlie Thomas allerdings mochte Joe so sehr, dass er ihm einen anderen Job anbot. Thomas gehörten um die 50 Autohäuser. Joe war 28 und auf einen Schlag kein NBA-Spieler mehr. Er war verheiratet und hatte drei Kinder, für die er sorgen musste. Joe war von jetzt an Autoverkäufer.

Vergesst jene Nacht voller schlechter Entscheidungen im Fairmount Park Jahre zuvor. Damals war Joe wenigstens noch ein Basketballstar gewesen. Die Sixers hatten noch zu ihm gehalten, hatten ihm eine zweite Chance gegeben. Das hier war sein Tiefpunkt. Niemand erachtete ihn mehr als wertvoll, weder auf dem Spielfeld noch in der Kabine. Sein Verhalten hatte zu der Wahrnehmung geführt, dass er ein riesiger Clown war – und das würde er nicht mehr loswerden. Das Schlimmste daran war, dass er kein alternder Ex-Star war, der einfach sein Können eingebüßt hatte. Joe war noch keine 30. Jellybean konnte immer noch werfen, immer noch zaubern. Aber wer sollte ihm jetzt noch eine Chance geben?

Sonny Hill unterbreitete ihm einen Vorschlag. *Versuch's in Europa*, sagte Sonny. *Dort werden sie dich wertschätzen.* Natürlich. Ins Ausland gehen. Das ergab Sinn. In Übersee ließ sich gutes Geld verdienen – und ein solch drastischer Wechsel war in der Familie Bryant-Cox nicht ohne Beispiel. Joes Schwager Chubby Cox hatte den Sprung bereits gemeistert, nachdem er es 1978 im Anschluss an den Draft nicht in den Kader der Chicago Bulls geschafft hatte. Eine zeitlang trat er danach in der Continental Basketball Association auf der Stelle, ehe er die Liga verließ, um in Caracas zu spielen, der

Hauptstadt Venezuelas. Dort entwickelte er sich gut. Dort bekamen er und seine Frau Victoria einen Sohn – John IV, Kobes Cousin –, noch ehe sie nach Philadelphia zurückkehrten. Wenn Chubby es schaffen konnte, konnte Joe das auch. Er und Pam verkauften alles, was sie in Houston besaßen. Joe stellte seinen Mercedes in der Garage ihrer Eltern ab und machte sich mit Pam und den Kindern auf den Weg über den Atlantik.

Stellt euch das Kind vor, neun Jahre alt, das frühreife Kind, das durch den Bus hüpft, während dieser durch italienische Städte und Landschaften rollt, auf der Autostrada beschleunigt und über staubbedeckte Straßen rumpelt. Das Kind ist gar nicht mehr so klein. Sein Rumpf ist kurz und hoch, weil seine Beine so lang sind. Es ist offensichtlich, dass es deutlich über 1,80 Meter groß werden wird, sobald es ins Teenageralter kommt. Es hüpft durch den Bus, der voll mit italienischen Basketballspielern und Coaches auf dem Weg zu einem Spiel ist. Es hüpft so weit, bis es die beiden *americani* in der letzten Reihe erreicht. Einer von ihnen ist sein Vater. Der andere ist der Freund seines Vaters.

Das Kind liebt diese Ausflüge, es begleitet seinen Vater dabei häufig. Je nachdem, wo das Spiel stattfindet, kann die Fahrt zwei oder drei Stunden dauern, aber auch mal fünf oder sechs. Je nach Strecke riecht es im Bus nach den Aromen jener Regionen und Städte, durch die sie fahren – nach dem würzigen Käse, wie er auf den Straßenmärkten von Bologna verkauft wird. Nach dem salzigen Geruch von Fisch in Venedig. Nach dem Basilikum, der die Brise an den Küsten im Südosten von Italien prägt. Sein Vater und sein Freund, die einzigen Amerikaner im Team, unterhalten sich während dieser Reisen oft über ihre Familien. Das Kind redet mit.

Eines Tages zeige ich euch alten Leuten, wie man spielt, sagt das Kind zu ihnen. *Ich zeige euch, wie es richtig gemacht wird.* Die Männer krümmen sich vor Lachen.

Eines Tages jedoch beichtet der Vater des Kindes seinem Freund etwas. Die Großmutter des Vaters hatte einst prophezeit, dass jemand kommen werde, der die gesamte Familie verändern würde.

Der große Dinge vollbringen und den Familienmitgliedern ein neues Leben ermöglichen würde.

Und der Vater sieht seinen Freund an und sagt*: Ich weiß, dass ich es nicht bin. Ich bin schon fast am Ende meiner Laufbahn angelangt.* Und die beiden Amerikaner schauen zum Kind, das wieder durch den Bus hüpft, und der Vater sagt: *Er könnte es sein*. Und keiner der beiden Männer lacht.

Der Umzug seiner Familie, als er sechs Jahre alt war, bedeutete für Kobe Bryant einen Einschnitt. Hätte Joe es weiter in der NBA versucht und hätte ihm ein anderes Team die Möglichkeit gegeben, seine Karriere zu verlängern, wäre das Wanderleben der Familie weitergegangen. Das wäre jedoch zumindest innerhalb der Grenzen der Vereinigten Staaten geschehen, was bei aller Vielfalt und Unterschiedlichkeit von Menschen und Orten doch mehr Vertrautes geboten hätte als der Wechsel in die fremde Kultur Italiens. Ein Verbleib in den USA hätte wohl auch nicht jene Dynamik befördert, die die Familie in all den Jahren danach prägen sollte. Die Basketball-Vereine Italiens, darunter auch Joes Klub Sebastiani Rieti, arbeiteten mit weniger prall gefüllten Spielplänen als die Teams in der NBA. In einer regulären Saison gab es gerade mal 30 Spiele, die stets am Sonntag stattfanden. Rieti war eine Stadt mit über 40.000 Einwohnern, etwa eine Stunde nordöstlich von Rom entfernt. Der Verein fand dort für die Bryants ein Häuschen mit Holztor, einem Garten und einem Basketballkorb an der Außenwand. Man stellte Joe einen neuen BMW zur Verfügung und traf alle notwendigen Vorkehrungen für die schulische Ausbildung des Nachwuchses. Die Kinder gingen sechs Tage in der Woche zur Schule. Ehe sie auf die örtliche Grundschule in Rieti wechselten, wurden sie von einem vom Klub gestellten Chaffeur zu einer amerikanischen Schule im Norden Roms gefahren. Während ihrer Schultage, die von 8:30 Uhr bis 12:30 Uhr dauerten, lernten Sharia, Shaya und Kobe die italienische Sprache schneller als ihre Eltern. Kobe begleitete seinen Vater jeden Nachmittag zum Training. Die Bryants, die sich ohnehin schon nahegestanden hatten, entwickelten als schwarze Familie in Europa nun eine noch stärkere, engere Bindung in einem Land, in dem sie sowohl besonders als auch bekannt waren. Wenn sie durch die Stadt schlenderten, spendierten ihnen Fremde einen Kaffee, boten sich an, ihre Restaurant-Rechnungen zu übernehmen, oder man ließ Kobe und seine Schwestern etwas Pasta oder Schokolade kosten.

„Die Menschen dort behandeln andere als Gleiche", sagte Kobe einmal, als er auf die Highschool ging. „Sie misstrauen einander nicht. Sie grüßen dich, wenn sie dich auf der Straße sehen. Und Familie wird dort großgeschrieben."

Hatte Joe seine vielen Reisen zu Auswärtsspielen in der NBA mit mit allem Möglichen füllen müssen, genoss er es jetzt mit Pam, bis zu zehn Kilometer am Tag zu joggen. Jetzt warf er mit Kobe und den Nachbarskindern in der Einfahrt Körbe, als stünde das Haus der Bryants in Hameln und Joe würde ein Blasinstrument schwingen. Jetzt frischte er sein Italienisch auf und erweiterte seinen Wortschatz, bis er nicht mehr nur ein paar Sätze kannte, sondern einen Großteil der Sprache beherrschte. Jetzt öffnete er Pakete von Joe Sr. mit Videotapes von NBA-Spielen, die Kobe sich ansehen sollte. Bestimmte Spiele fesselten Kobe. Meistens waren daran die Los Angeles Lakers beteiligt. Diese auffälligen lila-goldenen Trikots, die Art und Weise, wie Magic Johnson ein Spiel kontrollierte, die komische Brille, die Kareem Abdul-Jabbar trug, die Kombination aus Fantasie und Selbstbeherrschung im Spiel eines jeden Teammitglieds: Kobe konnte nicht aufhören, ihnen zuzusehen. Wie kam es, dass Magic nie eine falsche Entscheidung traf? Und die Begeisterung in seinen Augen – es war die gleiche Begeisterung, die Kobe von seinem Vater her kannte. Und wie hatte sich Kareem den *Sky Hook* selbst beigebracht? Niemand sonst nahm diesen Wurf! „Er sah sich diese Spiele an wie einen Film", sagte Shaya später, „er wusste, was die Schauspieler als Nächstes sagen würden." Und daneben saß Joe, sah sich die Videos mit ihm an, gab Analysen und Kommentare ab und erklärte Kobe, was gleich passieren würde, was dieser oder jener Spieler tun würde und weshalb, und Kobe konnte von all dem nicht genug bekommen. *Schau dir an, wie sich Olajuwon am Zonenrand in Position bringt. Hier bekommt er den Hebel und den Platz, um sich zur Grundlinie zu drehen, wenn er will.*

Kobe sah sich die Spiele so oft an und verfolgte sie so aufmerksam, dass er jede Nuance in sich aufnahm, als hätte Joe ihm den Zutritt zu einer geheimen Welt gewährt, einer Welt, die Kobe nie wieder verlassen wollte. Als er anfing, die Socken seines Vaters zu einem Ball zusammenzurollen und in einen Mülleimer zu werfen, war er nicht mehr einfach nur ein sechsjähriger Junge. Er war auch ein Laker, der vor einer kreischenden, ausverkauften Menge im Great Western Forum spielte, mit Hollywoodgrößen wie Jack Nicholson und Dyan Cannon und vielen weiteren Berühmtheiten in der ersten Sitzreihe. Er ahmte auf seinem Korb am Garten nach, was er auf den Videos gesehen hatte. Er wartete, bis seine Mutter ihm den Rücken zudrehte, und seilte sich vom zweiten Balkon des Hauses in den Hinterhof ab, huschte über eine gefährliche Fernstraße und sprintete über ein Feld zu einem Platz nahe der katholischen Kirche, vor der atemberaubenden Kulisse des 20 Kilometer entfernten, schneebedeckten Bergs Terminillo, um dort weiter an seinen Moves zu arbeiten. Claudio di Fazi, der Sohn des Geschäftsführers von Sebastiani Rieti, rekrutierte ihn für eine Basketball-Liga, in der die Jungen zwei oder drei Jahre älter waren als er. Dort dribbelte, warf und traf er so viel – allein zehn Punkte in seinem ersten Spiel –, dass seine neun Mitspieler zu weinen begannen und ihre Eltern schrien, dass jemand diesen verwöhnten kleinen *scuro* („den Dunklen“) vom Feld holen sollte. Als di Fazi einknickte und Kobe auf die Bank schickte, brach auch dieser in Tränen aus und rannte auf die Tribüne zu Pam, damit sie ihn trösten konnte. Auch Joe war jeden Tag zugegen, und nicht irgendwo zwischen Atlanta, Portland oder Salt Lake City unterwegs. So erlebte er hautnah mit, wie sein Sohn punktete, schmollte und träumte.

„Ich bin ein Familienmensch geworden“, sagte Joe der *New York Times* im Jahr 1985. „In den Vereinigten Staaten war ich eher ein Reisender.“

Pam indes war diejenige, die das Sagen im Haushalt hatte. Sie hatte alles im Griff, achtete darauf, dass ihre Kinder andere so behandelten, wie sie selbst behandelt werden wollten, dass sie sich ihrer neuen Umgebung gegenüber öffneten, und disziplinierte und verwöhnte sie zur gleichen Zeit. Sie wollten sich auf das Neue des alten Kontinents einlassen. „Das Reisen hat ihnen geholfen, andere Menschen und andere Religionen zu erleben“, sagte Joe einmal. „Ich glaube, sie sehen Leute als Menschen an, denken nicht in Stereotypen wie Hautfarbe oder Religion." Kobe vertiefte sich in Basketball, aber Fußball liebte er auch. Sharia und Shaya entdeckten Volleyball für sich. Sie verhielten sich Erwachsenen und Gleichaltrigen gegenüber respektvoll ... bis diese sie in irgendeiner Weise verletzten, dann zeigten sie Stärke, Durchsetzungsvermögen oder eiskalte Missachtung. Diese Haltung hatten sie sich bei ihrer Mutter abgeschaut. Wenn Pam morgens joggte, geschah es bisweilen, dass ein Autofahrer sein Fenster herunterkurbelte. Doch ehe er ihr etwas zurufen konnte, hatte sie ihm ihrerseits ein *Fick dich* entgegengeschleudert. Sie brachten sich Italienisch bei und sprachen es bald so gut, dass sie zu beliebten Interviewpartnern im italienischen Fernsehen wurden. Wenn möglich, zeigte Pam den Kindern immer wieder Beispiele amerikanischer Popkultur. Als seine Mutter Kobe zur Geburtstagsparty eines Freundes begleitete, beeindruckte er die anderen Kinder und die Erwachsenen mit einer spontanen Breakdance-Vorführung. Für Pam spielte der Katholizismus eine zentrale Rolle: Als die Familie in der Toskana lebte, zog Kobe sich zu seiner Erstkommunion einen dunkelblauen Blazer, eine weiße Hose und ein weißes Hemd an, so, wie er es auch als gewöhnlicher Zweitklässler in den USA getan hätte. Es kam nicht von ungefähr, dass sich Kobe in seinen ersten Jahren bei den Lakers im Mannschaftsflugzeug regelmäßig mit Kopfhörern auf den Ohren abkapselte, um wieder und wieder den Film *„Die zehn Gebote"* anzusehen.

Joe begegneten in Italien Gesichter aus seiner Vergangenheit, die die Zukunft von Kobe prägen sollten. Harvey Catchings, mit dem Joe bei den Sixers zusammengespielt hatte, war ebenfalls nach Italien gekommen und hatte seine Töchter Tauja und Tamika mitgebracht. Tamika war ein Jahr jünger als Kobe. Die Kinder freundeten sich an, teilten sich manchmal ein Stück Pizza und blieben in Kontakt, als Kobes Karriere bei den Lakers abhob und Tamika im Basketball vier Olympische Goldmedaillen mit der US-Frauen-Nationalmannschaft gewann dazu eine WNBA-Championship und einen WNBA –MVP Award. „Wir hatten eine Vorstellung von einem anderen Leben", sagte Kobe einmal über sich und Tamika. „Wir sind mit dem Gedanken aufgewachsen, dass alles möglich ist." Beide wurden am Abend des 15. Mai 2021 in die Naismith Memorial Basketball Hall of Fame aufgenommen. Tamika: „Das war wie das Ende eines Bilderbuchs."

Leon Douglas hatte Joe im Alter von 17 Jahren beim Dapper Dan Classic in Pittsburgh kennengelernt. Dann hatten sich ihre Wege getrennt, Joe war zu La Salle gegangen, Douglas nach Alabama. In Italien setzte Douglas seine Karriere als Center bei Fortitudo Bologna fort, einem der Rivalen von Rieti. Fernab vom Druck der NBA lebte die Freundschaft wieder auf und Douglas half den Bryants, sich in ihrer neuen Umgebung einzuleben. Bei den Spielen in Italien herrschte eine Atmosphäre, die mit der eines College-Footballspiels oder einem Fußballspiel in der Serie A vergleichbar war, mit wehenden Fahnen und einer fröhlichen Energie, die in der Halle pulsierte. Wenn Joe seinen Rhythmus fand und anfing, ein Spiel zu dominieren, wenn er auf dem Flügel ins Eins-gegen-Eins ging, feuerten ihn Pam, die Mädchen und Kobe von der Tribüne aus an: *„Mach ihn fertig! Nimm ihn auseinander!"* Niemand schrie Joe an, er solle Teamball spielen oder für seine Guards Blöcke stellen. Er konnte der Spieler sein, der er in der NBA nie sein durfte: ein 2,06 Meter großer Small Forward, der Würfe von weit draußen über die Zonenverteidigung warf und an jedem vorbeizog, der es wagte, ihn im Eins-gegen-Eins zu verteidigen.

Sein Spitzname war „The Show", aus sehr offensichtlichen Gründen. In den ersten 25 Spielen seiner zweiten Saison bei Rieti erzielte Joe durchschnittlich 34,8 Punkte und führte die Liga bei den Punkten und Assists an, wobei Letzteres vor allem daran lag, dass er so oft den Ball in den Händen hielt. Den offenen Mitspieler finden? Nur, wenn dem Pass eine 360-Grad-Drehung vorausging, die einen Verteidiger in die Knie zwang. Nur, ohne hinzusehen. Nur, wenn die Aktion einen gewissen Style hatte. Es kam nicht selten vor, dass er 60 oder mehr Punkte in einem Spiel erzielte, und dabei außerhalb jeder Taktik unterwegs war. Er hätte ebenso gut allein auf dem Platz stehen und Trickwürfe probieren können. Ein paar Jahre später holte das Team aus Pistoia sowohl Douglas als auch Joe, ihre Familien lebten eine halbe Stunde Autofahrt voneinander entfernt – die Douglas-Family bezog eine Eigentumswohnung, die Bryants eine Villa in den Bergen. Sie trafen sich oft. Die Kinder feierten ihre Geburtstage gemeinsam, gingen in dieselbe Schule. Sharia, Shaya und Kobe passten auf Jae auf, die Tochter der Familie Douglas. Joe und Leon aßen jeden Tag zusammen zu Mittag, wo Joe, der deutlich besser verdiente, gern die Rechnung übernahm. Von dieser Großzügigkeit war auf dem Court jedoch nichts zu sehen.

„Auf der einen Seite war es schön für mich, weil ich mit einem sehr guten Freund zusammengespielt habe", sagte Douglas, „aber Joe hat den Ball nicht allzu oft abgespielt. Das hat Kobe von ihm."

Woche um Woche sah Kobe bei den Heimspielen seines Vaters zu. Die erste Halbzeit verfolgte er von einem Platz am Spielfeldrand, von dem aus er die Feinheiten der Bewegungen aller Spieler beobachten konnte. In der Halbzeitpause schnappte er sich dann einen Feudel, um den Platz zu wischen. Dann führte er seine Show auf: Er ahmte nach, was er gerade gesehen hatte: Dribblings zwischen den Beinen, Jump Shots von weit draußen, er war wie eine Miniaturausgabe von Joe. Die Zuschauer in der Arena starrten den Jungen an, aber das störte ihn nicht. Irgendwann mussten ihn die Schiedsrichter vom Platz schicken, damit das eigentliche Spiel weitergehen konnte.

Kobe freundete sich mit Luca Rusconi an, dem Sohn von Joes Coach, und fand in ihm einen perfekten Trainingspartner. Zu Hause schnitten sie den Boden eines Plastikeimers ab, hängten ihn an das Garagendach und nutzten ihn als provisorischen Korb. Vor einem von Joes Spielen forderte Kobe den zwei Jahre älteren Luca zu einem Dreierwettbewerb heraus. Er traf jeden seiner zehn Versuche, was den Freund sprachlos machte, Luca ließ einfach den Ball fallen, reichte Kobe die Hand und ging davon. Während der Busfahrt hatten sein Vater und Douglas über Kobes Prahlereien gescherzt. Doch die Kulisse und er selbst, der allein vor all den Leuten spielte, das war nur der erste notwendige Schritt.

„Er hatte keine Angst", sagte Douglas. „Das verstehen die Leute nicht. Die großen Spieler können überall spielen, ohne dass ihr Selbstvertrauen schwindet. Das Selbstvertrauen zeichnet einen großen Spieler aus. Du kannst in eine negative Situation geraten, die deiner Psyche schadet und dich davon abhält, Dinge zu tun, die du normalerweise tun würdest. Kobe hatte dieses Problem nie. Sein Vater war auch so: Für ihn gab es nie einen schlechten Wurf. Wenn er zehnmal danebenwarf, traf er die nächsten zehn Würfe. Ich bin mir sicher, dass die Gegenwart von Profis diese Mentalität bei Kobe verstärkt hat."

Es war allerdings eine besondere Art von Profi, die Eindruck bei Kobe hinterließ. Von seinem Vater lernte Kobe die individualistische Natur des Basketballs zu schätzen, den spektakulären Eigensinn eines unbeirrbaren Spielers. Die Dankbarkeit gegenüber seinen Coaches in Italien? Eine höfliche Geste, ein freundliches Lippenbekenntnis. Denn von wem lernte er mehr: Den Coaches, die ihn einengen wollten, oder von seinem Vater, der ihn befreien wollte? Joe konnte ihm nicht nur die akrobatischen Bewegungen zeigen, die sein Markenzeichen waren. Joe konnte ihm von seiner NBA-Karriere erzählen, von der er noch immer dachte, dass sie viel größer hätte sein können. Kobe konnte diese Überzeugung nachvollziehen. Dad war so respektvoll gegenüber seinen Mannschaftskameraden, seinen Trainern und den Fans gewesen. Hatte er nicht acht Jahre lang in der Liga gespielt, als es weniger Teams und deutlich weniger feste Kaderplätze gab? War er nicht all die Jahre über fit geblieben, allzeit bereit? Dad nahm nichts als selbstverständlich hin. Er war er selbst, er spielte so, wie er spielen wollte. Er behielt die Integrität seines Spiels bei – und die Statistiken in Italien, der Beifall, die herzliche Aufnahme durch die dortigen Zuschauer, das alles sprach für sich. Es war nicht die Schuld seines Vaters gewesen, dass ihm niemand in der NBA eine Chance. Kobe wollte das ändern. Eines Tages, so schwor er sich, würde er diesen Fehler korrigieren.

Von den Gegnern seines Vaters jedoch konnte Kobe sich abschauen, wie er beides vereinen konnte: das Beste von Joe und das Beste aus den Spielsystemen und der Disziplin, denen sein Vater nie genug Beachtung geschenkt hatte. Er wusste um die Wichtigkeit der Grundlagen im Basketball. Platziere deinen Fuß so, dass der Verteidiger gerade so weit zurückweicht, dass du den Ball über ihn hinwegwerfen kannst. Senke deinen Körper in diesem Winkel ab, um dich wie der Streifen auf einer Zuckerstange um deinen Verteidiger zu winden und den Weg zum Korb freizumachen. Der Power Forward sollte genau 1,85 Meter vom Point Guard entfernt stehen, sonst endet der Spielzug, bei dem Timing und Synchronizität entscheidend sind, im Chaos.

In den Jahren 1986 und 1987 spielte Joe bei Standa Reggio Calabria, während Kobe im organisierten Jugendbasketball aktiv war. Zunächst war er dort nett und höflich zu allen. Seinem dortigen Trainer Rocco Romeo zufolge hatte Kobe „ein strahlendes Lächeln im Gesicht". Sobald die Einheiten oder Spiele allerdings begannen, schrie Kobe Romeo an: „Rocco! Den Ball! Den Ball!" Um Kobe zu beruhigen und die Peinlichkeit zu vermeiden, von einem Kind angeschrien zu werden, ermutigte Romeo die anderen Spieler: *„Kommt schon, Kinder. Spielt den Ball ab …"* Sobald Kobe allerdings die Kontrolle über den Ball hatte, gab er sie nicht mehr her. Kobe gab den Ball nicht zurück, er lächelte nicht und er scherte sich nicht darum, Defense zu spielen. Er bewegte sich auf dem Court im Stil seines Vaters und mit der Intensität seiner Mutter, mit denselben sauberen, eleganten Bewegungen, die Romeo auch während Kobes NBA-Karriere beobachtete. „Er bewegte sich wie ein Panther", so Romeo. Wobei das nicht immer unausgesprochen blieb. Seine Eltern taten wenig, wenn sie überhaupt etwas taten, um ihn zu zügeln. Eines Tages brachte Joe Kobe mit zum Training, wo Santi Puglisi, der Head Coach des Teams, seine Spieler in der Mitte des Courts versammelte, um ihnen eine künftige Taktik zu erläutern. Kobe trug eines der Mannschafts-T-Shirts seines Vaters, dessen Saum bis zu den Knien herabhing, schnappte sich einen Basketball und begann am anderen Ende des Spielfelds zu dribbeln. Abgelenkt sagte Puglisi mit einem Lachen: „Kobe, bleib sitzen." Kobe schaute ihn an.

„Fick dich", sagte er. „Fick dich."

Wie geht man mit einem Kind um, das so mit Erwachsenen spricht? Wo zieht man die Grenze zwischen der Ermutigung, an sich selbst zu glauben und zu vertrauen, und dem Freifahrtschein, sich so zu verhalten, als sei das Wort eines älteren und erfahrenen Menschen nicht der Rede wert, als wäre es in Ordnung, auf eine vernünftige Aufforderung einer Autoritätsperson zu spucken? Wenn man Joe und Pam Bryant ist, schickt man das Kind auf Privatschulen, auf denen strengste Disziplin herrscht, die ihn intellektuell fordern. Aber wenn es um Basketball und sein Verhalten dabei geht, verhätschelt man ihn. Als er elf oder zwölf Jahre alt war und sein Vater für Reggio Emilia in Norditalien aktiv war, spielte Kobe für Cantine Riunite, eine Juniorenmannschaft, die von der gleichnamigen Weinkellerei gesponsert wurde. Die Trikots der Mannschaft waren weiß mit roten und blauen Verzierungen und ähnelten denen, die Bryant und die anderen Mitglieder von Team USA bei den Olympischen Sommerspielen 2008 in Peking tragen sollten. Ein Foto aus dieser Zeit bei Riunite ist besonders aufschlussreich. Es zeigt die beiden Trainer und 13 Spieler, die für ein typisches Mannschaftsfoto posieren, die vordere Reihe sitzend, die hintere Reihe stehend. Einige Spieler lächeln, andere wirken gelangweilt. Kobe steht ganz links hat das Kinn erhoben und schaut finster drein. Es ist ein Blick, der sagt: *Ich bin hier der Mann.*

Sobald Joes Saison im Mai endete, kehrten die Bryants in die Gegend von Philadelphia zurück und pendelten zwischen ihrem Haus in der Remington Road und dem Haus von Pams Eltern im Stadtteil Green Hill Farms. Der achtjährige Kobe spielte dort vor allem mit zwei seiner Cousins zusammen: Sharif Butler, dem elfjährigen Sohn von Chubby Cox, und John Cox IV, damals fünf Jahre alt. Das Trio stand sich sehr nahe, aber schon in dieser Phase ihres Lebens war John für Kobe weniger ein Spielkamerad als ein Sparringspartner. Er war ein Werkzeug, das ein angehender Basketballstar dafür nutzen konnte, um sein Spiel zu verbessern. Die Jungen trafen Abmachungen untereinander: Wenn Kobe eine Stunde lang mit John Basketball spielen wollte, mussten beide in der nächsten Stunde mit Johns Actionfiguren spielen. Wollte Kobe noch mehr Basketball spielen, mussten er und John danach ebenso viel Zeit im großelterlichen Pool schwimmen oder Batman und Robin spielen. Dann, und nur dann, wäre John bereit, am Höhepunkt von Kobes Tagesablauf teilzunehmen: sich Spiele von Magic Johnson und den Lakers anzusehen, vielleicht auch von Larry Bird, um das Gesehene danach dann in der Hauseinfahrt nachzuahmen.

Je älter Kobe und John wurden, desto mehr Zeit verbrachten sie gemeinsam mit Basketball. Der Sport nahm so viel Zeit in Anspruch, dass Pam die Bälle der Jungs als ihre „Freundinnen" bezeichnete und sich jedes Mal darüber lustig machte, wenn ihr auffiel, dass beide ihren Ball vergessen hatten. *Wo sind eure Freundinnen?* sagte sie dann. *Wo habt ihre eure Freundinnen gelassen?* Mit Kobes älterem Cousin war es anders. Sharif und Kobe spielten jeden Tag auf irgendeinem Court gegeneinander und duellierten sich noch einseitiger als bei Kobes erstem Ausflug in den Karate-Ring. An seinem 13. Geburtstag war Sharif bereits 1,92 Meter groß und körperlich weit für sein Alter – Kobe konnte ihn nicht schlagen. Sie spielten tausendmal gegeneinander, sagte John, und Kobe verlor tausendmal. Schlimmer noch: Sharif quälte ihn mit einer Flut an Sprüchen, die manchmal an Grausamkeit grenzten. Das F-Wort flog Kobe entgegen, nicht andersherum wie in Italien. „Sharif war ein Arschloch", sagte John, „aber er hat immer versucht, Kobe abzuhärten."

Er hatte Hilfe. 1991 meldete Joe Kobe für die Sonny Hill League an, wo er zum ersten Mal mit der raueren Art von Basketball in Berührung kam, mit der Sharif und alle anderen Spieler aus Philadelphia aufgewachsen waren. Die Liga forderte Kobe körperlich und mental heraus. Seine Lebensumstände, seine Gene und seine Erziehung hatten seine Vorstellung davon geprägt, wie ein Basketballspieler auszusehen und zu spielen hatte. Entsprechend war er nun ein weiches Ziel. Seine dürren Beine waren mit dicken Knieschonern gepanzert, weil er an Morbus Osgood-Schlatter litt, einer Krankheit, die er erlitt, weil er so viel Basketball spielte. Sie führte zu Entzündungen, Schmerzen und Brüchigkeit der Knochen und Sehnen in seinen Knien. Die Knieschoner trug er, weil er gesehen hatte, dass NBA-Spieler sie trugen, oder auch seine Schwestern beim Volleyball. Obwohl seine Sehkraft nicht beeinträchtigt war und er auch keine Augenverletzungen erlitten hatte, trug er zudem eine Schutzbrille. Kareem Abdul-Jabbar – sechsfacher NBA-MVP, sechsfacher NBA-Champion, einer seiner Helden bei den Lakers – trug ebenfalls eine Schutzbrille. Genau wie James Worthy, ein weiterer Star der Lakers. Warum also nicht auch er? Kobe kannte so gut wie keine amerikanischen Slangausdrücke.

Seine Italienischkenntnisse mögen Erwachsene beeindruckt haben, aber in der McGonigle Hall in Temple, wo die Liga ihre Spiele abhielt und die Kinder der Stadt ihn auffraßen, halfen sie ihm nicht.

Kurz vor dem Ende seiner Karriere bei den Lakers, vor seinem letzten Spiel in Philadelphia gegen die Sixers, erzählte Kobe einem Konferenzraum voller Medienvertreter im Wells Fargo Center, dass einige seiner schönsten Erinnerungen aus seiner Zeit in der Sonny Hill League stammten, und hob dabei den Sommer 1992 hervor. Damals kann er das unmöglich so empfunden haben. In seinen 25 Spielen gegen Jungs, die ein oder zwei Jahre älter waren als er, erzielte er keinen einzigen Punkt, keinen einzigen bedeutungslosen Korbleger in einem Blowout, keinen Jumper, nichts. Er hatte Schande über seinen Vater und seinen Onkel gebracht und überlegte kurz, Basketball aufzugeben und sich auf Fußball zu konzentrieren. Ein natürlicher und einfacher Übergang, schließlich lebte er in Europa. Doch dann widmete er sich wieder dem Basketball, erfuhr von der halbwahren Geschichte, dass Michael Jordan aus seiner Highschool-Mannschaft gestrichen wurde – tatsächlich war er altersgemäß in die Junior Varsity versetzt worden – und nutzte diese Gemeinsamkeit mit dem größten Spieler von allen als Ansporn für sich. Er studierte fortan noch mehr Spiele mit Adleraugen. Er studierte die Geschichte und Entwicklung des Basketballs und seiner zeitlosen Grundlagen noch intensiver. Demütigung wurde zur Motivation, und Motivation wurde zur Besessenheit. „Das war ein Wendepunkt für mich", sagt er. „Ich hatte den ganzen Sommer über keine Punkte erzielt, und das wurde zu einer großen Motivation für mich. Ich musste sicherstellen, dass ich zu spielen bereit war, wenn ich zurück in die Sonny Hill League kommen würde. Sicherstellen, dass ich bereit war, mich mit ihnen zu messen."

Joe war das nicht mehr. Eine weitere Saison für Mulhouse, ein Team in Frankreich, und dann war Schluss. Er ging in den Ruhestand, offiziell. Zwar traute er sich zwei weitere Jahre zu, aber ihn plagten Schuldgefühle. Seine Frau und seine Kinder hatten für seine Karriere etliche Opfer gebracht, nun war es an der Zeit, dass er sich für sie opferte. Es war an der Zeit, nach Hause zu gehen. Im November 1991 erfuhren die Bryants, dass bei Magic Johnson

HIV diagnostiziert worden war. Die Nachricht verstörte Kobe so sehr, dass er fast eine Woche lang nichts essen wollte. Seine Betrübtheit erschreckte Sharia: „Es tat ihm weh, als handelte es sich um ein Familienmitglied." So sehr Joe der Schmerz seines Sohnes traf, er wollte nicht, dass Kobe die Verbindung zu den USA und dem dortigen Basketball verlor. Die Bryants kehrten nach Wynnewood zurück, wo Kobe nun als Achtklässler auf die Bala Cynwyd Middle School ging. Er war inzwischen 1,85 Meter groß und verstand, dass er in Italien nicht zu dem Basketballspieler werden konnte, zu dem er seiner Meinung nach geboren war, obwohl er später als Erwachsener noch regelmäßig betonte, dass er die Unbeschwertheit seiner Jahre dort vermisste und sich immer noch wünschte, in die Vergangenheit zurückkehren zu können. Für Joe kam die Rückkehr der Familie nach Lower Merion gerade zur rechten Zeit.

Stellt euch das Kind vor, elf Jahre alt, das frühreife kleine Kind namens Ashley Howard. Es liebt Basketball so sehr, dass es seinem Vater in jede Halle und auf jeden Court in Philadelphia folgt, nur um ihm beim Spielen zuzusehen, oder manchmal auch mit ihm zu spielen. An einem Sonntagmorgen begleitete Ashley seinen Vater Mo zum Gershman Y, zur Mutter aller Vater-Sohn-Games auf dem Freiplatz. Alle Männer haben Division-One- oder NBA-Basketball gespielt, oder beides. Da ist Mo mit Ashley. Lynn Greer Sr., ein 1973er-Draft-Pick der Phoenix Suns, und Lynn Greer Jr., der später für Temple unter John Chaney spielen wird. Da ist Mike Morrow, der an der St. Joseph's University spielte, mit Mike Jr. Da ist Chubby Cox mit John. Und da ist Joe Bryant. Mit Kobe.

Es ist ein gewöhnliches Spiel an einem gewöhnlichen Sonntag. Üblicherweise bleiben die Söhne dabei auf einem Nebenplatz und werfen auf einen nicht ganz drei Meter hohen Korb, während die Väter Fünf-gegen-Fünf über das komplette Feld spielen. Dieser Sonntag ist jedoch anders. Ein Vater hat es nicht geschafft, sie sind nur zu neunt. Einer der Söhne darf mitspielen. Kobe ist 13. Kobe darf mitspielen.

Oh, wow, denkt Ashley. *Mal sehen, wie das läuft.*

Beim ersten Ballbesitz bringt Kobe den Ball nach vorne. Mo Howard verteidigt ihn. Mo Howard, Joe Bryants Kumpel seit Teenagerzeiten, der ehemalige Spieler des Jahres in der Philadelphia Catholic League. Mo Howard, der Mitte der 1970er-Jahre zusammen mit John Lucas in Maryland einen der besten College-Backcourts gebildet hat. Der 32 Spiele in der NBA bestritten hat. Der noch keine 40 Jahre alt ist.

Chubby Cox stachelt seinen Neffen an: „Geh auf ihn los!" Oh ja, das Kind will sehen, was jetzt passiert. Kobe dribbelt in Mos Richtung, schüttelt ihn ab, steigt hoch und trifft einen Jumper. Das Kind fasst es nicht. *War Dad nicht immer stolz auf seine Verteidigung?* denkt Ashley. *Er will es mit Kobe wohl langsam angehen. Er will das Kind nicht blamieren.*

Als Kobe den Ball erneut nach vorne bringt, erhöht Mo den Druck. Kobe schlüpft an ihm vorbei, zieht zum Korb und trifft einen Layup. Ein verwirrter Blick huscht über Mos Gesicht: *Scheiße, ich muss diesen jungen Kerl wirklich enger verteidigen.* Am Spielfeldrand speichert Ashley Howard diese Erinnerung ab. Er hat Kobe Bryant zum ersten Mal wirklich spielen sehen, und Kobe hat sich nicht einschüchtern lassen. Er rannte nicht einfach das Spielfeld rauf und runter, ohne Hoffnung, dass ihm jemand mal den Ball zuspielen könnte. Kobe behauptete sich gegen gestandene Männer. Kobe tat, wofür er ausgebildet und trainiert worden war. Die Rache an all den Arschlöchern – egal ob Cousin, Konkurrent, Freund oder Feind – sie würde unerbittlich sein.

2
TEIL ZWEI

Ich wollte keine Sonderbehandlung in der Schule, nur weil ich ein guter Basketballspieler war, und meine Schule, die für ihren hohen Anspruch bekannt war und ist, hätte mich sowieso nicht einfach durchgewunken.

KOBE BRYANT

5 | Engel bei Sonnenaufgang

An der Wand hinter Kobes Bett in der Remington Road 1224 hing ein Bild in einem Goldrahmen. Seine Mutter hatte es aufgehängt. Es zeigte zwei Schutzengel, einen männlichen auf der linken und einen weiblichen auf der rechten Seite, beide schwarz. Der männliche Engel hielt Wache in einem hohen Kirchenfester. Er hatte adlerähnliche Flügel und stützte sich mit der Linken auf ein weißes Schwert. Der weibliche Engel war weiß gekleidet, stand auf einem schneebedeckten Berggipfel und hob die Hände gen Himmel, dabei einen Heiligenschein umfassend, von dem blaues Licht ausstrahlte. Zwischen den Engeln stand geschrieben:

Gott hat jedem von uns gegeben
einen Engel in unserem Leben

Die Wohnfläche des Hauses betrug 316 Quadratmeter, für die hiesigen Verhältnisse recht groß. Es lag an einer viel befahrenen Straße. Grauer Sockel, hellbraunes Mauerwerk, weißer Zaun, Rosenbeete, geschwungene Einfahrt. Innen dominierten die Farben Schwarz, Weiß und Grün. Die Einrichtung wirkte gediegen. Ein mächtiger Tisch aus afrikanischem Holz bildete den Mittelpunkt des Esszimmers. An den Wänden Werke schwarzer Künstler. Glasschiebetüren im Wohnzimmer, dem zentralen Raum des Hauses mit einer großen Couch und einem riesigen Fernseher, führten nach draußen auf einen kleinen Hinterhof. Im ersten Stock hatte jemand mit schwarzem Edding „2ND FLOOR KOBE'S ROOM" auf den Heizkörper gekritzelt. Diesen Schriftzug ließen Richard und Kate Bayer, die den Bryants das Haus 2008 abkauften, bei der Renovierung des Hauses nicht beseitigten. Im

Schlafzimmer der Eltern standen zwei schwarze Polstersessel, die auf einen weiteren großen Fernseher ausgerichtet waren. In Joes Arbeitszimmer stand eine Schrankwand, mit Büchern und Zeitschriften, unter anderem Sports Illustrated, vollgestopft. Gleich nach seiner Rückkehr in die USA hatte Kobe diese Zeitschrift abonniert. Nun lagerten die Ausgaben im Arbeitszimmer seines Vaters. Die Ausgabe vom 22. Juni 1992, zwei Monate vor Kobes 14. Geburtstag erschienen, eine Woche nach dem Ende der NBA-Finals zwischen den Chicago Bulls und den Portland Trail Blazers, zeigte auf dem Titelbild einen Spieler, der eine Zigarre rauchte: Michael Jordan.

An der Garage draußen war ein Basketballkorb angebracht, mittig an der Garage. Die Einfahrt, die um das Haus herumführte, bot genügend Platz, um unter dem Korb seriös zu trainieren. Der Ring war inzwischen etwas nach unten gebogen, eine Folge all der Vormittage, Nachmittage und Abende, die Joe und Kobe dort mit One-on-One verbrachten, mit Dunks, Ellbogenchecks, Stößen, Schubsern, Täuschungsmanövern. Die Vater-Sohn-Spiele gehörten zur Geräuschkulisse der Nachbarschaft, genau wie die unzählbaren Übungsstunden, die Kobe mit sich allein in der Einfahrt verbrachte. Autofahrer, die durch Wynnewood fuhren, hatten gute Chancen, einen Blick auf Kobe in Aktion zu erhaschen. Das Haus wurde eine Touristenattraktion, ein regelrechter Pilgerort. Die Leute klopften ungeniert an die Haustür der Bayers und fragten: *Hat hier Kobe Bryant gewohnt …?*

Es ist unmöglich, die Geschichte von Kobe Bryant ohne die Geschichte der Gemeinde Lower Merion zu erzählen: des Schulbezirks, der Highschool im Allgemeinen und des Basketballprogramms für Jungen im Besonderen. So sehr ihn sein Umfeld prägte, noch mehr prägte Kobe vielleicht sein Umfeld. Er landete in Lower Merion wie ein Astronaut auf einem fremden Planeten. Geschichte, Traditionen, Sprache, alles war ihm komplett fremd. Nur Weniges, was das kollektive Gedächtnis der Gegend ausmachte, betraf ihn. Aber er versuchte sich einzufügen.

Das Haus der Bryants, die Gegend, in der es stand, der Weg, auf dem die Familie dorthin kam, all dies fiel aus dem üblichen Rahmen.

Dass die Bryants in Wynnewood wohnten, war eigentlich ein Unding. Lower Merion entstand entlang der Main Line, die von der Pennsylvania Railroad gebaut wurde. Diese Eisenbahngesellschaft war 1857 von der Philadelphia & Columbia Railroad vom Staat erworben worden. Die Pennsylvania Railroad kaufte in der Folge systematisch Farmen und Land auf und entwickelte die Gegend in der Nähe von Philadelphia zu einem Sommerdomizil für die Oberschicht, zu einem ländlichen Zufluchtsort der Reichen und Schönen. Warum in der Stadt die drückende Julihitze ertragen, sich Smog und Dreck der Industriemetropole aussetzen, wenn man etwas weiter außerhalb saubere Luft und Azaleenduft einatmen und unter Platanen- und Ahornhainen wandeln konnte. Bis heute ist Gladwyne in Lower Merion eine der reichsten Gemeinden Amerikas – die zweitreichste im gesamten Nordosten (Stand 2018). Zu den Anwesen führen kurvenreiche Privatstraßen. Es gibt kaum Bürgersteige. Auf den gut 40 Kilometern des Schuylkill Expressway gibt es nur eine einzige Ausfahrt nach Gladwyne und danach kommt auf dem Highway in Richtung Westen, weg von Philadelphia, acht Kilometer lang keine weitere mehr. Gladwyne bleibt in jeder Hinsicht exklusiv.

Mit zunehmender Bevölkerungsdichte wichen die, die es sich leisten konnten, immer weiter aus. Über ein halbes Jahrhundert lang, bis in die 1930er-Jahre, wuchsen die Villenviertel rund um die Main Line stetig. „Das Leben in dieser goldenen Ära war paradiesisch – wenn man Geld hatte", formuliert der Schriftsteller James Michener, der im nahe gelegenen Bucks County, Pennsylvania, geboren wurde. „Den Winter verbrachte man in Florida. Im Sommer zog man nach Newport, wenn man nicht das ruhige und ländliche Leben in Bar Harbor bevorzugte. Die wohlhabenden Familien hatten eine Stadtwohnung in Philadelphias berühmtem Rittenhouse Square und ein Sommerhaus entlang der Main Line." Entsprechend waren die Bahnhöfe entlang der Linie aufwändig im viktorianischen Stil errichtet. Isaac Clothier, Mitbegründer der Kaufhauskette Strawbridge & Clothier, besaß mit Ballytore in Wynnewood das vielleicht prunkvollste Haus an der gesamten Main Line. 1885 erbaut, glich es eher einer mit Türmen und Zinnen versehenen Burg mit vier Türmen. Es fehlte nur der Burggraben.

Die Region gilt bis heute als exklusiver Zufluchtsort von WASPs (White Anglo-Saxon Protestants). Die demographischen Veränderungen späterer Jahre verstärkten den Eindruck sogar. Denn die unmittelbare Nachbarschaft von Ober- und Unterschicht machte den Unterschied zwischen Haben und Nicht-Haben selten so klar wie hier. Die Eisenbahn bedeutete Arbeitsplätze. Für den Bau der Villen wurden Arbeiter und Handwerker gebraucht, für deren Unterhalt Bedienstete. In Narberth ließen sich italienische Steinmetze nieder, in Ardmore schwarze Männer und Frauen, sie wohnten in einfachen Reihen- und Doppelhäusern als Hausangestellte, Butler, Dienstmädchen, Chauffeure, Putzkräfte, Gärtner. Die weißen Protestanten zog es immer weiter westlich, nach Radnor und Conestoga, und die Lücken, die sie entlang der Maine Line hinterließen, wurden von jüdischen und schwarzen Familien besetzt, die es aus Philadelphia drängte. 1894 eröffnete die Lower Merion High School, 1958 die Harriton High School. Hervorgegangen aus homogenen weißen Grund- und Mittelschulen, wurden sie immer bunter und vielfältiger.

Zugangsbeschränkungen für Juden und Schwarze waren hässliche Realitäten der damaligen Gesellschaft, und der Rassismus wurden nicht automatisch dadurch weggewischt, dass sich die Gebiete der Main Line langsam öffneten. „Viele Leute wissen gar nicht, dass in den Grundbüchern der Häuser steht, dass sie nicht an Schwarze verkauft werden dürfen", berichtet Dayna Tolbert, die mit ihrer Familie von Cincinnati nach Bala Cynwyd zog und in der Nähe der Bryants aufwuchs, wo sie mit allen drei Bryant-Kindern befreundet war. „Dort steht wortwörtlich: ‚Dieses Haus darf nicht an einen *Negro* verkauft werden.' Unser Haus wurde 1926 gebaut. Wir konnten dort nur einziehen, weil wir von außerhalb des Staates kamen und aus unseren Papieren nicht abzulesen war, dass meine Eltern Schwarze waren. Die Verkäufer haben es erst gemerkt, als wir zur Unterzeichnung auftauchten."

Das schwere Erbe der Vergangenheit betraf auch Kobe Bryant und haftete ihm auf unterschiedliche Weise an.

Die Nachbarschaft, in der Arn Tellem geboren wurde und wo er die ersten sechs Jahre seines Lebens verbrachte, war eine russisch-jüdische Einwanderersiedlung. „Man kannte jeden in einem Umkreis von zehn Blocks“, sagte Tellem. „Meine Großeltern, meine Urgroßeltern, alle meine Tanten und Onkel und Cousins wohnten um mich herum. Wenn ich zur Synagoge ging, kam ich an den Häusern der Angehörigen meiner Familie vorbei.“ Seine Kindheit war ein Spiegelbild der Kindheit von Joe und Pam Bryant, das gleiche Gefühl der Clan-Geborgenheit.

Kurz nach dem Amtsantritt von Präsident Kennedy 1961 kauften Tellems Eltern ein Haus im Stadtteil Penn Valley. Das war zwar kein Umzug nach Italien, dennoch war es ein Bruch für seine Familie.

„Ich weiß noch, wie ich mit meinem Vater und meinem Großvater im Auto saß“, sagte Tellem, „wir fuhren auf dem Schuylkill Expressway nach Penn Valley. Großvater verstand nicht, warum wir in die Vorstadt zogen. Was war so toll an den Vorstädten? Worin lag der Sinn? Der Umzug aus der Stadt raus war ein großer Umbruch. Er hat unser Leben verändert. Das Zusammengehörigkeitsgefühl verflüchtigte sich. Wir waren jetzt mehr auf unsere Kernfamilie fixiert.“

Tellems Liebe zur Big Five und zum Highschool-Basketball in Philadelphia tat der Umzug keinen Abbruch. Seine Eltern hatten die Temple University besucht, und sein Vater hatte ihn mit dem Basketballvirus infiziert. In seinem Abschlussjahr als Senior an der Harriton High School besorgte Tellem sich eine Eintrittskarte für das Finale der Stadtmeisterschaft im Palestra im Frühjahr 1972. Er wurde Zeuge, wie St. Thomas More gegen Bartram und einen Spieler mit einem bombastischen Afro und schwarzen Low-Top-Keds spielte: Joe Bryant. „Es war unglaublich spannend. Vor allem erinnere ich mich an Joe, der überall spielen konnte. Das war Wahnsinn.“ Tellem studierte am Haverford College, nur fünf Kilometer von der Remington Road 1224 entfernt, machte seinen Abschluss in Jura an der University of Michigan und startete eine Karriere als Spieleragent. Damals, als Teenager, konnte er nicht ahnen, wie oft er später an diesen Tag im Palestra zurückdenken würde.

Wendell Holland wuchs nicht in Gladwyne oder Wynnewood auf. Seine Familie war aus dem südlichen Delaware nach Ardmore gezogen, seine Mutter arbeitete als Hausangestellte, sein Vater als Portier eines Apartmenthauses. Sie waren, wie er es ausdrückte, „klassische Main-Line-Schwarze“. Ardmore hatte durchaus seine Vorzüge. Es gab noch andere Gemeinden mit überwiegend schwarzen Familien in der Main Line, aber Ardmore, insbesondere ein Gebiet mit fünf Häuserblocks auf der südwestlichen Seite, war für Schwarze am sichersten. Wenn Holland und seine Freunde zu Fuß oder mit dem Fahrrad zum Suburban Square im Norden von Ardmore unterwegs waren, um sich einen Film anzusehen oder durch die Sportartikelabteilung von Strawbridge & Clothier zu schlendern, war es gut möglich, dass sie von den Ladenbesitzern kritisch beäugt oder von der Polizei angehalten wurden. In ihrem Viertel dagegen mussten sie sich darüber weniger Sorgen machen. „Das Schöne am schwarzen Ardmore war, dass man unter Menschen war, die so waren wie man selbst“, sagte er. „Es war das Nairobi der Main Line.“ In der Nachbarschaft gab es lediglich zwei weiße Familien. Das Beste an Ardmore war, dass die Eltern ihre Kinder auf die öffentlichen Schulen von Lower Merion schicken konnten, die schon damals zu den besten der Nation zählten.

Als Holland 1958 auf die Ardmore Elementary School kam, war die Grundschule ein Musterbeispiel für faktische Segregation. Nur neun Prozent der Schüler des Schulbezirks waren schwarz, an der Ardmore Elementary jedoch waren es 85 bis 90 Prozent. Das Schulgebäude war zu diesem Zeitpunkt bereits 58 Jahre alt. Die Lehrbücher hatten Eselsohren und waren veraltet. Die Lehrer waren wenig motiviert, viele von ihnen zählten die Tage bis zu ihrer Pensionierung. An die Schule grenzte eine Wiese, aber kein Schüler durfte in den Pausen darauf spielen. Die Schüler mussten sich mit dem Schulparkplatz begnügen, wo sie Seil sprangen und Himmel und Hölle, Softball, Kickball, Roughtouch und Tackle Football spielten. Freitagabends ging Holland in die Downs Gym, um Mitch McDaniels zu sehen, den besten Basketballer der Aces, den ersten 1.000-Punkte-Scorer der Schulgeschichte. Mitch McDaniels und Lower Merion Basketball gaben Holland einen Helden, und sie gaben ihm Hoffnung.

„Als Schüler spürten wir Apathie und Feindseligkeit", sagte Holland. „Körperliche Strafen waren weit verbreitet. Pädagogen sind sich einig über die Bedeutung der Erziehung von Kindern im Alter von drei Jahren bis zur sechsten Klasse. Diese Zeit war für uns praktisch verloren. Wie konnte ich es überhaupt schaffen? Ich hatte enormen Erfolgshunger. Warum? Weil ich Teil einer Gemeinschaft, einer Familie mit einem reichen sportlichen Erbe war."

Auf Druck der NAACP beschloss die Schulbehörde von Lower Merion am 26. August 1963 die Schließung der Ardmore Elementary. Es war ein Jahr des Umbruchs: Die Abstimmung fand zwei Tage vor dem Marsch auf Washington statt, sieben Monate nach der Rede des Alabama-Gouverneurs George Wallace, in der dieser „Rassentrennung jetzt, Rassentrennung für immer" gefordert hatte, weniger als drei Wochen vor dem Bombenanschlag auf die 16th Street Baptist Church in Birmingham und weniger als drei Monate vor der Ermordung Präsident Kennedys. Holland und seine Klassenkameraden wechselten nach der Schließung auf die Penn Wynne Elementary. Für ihn und seine Mitschüler aus Ardmore war es normal, die löchrige Kleidung und abgewetzten Schuhe von anderen zu tragen und zum Mittagessen Käsesandwiches zu essen. Aber jetzt, im Schulbus mit Schulkameraden, die viel mehr Geld hatten, fühlte sich Holland zum ersten Mal in seinem Leben arm. Die Mädchen trugen adrette Kleider, die Jungen nagelneue Sneaker. Im Dezember fuhren sie in die Ferien nach Florida. Florida? Für Holland war Florida wie der Mars. Penn Wynne wirkte auf ihn wie ein vornehmer Campus der Ivy League. „Es war Mittagszeit", sagte er, „und wir gingen hinaus und sahen zum ersten Mal diesen Rasen, auf dem wir spielen durften. Es sah für uns aus wie Franklin Field."

Holland erhielt später ein Basketball-Stipendium für die Fordham University und machte seinen Abschluss an der Rutgers Law School. Er wurde Richter und Vorsitzender der Pennsylvania Utility Commission, koordinierte für die Stadt Philadelphia Handelsmissionen mit China und Südafrika. 1994 war er bei der Amtseinführung von Nelson Mandela dabei und bewahrt sich bis heute einen Stimmzettel dieser Wahl als Andenken auf. Er lebt mit seiner Frau in Bryn Mawr, ist Mitglied im Merion Cricket Club, der gegenüber einem Haus liegt, in dem sein Vater dienerte und den Telefondienst versah.

Eine Episode rührt Wendell Holland bis heute zu Tränen. Es ist etwas, das ihn von Kobe Bryant unterscheidet. Als sein Cousin Billy Holland, Kapitän des Basketballteams von Lower Merion, im März 1969 nach einer Auseinandersetzung mit einem weißen Lehrer von der Schule suspendiert wurde, veranstalteten Wendell und vier weitere schwarze Schüler eine Sitzblockade, um dagegen zu protestieren. Der Lehrer hatte Billy ihrer Meinung nach durch seine harte und unangemessene Behandlung provoziert. Die Demonstration dauerte fünf Stunden, die Suspendierung wurde aufgehoben.

Solche Erfahrungen hatte Kobe nicht gemacht und hätte sie wohl auch nicht machen können. Wendell Holland war der beste Spieler des Teams, ein geschmeidiger Shooting Guard, der im Durchschnitt mehr als 20 Punkte pro Spiel erzielte. Er trug die Nr. 33, bevor Kobe die Nr. 33 trug. „Ich glaube nicht, dass Kobe oder sonst jemand zehn Jahre vorher oder später das durchgemacht hat, was wir durchgemacht haben", sagte er. „Sportler sind grau. Sie sind nicht schwarz. Sie sind nicht weiß. Aufgrund ihres Status genießen sie den Luxus, die Ausnahme zu sein. Kobe hat das wirklich verkörpert. Es kann Segen und Fluch zugleich sein."

Hollands sportliches Leben wurde in erster Linie vom Freiplatz an der Ardmore Avenue geprägt, und von Vernon Young, dem langjährigen Leichtathletiktrainer der Highschool, der gleichzeitig Leiter der Park- und Freizeitprogramme der Gemeinde und, wie Holland es ausdrückte, „ein Hansdampf in allen Gassen des Freiplatzes" war. Lower Merion hatte von 1941 bis 1943 dreimal in Folge die State Championship im Jungenbasketball gewonnen, und Young hatte 1943 als Junior Guard des Teams im Finale den entscheidenden Freiwurf versenkt. Er erzählte den Kindern der Gemeinde oft von diesem Spiel und vermittelte ihnen einen gewissen Stolz darauf, aus Ardmore zu stammen und für Lower Merion zu spielen. „Er war es, nicht mein Vater, nicht der Vater meines Nachbarn, der uns einimpfte, exzellent zu sein", sagte Holland. „An heißen Sommertagen, wenn wir auf dem

Freiplatz zockten und uns Sprüche an den Kopf warfen, sagte er: ‚Du hast keine Meisterschaft gewonnen.' Das war mein Ziel, seit ich etwa acht Jahre alt war: eine State Championship zu gewinnen." Die Aces gewannen 41 ihrer 48 Ligaspiele während seiner Karriere, die State Championship allerdings gewann Wendell Holland nie. Er schwor sich, dass es ihm eine Ehre sein würde, den Jungen zu unterstützen und zu feiern, der dieses Ziel erreichte.

Es dauerte mehr als zwei Jahrzehnte, bis dieser Junge auftauchte. Die Aces gewannen 1976 und 1978 zwei District Championships, konnten diese Erfolge aber nicht über längere Zeiträume bestätigen. Der Abstieg war steil. Von 1979 bis 1990 gab es sechs Spielzeiten, in denen sie höchstens sieben Spiele gewannen. Die Trikots waren schäbig und passten oft nicht zusammen; ein Spieler konnte Shorts mit der Nummer 43 und ein Trikot mit der Nummer 21 auf dem Rücken tragen. Fußball, Lacrosse oder Ringen waren beliebter an der Schule, was angesichts der Geschichte und der demographischen Gegebenheiten der Gegend nicht verwunderlich war. „Ich weiß, dass die Gegend hier so wahrgenommen wird, dass jeder einen Mercedes fährt und nur die Hochnäsigsten der Hochnäsigen hier wohnen. Eine der schönen Seiten des Lebens in Lower Merion ist aber, dass es hier alle Arten von Menschen gibt", sagte Evan Monsky, einer von Kobes Freunden und Teamkollegen. „Es gibt nette Leute. Es gibt Arschlöcher. Es gibt Intellektuelle. Es gibt Trottel. Es gibt Widerlinge. Das stelle ich immer wieder fest, egal wo ich hinkomme." Im Großen und Ganzen ist der Wohlstand in diesem Gebiet aber unübersehbar. Im Jahr 2004 lag das durchschnittliche Haushaltseinkommen im Schulbezirk bei über 86.000 Dollar, ein durchschnittliches Haus kostete 334.500 Dollar und der Bezirk gab pro Schüler jedes Jahr mehr als 19.000 Dollar aus. Volvos, BMWs und Sportwagen schlängelten sich nicht nur durch die Straßen der Gemeinde, sie füllten auch den Parkplatz der Highschool. Das Motto des Schulbezirks – ENTER TO LEARN, GO FORTH TO SERVE (TRITT EIN, UM ZU LERNEN, GEHE FORT, UM ZU DIENEN) – war in Serifenschrift auf einer großen Steintafel vor dem Eingang des hellbraunen Backsteingebäudes eingemeißelt, und die Attraktivität der Schule und die Qualität der Ausbildung spiegelten sich in der steigenden Schülerzahl der Highschool, die die Zahl von 1.400 erreichte. Es gab nichts, was das Programm von Lower Merion auszeichnete, außer dass es eine Schule mit einer vielfältigen, leistungsstarken Schülerschaft war, dass es viele Schüler gab, die klug waren und bei ihren SATs gut abgeschnitten hatten, die auf einem guten Weg zu angesehenen Colleges waren und dafür keine Stipendien oder staatliche Ausbildungsförderungsprogramme, sogenannte Pell Grants, brauchten. Das war kein schlechter Ruf. Zwei Drittel waren weiß, acht bis zwölf Prozent schwarz. Der *U.S. News & World Report* zählte die Schule immer wieder zu den besten Highschools in Pennsylvania. Regelmäßig konnte man die Pressemitteilung lesen, die zehn, zwölf Schüler als Halbfinalisten für die National Merit Scholarship würdigte. Der akademische Ruf der Schule jagte den Basketballkreisen Philadelphias allerdings nicht die geringste Angst ein. Basketball spielte keine Rolle, in dieser Hinsicht hatte die Schule kein Image. In den Basketballkreisen galt Lower Merion bloß als stinknormales Basketball-Programm für Vorstadtkinder. Bis die Bryants abermals einen Ozean überquerten.

Um ein Ziel zu erreichen,
muss man sich ein Ziel setzen.
Mein Ziel war es, direkt nach der
Highschool in der NBA zu spielen ...
Dafür musste ich hart arbeiten.
Aber ich hatte das Glück,
schon früh, im Alter von
13, 14 Jahren, zu wissen,
dass ich es schaffen würde.

KOBE BRYANT

6 | Fledermäuse, Mäuse und das Abenteuer eines Lebens

Kobe Bryants erster Coach in Lower Merion war ein schlanker, 43-jähriger Mann, der seinen Doktor in Gesundheitserziehung an der Temple University gemacht hatte, jeden Tag während seiner Mittagspause mit einem Meilenschnitt von fünf Minuten joggte und glaubte, dass eine Basketballmannschaft der Middle School den Ball mindestens dreimal vor dem Korbwurf passen sollte. Dr. George Smith sprach fast ein Vierteljahrhundert lang mit keinem Medienvertreter. Was möglicherweise daran lag, dass sein Allerweltsname es schwierig machte, ihn ausfindig zu machen. Vielleicht lag es aber auch daran, dass Kobe in der achten Klasse kein ganzes Jahr an der Bala Cynwyd Middle School verbrachte und es daher kein Journalist für nötig hielt, Smith aufzuspüren. Im Jahr 1996 stellte ihm ein Reporter ein paar Fragen über Kobe, danach war nichts mehr gekommen. Aber das machte nichts. Smith war mit seiner Anonymität zufrieden.

„Nachdem Kobe zu den Lakers gegangen war, hatte ich keinen Kontakt mehr zu ihm", sagte Smith. „Aber ich habe immer wieder Artikel über ihn gelesen."

Wer auch nur die elementarsten Aspekte von Kobe Bryants Leben und Karriere kennt, wird verstehen, warum er und Smith keine langjährigen Brieffreunde wurden. Während seiner 27-jährigen Tätigkeit als Gesundheits- und Sportlehrer in Bala wurde Smith, der aus Ardmore stammte, Lower-Merion-Absolvent war und Fußball, Leichtathletik und Basketball trainierte, respektiert und bewundert. Kurz vor Beginn eines Basketballspiels zog er seinen Trainingsanzug aus und schlüpfte in eine professionellere, formellere Kleidung – gebügeltes

Hemd, Anzughose, ordentliche Schuhe – und predigte seinen Teams immer Zusammenspiel, um den jungen Spielern eine gute Grundlage für den Sport zu vermitteln. Verteidigt wurde immer in einer einfachen 1-3-1-Zone. Da die meisten Gegner ebenfalls Zonenverteidigung spielten, bestand Smith in seiner sanften, aber strengen Art darauf, dass die Spieler den Ball so lange passten, bis sich eine Lücke in der Verteidigung auftat. „Wenn du schon nach einem Pass wirfst, zwingst du sie nicht, Defense zu spielen", sagte Smith, und jeder, der vor dem dritten Pass einen Wurf nahm, musste danach auf der Bank neben ihm Platz nehmen. Ausrichtung und Strategie des Basketballprogramms waren seit 40 oder 50 Jahren unverändert. Dr. George Smith hatte keine Ahnung, was im Dezember 1991 auf ihn zukam, als ein Lehrerkollege aus Bala an seine Bürotür klopfte und sagte: *Ich habe hier einen neuen Schüler, der gerade aus Italien hergezogen ist.*

„Ich will Basketball spielen", sagte Kobe Bryant. „Mein Vater hat gespielt. Ich will einfach anfangen."

„Das wird ein bisschen schwierig werden", sagte Smith. „Wir haben die Probetrainings schon hinter uns gebracht und morgen haben wir ein Trainingsspiel. Ich kann dich nicht spielen lassen, bevor du deine körperliche Untersuchung abgeschlossen hast."

Am nächsten Morgen stand Kobe wieder in Smiths Büro, den Papierkram in der Hand. „Okay", sagte er, „ich bin bereit zu spielen."

Smith gab Kobe ein weißes Trikot (mit der Nummer 24) und nahm ihn rechtzeitig vor dem Spiel am Nachmittag in den Kader von Bala auf, warnte ihn aber, dass er möglicherweise nicht zum Einsatz käme. „Du kennst die Offense nicht", sagte Smith zu ihm. „Du weißt nicht, was wir tun."

Kobe nickte. „Kein Problem", sagte er.

Er saß neben seinen neuen Mitspielern. Das Team spielte in den ersten Minuten des Trainingsspiels gut und hielt sich an Smiths zeitlosen und rigiden Spielplan. Für Smith schien es ein guter Zeitpunkt, um sich mal anzusehen, was Kobe konnte. Er wechselte ihn ein. Sofort fügte sich Kobe in die Offense ein und begann dann auf subtilem Weg, das Spiel zu übernehmen – er warf mehr, dribbelte um Verteidiger herum. Die Kinder auf der Bank sahen Smith an, der nur mit den Schultern zuckte. *Woher hätte ich das wissen sollen?*

„Ich hatte das so nicht kommen sehen", erinnerte sich Smith. „Von diesem Zeitpunkt an und für den Rest der Saison war es einfach erstaunlich, was er leisten konnte. Mir tut es nur leid, dass ich nicht erkannt habe, zu was für einem Spieler er sich später entwickeln würde. Ich hätte ihn noch mehr in Anspruch nehmen können, aber ich wollte den Ball nicht nur einem Spieler überlassen. Wahrscheinlich habe ich ihn zu sehr zurückgehalten."

Als Kobe Schüler der Bala Cynwyd Middle School wurde, gab es natürlich keine Ankündigung. Niemand wurde vorgewarnt, dass ein zukünftiger Hall-of-Famer nun dort in die achte Klasse ging. Stattdessen tauchte eines Tages einfach ein bleistiftdünner schwarzer Junge mit einem besonderen Akzent in der Klasse auf – und regte prompt die Gerüchteküche an, wo sich Fakten und Spekulationen zu einer geheimnisvollen Melange vermischten. *Der Neue in der Matheklasse hat acht Jahre lang in Italien gelebt Ich habe gehört, sein Vater hat für die Sixers gespielt. Hat zwei ältere Schwestern, die schon an der LM sind. Angeblich fährt er jeden Tag mit einer Limousine zur Schule … Hast du ihn spielen sehen? Er ist verdammt gut … Ein Junge hat ihn am ersten Schultag zu einem One-on-One herausgefordert, und Kobe hat ihn zu Null abgezogen.* Es hieß, dass Gott oder die Gene oder eine Kombination aus beidem Joe Bryants einzigem Sohn ein großes Talent beschert hatten. Gregg Downer, gerade in seiner zweiten Saison als Head Coach von Lower Merion, hatte die Gerüchte ebenfalls gehört und wollte sich selbst ein ungefiltertes Bild von diesem Phänomen machen. Anfang 1992 schaute er eines Nachmittags bei einem Spiel vorbei, um Kobe Bryant zum ersten Mal Basketball spielen zu sehen.

Es lief nicht gut.

Kobe waren die Regeln von Dr. George Smith längst lästig geworden. So talentiert er auch war, Smiths oberste Priorität war nicht die Entwicklung seiner Fähigkeiten. Ihm ging es darum, das gesamte Team zu coachen. Kobe konnte das nicht dulden. Er warf einmal schnell, Smith setzte ihn auf die Bank. Er warf wieder schnell,

Smith setzte ihn wieder auf die Bank. Wenn er das Spielfeld verließ, schmollte er und verzog das Gesicht jedes Mal so sehr, wirkte dabei so aufmüpfig, dass ihm sein Vater, um ihn zu beruhigen, etwas auf Italienisch ins Ohr flüsterte.

Downer sprach ihn nach dem Spiel an. Das Talent des Jungen war offensichtlich. „Vielleicht solltest du mal vorbeikommen und mit unserer Varsity-Mannschaft trainieren", sagte er zu Kobe. „Vielleicht kann ich mir dann ein besseres Bild von dir machen."

Bei Downers Trainingseinheiten gab es kein Drei-Pass-Mandat und folglich auch keine Wutausbrüche, als Kobe Tage später mit dem Varsity-Team trainierte. Auch die Spieler hatten die Gerüchte gehört. Wie hätte es auch anders sein können? Matt Snider, Sophomore-Center und aufstrebender Star im Footballteam von Lower Merion, hatte einen kleinen Bruder an der Bala, Stevie, der jeden Tag während der Basketballsaison atemlos nach Hause kam und Matt von Kobe erzählte. *Da ist dieser Junge namens Kobe aus Italien. Keiner kann ihn aufhalten. Er macht alle platt.* Matts Antwort: *Okay, das werden wir ja sehen.* Sophomore-Guard Sultan Shabazz war Kobe in Bala gewesen, bevor Kobe Kobe in Bala war: der dominante Spieler der Middle School, von dem alle große Geschichten erzählten und an den alle große Erwartungen hatten. Wie viel besser konnte dieser Bryant-Junge sein als er selbst? „Ich sagte: ‚Bring ihn mit'", so Shabazz. „‚Lass ihn kommen.'"

Er kam. Während Joe Bryant teilnahmslos in einer Ecke der Halle stand, machte der 13-jährige Kobe gegen die größeren, stärkeren und älteren Spieler sein Ding. Sie konnten ihn nicht aufhalten, auch nicht mit zwei Verteidigern gleichzeitig. Sie kamen nicht mit seinem Ballhandling zurecht, mit der Art, wie er den Ball mit seinen langen Armen hinter dem Rücken und um seine schmale Taille herumführte, um durch Double-Teams hindurchzugehen, und am Ring kamen sie erst recht nicht mit ihm zurecht. Nach fünf Minuten wandte sich Downer an seine Assistant Coaches. „Dieser Junge ist ein Profi", sagte er ihnen. Damals hatte er keine Ahnung, wie untertrieben seine Einschätzung sein würde, aber er erkannte sofort, was ihm bevorstand.

„Ich konnte mich auf das Abenteuer meines Lebens gefasst machen", sagte Gregg Downer später.

Die Einfahrt zum Haus der Familie Downer in Media, einem bürgerlichen Vorort zwölf Meilen westlich von Philadelphia in Delaware County, war in den frühen 1970er-Jahren ein Basketball-Paradies, denn es gab nicht nur einen Korb, sondern zwei. Einen, der die vorgeschriebenen 3,05 Meter hoch war, und einen niedrigeren, etwa 2,30 Meter hoch, sodass Gregg und seine beiden Brüder (der zwei Jahre ältere Drew und der sieben Jahre jüngere Brad) dunken konnten. Im Winter legte Gregg drei oder vier Basketbälle vor den Heizkörper im Haus, damit sie warm waren, wenn er die Einfahrt vom Schnee befreit hatte und bereit zum Spielen war. Ein warmer Basketball springt in der Kälte besser und präziser hoch. Dort draußen spielte er den ganzen Tag und (dank eines Scheinwerfers, den er in der Nähe aufgestellt hatte) bis weit nach Sonnenuntergang – bis die Nachbarn sich über den verdammten Lärm beschwerten und die Fledermäuse, die in den Bäumen über ihm lebten, in der Dunkelheit mutiger wurden. Er wusste, dass es an der Zeit war, ins Haus zu gehen, wenn die Blutsauger ihm zu nahekamen.

Der Court war sein Rückzugsort, wenn das Geschrei losging. Seine Mutter Marjorie unterrichtete jahrelang an einer Grund- und Mittelschule für Kinder mit Lernschwierigkeiten. Sein Vater, Robert Downer, war der geborene Verkäufer und hatte verschiedene Jobs. Unter anderem ging er von Tür zu Tür, um Staubsauger der Marke Hoover zu verkaufen, und scheute dabei vor keinem Verkaufstrick zurück. *Benutzen Sie Ihren Staubsauger, Ma'am,* sagte er, *und ich benutze meinen Hoover.* Wenn die leichtgläubige Hausfrau dann nicht hinsah, warf er eine Prise Schmutz, den er in seiner Tasche trug, auf den Boden und schüttelte reumütig den Kopf. *Sehen Sie sich das an. Eine Stelle hat Ihrer nicht erwischt.* Er und Marjorie ließen sich scheiden, als Gregg zehn Jahre alt war.

An der Penncrest High School – einem der Rivalen von Lower Merion in der Central League – schaffte Gregg es als Junior ins Basketballteam und schaffte es in seinem Senior-Jahr als Two-Guard in die Starting Five eines Teams, das eine 27-6-Bilanz hinlegte und in den letzten sechseinhalb Minuten des Meisterschaftsspiels der Pennsylvania Interscholastic Athletic Association District One Class AAA von

1980 mit vier Punkten Vorsprung führte. Der Gegner, die Norristown High School, gewann jedoch schließlich mit sechs Punkten Vorsprung. Diese bittere Niederlage verstärkte Downers Wunsch, Leistungssport zu betreiben, nur noch. Er ging für ein Jahr an die Worcester Academy in Massachusetts, eine der Elite-Internatsschulen des Landes. Er war erst 17 und wollte von zu Hause weg, um sich selbst herauszufordern. Doch als sein Vater seinen großen blauen Continental auf den weitläufigen Campus lenkte und Gregg dort absetzte, dämpfte der Anblick des wegfahrenden Autos seine Vorfreude: *Ich bin hier ganz allein und kenne niemanden.* Die Erinnerung an diese Erfahrung, dieses Gefühl, sollte ihm später helfen, eine Verbindung zu einem seiner Spieler bei Lower Merion herzustellen.

Nachdem er die Schule in Worcester beendet, vier Jahre lang Division-III-Basketball am Lynchburg College in Virginia gespielt und seinen Abschluss in Physik gemacht hatte, hatte Downer in erster Linie eines gelernt: Er war kein Typ für Hemd und Krawatte, wollte weder Banker noch Buchhalter, Anwalt oder Verkäufer werden. Eigentlich hatte er keine Ahnung, was er machen wollte, bis er (während er in einem Sportgeschäft in Media arbeitete) seinen ersten Trainerjob bekam, als Coach des Freshman-Teams von Penncrest. Die Shipley School, eine private Tagesschule in Bryn Mawr, stellte ihn danach als Sportlehrer und Basketballtrainer für Jungen ein. In einem Villanova-Camp und über einige Summer Leagues an der Main Line – die Narberth League war die größte von ihnen – lernte er John Dzik kennen, den Head Coach der Division-III-Herrenmannschaft des örtlichen Cabrini College. Dzik nahm ihn als freiwilligen Assistenten auf, ohne Bezahlung, nur als Lehrling. Downer wollte nie wieder Sportartikel verkaufen. Er war erst 27, aber er hatte sich im Main-Line-Basketball bereits einen Namen gemacht. Ein junger Trainer. Scharfsinnig. Leidenschaftlich. Riss sich für die Arbeit den Arsch auf. Als Mike Manning 1990 als Trainer von Lower Merion zurücktrat, bewarb sich Downer um die freie Stelle. Tom McGovern, der sportliche Leiter der Schule, erzählte Downer, dass er einen Trainer suche, der das Programm wieder zum Leben erwecken konnte, und Downer erklärte ihm, wie viel Potenzial in Lower Merion stecke, wie gut das Programm sein könne, wenn man bedachte, aus welch breitem und vielfältigem Umfeld das Team seine Athleten beziehen konnte. „Gregg war für uns ein Glücksgriff", sagte McGovern.

Es wäre verständlich gewesen, wenn Downers Begeisterung nicht ganz so groß gewesen wäre. Unter Manning hatten die Aces in den vergangenen zwei Jahren nur 13 Spiele gewonnen. Lower Merion galt als Schule für reiche Streber, nicht für Basketballstars. Die anderen Mannschaften der Central League, die meisten von ihnen aus den rauen, überwiegend weißen Arbeiterstädten südlich und westlich von Philadelphia, konnten die Aces herumschubsen; und gegen die Mannschaften aus Philadelphia, in denen es noch viel mehr Talente gab, hatten sie erst recht keine Chance. In einem besonders bezeichnenden Spiel verlor Lower Merion mit 54:13 gegen die Ridley High School, traditionell eine der besten Mannschaften der Central League. Da so viele Spieler bereits wegen ihrer schlechten Noten als nicht spielberechtigt eingestuft worden waren und einige weitere während des Spiels ausfoulten, standen die Aces am Ende nur noch mit vier Spielern auf dem Feld. In der Umkleidekabine fielen dicke Tropfen Kondenswasser aus einer Klimaanlage auf den Boden, wo sie sich in einer Ecke sammelten und die Spinde verrosten ließen. Die Turnhalle roch nach getrocknetem Schweiß – „nach Basketball", sagte Downer optimistisch –, und die Bretter der Körbe waren, genau wie die Tribünen, aus altem Holz. Downer lernte schnell, dass man ihm im Allgemeinen wenige bis gar keine Informationen darüber gab, welche Freshmen talentierte Basketballspieler sein könnten. Es gab keine Nachwuchsförderung, der Trainer der Middle School wurde nicht angeleitet, seine Spieler für die Junior-Varsity- oder Varsity-Mannschaft vorzubereiten, wo auf eine bestimmte Art trainiert wurde. Es gab keine Abstimmung zwischen dem Programm von Bala und dem von Lower Merion, zwischen dem, was Smith tat, und den Plänen von Downer. Das Programm war führungslos.

Was machte Downer also bei seinem ersten Treffen mit den Spielern? Er schnürte seine Sneaker und sagte zu ihnen: *Ich hoffe, ihr habt eure dabei, denn wir werden jetzt spielen.* Er wollte ihren Respekt und ihre Aufmerksamkeit und der schnellste Weg, das zu bekommen, war, ihnen auf dem Court zu zeigen, dass er ihnen etwas voraushatte. Sie brauchten gar nicht erst zu denken, dass sie der nächste heiße Scheiß seien. „Er ist so brutal ehrlich, und ich glaube, dass viele Kinder, vor allem in unserer Community, daran gewöhnt sind, dass man die Dinge schönredet und ihnen sagt, wie toll sie sind“, sagte Doug Young, der Freshman war, als Downer Trainer wurde. „Er hatte kein Problem damit, uns mit harten Wahrheiten zu konfrontieren.“

Die Aces verbesserten sich sofort, gewannen neun Spiele in Downers erster Saison und 20 in seiner zweiten. Doch erst als ihn die Gerüchte aus der Middle School erreichten und er Kobe Bryant zum ersten Mal spielen sah, dachte er darüber nach, welche Höhen sie möglicherweise erreichen konnten. Kurz darauf traf er Lynne Freeland, die im Begabtenprogramm der Highschool unterrichtete und so enthusiastisch und beliebt war, dass sie „Mrs. Lower Merion“ genannt wurde. Sie hatte bereits von Kobe gehört; ihre Tochter Susan war mit ihm in der achten Klasse in Bala.

„Mach dich bereit“, sagte Downer zu ihr. „Du hast eine lange Reise vor dir.“

Für einen Schüler, der erst zwei Monaten nach Beginn des Schuljahrs an der Schule auftauchte, fügte Kobe sich in Bala gut ein. „Er machte immer alles mit“, sagte Susan Freeland. Auch einen Klassenausflug in den Hershey Park, wo die beiden zusammen Achterbahn fuhren und Kobe bei einem Pop-a-Shot-Spiel Stofftiere für Susan und einige Mitschülerinnen gewann. Da Pam ihm klargemacht hatte, dass er gute Noten haben musste, um weiter Basketball zu spielen, erledigte er jeden Abend gewissenhaft seine Schularbeiten. Er spielte sogar in der Baseballmannschaft der Schule und fand das entspannend – eine nette Abwechslung. Damals glaubte er noch, sich Ablenkungen leisten zu können.

Er wurde als einer der vier besten Sportler seiner Klasse ausgewählt. Wenn man das 91/92er-Jahrbuch von Bala Cynwyd durchblättert, bekommt man den Eindruck, dass Kobe sozial und sportlich bestens integriert war. Da sitzt er auf einer Felswand, einen Basketball im

Schoß, neben zwei Jungen mit Fußbällen in den Händen und einem braunhaarigen Mädchen mit einem Hockeyschläger. Auf dem Foto des Basketballteams steht er kerzengerade in der hinteren Reihe, die Hände hinter dem Rücken verschränkt, so natürlich wie nur möglich. Das Foto des Baseballteams ist jedoch anders. Darauf sind 18 Personen zu sehen: der Trainer, ein altmodischer Lehrer für Naturwissenschaften namens Robert Smith, und 17 Spieler. Die Spieler knien und stehen in zwei Reihen. Alle bis auf einen tragen ihre Bala-Baseball-Uniformen: die Trikots, die Hosen, die Sneaker oder Spikes, die Handschuhe. Kobe steht ganz rechts, mit einem fröhlichen Grinsen im Gesicht. Er ist der einzige Schwarze im Team und der einzige Spieler, der keine Uniform trägt, sondern einen warmen Mantel und einen bunten Pullover über einem weißen, bis oben zugeknöpften Hemd. Auf dem Foto ist er derjenige, der heraussticht. Er ist derjenige, der dort nicht ganz hinzugehören scheint. Er war noch ein Kind, noch nicht auf Basketball festgelegt, aber es war leicht zu erkennen, welche Richtung sein Leben einschlagen würde.

„Er liebte Baseball und war sogar ziemlich gut darin", sagte seine Freundin Dayna Tolbert. „Als die Leute anfingen, ihn mit Michael Jordan zu vergleichen, dachte ich: Die Leute haben gar nicht gemerkt, dass er auch andere Dinge mit ihm gemeinsam hatte. Er hat sich einfach auf Basketball konzentriert, und wir haben seinen Fortschritt genau beobachtet. Am Anfang spielte er wie ein Kind und reifte dann spielerisch zum Mann. Es war unwirklich."

Im Wynnewood Valley Park, nur drei Blocks von seinem Haus an der Remington Road entfernt, konnte er mit seinem Freund Matt Matkov abhängen und herumalbern, soweit das bei Kobe in Sachen Basketball möglich war. Matkov vertraute er genug, um ihn in das Geheimnis einzuweihen, das ihn die nächsten vier Jahre antreiben sollte: Schon in der achten Klasse hatte Kobe die NBA im Visier. Das war kein Traum, es war ein Plan, und diesen teilte er nur mit wenigen Menschen. In Bala zum Beispiel betrachtete er Matkov als seinen besten Freund und wartete trotzdem ein Jahr, bis er es ihm in der neunten Klasse sagte: „Ich werde die Möglichkeit haben, direkt nach der Highschool in die NBA zu gehen." Matkov war verblüfft von dieser Idee, einfach weil sie ihm so fremd war, nicht weil er nicht an Kobe glaubte … denn das tat er. Noch bevor Kobe ihm seine Zukunftsvision gestand, sagte Matkov zu all ihren Klassenkameraden in der achten Klasse: *Er wird eines Tages Profi werden.*

„Sie erwiderten: ‚Na ja, so gut ist er nun auch wieder nicht'", sagte Kobe einmal. „Das liegt daran, dass der Trainer mich nicht werfen lassen wollte."

Um es Dr. Smith und den Zweiflern zu zeigen, bot Kobe seinen Mitschülern eine Wette an. Jedes Jahr veranstaltete die Highschool das Hoop It Up, ein Drei-gegen-Drei-Basketballturnier für Schüler. Kobe wollte zusammen mit Matkov und ihrem Freund Dave Lasman daran teilnehmen und das Tunier gewinnen. *Ja, klar. Willst du wetten? Ihr tretet gegen Highschool-Schüler an. Das werdet ihr nicht gewinnen.* Nachdem Matkov, Lasman und er gewonnen hatten, kündigte Kobe an, dass er in der nächsten Saison für das Varsity-Team starten würde.

„Alle fingen an zu lachen", erinnerte sich Kobe einmal, „so nach dem Motto: ‚Na klar doch.' … Es war lustig. Matt sagte: ‚Er wird auf dem College in der Division One spielen.' Und die anderen meinten immer nur: Er kann dies nicht, er kann das nicht. Da waren eine Menge Zweifel im Spiel."

Aber obwohl Matkov an Kobe glaubte und hoffte, ihn auf seiner Reise begleiten zu können (nicht, dass Matkov sich selbst als Profi sah), war es aufgrund des Talentunterschieds unproduktiv für Kobe, zu häufig mit ihm zu trainieren. In einem Vorstadtpark zu spielen, würde ihn nicht besser machen. Das war schön, um eine Freundschaft aufzubauen, aber reine Zeitverschwendung im Hinblick auf die Weiterentwicklung seines Spiels. Matkov blieb während der gesamten Highschool ein enger Freund, allerdings hatte Kobe nicht viele andere Freunde. Seine Schwestern waren bereits in Lower Merion; in Bala hatte er niemanden zum Anlehnen, niemand half ihm, den Kulturschock zu überwinden. Seine Wertsachen während der Schulzeit einschließen? Er, Sharia und Shaya hatten in Italien nie Schließfächer gehabt. Warum war das in Amerika nötig? Er war fassungslos, als jemand seine Sachen stahl. Er kannte weder den Slang noch die trendigen Begriffe eines typischen amerikanischen Teenagers, wodurch er schwer mit anderen in Kontakt kam. Wenn ein Gleichaltriger etwas zu ihm sagte, was er nicht ganz verstand, nickte er nur mit dem Kopf und blieb stumm. Er machte zwar alles mit, wie Susan Freeland sagte, aber zu den meisten Mitschülern hielt er eine gewisse Distanz. Ihm blieb dadurch mehr Zeit für Basketball.

Tatsächlich war er sowohl auf dem Spielfeld als auch abseits davon eine 13-jährige Version des 23-jährigen Michael Jordan, der glaubte, dass er alles allein schaffen konnte, dass er die einzige Hoffnung und Rettung seines Teams war, dass Pässe von Natur aus unproduktiv waren. Jeder Wurf, den er abfeuerte, diente dem eigenen Ego. Jordan gewann seinen ersten NBA-Titel erst in seinem siebten Jahr in der Liga, im Juni 1991, bevor Kobe in die achte Klasse kam. Der Jordan, der sechs NBA-Titel gewinnen sollte, der in den letzten Minuten von Finals John Paxson und später Steve Kerr vertraute, der sich in die Triangle Offense von Phil Jackson und Tex Winter einordnete und sah, wie sein Spiel davon profitierte, war gerade erst zum Vorschein gekommen. Warum also Kobe nicht die Möglichkeit geben, diese bessere Version von Jordan aus nächster Nähe zu sehen? Joe, als ehemaliger NBA-Spieler, konnte dieses Treffen arrangieren. Joe konnte Kobe beim nächsten Spiel der Chicago Bulls in Philadelphia mit ins Spectrum nehmen.

Und das tat er. Vor dem Spiel der beiden Mannschaften am 8. März 1992 führte der Vater seinen Sohn in die Umkleidekabine der Arena, wo Kobe Michael Jordan begrüßte. Jordan grüßte zurück und schenkte ihm ein Armband. Es ist nicht überliefert, dass Kobe nervös war oder stotterte oder sich in irgendeiner Weise von Jordan eingeschüchtert fühlte. Jordan hatte nicht viel zu sagen. Ebenso wenig wie Kobe, der sich danach noch Bulls-Forward Horace Grant vorstellte.

„Spielst du Basketball?", fragte Grant.

„Ja", sagte Kobe, „aber ich bin erst in der achten Klasse."

„Wirst du eines Tages ein Superstar sein?"

„Ja", sagte Kobe, „vielleicht."

Zwanzig Tage nach Kobes erstem Kontakt mit seinem Vorbild fand im Spectrum das Spiel statt, das bis heute als das größte aller

College-Basketballspiele gilt: Duke gegen Kentucky im East Regional Final des NCAA Tournament. Die Blue Devils waren Titelverteidiger, hatten mit Mike Krzyzewski einen Superstar als Trainer und eine Reihe von Superstars unter ihren Spielern: Center Christian Laettner, Point Guard Bobby Hurley, Forward Grant Hill. Rick Pitino, schillernd, schnell-redend, wortgewandt und innovativ, leitete die Geschicke von Kentucky, und er hatte das Programm revitalisiert, indem er den Dreier in einem Ausmaß einsetzte, wie man es damals im College-Basketball selten gesehen hatte. Duke war mit einer 31-2-Bilanz an Nummer eins gesetzt. Kentucky stand mit 29-5 an Nummer zwei. Das Spiel endete in der Verlängerung nach einem wunderbaren Pass über den gesamten Court von Hill auf Laettner, der in einer fließenden Bewegung den Ball fing, dribbelte und mit der finalen Sirene aus der Drehung einen Jump Shot versenkte. Duke 104, Kentucky 103.

In der darauffolgenden Woche besiegten die Blue Devils im Final Four Indiana und Michigan und wurden damit zum ersten Team, das seit John Woodens UCLA Bruins Mitte der 1970er-Jahre zwei NCAA-Championships hintereinander gewann. Laettner machte später im Frühjahr seinen Abschluss, aber Hurley war noch für ein Jahr spielberechtigt und Hill für zwei. Es schien nichts dagegen zu sprechen, dass Duke an der Spitze des College-Basketballs bleiben würde. Mike Krzyzewski hatte das Programm so weit nach oben gebracht und besaß nun ein derartiges Prestige innerhalb des Sports, dass er sich praktisch jeden Elitekandidaten aussuchen konnte, der eine Ausbildung auf Ivy-League-Niveau anstrebte oder zu schaffen glaubte.

Dieses NCAA Tournament war das vierte, welches das Basketballprogramm der La Salle University in den sechs Jahren von Bill „Speedy“ Morris als Head Coach erreicht hatte. Sicher, Seton Hall hatte die Explorers in der ersten Runde mit zwei Punkten Vorsprung ausgeschaltet, aber die Erwartungen an ein Team aus der Metro Atlantic Athletic Conference waren eh beschränkt. Morris erreichte mit weniger Mitteln mehr als fast jeder andere College-Coach in Amerika.

Wie viel weniger hatte er? Bevor Morris 1986 in La Salle Trainer der Herrenmannschaft wurde (davor hatte er zwei Jahre lang die Frauen trainiert), hatte die Universität nicht mehr als das absolute Minimum getan, um ihr Basketballprogramm zu modernisieren. 1989/90 erreichte La Salle mit einer 30-2-Bilanz beinahe das Achtelfinale des NCAA Tournament. Daraufhin legte Tom Gola, der wohl angesehenste Ehemalige der Universität, dem Kuratorium Pläne für eine Arena mit 8.000 Plätzen auf dem Campus vor. Der Bau sollte fünf Millionen Dollar kosten. Gola bot an, das Geld aufzubringen. Das Kuratorium und die Verwaltung lehnten ab. Zu teuer. Unnötig. In der MAAC konnte La Salle in jeder Saison gegen Manhattan, Siena und St. Peter's um den Conference-Titel und eine Teilnahme am NCAA Tournament spielen, ohne dafür Geld zu investieren. Morris' Rekrutierungsbudget überstieg nie die Summe von 24.000 Dollar. In jeder Saison half er bei der Finanzierung des Programms, indem er drei Spiele ansetzte, in der Regel Auswärtsspiele, für die der Gegner eine ordentliche Prämie zahlte. Sein Anfangsgehalt als Trainer der Männer betrug 37.000 Dollar. Inflationsbereinigt entsprach dies im Jahr 2020 weniger als 88.000 Dollar.

Öffentlich behauptete Morris immer wieder, dass er nicht viel mehr brauchte. Er wurde in Philadelphia geboren, bekam seinen ersten Vollzeit-Trainerjob an seiner Alma Mater, der Roman Catholic High School, als er 24 war, und lebte immer noch in der Stadt, in einem Reihenhaus in Manayunk. Seinen Spitznamen erhielt er mit zwölf Jahren, als ein Jugend-Basketballtrainer ihn anschnauzte, weil er während des Rundenlaufs der Mannschaft nicht den nötigen Elan zeigte – *Komm schon, Speedy*! – und danach nannte ihn niemand mehr bei einem anderen Namen. Der ehemalige Barbesitzer und Teilzeitkomiker hatte einen runden Bauch wie ein Weihnachtsmann. Wenn ihn der Fehler eines Spielers oder die Fehlentscheidung eines Schiedsrichters während eines Spiels verärgerte, schlug er dem Spieler mit dem dicken, laminierten Spielprogramm, das er zu einem Schlagstock zusammengerollt hatte, auf den Kopf, oder er ließ seinem Temperament in einem Schwall von Schimpfwörtern freien Lauf. Nur ein Division-One-Basketballtrainer im Land hatte keinen College-Abschluss, und das war

Speedy Morris –irrelevant, solange La Salle erfolgreich war. Er war so Philadelphia, wie Philadelphia nur sein konnte. Er war, wie es ein Autor formulierte, „Reihenhaus und Suburbs, weiche Brezeln gewürzt mit Busabgasen und Philly Cheesesteaks, die vor Aufgeregtheit triefen, ein lebenslanger Sportenthusiast".

Das Basketballcamp, das Morris jeden Sommer leitete, passte zu ihm. 300 Kinder zwängten sich im Juli drei Tage lang von 8 bis 20 Uhr in die Trainingshalle von La Salle in der dritten Etage der Hayman Hall, der sportlichen Zentrale der Universität. Die Halle hatte keine Klimaanlage und war so heiß wie ein Backofen. Morris engagierte mehrere befreundete Polizisten aus Manayunk und Roxborough, die gerade nicht im Dienst waren, um sicherzustellen, dass alles in Ordnung war. Die Betreuer waren andere Coaches mit Verbindungen nach Philadelphia. Alle Trainer und Spieler schliefen in La Salle, in Schlafsälen mit Betonwänden. Falls sie nicht durch ortsbedingte Ablenkungen vom Schlaf abgehalten wurden: eine nächtliche Diskussion über die besten Guards in der Geschichte Philadelphias, das kratzende Geräusch von Mäusefüßen, die über die Deckenplatten huschten, das um zwei Uhr morgens ertönende Klingeln eines Eiswagens, dessen Fahrer etwas Stärkeres als eine Kugel Schokolade in der Waffel verkaufte.

„Das war Philadelphia-Basketball in Reinkultur", sagte Jay Wright, Head Coach von Villanova, der als 23-jähriger Assistant Coach an der University of Rochester in Morris' Camp gearbeitet hatte. „Wenn man ankam, gab Speedy einem einen Kasten Bier mit aufs Zimmer, und nachts blieb man auf und redete über Basketball. Es waren alles Basketballer aus Philadelphia: Highschool-Jungs, Straßenjungs, Sonny-Hill-Jungs, College-Jungs. Man saß herum, aß Erdnüsse und Brezeln, trank Bier und erzählte sich Basketballgeschichten."

So blieb es jahrelang, unverändert, aber es stand ein Umbruch bevor. In der nächsten Saison verließ La Salle die MAAC und wechselte in die Midwestern Collegiate Conference, eine Idee des sportlichen Leiters Bob Mullen. La Salle hatte mit den anderen Programmen der Conference, zu denen Wisconsin Green Bay, Detroit Mercy und Illinois Chicago gehörten, wenig gemein, Mullen setzte jedoch darauf, dass drei weitere Colleges – Xavier, Dayton und

Duquesne – ebenfalls beitreten würden und dass die Aufnahme in eine stärkere Liga zu mehr Einnahmen für La Salle führen würde. Die Explorers stiegen in eine höhere Gewichtsklasse auf, und Morris geriet dadurch unter Druck, bessere Spieler zu rekrutieren, während sich sein Programm auf den Vorstoß nach Westen vorbereitete.

Als der Frühling in den Sommer überging, änderte sich Kobes Basketballausbildung. Die von Dr. George Smith auferlegten Einschränkungen fielen weg. Die Sommerzeit brachte ihn auf die Entwicklungsstufe der Sonny Hill League und verschiedener Camps, in denen er entweder spielen oder als Betreuer arbeiten konnte. Das von La Salle war nur eines davon. Der Sommer 1992 war der Beginn eines Balanceakts, der sein Leben bis zum Eintritt in die NBA prägen sollte: einem Balanceakt zwischen den langfristigen, teamorientierten Zielen von Lower Merion und seinen individuellen Zielen sowie zwischen seinem höflichen, respektvollen Auftreten abseits des Basketballs und seiner mörderischen Attitüde auf dem Spielfeld. Im Laufe dieser Monate ließ sich recht klar erkennen, wer Kobe war, zu wem er wurde und wohin er unterwegs war.

Der Sommer begann mit einem Telefonanruf von Gregg Downer bei seinem Mentor John Dzik, den er um einen Gefallen bitten wollte. Downer hatte versehentlich zwei Basketball-Camps für dieselbe Woche angesetzt und konnte unmöglich beide gleichzeitig betreuen. Eines davon war ein Tagescamp von 9 bis 15 Uhr für 30 bis 40 Kinder an der Agnes Irwin School in Bryn Mawr. War Dzik in der Lage, diese Veranstaltung für ihn zu leiten? War er. Noch besser: Dziks Sohn Mike, ein Sophomore-Guard an der Haverford School, konnte als einer von Johns Betreuern arbeiten.

Großartig, sagte Downer, *und ich gebe dir noch diesen Jungen, Kobe Bryant.*

John, Mike und Kobe leiteten während der Woche die Übungen des Camps. „Besseres Babysitten“, nannte Mike das. Der eigentliche Spaß fand in der Mittagspause statt. Jeden Tag spielte Kobe gegen Mike, One-on-One und H-O-R-S-E, vier oder fünf Spiele. Mike, der selbst jahrelang in der Sonny Hill League gespielt hatte und einen exzellenten Jump Shot besaß, gewann jeden Tag. Und Kobe reagierte jeden Tag mit gleichgültigem Achselzucken: *Macht nichts. Eines Tages werde ich Profi.*

„Ich wusste, dass er das Zeug zu einem guten Spieler hatte – aber nicht, dass er so gut werden würde", sagte Mike Dzik, der später an der Penn spielte. „Zu der Zeit war Philly voll von Talenten: Cuttino Mobley, Rasheed Wallace, Alvin Williams. Die Liste ist noch länger. Er war natürlich jünger, aber man sah sich um und dachte: ‚Ich weiß nicht. All diese Jungs sind echte Talente. Wird er so gut wie sie sein, oder sogar besser?'"

Mike Dzik war mit dieser Frage nicht allein. Trotz all seiner Zuversicht dauerte es nicht lange, bis die Sonny Hill League dem noch nicht ganz 14-jährigen Kobe seine damaligen Grenzen als Spieler aufzeigte. Außergewöhnlich schnell jedoch lernte er dort auch, diese Grenzen zunächst zu kompensieren und dann ganz zu überwinden. Donnie Carr, ein vielversprechender Achtklässler aus Point Breeze im Süden von Philadelphia, hatte schon von Kobe gehört, bevor sich die beiden zum ersten Mal gegenüberstanden. Die Basketball-Community in Philadelphia war von den Youth Leagues bis hin zu den Sixers eng miteinander verbunden – und sobald die Bryants wieder voll dazugehörten, hatte Carr das Gefühl, nichts anderes mehr zu hören als *Kobe Bryant dies, Kobe Bryant das*. Jetzt war er mit Kobe in einer Halle und musterte ihn, diesen Jungen, der aussah wie ein Roboter aus dem Baukasten – groß und dünn, mit Knie- und Ellbogenschützern, die an ihm herunterhingen, und einer Sportbrille im Gesicht. Jetzt stand Carr mit ihm auf dem Spielfeld und schubste Kobe mit seinem untersetzten, kräftigeren Körper herum. Er war nicht beeindruckt.

„Ich hielt ihn nicht für besonders gut", sagte Carr später. „Er war langsam. Er war dünn. Und er konnte sich nicht bücken, weil er so steif war. Beim Basketball weiß jeder, dass der tiefe Mann gewinnt, und ich kam unter ihn und konnte ihn problemlos von seinem Spot schieben. Er war nicht athletisch. Er war einfach nur groß. Er konnte zwar dribbeln, aber man konnte sich unter ihn schieben und seine Bewegungen diktieren. Er war in dem Alter nichts Besonderes, um ehrlich zu sein."

Doch nur wenige dachten so wie Dzik und Carr. Ashley Howard sah in Kobe kein leichtes Ziel, trotz seines gepolsterten und bebrillten Outfits. In einem der Sonny-Hill-Spiele stahl Howard, ein Point Guard wie sein Vater, den Ball und rannte zur Gegenseite, als er etwas hinter sich spürte: Kobe, der ihn verfolgte. Kurz vor dem Korb blieb Howard, der jünger und kleiner als Kobe war, plötzlich stehen. Kobe aber nicht. Er sprang und flog an Howard vorbei, der sich duckte und dann den Korbleger übers Brett versenkte. Als sie zurückjoggten, flüsterte Kobe ihm zu: „Den habe ich dir geschenkt." In einem anderen Spiel hielt sich Howard als jüngster Spieler auf dem Court zurück, gab den Ball sofort ab, ging den anderen aus dem Weg und schaute Kobe zu, der das Spiel auf jede erdenkliche Weise kontrollierte. „Er ist der größte Spieler im Team, aber er geht mit dem Ball um wie ein Guard", sagte Howard. „Er spielt immer die richtigen Pässe. Er postet auf. Er wirft Dreier. Er dunkt in Transition. Und all das in einem U14-Spiel. Ich dachte: ‚Yo, ich war mit diesem Kerl gerade erst sonntagmorgens im YMCA!'"

Der Höhepunkt war jedoch, als Kobe im Gustine Recreation Center in East Falls auftauchte, einem der vielen Orte der Stadt, wo an jedem Sommertag morgens und nachmittags Pickup-Spiele stattfanden. Nach jedem Spiel wickelte er seine Knie in Eisbeutel ein. Die Profis in Italien hatten das getan, um ihre Gelenke, Muskeln und Sehnen zu schonen, um Muskelkater vorzubeugen. Sein Vater hatte es getan. Warum sollte er es nicht tun? Howard irritierte das zunächst. *Was stimmt mit dem Typen nicht?* Erst später dämmerte ihm, wie frühreif und bedeutungsvoll es war. „Er wurde schon in jungen Jahren darauf vorbereitet, der Spieler zu werden, der er schließlich wurde", sagte Howard. „Sein Vater war einer der größten Spieler der Stadt Philadelphia, genau wie sein Onkel. Wenn man sich seinen Stammbaum und die Gene auf beiden Seiten anschaut, dann war ein großer Teil von Kobe genetisch bedingt. Aber die Einstellung, die er hatte, wie er Dinge beobachtete, lernte und perfektionierte, die war einfach unglaublich."

Diese Frühreife fiel nicht nur Howard auf. Allen Rubin, ein Scout für Hoop Scoop, war zufällig auch in Gustine. Wer war dieser

Junge? Rubin kannte alle guten Highschool-Spieler in der Gegend um Philadelphia, aber diesen Spieler kannte er nicht. Er fragte jemanden. *Oh, das ist der Sohn von Joe Bryant. Sein Name ist Kobe. Er wird im nächsten Herbst als Freshman bei Lower Merion anfangen.* Rubin empfahl oft Spieler für das prestigeträchtige ABCD-Camp, das jedes Jahr im Juli in New Jersey stattfindet. Achte Klasse? Er merkte sich den Namen. *Warte ein Jahr*, sagte sich Rubin. Dann würde er den Mann anrufen, der das ABCD-Camp organisierte und leitete, den Mann, der seit den späten 70er-Jahren bei Nike für Basketball an der Basis zuständig war, den Mann, der Hunderttausende von Dollars in Werbeverträgen an die besten und bekanntesten Coaches im College-Basketball verteilt hatte, den Mann, der Michael Jordan seinen ersten Sneakervertrag gab und ihn zu einer weltweiten Ikone machte. Ja. Ein Jahr warten. Dann würde Rubin Sonny Vaccaro anrufen und ihm von Kobe Bryant erzählen.

Da ich in Italien aufgewachsen bin, hat es eine Weile gedauert, bis ich „amerikanisches“ Englisch sprach und wusste, wie ich mich als Schüler von Lower Merion verhalten musste. Als mich meine Mitschüler dann akzeptierten und mich zu Partys, ins Kino oder zu anderen Veranstaltungen einluden, lehnte ich meistens ab.

KOBE BRYANT

7 | Verlieren

Neun Monate lang liefen sie durch die Highschool, wo sie viele ihrer Mitschüler überragten. Manchmal trugen sie Dashikis als Hommage an ihr afroamerikanisches Erbe, manchmal italienische Hemden oder Röcke oder Mäntel mit großen Logos und kräftigen Farben, weil sie daran gewohnt waren. Manchmal tauschten sie Grüße, Fragen und Schimpfwörter aus, wie verbale High Fives, wenn sie einander auf dem Flur begegneten. Diese kurzen Wortwechsel erfolgten in der Regel auf Italienisch, ein beruhigender Code zwischen den drei Geschwistern, der sie in der für sie noch fremden Umgebung daran erinnerte, dass sie einander hatten. Kobe und seine Schwestern Sharia und Shaya erlebten den Schulalltag an der Lower Merion durchaus als Kulturschock, der erstmal verdaut werden musste.

„Als sie zurückkamen, war es etwas schwierig für sie", sagte Guy Stewart, der ein Jahr über Kobe war und mit ihm Basketball spielte. „Ich sehe noch immer ihre Klamotten vor mir. Die Leute haben sich … nicht unbedingt direkt über sie lustig gemacht, aber es wurde schon darüber gesprochen. Es war wahrscheinlich ein bisschen hart, das durchzustehen."

Schwierig ist relativ. Lower Merion verfügte über Ressourcen und Normen, die andere Highschools in und um Philadelphia nicht hatten. Egal wie schlecht sein Tag auch gewesen sein mochte: Wenn Kobe nach Hause kam, wenn er von Pam bemuttert und von Joe zu einem Spiel in der Einfahrt herausgefordert wurde, war alles war wieder in Ordnung. Es ist so etwas wie eine urbane Legende geworden, dass Kobe besonders privilegiert aufwuchs, dass Joes Ruhm und seine Basketball-Einkünfte den Bryants einen opulenten Lebensstil ermöglichten. Tatsächlich gehörten sie zur Mittelschicht, viele von Kobes

Freunden und Klassenkameraden waren materiell besser situiert als er selbst. „Ich bin in einem größeren Haus aufgewachsen", sagte einer dieser Freunde. Trotz des stabilen Umfelds musste Kobe sich an seine neue Umgebung anpassen, und das brachte einige Herausforderungen mit sich.

Beispielsweise lernte er noch immer den amerikanischen Slang, und die Redewendungen der damaligen Zeit verwirrten ihn. „Buggin' out?" „Eat my shorts?" Er verstand nichts von der Popkultur der frühen 1990er-Jahre, hatte kein Gespür für den Zeitgeist – wer hatte schon Zeit dafür, wenn es Material von Magic und Michael zu studieren gab? Manchmal reicht so etwas schon aus, um einen Schüler zum Außenseiter zu machen. Schwarze Schüler in diesem Bezirk hatten sich schon lange daran gewöhnt, ihr Auftreten und ihre Sprache anzupassen, je nachdem, wo sie sich befanden und mit wem sie es zu tun hatten. Wenn sie in der Gegenwart von Lehrern oder den Eltern ihrer weißen Freunde waren, benahmen sie sich anders, als wenn sie unter sich waren, etwa in Ardmore. „Das war schon in der Grund- und Mittelschule so", sagte Stewart, „und wurde in der Highschool zur zweiten Natur. Du wusstest, welche Leute dir freundlich gesinnt waren und welche nicht." Kobe fehlte jedoch noch das Vokabular, um zwischen diesen Welten hin- und herzupendeln.

Auch aus einem anderen Grund war er sofort eine potenzielle Zielscheibe für Spott, wenn er damit auch nicht allein war: Er war Freshman. An der Schule war es seit Langem Tradition, dass Sophomores, Juniors und Seniors jedes Jahr am Freitag, dem 13. die Freshmen schikanierten. Diese Tradition wurde als „Freshman Day" bezeichnet. Die Älteren schossen etwa mit Wasserpistolen auf die Jüngeren, schlugen ihnen auf die Arme, warfen ihnen Eier auf den Kopf, schmierten ihnen Rasierschaum ins Gesicht oder übergossen sie mit Parfüm oder Urin. Auf einen Schüler wurde sogar Bongwasser gekippt. Kobe wirkte mit seinen 1,92 Metern zumindest ein bisschen einschüchternd und konnte dem Schlimmsten entgehen. Wahrscheinlich wusste er gar nicht, wie knapp er an einer Demütigung vorbeigekommen war. Sophomore Sterling Carroll, einer seiner Bekannten, sah ihn eine Treppe hinaufjoggen und dachte: *Wenn du nicht so groß wärst, wärst du jetzt dran.* „Aber er war einfach einer dieser Typen, die Respekt einflößten", sagte Carroll, „und obwohl das alles sowieso nur Spaß war, hätte ich bei ihm nichts davon gemacht."

Dass Kobe kein gewöhnlicher Freshman war, war schon bei seiner Ankunft offensichtlich. Den Respekt, der ihm von einem älteren Schüler wie Carroll entgegengebracht wurde, forderten die schwarzen Schüler von Lower Merion und ihre Eltern schon seit Jahren ein, trotz aller Fortschritte, die Wendell Holland und seine Kollegen angestoßen hatten. Für die 90 Prozent der Schüler, die nicht schwarz waren, war die Schule im Wesentlichen ein Ort ohne ethnische Spannungen, an dem sich Schüler aller Hautfarben und Hintergründe gut verstanden und eine hervorragende Schulbildung erhielten. Viele der schwarzen Schülerinnen und Schüler hingegen hatten das Gefühl, dass für sie nicht die gleichen Regeln galten. In den 1980er- und 1990er-Jahren beschwerten sich einige bei Ausschusssitzungen über ihre Behandlung und darüber, dass sie nicht in dem Maße gefördert und unterstützt wurden wie ihre weißen Mitschüler. Im Jahr 2007, mehr als ein Jahrzehnt nach Kobes Abschluss, reichten sieben schwarze Familien eine Zivilklage ein, in der sie behaupteten, dass der Schulbezirk „absichtlich und systematisch afroamerikanische Schüler ausgrenzt, indem er sie in Kursen unterhalb des Klassenniveaus unterbringt". Ein Bundesgericht wies die Klage 2014 ab und entschied, dass die Trennung nicht vorsätzlich war, aber die Zahlen sprachen eine klare Sprache: Nur 27 der 500 schwarzen Schüler des Bezirks, also fünf Prozent, waren als begabt eingestuft worden, im Vergleich zu 13 Prozent (790 von 6.000) der weißen Schüler. Ein Viertel aller schwarzen Schüler erhielt Sonderunterricht.

Die Bryant-Geschwister überwanden dieses Machtgefälle bis zu einem gewissen Grad, was niemanden verwunderte. „Es war", so Doug Young, „als wäre eine Königsfamilie in Lower Merion angekommen. Sie waren eine Naturgewalt in unserem dortigen Leben." Sharia war als Senior 1,80 Meter groß und eine herausragende Volleyballspielerin. Shaya maß 1,89 Meter und spielte Volleyball und Basketball. Die Bryants und ihre erweiterte Familie – einschließlich der Coxes und Big Joe (der wegen seines Diabetes mittlerweile im Rollstuhl saß und aufgrund von Atemproblemen einen Sauerstofftank mit sich herumtragen musste) – besuchten jedes Sportereignis, an dem eines oder mehrere der Kinder teilnahmen. Sie saßen dann alle zusammen und nehmen eine ganze Sektion der Tribüne ein. Die Geschwister waren klug und diszipliniert, kooperativ und stets höflich Lehrern, Trainern und anderen Autoritätspersonen gegenüber. Beide Mädchen gehörten dem Schülerrat an, und ihre Freunde wurden Kobes Freunde – eine Gruppe von zehn bis 15 Personen, die ein Auge auf Kobe hatten und ihn von Ärger fernhielten. Der Soul Shack, das Gemeindezentrum von Ardmore, war ihr Haupttreffpunkt: Basketballspiele, Weihnachtsfeiern, ein Ort, an dem sie nach der Schule abhängen konnten. „Es war fast so etwas wie ein Schutzmechanismus", sagte Dayna Tolbert. „Kobe ging nie ohne Shaya irgendwohin. Er war sehr klug und wusste, wo er sein musste, wann er dort sein musste und was er nicht tun durfte. Wir wussten, dass er einfach nur Spaß haben und Basketball spielen wollte. Um das tun zu können, muss man auf jeden Fall Menschen um sich haben, denen man vertraut, die man liebt und von denen man weiß, dass sie nur das Beste für einen im Sinn haben. Das hatte er zu 100 Prozent."

Innerhalb der Highschool war Student Voice das Äquivalent einer schwarzen Studentenvereinigung. Die von der Bibliothekarin Katrina Christmas gegründete Organisation veranstaltete Theaterstücke für Schüler aus der Umgebung, organisierte Gastvorträge und Versammlungen, gab Konzerte und setzte sich bei der Lehrerschaft und der Verwaltung für People-of-Colour-Schüler ein. Die Mitgliedschaft war nicht auf Afroamerikaner beschränkt und umfasste auch asiatisch-amerikanische und hispanische Schüler, die klare Mehrheit der Mitglieder war jedoch schwarz. „Zu uns gehörten alle Underdogs von Lower Merion", sagte Christmas, und als Neuntklässler, der sich noch in der Highschool zurechtfinden musste, war Kobe auch ein Underdog. „Ich lernte ihn als Freshman kennen. Mit Freshmen hatte ich normalerweise nicht viel zu tun", sagte Christmas. „Sie waren so albern, dafür hatte ich keine Zeit. Aber er trat deutlich erwachsener auf." Corella Berry, eine der Anführerinnen der Gruppe, hatte ihn ermutigt, sich ihnen anzuschließen. Im Laufe des Schuljahres musste Kobe einige Treffen schwänzen, um pünktlich zum Basketballtraining zu erscheinen. Wenn er jedoch kein Training hatte, stieg er absichtlich nicht in seinen Bus und ging dann langsam vor der Schule auf und ab, bis er Berry sah, die gerade nach Hause fahren wollte.

Corella, sagte er, *kannst du mich nach Hause bringen?*

Kobe, antwortete sie, *dein Bus ist gleich da vorne!*

Die Schüler im Bus riefen: *Kobe, komm schon! Du wirst noch den Bus verpassen!* „Aber ich wurde weich und habe ihn dann immer mitgenommen“, sagte Berry. Ihre Gespräche drehten sich nie um Basketball und Kobe zeigte auch nie, dass er in irgendeiner Weise in Berry verknallt war. Sie sprachen über Musik – Rap, Gospel, Berrys Liebe zum Gesang und ihre Rolle als Sängerin im Chor von Student Voice –, und Kobe stellte eine Frage nach der anderen, als würde er sie darüber interviewen, wie und warum die Musik ein so großer Teil ihres Lebens geworden war. „Ich konnte sehen, wie er allmählich herausfand, was cool war, mit wem man abhängt; er war einfach neugierig“, sagte sie. „Er sagte immer: ‚Corella, ich mag es, wenn du singst. Ich kriege davon eine Gänsehaut.‘ Ich sagte dazu scherzhaft: ‚Das ist der Heilige Geist in dir.‘“

Die soziale Komfortzone der Bryants weitete sich auf das Jewish Community Center in Wynnewood aus, wo Joe als Teilzeit-Trainer im Fitnesscenter arbeitete und Spieler coachte, um sie auf die Makkabiade in Israel vorzubereiten. Kobe schloss sich ihm abends und am Wochenende an (sie hatten einen Schlüssel) und spielte samstags gegen Teenager und Mittzwanziger und am Sonntagmorgen gegen Männer mittleren Alters. Doch diese Trainingseinheiten genügten Joes Coaching-Ambitionen nicht, weshalb er bald ein Angebot der Akiba Hebrew Academy in Merion Station an der Main Line annahm, Basketballtrainer der Mädchen zu werden. Die Schule hatte 320 Schüler von der sechsten bis zur zwölften Klasse, verlangte von den Schülern, Hebräisch und eine weitere Fremdsprache zu lernen, und bot ihnen die Möglichkeit, ihr Junior-Jahr in Israel zu verbringen. Die Stelle war Joes erster offizieller Trainerjob – der perfekte Einstieg in den Beruf, über den er bereits seit seinem Ausscheiden bei den Sixers nachgedacht hatte. „Mein Ziel“, sagte er, „ist es, Spaß zu haben und wettbewerbsfähig zu sein.“

Ja, Joe hatte immer noch diese einnehmende Persönlichkeit. Aber er war jetzt ein anderer Typ, einer, für den die Familie die oberste

Priorität hatte, nicht seine Spielzeit oder das Nachtleben. Er und Gregg Downer verstanden sich auf Anhieb. Sie lernten sich an dem Tag kennen, an dem Kobe als Achtklässler das Training der Uni-Mannschaft dominiert hatte. Downer musste nur in nostalgischen Erinnerungen schwelgen … *Ich saß immer in Abschnitt H des Spectrum, in der Nähe deiner Eltern, und sah dir beim Spielen zu …*, und schon war ein gewisses Vertrauen aufgebaut. Downer hatte im Sommer zuvor gegen Kobe gespielt, als Downer in der Summer League von Narberth trainierte und Kobe auf der Jagd nach jedem Spiel war, das er kriegen konnte. Der 13-jährige Kobe hatte Downer oft genug geschlagen, um diesen davon zu überzeugen, dass der Junge mehr als nur etwas Besonderes war; dass Downer mutig sein und unorthodoxe Entscheidungen treffen musste, um das Potenzial von Kobe und seinem Team zu maximieren. Nun gab es in Downers Trainerstab eine freie Stelle: Er brauchte einen Coach für das Junior-Varsity-Team. Eines Tages präsentierte er Joe seine Idee.

„Kannst du uns aushelfen?"

„Ja", sagte Joe, „mach ich."

Es steckte eine langfristige Strategie hinter Downers Vorschlag. Er war ein junger Coach, der wusste, dass er nicht alles wusste. Hier war die Chance, Joe besser kennen zu lernen. Eine gute Beziehung zu Joe und Pam würde entscheidend sein, um Kobe zu coachen. Im besten Fall würde Joe zwei wichtige Elemente ins Team einbringen: sein umfangreiches Basketballwissen und die Fähigkeit, Kobe zu kontrollieren und zu beruhigen, der, wie jeder Freshman auf dem Varsity-Level, noch reifte und sprunghaft war. Und er würde Downer das Team so trainieren lassen, wie dieser es für richtig hielt. Downer und Joe würden im Trainingsalltag nicht zusammen coachen, mussten nicht miteinander konkurrieren, denn Varsity und Junior Varsity trainierten in unterschiedlichen Hallen. Für Downer ergab die Trennung der Teams Sinn; sie ermöglichte direkteres Coaching. Dennoch war dieser Vorschlag für Downer nicht gänzlich ungefährlich. Was, wenn Joe wollte, dass Kobe aggressiver oder weniger aggressiv gecoacht wurde? Was, wenn die beiden nicht einer Meinung waren? Auf wen würde Kobe hören, wenn es beim

Training oder während eines Spiels hart auf hart käme, auf seinen Head Coach oder auf seinen Vater? Mit einer offiziellen Position im Trainerstab hatte Downer Joe nun mit genug Macht ausgestattet, um diese Fragen zu verkomplizieren. Seine Gespräche mit Joe hatten Downer jedoch davon überzeugt, dass sich dieses Risiko lohnte. Passenderweise endete ein Artikel in *The Merionite*, der Schülerzeitung von Lower Merion, vom Dezember 1992 über Joes Einstellung mit diesem Zitat von ihm: „Ich freue mich darauf!"

Die nächste Stufe von Downers Strategie war ein Treffen mit Kobe, bei dem er ihm eine Grundsatzrede hielt.

Kobe, du bist ein Freshman. Du willst als Senior ein McDonald's All-American werden. Das ist die größte Ehre für einen Highschool-Spieler, richtig? Okay. Um in dieses Team zu kommen, musst du zu den 15 besten Seniors der Nation gehören. Ich habe einen Vier-Jahres-Plan, um dich dahinzubringen.

Im Moment gibt es 100 Freshmen im Land, die deine Fähigkeit haben, Basketball zu spielen. 50 Prozent von ihnen werden jedes Jahr ausscheiden, wegen Drogen, schlechter Noten, schlechter Einstellung, schlechter Arbeitsmoral. Nächstes Jahr wird es 50 Sophomores mit deinen Fähigkeiten geben, die noch eine Chance haben. In deinem Junior-Jahr werden es 25 sein. In deinem Senior-Jahr …

Du musst eine gute Arbeitsmoral haben. Du musst trainierbar sein. Du musst gute Noten haben. Du musst dich von Drogen fernhalten. Halte du dich daran, und wir werden die Zahl von 100 auf zehn oder zwölf reduzieren.

Dieser Plan bedeutete, den Tunnel zu verengen, Hindernisse zu beseitigen und Opfer zu bringen, die Kobe wohl ohnehin gebracht hätte. Vielleicht, um den Übergang zur Highschool zu erleichtern, vielleicht, um sich ein Stück von Italien zu bewahren, spielte Kobe zu Beginn seines Freshman-Jahres für die Fußballmannschaft vor, die zu dieser Zeit in Lower Merion beliebter, angesehener und erfolgreicher war als die Basketballmannschaft. Erst im Schuljahr 91/92, als die Aces in Downers zweiter Saison die District Playoffs erreichten, wurde Basketball wieder zu einer interessanten und angesehenen Sportart der Schule. Fußball hatte mehr Prestige, die

Beziehung zwischen Kobe und dem Team dauerte allerdings nur etwa eine Woche, ehe Downer und Joe davon erfuhren. Downer wandte sich direkt an den sportlichen Leiter Tom McGovern und sagte ihm: *Das kannst du nicht machen. Du musst ihn aus dem Team nehmen.* Wie damals Baseball war auch Fußball für Kobe nur ein Hobby. Es war für ihn entbehrlich. Das gestand er seinem Vertrauenslehrer Frank Hartwell beim ersten persönlichen Gespräch dieses Schuljahrs. Für Hartwell, der seit 1970 Schüler in Lower Merion unterrichtete und beriet, war das Tête-à-Tête eine reine Formalität. Er traf sich mit allen Freshmen, da er davon ausging, dass einige von ihnen oder alle sich überfordert fühlten oder unsicher waren, was den Übergang zur Highschool oder ihre Zukunft im Allgemeinen betraf. Kobe war nicht überfordert oder unsicher, als Hartwell ihn nach seinen Interessen und langfristigen Zielen fragte. Kobe hatte bereits ein Schreiben von der US-Militärakademie in West Point erhalten, die ihn für ihr Basketball-Programm rekrutieren wollte. Er sagte Hartwell, dass er in der NBA spielen würde.

Mit seiner Brille und seiner intellektuellen Art wirkte Hartwell wie ein klassischer Bücherwurm. Tatsächlich hatte er in den frühen 1970er-Jahren den Eishockeyklub der Schule gegründet und den Sport als Jugendlicher in New England selbst betrieben. Er wusste, welche Anziehungskraft Sport auf einen Teenager ausüben konnte. Aber er hatte Kobe nie Basketball spielen sehen, und selbst wenn: Er war nicht geneigt, Kobe oder irgendeinem anderen Highschool-Sportler zu raten, alles auf eine professionelle Sportlerkarriere zu setzen.

Das ist mein Traum, sagte Kobe.

Ich verstehe das, sagte Hartwell, *aber denk dran: Diesen Traum können nicht viele Leute verwirklichen.*

Bei seiner Abschiedstour während seiner letzten Saison mit den Lakers (2015/16), als er in einem Interview nach dem anderen auf seine NBA-Karriere zurückblickte, erwähnte Kobe „einen Vertrauenslehrer", der ihm geraten hatte, seinen Traum beiseitezulegen. „Ich dachte: ‚Wenn das so schwer zu erreichen ist, wie in aller Welt soll ich es dann schaffen, wenn ich nicht alles auf eine Karte setze?'", sagte er. „Wenn ich mich nicht hundertprozentig darauf konzentriere, werde ich es nie schaffen.' Für ihn wirkte Hartwells Mahnung zur Vorsicht nicht wie ein weiser Vorschlag. Er empfand sie als Herausforderung, fast schon als Beleidigung, und er würde sie nie vergessen.

Für Jeremy Treatman musste alles schnell gehen. Er wollte alles *jetzt.* Eine Million Gedanken und Ideen und Vorschläge und Pläne schwirrten durch seinen Kopf und schossen wie kleine Pfeile aus seinem Mund in die Ohren der Menschen. Das war immer so gewesen. Seine Familie gehörte zu den ersten und wenigen jüdischen Familien, die in den frühen 1970er-Jahren nach Gladwyne an der Main Line gezogen waren. Er ging vom Kindergarten direkt in die zweite Klasse – wobei das Überspringen der ersten Klasse keine große akademische Hürde darstellte, aber ein sozialer Alptraum für ein kleines Kind war, das Sport liebte. Wenn man mit sieben Jahren in die vierte Klasse geht, wenn man mit 13 in die neunte Klasse geht, wenn die Klassenkameraden mindestens ein Jahr älter und einen Kopf größer sind als man selbst und die Pubertät gerade hinter sich lassen, während man selbst gerade damit anfängt, wenn man ein jüdisches Kind ist und nicht viele andere jüdische Kinder um sich herum hat, dann hat man wahrscheinlich kein besonders angenehmes Leben. Sein älterer Bruder wurde in der Schule verprügelt. Als sein Vater Pfadfinderführer würde, hörte er die anderen Eltern flüstern: *Warum führt dieser Typ unsere Kinder an?* Oh ja, Jeremy Treatman kannte das Gefühl, ein wenig anders zu sein als alle anderen um ihn herum.

Seine Lieblingsidee? Das, was er am meisten wollte? Sportreporter sein. Er ging mit seinem Vater zu Spielen der Phillies im Veterans Stadium. Er lernte die NBA- und NHL-Ergebnisse in der Morgenzeitung auswendig. Er ging an die Temple University, wo er sich in einem Wettbewerb behauptete und zur Radiostimme des Frauenbasketballteams wurde und wo er für den Studentensender über den Sport in Philadelphia berichtete. Er war 19 Jahre alt und hielt das Mikrofon vor die Nasen von Julius Erving, Ron Jaworski und Larry Bird. Nach seinem Abschluss wechselte er direkt zum *Philadelphia Inquirer*, um über Highschool-Sport an der Main Line zu berichten, während er gleichzeitig als freier Mitarbeiter für eine andere Lokalzeitung arbeitete, den *Jewish Exponent*.

Während der ersten Saison von Gregg Downer berichtete er daher über Lower Merion. Die beiden trafen sich zufällig in einer Kneipe, wo sie den Abend damit verbrachten, Bier zu trinken und sich zu unterhalten. Sie wurden Freunde. Eines Tages ging Treatman zur Akiba Academy, um eine Geschichte über einen ihrer Spieler zu schreiben. Dort freundete er sich mit Tom Riley an, dem Head Coach des Teams, der ihn wie Downer dazu ermutigte, sich in der Narberth League zu engagieren. Das tat er dann auch und sammelte so viel Erfahrung als Coach, dass er sich, als Riley ihm mitteilte, dass der Junior-Varsity-Coach der Akiba zurückgetreten war, um diesen Job bewarb – und ihn auch bekam. Und so berichtete er nun über den Highschool-Basketball an der Main Line, coachte an einer Schule und hing mit dem Head Coach einer anderen ab. Dieses verrückte Sammelsurium aus Verbindungen, Berichterstattung und Coaching kumulierte für Jeremy Treatman schließlich im Herbst 1992, als er in der Halle der Akiba einen 14-jährigen Jungen dabei beobachtete, wie er einen Basketball nicht dunkte.

Treatman war damals selbst erst 26 Jahre alt, aber er kannte sich in der lokalen Basketballgeschichte aus und blieb oft nach dem Training der Jungenmannschaft in der Halle, um sich mit Joe Bryant zu unterhalten. Bei den Mädchen, die er trainierte, pflegte Joe trotz ihrer überschaubaren Fähigkeiten die gleiche engagierte Herangehensweise an den Sport, die auch sein Spiel geprägt hatte, und mischte Ball-Fakes und extravagante Fußarbeit in ihr Grundlagentraining. Er kassierte nicht einfach nur seine 1.500 Dollar und überließ diese Novizen sich selbst. Er brachte ihnen bei, sich an Blöcken vorbeizukämpfen, ließ sie um Hütchen herumlaufen, um ihr Ballhandling zu verbessern, und führte sie Schritt für Schritt durch seine Spielzüge. Treatman bewunderte seinen Enthusiasmus. Die Mädchen liebten es, für Joe zu spielen, und Treatman liebte es, mit ihm über Basketball zu reden. Er liebte die Trainertipps, die Geschichten aus Joes Zeit in der NBA und seiner Karriere in Europa, Joes unbekümmerte Sicht auf sein Leben, seine Fröhlichkeit und Umgänglichkeit.

Dann, zum ersten von vielen Malen, brachte Joe Kobe mit zum Training. Weit weg von seinem Vater, den Spielerinnen und ihren Übungen isolierte sich Kobe bei einem Korb an der Hallenwand. Niemand hielt ihn dort auf oder schickte ein Double-Team. Es gab nur Kobe, der mit dem Basketball in der Hand immer wieder in die Luft sprang, hoch genug, um ihn zu dunken – der dabei aber *nicht* dunkte. Nein, er ließ den Ball einfach durch den Korb fallen, als würde er im Vorbeigehen Papierschnipsel in einen Mülleimer werfen.

„Was wird aus ihm werden?", fragte Treatman Joe. „Du erwartest doch nicht, dass er ein zweiter Joe Bryant wird, oder?"

„Er ist so viel besser als ich in diesem Alter", sagte Joe, „dass es schon nicht mehr lustig ist."

„Willst du damit sagen, dass er einmal besser wird als du?", fragte Treatman. „Du hast für die Sixers, Clippers und Rockets gespielt und warst MVP in Italien. Und du bist 2,08 Meter groß."

„Er ist einfach besser als ich in diesem Alter", wiederholte Joe.

Während sich die beiden Männer unterhielten, setzte der Junge sein einsames Training fort. Gelegentlich stieß er ein kehliges Grunzen aus, ein kleines Indiz seiner Anstrengung, aber mehr auch nicht. Es schien unmöglich, dass ein so magerer Junge so hoch springen konnte.

Hoch. Und runter.

Hoch. Und runter.

Hoch. Und runter.

Es fiel ihm leicht. Es war so einfach. Wann immer ihn danach jemand fragte, wann er zum ersten Mal so richtig an Kobes Potenzial geglaubt hatte, verwies Treatman auf diesen Moment in der Halle einer jüdischen Schule im Herbst 1992. Hoch. Und runter. Er konnte nicht wegsehen. Jeremy Treatman war ein seltenes Privileg zuteilgeworden, ein Blick auf das, was die Welt schon bald in Gänze sehen würde, und das wollte er auskosten.

Um den Einfluss von Kobe Bryant auf das Basketballprogramm seiner Highschool zu verstehen, muss man ihn sich wie eine langsam wirkende Medizin vorstellen. Die Vorteile seiner Anwesenheit machten sich nicht sofort bemerkbar. Garry Kelly, einer der besten Spieler der Aces, die 1991/92 20 Siege einfuhren, hatte seinen Abschluss gemacht und war auf ein Junior College in Maryland gegangen, aber diese eine hervorragende Saison reichte noch nicht aus, um von einer echten Renaissance zu sprechen, selbst als Kobe dem Team beitrat. Die nächste Saison begann mit einer Reise nach Connecticut zu einem Trainingsspiel gegen Fairfield Prep. Kobe trug dabei zum ersten Mal ein Lower-Merion-Trikot, aber es waren die Aufwärmshirts der Spieler, die einen bleibenden Eindruck hinterließen: T-Shirts mit der Aufschrift GET HIGH ON HOOPS, NOT ON DRUGS, auf denen die Umrisse von Tank-Tops im Siebdruckverfahren aufgedruckt waren. Downer stellte Kobe in die Starting Five, und schon waren Neid und Frustration bei einigen älteren Spielern zu spüren: *Warum spielt dieses Kind so viele Minuten? Wir sind an der Reihe.* In dem Motel, in dem das Team die Nacht darauf verbrachte, trieben es einige Spieler ziemlich bunt und ein Fenster ging zu Bruch. Kobe jedoch verließ sein Zimmer nicht – so würde er es auch in Folge bei den meisten Basketball-bezogenen Übernachtungsreisen in seiner Highschool-Zeit handhaben. „Er hatte kein Interesse daran, sich an irgendeinem Scheiß zu beteiligen", sagte Doug Young. „Er nahm von Anfang an alles sehr ernst: ‚Wer sind diese Witzfiguren?' Abseits des Platzes spielte das keine Rolle; er war cool zu allen. Aber er hat sehr schnell entschieden, wen er als Basketballspieler respektierte und wen nicht."

Matt Snider, zwei Jahre älter als Kobe, war aus Iowa zugezogen und beobachtete bei Kobe, was er auch selbst erlebt hatte. „Du bist anfangs sehr schüchtern", sagte er. „Du brauchst Zeit, um Leute kennenzulernen. Wer wird dein Freund werden? Wem wirst du vertrauen? Ich konnte ihm ansehen, dass er das tat, was in meinen Augen völlig in Ordnung war. Mit einigen seiner Mannschaftskameraden sprach er nicht sehr viel, und er spürte wohl irgendwie, dass wir beiden die Besten im Team sein würden." Ihre Beziehung war freundschaftlich, aber kompetitiv. Als Spieler waren sie Gegensätze: Snider war ein 1,89 Meter großer Felsbrocken, ein Tight End und Defensive End, der in Richmond Division-One-Football spielen und schließlich zwei Jahre in der National Football League als Fullback für die Green Bay Packers und die Minnesota Vikings verbringen sollte. Kobe war 1,92 Meter groß und wog 63 Kilo. Nach jedem Spiel sahen die beiden im Spielberichtsbogen nach, wer diesmal mehr Punkte erzielt hatte. In einer Saison, in der das Team fünf Sechstel seiner Spiele verlor, mussten die beiden zukünftigen Profisportler ihre kleinen Freuden auskosten, wann und wo sie konnten. „Wir waren grässlich", sagte Young. „Dieses Jahr war eine komplette Katastrophe." Nachdem sie Upper Dublin in ihrem zweiten Spiel geschlagen hatten – in dem Spiel, das Kobe sich Jahre später auf dem Laptop bei YouTube anschaute –, verloren die Aces ihre nächsten acht Spiele. Und sie verloren hoch: Bei einem vom Ardmore Rotary Club gesponserten Weihnachtsturnier wurden sie von Bartram mit 113:76 blamiert, obwohl Kobe gegen die Alma Mater seines Vaters 25 Punkte erzielte. Am nächsten Tag wurden sie von Malvern Prep mit 74:47 geschlagen, wobei Kobe 24 der 47 Punkte erzielte. Gegen Conestoga verlor das Team nach zweifacher Verlängerung mit zwei Punkten, gegen Marple Newtown waren es zwei Punkte Unterschied am Ende der regulären Spielzeit. Der Unmut innerhalb des Teams wuchs nicht nur wegen Kobes Spielzeit, sondern zunehmend auch wegen seiner Spielweise: seine Mentalität, seine Bewegungen auf dem Spielfeld, dass er allen zeigen wollte, wer der beste Spieler auf dem Platz war. „Er hatte eine bestimmte Attitüde, sein Spiel wirkte ein bisschen aufgesetzt", sagte Evan Monsky. „Da war viel überflüssige Show dabei." Junior Joe Dixon, der Starting Point Guard des Teams, dachte nach Saisonende an einen Wechsel zu Harriton, teils wegen der vielen Niederlagen, teils weil Kobe so viel Aufmerksamkeit auf sich zog. „Es gab eine Menge Neid", sagte er. Aber wenn man nach diesen Niederlagen in der Umkleidekabine der Aces war, wo Kobe mit den Zähnen knirschte und versuchte, sich zu sammeln, bevor er die Fragen der Reporter beantwortete, verstand man, warum die Menschen, die ihm am nächsten standen, darauf vertrauten, dass er sein volles Potenzial ausschöpfen würde. Nach einem Spiel im Dezember gegen den Lokalrivalen Upper Darby, einer 19-Punkte-Heimniederlage, bei der Kobe 17 Punkte erzielte und der einzige Spieler von Lower Merion mit mehr als acht Punkten war, stand Kobe vor seinem Spind, als Treatman ihn ansprach: „Du siehst nicht glücklich aus."

„Wir haben verloren", antwortete Kobe mit finsterer Miene und scharfer Stimme.

Nur wenige von Kobes Mannschaftskameraden schlugen einen solchen Ton an. Für die Juniors und Seniors dieses Teams war Basketball nicht unbedingt der Mittelpunkt ihres Schulalltags. Einige von ihnen hielten sich für bessere Spieler, als sie es tatsächlich waren. Einige von ihnen waren wegen schlechter Noten nur auf Bewährung im Team, andere wurden suspendiert. Sultan Shabazz, eigentlich einer der Spielmacher und Topscorer des Teams, zog sich einen Bänderriss im Knöchel zu, verpasste die ersten sieben Spiele der Saison und stand auch danach nicht immer zur Verfügung. Nach jedem Training blieben entweder Joe oder Downer bei Kobe, reboundeten für ihn und spielten ihm den Ball zu, während er Hunderte von Würfen nahm. Kobe fragte Shabazz: *Hey, wieso bleibst du nicht hier?* Kobe – genau wie Downer und die meisten anderen Spieler – hatte keine Ahnung, dass Shabazz nach dem Training mit dem SEPTA-Bus 105 von Wynnewood in ein Viertel in West Philadelphia fuhr. Dort verbrachte er die Nacht mit dem Verkauf von Crack und Kokain und rauchte selbst Marihuana, bevor er am nächsten Tag zum Unterricht und zum Training zurückkehrte. Der Kontrast zwischen seinen Gewohnheiten und denen von Kobe war sogar beim Mittagessen deutlich: Kobe lehnte Junkfood ab, griff dafür aber die von seinen Mannschaftskameraden verschmähte Milch ab und stellte immer fünf oder sechs der kleinen Kartons auf seinem Tablett in der Cafeteria auf. *Willst du das nicht trinken? Dann nehme ich es.* „Er bereitete seinen Körper auf die NBA vor, indem er sich in jungen Jahren richtig ernährte", erinnerte sich Shabazz. An den Wochenenden nahm Shabazz, der wusste, dass Kobe sich überall in der Stadt beweisen wollte, seinen Teamkollegen mit in eine Halle an der Ecke 57th und Haverford, mitten in Shabazz' Drogengebiet, um dort Pickup zu spielen. Kobe bekam bei diesen Ausflügen, was er brauchte: die Chance, sein Spiel zu verbessern, die Chance, andere zu beeindrucken. Nach einer Weile jedoch begann er zu verstehen, warum Shabazz so viel Zeit dort verbrachte, und die Ausflüge hörten auf. „Ich wollte ihn beschützen, deswegen wollte ich ihn nicht mitnehmen", sagte Shabazz, „weil ich wusste, dass er eine Karriere hatte." Eine Karriere, räumte Shabazz Jahre später ein, wie er sie vielleicht selbst hätte haben können … und die er weggeworfen hatte. Zu Beginn seines Senior-Jahres verdiente er an seiner Ecke in West Philly 6.000 bis 7.000 Dollar pro Nacht. Als er aus akademischen Gründen nicht mehr für Basketball zugelassen wurde, verließ er Lower Merion und kehrte nicht mehr zurück. (Shabazz machte später seinen Highschool-Abschluss und studierte an der Cheyney University.)

Da die Verlässlichkeit von Shabazz fraglich war, machte Downer Kobe gegen Ende der Saison zum Point Guard und behauptete gleichzeitig, dass die Niederlagen keine Auswirkungen auf die Entwicklung des Wunderkinds hätten. „Er ist genau im Zeitplan", sagte Downer im Januar. Er war im Zeitplan … bis zum Februar, als er während eines Spiels mit einem gegnerischen Spieler zusammenstieß. Kobe, dessen Knie aufgrund seiner Osgood-Schlatter-Krankheit und seiner schmächtigen Statur ohnehin schon anfällig war, brach sich die Kniescheibe. Er setzte die letzten beiden Spiele aus und beendete seine Saison mit einem Durchschnitt von 17,1 Punkten pro Spiel – als Freshman hatte er die meisten Dreier erzielt und die höchste Freiwurfquote des ganzen Teams.

Joe Bryant war 1992/93 möglicherweise der coolste Junior-Varsity-Coach in der Central League, zumindest tat er alles dafür, diesen Titel zu erringen. So kam er zum Beispiel in einem roten Lederanzug zum Training, als wäre Lower Merion keine Highschool, sondern eine Disco. „Er stolzierte damit rein und schien sich wohlzufühlen", sagte Monsky, Point Guard in der Junior-Varsity-Mannschaft, „obwohl er sich wahrscheinlich den Arsch abschwitzte. Er war kein 28 Jahre alter NBA-Profi, sondern Ende 30, Vater von drei Teenagern und versuchte immer noch, rotes Leder zu tragen. Aber für uns war er ein Gott. Es war großartig, einen ehemaligen Sixer zu haben, der so viel über die kleinen Nuancen des Spiels wusste, die ihm (und wahrscheinlich auch Kobe) zuflogen, an die wir normalen JV-Spieler aber nie denken würden." Welcher andere Coach würde eine Trainingseinheit unterbrechen, weil seine Spieler nicht mit genug Flair spielten? Joe machte das. Mitten im Play unterbrach er ungläubig das Spiel. *Seht ihr diesen Pass nicht? Er ist so offensichtlich!* Dann nahm er sich den Ball und spielte einen Pass hinter dem Rücken durch drei Spieler hindurch, und die Spieler schauten sich an: *Äh, nein, Jellybean. Dieser Pass mag für dich, Mr. 2,06 Meter großer Point Guard, offensichtlich sein, aber nicht für einen Haufen 1,80-Meter-Sophomores.* Wenn das Training statisch wurde, ließ Joe die Jungs Fußball spielen. In der Halbzeitpause eines JV-Spiels warteten die Spieler darauf, dass er die Umkleidekabine betrat … und warteten … und warteten. Mehrere Minuten lang saßen sie da und fragten sich, wo er abgeblieben war und warum er sie anscheinend im Stich gelassen hatte, bevor ein paar von ihnen über eine Strategie für die zweite Halbzeit zu diskutieren begannen. *Wir sollten diesen einen Typen besser verteidigen.* Als sie die Umkleidekabine verließen, stand dort Joe und unterhielt sich mit irgendjemandem. „Niemand macht das in der zehnten Klasse", sagte Monsky, aber Joe hatte eben schon 1.000 Halbzeiten mitgemacht. Manchmal musste ein Coach die Klappe halten und die Spieler die Dinge selbst regeln lassen. Das hatte er bereits mit Kobe vermittelt, und diese Schüler würden Juniors und Seniors sein, wenn Kobe seinen Höhepunkt als Highschool-Spieler erreichte. Er hielt es für eine gute Idee, eine entspanntere Herangehensweise im Kontrast zu Downers Intensität zu kultivieren, um die Schüler dazu zu bringen, ab und zu selbst Antworten zu finden. Sie mussten lernen, mit Kobe – seiner Arbeitsmoral, seiner Intelligenz – so gut wie möglich Schritt zu halten, wenn sie als Team und als Spieler ihr Maximum erreichen wollten.

Im Juni und Juli zog Downer eine klare Trennlinie zwischen Kobe und den anderen Spielern, ein Zeichen für dessen wahren Stellenwert in der Mannschaft und zunehmend auch unter allen Highschool-Spielern im Raum Philadelphia. Plötzlich schlug Lower Merion selbst in der entspannteren Atmosphäre der Vorstadt-Summer Leagues Schulen, die es zuvor noch nie geschlagen hatte: St. Joseph's Prep, Archbishop Carroll, Monsignor Bonner, starke Teams der Philadelphia Catholic League. Ein bestimmter Moment verriet allerdings mehr über Kobes Status als all diese Siege.

Kobes Team lag mit einem Punkt zurück, und Downer nahm eine Auszeit. Snider war der Co-MVP. Snider war der Senior. Snider musste nun den Ball bekommen, oder? Nein. Downer malte einen Spielzug auf, der den Ball in Kobes Hände legte.

Monsky konnte nicht glauben, was er da hörte. Er fragte sich: *Ist Downer ein Idiot?* Matt Snider war ein Bulle. Matt Snider war eine Bestie. Aber als sein Team einen Punkt zurücklag und die Uhr herunterlief, bekam Matt Snider den Ball nicht.

Kobe schon. Kobe vergab seinen Pullup-Jumper. Lower Merion verlor. Und Downer versammelte seine Spieler in einer Ecke des Spielfelds.

Wir haben getan, was wir konnten, Jungs. Wir haben unserem besten Spieler in der letzten Sekunde den Ball gegeben, als er die Chance zum Sieg hatte. Er hat nicht getroffen, aber das ist in Ordnung.

Evan Monsky erkannte die Wahrheit Jahre später selbst an und war dabei selbstironisch. Es hatte nur einen Idioten in diesem Huddle gegeben, der der Meinung war, dass Kobe Bryant nicht den letzten Wurf nehmen sollte. Und dieser Idiot war nicht Gregg Downer.

La Salle hatte in der Saison 1992/93 eine Bilanz von 14-13 erreicht – es sollte Speedy Morris' letzte Saison mit positiver Bilanz als Head Coach der Explorers sein. Als die Saison zu Ende ging, verabschiedete sich Randy Monroe, einer von Morris' Assistant Coaches. Er ging nach Nashville, um dort als Assistant Coach an der Vanderbilt University zu arbeiten. Morris war immer eng mit Sonny Hill befreundet gewesen. Wer im Philadelphia-Basketball war das nicht? Hill empfahl Morris jemanden, der Monroe im Trainerstab ersetzen konnte: Joe Bryant. Morris gefiel die Idee. Ein ehemaliger La-Salle-Spieler? Ein Ex-Profi, der in der Sonny Hill League viele der besten Highschool-Spieler von Philadelphia trainiert hatte? Ein Typ mit dieser umgänglichen Persönlichkeit? Joe könnte dabei helfen, Spieler zu rekrutieren. Das allein rechtfertigt es, ihn einzustellen. Und da war noch eine Sache.

„Natürlich hatte er Kobe", sagte Morris Jahre später. „Das war ein Teil des Deals."

Für Sonny Vaccaro war das Jahr turbulent gewesen. Nike hatte ihn 1991 entlassen, wofür weder er noch das Unternehmen damals oder in den folgenden Jahren eine Erklärung lieferte. Vaccaro hatte jedoch die Rechte für das ABCD-Camp und das Dapper-Dan-Spiel behalten und blieb dem Basketball an der Basis so verbunden wie eh und je. Adidas sah eine Chance, Nike auf dem Sneakermarkt herauszufordern, und stellte ihn ein. Nike war immer noch der Goliath mit einem weitaus größeren Marketingbudget als die Konkurrenz und Adidas sah Vaccaro als potenziellen David, sozusagen als beste Steinschleuder der Welt.

Also tat Allen Rubin das, was er sich ein Jahr zuvor vorgenommen hatte. Er rief Vaccaro an und erzählte ihm, dass es in einem Vorort von Philadelphia einen Jungen namens Kobe Bryant gab, der gut genug war, um im Sommer am ABCD-Camp teilzunehmen. *Wir wollen keine Freshmen,* sagte Vaccaro ihm. *Das setzt sie zu sehr unter Druck. Wir konzentrieren uns auf Oberstufenschüler.* Rubin erwähnte nicht, wer Kobes Vater war, und Vaccaro stellte diese Verbindung nicht her, selbst als er den Namen „Bryant" hörte.

Die Gruppe von Profi- und College-Spielern, die alle einen Bezug zu Philadelphia hatten, rotierte im späten Frühjahr und Sommer 1993 durch die Hallen der Stadt. So hielten die Spieler sich fit: Pickup-Spiele im Community College von Philadelphia, in der Hayman Hall in La Salle, im Philadelphia Sporting Club im Bellevue Hotel, in der McGonigle Hall von Temple. Trainer aus dem medizinischen Stab der Sixers waren dabei, um die Knöchel der Spieler zu tapen, egal wer sie waren und für welches Team sie spielten. Tim Legler, der in La Salle ein treffsicherer Guard gewesen war und gerade seine dritte NBA-Saison beendet hatte (seine erste bei den Dallas Mavericks), lag eines morgens auf dem Physio-Tisch und beobachtete beiläufig das Spiel, das vor ihm stattfand, als er „diesen jungen Typen“ bemerkte, lang und schlaksig, der sich gegen die NBA-Veteranen behauptete. Legler erkannte ihn nicht. Er vermutete, dass der Junge an einer der Colleges der Big Five spielte.

„Wer ist dieser Typ?“, fragte Legler den Trainer.

„Das ist Kobe Bryant“, antwortete der Trainer, „der Sohn von Joe Bryant. Er ist ein Freshman in Lower Merion.“

Legler, der zehn Jahre in der NBA spielte und später die Liga für ESPN analysierte, war tief beeindruckt. „Man muss sich mal vorstellen, was ein 15-Jähriger rein körperlich tun muss, um sich gegen NBA-Spieler oder hochklassige Division-One-Spieler durchzusetzen. Aber was wirklich auffiel, war sein Selbstvertrauen, das für jemandem in seinem Alter unglaublich war. Er wollte Spieler attackieren, nicht einfach nur das Spiel überstehen.“

In seiner kurzen NBA-Zeit hatte Legler bereits gelernt, dass die wichtigste Eigenschaft für eine lange Karriere in der Liga nicht Können oder Entschlossenheit war, sondern körperliche Stärke. „Wenn ein Spieler nicht in der Lage war, beim Dribbling sein Gleichgewicht zu halten, wenn er nicht in der Lage war, beim Jump Shot aus der Bewegung die Balance zu halten, wenn er nicht in der Lage war, sich am Ring auch gegen Körperkontakt durchzusetzen, konnte er nicht in der Liga spielen. Und Kobe versuchte jedes Mal, wenn er den Ball hatte, ein Play zu machen, egal wo er sich auf dem Spielfeld befand, egal wie viele Leute ihm den Weg zum Korb versperrten. Ein oder zwei Mal ging er mit nur einem Dribbling und zwei Riesenschritten die Grundlinie entlang und versenkte einen Dunk. Das konnten allerdings auch viele andere Jungs, die trotzdem keine Chance hatten, in der NBA zu bestehen. „Man muss lernen, mit verschiedenen Geschwindigkeiten zu spielen“, sagte Legler. „Du musst lernen, geduldig zu sein. Man muss lernen, wie man als Spieler effizienter wird. All das würde Kobe lernen, aber das konnte man damals noch nicht wissen. Ich weiß nur, dass ich noch nie in meinem Leben einen so jungen Menschen gesehen habe, der so von sich überzeugt war.“

Der Kontrast zwischen Kobes körperlichen Fähigkeiten und seiner geistig-emotionalen Einstellung war in dieser Phase seines Lebens sowohl Hindernis als auch Segen für ihn. Er beendete das schwierigste Jahr seines frühen Basketballlebens, indem er für ein lokales AAU-Team spielte, die Sam Rines All-Stars. Sam Rines war nicht nur ein Mann, sondern gleich zwei, und Sam Rines war eine Marke. Sam Rines Sr., ein Grundschullehrer in Abington, nördlich von Philadelphia, war von 1980 bis Anfang der 1990er-Jahre Teilzeit-Assistant-Coach in La Salle gewesen. Sam Rines Jr. hatte selbst unter Morris in La Salle gespielt, bevor er Director of Parks and Recreation in Abington wurde und zusammen mit seinem Vater unter dem gemeinsamen Namen ein Basketballprogramm gründete: Sam Rines AAU. Joe hatte mit Sam Jr. in der Sonny Hill League gearbeitet und gecoacht, und Sam Sr. war in Philadelphia genauso bekannt und angesehen wie Hill. Als es für Kobe also an der Zeit war, seinen Basketball-Kalender außerhalb von Lower Merion zu füllen, war Sam Rines AAU ein natürliches Ziel für ihn ... zumindest für eine Weile.

Kobes Spiel war eine vollständige Jordan-Kopie. „Man konnte sehen, dass er Spieler imitierte und nachahmte, aber er sah dabei ganz natürlich aus", sagte Sam Jr. „Sein ganzes Auftreten war wie im Fernsehen. Joe sagte mir: ‚Wenn du ihn spielen siehst, wirst du sein Spiel mögen. Aber er wird dich an jemanden erinnern.' Ich dachte mir: ‚Verdammt, du hast mir nicht gesagt, dass er so gut ist.'" Sobald die Spiele begannen, war Sam Jr. jedoch nicht mehr so optimistisch, was das Coaching von Kobe betraf. In seinem ersten Spiel versenkte Kobe zwar sechs aufeinanderfolgende Jump Shots und einen Dunk – und das alles, während er für ein U17-Team spielte, obwohl er erst 14 war –, aber es dauerte nicht lange, bis er und Sam Jr. wegen Kobes Gier nach persönlichem Ruhm und seinem Mangel an Teamfähigkeit aneinandergerieten. Ein Spieler hörte auf, weil Kobe den Ball nicht passen wollte – Sam Jr. konnte es dem Jungen nicht verübeln. Als Erwachsener erklärte Kobe sein Verhalten damit, dass er, als er 13 wurde, anfing, eine Langzeitperspektive einzunehmen, denn „bei meinem Spiel ging es nicht darum, mit 13 besser zu sein als andere.

Es ging darum, besser zu sein als die anderen, wenn es wirklich darauf ankam. Als ich mit 13 spielte, versuchte ich zu sehen, wo die Stärken und Schwächen der anderen lagen. Wie gehst du das Spiel an? Stellst du dich dabei dumm an? Bist du gut darin, nur weil du größer und stärker bist als alle anderen, oder hast du dir wirklich Gedanken gemacht und dein Können eingesetzt?" Aber Sam Jr. konnte sich nicht nur um Kobe und seine Weitsicht kümmern. Er hatte andere Spieler zu trainieren, die nicht die Teamkollegen von Kobe aus Lower Merion waren. Dies waren keine Kids, für die Basketball nur eine Beschäftigung im Winter war. All diese Jungs waren auf der Jagd nach einem Stipendium für die Division One. Das Team spielte etwa acht Turniere pro Jahr in Delaware, Maryland und Upstate New York, und jeder Spieler musste pro Turnier einen Betrag von 50 Dollar für Reisekosten, Unterkunft und Verpflegung aufbringen. Eine Investition von 400 Dollar war für die Bryants nicht viel, aber was war mit den anderen Kids im Team und ihren Familien? Auch sie wollten sich präsentieren. Auch sie versuchten, von den Scouts anerkannt zu werden. Auch sie wollten zeigen, was sie konnten, doch wenn ein Spieler den Ball zu Kobe passte, wusste er genau, dass er ihn nicht zurückbekommen würde. Sam Sr. gab Sam Jr. während der Spiele immer ein Zeichen, wenn Kobe in diesen „Von-der-Mittellinie-werfen-weil-ich's-kann"-Modus geriet, indem er seine Hand hob und senkte, als wolle er sagen: *Lass ihn machen.* „Aber er war ein Gockel", sagte Sam Jr. „Er war eingebildet. Diese anderen Kinder wollten ein Stipendium bekommen und ich habe versucht, es ihm zu erklären: ‚Kobe, du kannst nicht jedes Mal werfen, wenn du den Ball berührst.'"

Wie sollte er Kobe in seine Schranken weisen? Wie sollte er ihn zur Vernunft bringen? Eines Tages spielte Sam Jr. One-on-One mit ihm. Sam Jr. war nicht einmal 1,80 Meter groß und hatte in seinen 34 Spielen in La Salle im Durchschnitt genau 0,9 Punkte erzielt. Aber er war seitdem etwas breiter geworden und immer noch ein ehemaliger Division-One-Spieler, was bedeutete, dass er genug Fähigkeiten besaß, um einen großmäuligen 14-Jährigen nachdenklich zu stimmen. Also ging er auf Kobe los, schubste ihn herum und warf über ihn hinweg, wobei Kobes Wut und Frustration immer größer wurden. Einmal … zweimal … okay … das war genug.

„Er konnte das Spiel nicht beenden“, sagte Rines. „Er war so ehrgeizig, dass er fast Tränen in den Augen hatte. Ich habe ihn bedrängt, um ihn weiterzubringen, und das hat ihm nicht gefallen.“

Eigentlich versuchte Rines, Kobe zu brechen. Kobe nahm alles persönlich, und wenn er merkte, dass ein Trainer mittleren Alters mit einem aufgedunsenen Körper ihn im One-on-One verprügeln konnte, würde er vielleicht verstehen, dass das Abgeben des Balls an einen freien Mitspieler kein Eingeständnis des eigenen Versagens war, weil er es nicht geschafft hatte, einen schwierigeren Wurf für sich selbst zu kreieren. Es war einfach klüger, die richtige Aktion. Es würde sein Team besser machen, ihn als Spieler besser machen, ihn zu einem angeseheneren Spieler machen. Im Laufe seiner Karriere, in der Highschool und darüber hinaus, gab es immer wieder Situationen, in denen es so wirkte, als habe er diese Lektion nie gelernt. Es gab aber auch Situationen, in denen es wirkte, als hätte er sie so gut gelernt, dass er in diesem Sport alles erreichen konnte.

Ich habe die Schule nie auf die leichte Schulter genommen … Ich interessiere mich fürs Schreiben, vor allem für Lyrik, und ich bin musikalisch aktiv, wie ihr vielleicht schon gehört habt.

KOBE BRYANT

8 | Swagger

Für Kobe Bryant lag eine weitere notwendige Demütigung nur wenige Schritte von seiner Haustür entfernt. In Lower Merion hatte sein Auftreten für Spannungen gesorgt, die sich im Lauf seiner ersten Varsity-Saison verstärkten. Beim AAU-Basketball hatte er sich mit seinem Coach angelegt, der ihn wie seinen Cousin Sharif Butler auf dem Basketballplatz schikanierte. Aber Kobe hörte in ihrem ersten gemeinsamen Sommer nicht auf Sam Rines Jr. Er hörte auf seinen Dad. Kobe respektierte Gregg Downer. Aber wenn er sich während eines Spiels aufregte, war es Joe, der ihn runterholte, indem er ihm ein paar Takte erzählte, ihn von der Tribüne aus auf Italienisch anschrie. Bei Spielen der Sixers erzählten Spieler, Manager und Fans Kobe regelmäßig, was für ein großartiger Spieler Joe gewesen war, und Kobe sonnte sich in der Karriere seines Vaters. „Jedes Mal, wenn ich auf dem Platz stehe, denke ich daran", sagte er, „dass mein Vater das alles erlebt hat und ich es jetzt auch erlebe." Von denjenigen, die ihm zur Seite standen und ihm etwas über Basketball und das Leben beizubringen versuchten, war sein Vater für Kobe der wichtigste.

Die Einfahrt an der Remington Road war ihr privater Trainingsplatz. Im Laufe des Sommers war Kobe um fünf Zentimeter gewachsen und nun 1,98 Meter groß. Er war muskulöser geworden, machte Krafttraining in Lower Merion und im Jewish Community Center. Seiner Meinung nach gab es nur einen richtigen Weg, um seine Fortschritte zu testen: Ein Spiel gegen Dad, One-on-One.

Eines ihrer Spiele aus jenem Sommer stach für ihn heraus. Kobe erhielt draußen den Ball, dribbelte an Joe vorbei und punktete. Kobe war gut drauf, er hatte einen Korb gegen seinen alten Herrn erzielt. Warum ginge das nicht jedes Mal? Ah, Joes Ball. Diesmal ging Joe aufs Ganze. Joe beschloss, seinem Sohn mal etwas anders zu zeigen. Joe zog direkt an ihm vorbei und dunkte über ihn. Kobe war schockiert. Kobe hatte keine Ahnung, dass ein NBA-Spieler, selbst einer, der seit zehn Jahren nicht mehr in der Liga gespielt hatte, so schnell sein konnte. Es war sein Vater. Es gab keine Tränen, kein Schmollen, aber die Erkenntnis, dass noch ein langer Weg vor ihm lag und dass er noch viel lernen musste, in allen möglichen Klassenzimmern.

Jeanne Mastriano ging ihren Schreibkurs für Zehntklässler auf eine ähnliche Weise an wie ein Sportler die Vorbereitung auf ein Spiel oder einen Wettkampf. „Man tut verschiedene Dinge, um seinen Körper zu trainieren und zu stärken", erklärte sie, und dementsprechend wollte sie ihre Schüler verschiedene Dinge tun lassen, um deren Geist zu trainieren. Sie sollten Flexibilität und Selbstvertrauen entwickeln, indem sie verschiedene Schreibstile und -formen kennenlernten – Gedichte, Theaterstücke, Aufsätze, Erzählungen –, und die Arbeiten der anderen kritisierten, ohne zimperlich zu sein. Ihre Schüler hatten Notizbücher wie Schriftsteller. Auf ihr Kommando hin schrieben sie wie in einem Sprint drei Minuten lang, fünf Minuten lang, ließen die Ideen aus ihren Köpfen und Herzen purzeln. Wenn sie über die Arbeiten der Kursmitglieder diskutierten, wurden die Zähne gefletscht. Von dem Moment an, als sie 1987 als Lehrerin in der Englischabteilung von Lower Merion anfing, sorgte sie für ein Umfeld, in dem ihre Schüler frei, aber nicht schwammig sprachen. *Funktioniert das Stück? Funktioniert es nicht? Und warum? Gehen wir der Sache auf den Grund! Du betrittst hier unbekanntes Terrain und musst Risiken eingehen. Das tut jeder. Wer das nicht tut, wird keine aufregende Erfahrung machen. Du musst dir selbst Angst machen.* An eine Wand ihres Klassenzimmers hatte sie ein Ganzkörperfoto von Michelangelos *David* geheftet; als ein Elternteil gegen diese Darstellung von Nacktheit protestierte, schnitt Mastriano pinkfarbenes Papier in Form von Badehosen zurecht und klebte es auf die Abbildung. Sie war charismatisch und witzig, hatte ein Jahr lang englische Literatur an der University of London studiert und leitete ihre Klasse mit festen Regeln. Ihr machte niemand so leicht etwas vor. Wer unvorbereitet auftauchte und seine Aufgabe nicht gemacht hatte, sollte den Mund halten, sollte sich hinsetzen, sich flotte Sprüche sparen und einfach still und leise versuchen, etwas aus der Stunde aufzusaugen. Aber auch schwören, die Lektüre nachzuholen und am nächsten Tag einen vernünftigen Beitrag zur Stunde zu leisten. Es war kein Wunder, dass sie sich mit Kobe Bryant anfreundete.

Zu Hause bei Kobe lief es nach ähnlichen Regeln ab wie bei Mastriano in der Schule. Pam hatte die Regeln aufgestellt: Die anderen Fächer hatten Vorrang vor Sport oder auch vor der Freizeit. Ja, natürlich, Kobe, Sharia und Shaya durften Basketball oder Volleyball spielen, mit ihren Freunden telefonieren oder sich, wie Kobe, in seinem Zimmer Spiele von Magic und Michael ansehen. Davor jedoch hatten sie ihre Hausaufgaben und bestimmte Arbeiten im Haus zu erledigen. Pam beschwerte sich regelmäßig über Kobes Zimmer, wenn er nach einem AAU-Wochenende seine verschwitzten und stinkenden Sachen überall auf dem Boden verstreut hatte. Einmal ließ Mastriano ihre Schüler einer Kindergartenklasse eine Kurzgeschichte erzählen. In seiner Geschichte verwandelte Kobe die schmutzigen Klamotten in Monster, die die Kinder aus ihren Betten zerrten. Sie hatte in ihm eine Seite geweckt, von der er nicht wusste, dass es sie gab, und die seine Karriere nach der NBA bestimmen sollte.

„Sie war so gut und so leidenschaftlich", schwärmte er. „Mastriano glaubte fest daran, dass Erzählkunst die Welt verändern konnte."

Während die meisten Fächer für ihn mehr oder weniger lästige Verpflichtungen darstellten, stellte die Stunde von Mastriano einen Zufluchtsort für Kobe dar – einen essenziellen, wie sich herausstellte. Sie behandelte die Typologie der „Heldenreise" in ihrer Stunde und zeigte *Star Wars* im Unterricht, mit Luke Skywalker als leicht zugänglicher Fallstudie, bevor sie sich auf die griechische Mythologie und Joseph Campbells Studie über Mythologie *Der Heros in tausend Gestalten* stürzte.

Für Mastriano war klar, dass Kobe sich schon als 15-Jähriger auf einem solchen Weg sah. Der Unterrichtsstoff war wie eine Droge für ihn und nährte die Vision, die er von sich und seiner Zukunft hatte. Er las die *Ilias* und fragte sich: *Identifiziere ich mich mit dem von Wut getriebenen Achilles oder mit dem ehrenhaften Hektor?* Für Mastriano war Kobe dabei, über diese Berufung nachzudenken und sich mit ihren Gefahren auseinanderzusetzen. Was war sein Spiel anderes als eine Zone, die den anderen neun Spielern auf dem Feld unbekannt und unzugänglich war? Im Unterricht hatte ihre Klasse auch das neunte Buch der *Odyssee* gelesen, in dem Odysseus die Flucht vor dem Zyklopen gelingt, nur um dann in Arroganz zu verfallen und das Ungeheuer zu verspotten, das seinerseits die Spitze eines Berges abreißt und auf Odysseus' Schiff schleudert, wobei er und seine Männer beinahe ums Leben kommen. Was sonst waren die Beschwerden von Kobes Teamkollegen – ihre Wut über seine Weigerung, den Ball abzuspielen, ihre Beschwerde, dass sein Egotismus dem Team mehr schadete als nützte –, wenn nicht eine Parallele zu diesem Gleichnis? „Es war die gleiche Angeberei, die die griechischen Götter verärgerte", so Mastriano, „die dazu führte, dass einige von Kobes Mitspielern ihn nicht mochten." Die Metapher der „Heldenreise" war insofern eine selbstgefällige Rationalisierung für Kobes ich-zentriertes Verhalten auf dem Basketballplatz. Positiv ausgedrückt, war sie seine emotionale, intellektuelle Rüstung. Das Spiel war sein Schicksal. Nichts würde ihn aufhalten.

Mastriano war sich damals nicht ganz sicher, was die Folgen dieser Perspektive für Kobe betrifft. Jeder ihrer Schüler musste ein einaktiges Stück für das Young Playwrights Festival in Philadelphia einreichen. Kobe nannte sein Stück „For My Homey". Es handelte, natürlich, von Basketball: Der Protagonist Trajar ist ein Highschool-Basketballstar auf dem Weg in die NBA. Sein bester Freund Dom wird von einem Drogendealer erschossen. Alles, was er für Mastrianos Klasse schrieb, drehte sich um Basketball. Das nervte seine Lehrerin maßlos. Im Leben gab es doch mehr als nur diesen springenden Ball! Mastriano fürchtete, dass der Sport seine Persönlichkeit verschlingen und wegfegen würde. „Ich habe das große Ganze wirklich nicht verstanden", sagte sie. „Ich habe mich mehr als einmal mit ihm darüber unterhalten, wie lächerlich es sei, über eine Profikarriere nachzudenken. Ich habe ihm immer wieder gesagt: ‚Weißt du eigentlich, wie unwahrscheinlich das ist? Denk doch mal über andere Dinge nach.' Ich konnte nicht erkennen, auf welchem Weg er sich befand."

Dennoch blieb sie seine Mentorin. Die meisten ihrer Schüler nannten sie „Mastriano." Kobe nannte sie höflich „Mrs. Mastriano", wie es Pam von ihm forderte, rollte dabei aber das *r*, dem Namen seiner Lieblingslehrerin italienisches Flair verleihend. In der Klasse redete er unter seinen Mitschülern nicht viel, obwohl er nach Mastrianos Erinnerung zu den Schülern gehörte, die nicht zögerten, Fragen zu stellen. Allerdings keine aufrührerischen wie: *Warum lernen wir das? Ich weiß nicht, wohin das führen soll. Es bringt mir nichts. Könnten Sie es bitte begründen?* Dabei war ihr solches Feedback nur allzu recht. Sie mochte kantige Schüler, die unverschämte Fragen stellten, sie herausforderten. Das war so viel besser als die Alternative, die Schleimer, die ihr nur sagten, was sie vermeintlich hören wollte, um eine Eins zu bekommen. Sie hatte sich gewünscht, dass Kobe sich häufiger gemeldet hätte. Sie glaubte jedoch zu wissen, warum er es nicht tat.

„Er schien Teil der Gruppe zu sein, aber nicht zum *inner circle* zu gehören", sagte sie. „Er erzählte mir, dass er die meiste Zeit sehr einsam war und sich in den Schlaf dribbelte."

Jermaine Griffin war der, den Kobe Bryant brauchte; er war genau das, was Kobe Bryant nicht war. Er hatte die harte Kindheit im urbanen Amerika, die Kobe nicht hatte, in einem Wohnprojekt in Far Rockaway, Queens. Drogen waren allgegenwärtig. Ein Freund von ihm wurde erschossen, bevor beide die achte Klasse abgeschlossen hatten. Griffin, ein fleißiger Schüler und begeisterter Basketballer, beendete gerade die neunte Klasse der Benjamin Cardozo High School, als ihm ein Lehrer vorschlug, sich bei einem nationalen Programm namens *A Better Chance* (ABC) einzuschreiben. Das würde ihm ermöglichen, in einen Schulbezirk mit besseren Bildungsbedingungen zu wechseln. Sämtliche Kosten für Unterkunft und Verpflegung würden übernommen werden. Griffin musste dafür seine Mutter Vanetta und seinen Zwillingsbruder Jermell zurücklassen. Er ergriff die Chance trotzdem und absolvierte alle Zulassungstests. Danach kam er zusammen mit acht anderen

Schülern des Programms in ein Haus in Ardmore, auf die Lower Merion High School.

1,92 Meter groß und Schultern breit wie eine Gardinenstange und dennoch hielt Griffin in den ersten Wochen den Kopf gesenkt und den Mund geschlossen, wenn er durch die Flure der Schule lief. In Queens waren die meisten seiner Freunde und Klassenkameraden schwarz wie er und kamen aus der Arbeiterklasse oder ärmlichen Verhältnissen. Jetzt waren die meisten seiner Klassenkameraden weiß, viele davon wohlhabend. Es war ein Kulturschock. Downer half ihm dabei, diesen zu überwinden, indem er Griffin in das Basketballteam integrierte. Als Griffin Kobe kennenlernte, entwickelte sich zwischen den beiden schnell eine Freundschaft, die auf ihrer gemeinsamen Begeisterung für Basketball, ihrer Liebe zur Musik, insbesondere zum Rap, und ihrer Außenseiterperspektive auf die Schule beruhte. „Jermaine war der Retter", sagte Kobe einmal. „Als er nach Lower Merion kam, dachte ich: ‚Wo kommt der denn her?' Er war jemand, mit dem ich mich im Basketballteam identifizieren konnte, jemand, mit dem ich mich wohlfühlte." In der Cafeteria lieferten sich Kobe, Griffin und Matt Matkov Rap-Battles, die mit der Zeit in Wohnungen und Clubs in ganz Philadelphia fortgesetzt wurden. Mit dabei waren auch Kevin Sanchez, der als bester Rapper der Schule galt, und Anthony Bannister, ein Teenager, der im Jewish Community Center in Wynnewood arbeitete. Durch ihr Engagement in der Rap-Szene der Stadt blieben Kobe, Griffin und Matkov auch dann noch eng miteinander, als ihre Rollen bei den Aces auseinandergingen. Kobe war … nun ja, Kobe. Matkov würde nie viel mehr als ein Bankdrücker sein. Griffin stand im Mittelpunkt. Er war als Spieler nicht in einer Liga mit Kobe – wer war das schon? –, aber seine Größe, seine Sprungkraft und seine Hartnäckigkeit als Rebounder waren Elemente, die dem Team in Kobes Freshman-Jahr gefehlt hatten. Downer musste Kobe nicht nur mit talentierteren Spielern umgeben, wenn sich die Aces verbessern wollten. Die Spieler brauchten auch eine Härte, die der von Kobe gleichkam. Nachdem er Kobe ein Jahr lang trainiert hatte, realisierte Downer, wie sehr die Erwartungen an Kobe und das Team – und damit auch der Druck auf ihn als Head

Coach – in den nächsten Jahren steigen würden. Lower Merion gehörte zum District One der Pennsylvania Interscholastic Athletic Association, der mehr als 60 Schulen in den Städten und Vororten rund um Philadelphia umfasste. Bei dieser Konkurrenz war schon der Gewinn einer District Championship eine Leistung, der Gewinn einer State Championship schien vollkommen unrealistisch. Aber Downer wusste, dass das nicht mehr unrealistisch war, nicht mit Kobe. Lange waren die Aces chancenlos gewesen, mit anderen Teams mitzuhalten. Die Aces waren nie so tough, brachten nie genügend Leidenschaft und Herz auf. Sie konnten nie ihre – wie sollte man es sonst ausdrücken? – *Angst* überwinden. Vielleicht würde diese Angst mit Kobe verschwinden.

„Wir galten immer als die Kinder mit dem Silberlöffel", sagte Evan Monsky. „Das war definitiv ein Komplex, den wir in jeder Halle und bei jedem Turnier mit uns herumschleppten. Zumindest ging es mir persönlich so. Ich bin mir sicher, dass Kobe es auch so empfunden hat. Man hörte es die ganze Zeit: Wir waren weiche Main Liners. Nein. Scheiße, das ist lächerlich. Ich ramme dir beim Kampf um einen Loose Ball den Ellbogen ins Gesicht. Wir sind mit Charles Barkley aufgewachsen! Charles Barkley wirft dich durch eine Fensterscheibe und macht dann Witze darüber. Das haben auch wir geliebt. Obwohl wir in diesem gemütlichen kleinen Vorort außerhalb von West Philly leben, fühlen wir uns als Teil von Philly."

Es war eine Sache, sich als Teil von Philadelphia und seiner Basketballkultur zu fühlen. Das zu beweisen, war eine andere. Die meisten Spieler nutzten den Sommer, um sich nachmittags im Shack in Ardmore und abends im Kino zu treffen: *Jurassic Park, Auf der Flucht, In the Line of Fire.* „Aber Kobe trainierte immer im JCC oder in seiner Einfahrt", sagte Guy Stewart. „Er war immer am Trainieren. Man bekam ihn nur flüchtig zu sehen. ‚Oh, er ist jetzt anders.' Narberth Summer League, Ardmore Summer League. Dann sah man ihn irgendwo Pickup spielen und konnte erkennen, wie hart er daran gearbeitet hatte, sein Spiel zu verändern. Es sah jetzt alles leichter aus, ob es nun sein Jump Shot war, sein Handle oder sein Sprung aus dem Stand. Er hat sich zwischen seinem ersten und zweiten Jahr so massiv verbessert, dass es einfach verrückt war."

Lower Merion brauchte nur vier Spiele, alles Siege, um die gleiche Anzahl an Siegen wie in der gesamten Vorsaison zu erreichen. Im letzten dieser vier Spiele, einem 75:58-Sieg gegen Strath Haven, zeigte Kobe eine Leistung, die ihn heute zu einer Sensation gemacht hätte. Die gebrochene Kniescheibe und der mit AAU-Spielen vollgepackte Terminkalender im Sommer machten sich nicht bemerkbar. Er erzielte 34 Punkte – wobei es in einem Highschool-Spiel in Pennsylvania nur 32 Minuten Spielzeit gab – und traf fünf Dreier. Es gab keine sozialen Medien, kein Twitter, kein Instagram, kein Facebook, um die Sensation zu verbreiten, aber auch der *Philadelphia Inquirer* und die *Philadelphia Daily News*, die beiden auflagenstärksten und meistgelesenen Zeitungen der Region, erkannten nicht sofort, was sich da in Wynnewood entwickelte. Der Sohn eines ehemaligen Highschool- und College-Stars aus Philadelphia, eines ehemaligen Sixers, sorgt für atemberaubende Punktzahlen und führt den Aufstieg eines einstmals schwachen Vorort-Programms an? Eigentlich klingt das nach einer verlockenden Geschichte. Der Bericht im Nachbarschaftsressort des *Inquirer* konzentrierte sich jedoch nicht auf Kobe, sondern auf seinen Teamkollegen und Rivalen Joe Dixon, der acht Punkte und sieben Assists beisteuerte. Kobe blieb bis zur Mitte des 416 Wörter umfassenden Berichts über das Spiel unerwähnt. Erst im letzten Absatz wurde berichtet, dass „Bryant, der Sohn des ehemaligen 76ers Joe Bryant, zwei seiner fünf Dreipunktwürfe traf und den Aces etwas Luft zu verschaffte", nachdem Strath Haven den Rückstand weniger als fünfeinhalb Minuten vor Schluss auf sechs Punkte verkürzt hatte. Jeremy Treatman, der immer noch bei Akiba coachte, immer noch für den *Inquirer* schrieb, sich immer noch mit Downer traf, sich immer noch regelmäßig mit Joe Bryant unterhielt und wenn möglich beim Training vorbeischaute, flehte seine Redakteure an, mehr über Kobe zu berichten. Treatman redete auch nicht nur mit Joe, weil die beiden befreundet waren. Treatman war in seiner ersten Saison als Radiosprecher der La-Salle-Basketballmannschaft jeden Abend dabei, als Speedy Morris, Joe und die Explorers sich durch ihre zweite Saison in der Midwestern Collegiate Conference quälten und eine 11-16-Bilanz erreichten. Warum zum Teufel sollte ein Junge aus Philadelphia, der sich jedes beliebige große College-Programm aussuchen kann, vier Jahre lang gegen Wisconsin-Green Bay, Detroit Mercy und Illinois-Chicago spielen wollen? Es bräuchte einen überirdischen Spieler, um das Blatt für La Salle zu wenden. Es bräuchte Kobe, und hier hatte Treatman Insiderwissen über etwas, von dem er sicher war, dass es bald eine der größten Geschichten in der Sportwelt Philadelphias sein würde. Aber die Redakteure reagierten nicht – für sie waren die Programme der Philadelphia Public League und der Philadelphia Catholic League aufgrund ihres Prestiges und ihrer Spielqualität wichtiger. Treatman war konsterniert. Warum glaubten sie ihm nicht? Vielleicht hätten sie es besser verstanden, wenn sie eines Nachmittags mit ihm in der Halle von Lower Merion neben Downer gestanden und zugesehen hätten, wie Kobe ein weiteres Training dominierte, und wenn Downer auch ihnen diese Frage gestellt hätte:

„Ist den Leuten klar, dass Michael Jordan jetzt gerade mit uns in dieser Halle ist?"

Nein, es war den Leuten nicht klar. Die Redakteure waren mit ihrer Blindheit nicht allein. Zwei- oder dreimal pro Woche ließ sich Kobe von seiner Freundin Audrey Price nach Hause mitnehmen, die ebenfalls in Jeanne Mastrianos Kurs ging und in der JV-Mannschaft als Point Guard spielte. Gelegentlich spielten sie One-on-One, wenn die Mädchen- und die Jungenmannschaft gleichzeitig in der Turnhalle waren, und die beiden waren ein Hingucker: Kobe war fast zwei Meter groß, Price gerade mal 1,55 Meter, wobei ihr Kobe einen zu der Körpergröße nicht wirklich passenden Spitznamen gegeben hatte: Diesel. „Ich gehörte zu den Glücklichen; meine Mutter kam und holte mich ab", sagte Price. „Oft schaute Kobe durchs Fenster und sagte: ‚Oh, Mrs. Price, darf ich mitfahren?' Und meine Mutter sagte: ‚Natürlich, Kobe! Steig ein.' Es war nur Kobe. Es war kein potenzieller Superstar auf meiner Rückbank – auf der Rückbank! Man würde ihn ja, wenn überhaupt, vorn sitzen lassen, aber er saß mit seinen langen Beinen auf der Rückbank in unserem kleinen Chevy."

An einem Samstag im JCC eröffnete Price Kobe, dass sie darüber nachdachte, mit dem Basketball aufzuhören. Sie erschien zu jedem

Training pünktlich und motiviert, war mit Leib und Seele bei der Mannschaft, aber sobald sie ins Spiel kam, erstarrte sie, wurde von ihrer Angst übermannt und der Trainer nahm sie raus. Sie kam sich dumm vor, wie sie da auf der Bank saß, ein 15-jähriges Mädchen, das sich Gedanken darüber machte, wie Leute sie ansahen und beurteilten. *Diesel,* sagte er ihr: *Du hörst nicht auf. Du gibst nicht auf. Du spielst, selbst wenn du nur auf der Bank sitzt. Du lernst dazu, indem du auf der Bank sitzt.* „Ich habe in dem Jahr gespielt, weil Kobe mich dazu gebracht hat", erinnert sie sich. „Er wollte nicht, dass ich aufgebe. Ich liebte das Spiel zu sehr, um es aufzugeben, und das wusste er. So ein Typ war er eben. Er sah in allem und jedem Potenzial." Für Audrey Price und die meisten anderen Menschen in und um Lower Merion war er dabei jedoch immer noch einfach nur Kobe.

Vielleicht musste man sich im Auge des Hurrikans befinden, um seinen Weg klar zu erkennen. Williamsport im Nordosten Pennsylvanias studierte drei Spiele von Kobe, ehe es einen Game-Plan entwickelte – bei seinem Drive ein Offensivfoul annehmen, ihn im Post doppeln –, der zum schlechtesten Spiel seiner Highschool-Karriere führte. Er machte nur sieben Punkte und die Aces verloren zum ersten Mal in dieser Saison, mit 63:43. Doch dann legten sie eine sieben Spiele andauernde Siegesserie hin, während der Kobe durchschnittlich 26,3 Punkte pro Spiel erzielte und – bei einem Sieg gegen Haverford drei Tage vor Weihnachten, kurz bevor ein Eissturm in der Region zwei Wochen der Highschool-Saison unterband – sein erstes Triple-Double erzielte: 26 Punkte, 17 Rebounds, 10 Assists. Über die letzten neun Spiele der Saison strauchelten die Aces etwas und holten eine 5-4-Bilanz; zwei Niederlagen gegen Ridley – die erste, als ein Spieler von Ridley über die letzten 13 Sekunden drei Freiwürfe versenkte, die zweite mit einem Buzzer-Beater – verhinderten den Gewinn der ersten Liga-Meisterschaft seit mehr als zehn Jahren. Dennoch zog das Team mit einer 15-5-Bilanz in die District Playoffs ein und hatte dabei einen ausgeglichenen, breiten Kader wie seit Jahren nicht. Drei Starter – Matt Snider, Joe Dixon und Doug Young – waren Seniors, aber Griffin, Monsky und Stewart würden alle auch in der nächsten Saison wieder dabei sein. Das war großartig. Das war schön. Das war aber nicht der eigentliche Grund für den Umschwung. Der war Kobe.

Er war es, der, während einer Übung, mit beiden Händen nach oben sprang und einen von Youngs Schüssen nicht einfach blockte, sondern ihn beim Scheitelpunkt von Youngs Wurf komplett erstickte. Es war Kobe, der, als die beiden um den Ballbesitz rangen, zu Young sagte: „Doug, nimm die Hände vom Ball, denn das sieht langsam schlecht aus." Es war Kobe, der immer mehr Schüler, Lehrer und Anwohner der Main Line am Dienstag- und Freitagabend in die Highschool lockte. „Ich glaube nicht, dass Kobe für irgendein Massenerwachen verantwortlich war", sagte Young. „Das wäre eine Übertreibung. Aber er war eine Person, auf die jeder stolz sein konnte. Mitglieder der Community brachten ihre Kinder mit zu den Spielen – das hatte es seit Generationen nicht mehr gegeben."

Es war Kobe, der beim 76:64-Erstrundensieg in den Playoffs gegen Pennsbury 35 Punkte erzielte. Es war Kobe in seinem zweiten Highschool-Jahr, über den Pennsbury-Coach Brad Sharp sagte: „Er ist der beste Sophomore, den ich in 21 Jahren als Coach erlebt habe. Er hat da draußen getan, was er wollte." Und es war Kobe, der im letzten Spiel der Saison 24 Punkte erzielte, als die Aces in der zweiten Runde des District Tournament mit 77:86 gegen Plymouth Whitemarsh verloren, ein talentierteres und erfahreneres Team. Der 14 seiner Punkte im vierten Viertel erzielte. Der in den letzten 85 Sekunden des Spiels drei Dreier versenkte, um Lower Merion irgendwie im Spiel zu halten. Der die Zähne zusammenbiss, sein Gesicht verzog und die Grabesstille in der Kabine des Verlierers beendete, indem er sagte: *Nie wieder. Das wird nicht noch einmal passieren. So werden wir nicht abtreten. Nächstes Jahr gewinnen wir die* State *Championship.*

„Es war von Beginn an sein Team", sagte Young. „Der Erfolg unserer Teams wäre nicht möglich gewesen, wenn er uns nicht diese unübertroffene Arbeitsmoral und einen absoluten Hass auf das Verlieren vorgelebt hätte. Schon als 16-Jähriger konnte man sehen, dass die Leidenschaft etwas war, das wir als Multi-Sport-Athleten, als Kinder, die einfach nur durch die Hallen einer Highschool liefen, noch nie zuvor erlebt hatten. Ich hatte keinen Zweifel daran, dass das Team im nächsten Jahr noch besser sein würde. Was immer dieser Junge als Highschool-Basketballspieler erreichen wollte, er würde es schaffen, selbst in diesem jungen Alter. Ich hatte das Gefühl, dass etwas passierte."

Young hatte Recht, in mehr Hinsichten, als er je hätte ahnen können.

Ich glaube nicht, dass ich jemals bewusst versucht habe, ihn zu imitieren. Ich versuche einfach, Kobe zu sein. Aber ich würde lügen, wenn ich sagen würde, dass Michael Jordan bei mir keinen großen Eindruck hinterlassen hat.

KOBE BRYANT

9 | Se Dio Vuole

Sonny Vaccaro beschreibt den Moment, in dem er Kobe Bryant traf, mit einer Faszination, die normalerweise für Begegnungen der dritten Art reserviert ist; als könne er die Begegnung nicht mit rationalen Begriffen beschreiben, als sei die Hand Gottes involviert gewesen. „Die Geschichte wurde in New Jersey umgeschrieben", sagte er, „wegen einer Laune der Umstände, einer Laune der Zeit." Natürlich beschrieb er es auf diese Weise. Er war Sonny Vaccaro, Schuhverkäufer, Macher der Sneaker-Könige – der Mann, der Michael Jordan und Nike zusammenbrachte. Der Mann, der Kobe fand, als niemand sonst nach ihm suchte. Es konnte nicht an der Vorarbeit liegen, die Vaccaro bereits geleistet hatte, nicht am Netzwerk, das Vaccaro seit Jahren pflegte, nicht daran, dass Allen Rubin von Hoop Scoop den Hörer abnahm und sagte: *Dieser Junge sollte in deinem Camp sein.* Nein, wenn Kobe sich selbst als Held seines eigenen Mythos ansehen konnte, dann konnte auch Sonny Vaccaro seiner Rolle bei Kobes Aufstieg eine Portion Mythos beimessen.

Vaccaro hatte seine eigene bemerkenswerte Geschichte – ein ehemaliger Lehrer und professioneller Glücksspieler aus Trafford, Pennsylvania, in der Nähe von Pittsburgh, mit ausdrucksstarken Augen, der liebevollen Art eines italienischen Großvaters und der Fähigkeit, mit Highschool-Kindern in Kontakt zu treten, der aus einem Teilzeitjob als Rekrutierer für das Basketballprogramm der Youngstown State das Dapper Dan Classic, einen Job bei Nike und ein Treffen mit Jordan bei den Olympischen Sommerspielen 1984 in Los Angeles herausholte. Er hatte nur ein einziges Spiel von Jordan gesehen, das ihn jedoch genug überzeugte, um diesem das gesamte Nike-Budget für die neue Spielerklasse '84 anzubieten, 500.000 Dollar.

Er hätte es auch Charles Barkley geben oder zwischen Sam Bowie und Sam Perkins aufteilen können. Warum machte er das nicht? Woher wusste er, dass er alles auf Michael setzen musste, dass der 1985 auf den Markt gebrachte Nike Air Jordan Sneaker die gesamte Branche revolutionieren und Jordan zum populärsten und mächtigsten Athleten des Planeten machen würde? Es war einfach Sonny, der tat, was Sonny tut.

„Ich kann es nicht wirklich erklären, was mich im Lauf meines Lebens dazu brachte, auf einen Menschen zu wetten", sagte er. „Ich war kein Scout. Ich hatte keine Ausbildung und all diesen Bullshit. Es war einfach dieser Instinkt. Aber ich wusste es. Ich wusste es ganz sicher."

Nun fing er jedoch mit Adidas neu an, mit 40 Coaches kleiner Colleges als Kunden, aber ohne Superstar-Spieler, mit dem ABCD-Camp, das immer noch Trainer und Rekruten anzog, mit seinen Verbindungen zu AAU- und Highschool-Coaches, die immer noch ungebrochen und stark waren. Die NCAA hasste ihn immer noch, hasste es, dass er bei ihrem unerschöpflichen Reservoir an unbezahlten Basketballtalenten so einen großen Einfluss ausübte. Und er hasste den Verband gleichermaßen, weil er glaubte, dass dieser die Spieler – die meisten von ihnen arme, schwarze Kinder – ausbeutete, indem er eine Multimillionen-Dollar-Maschine auf ihrem Rücken aufbaute und ihnen unter dem Deckmantel des Amateursports jeden Anteil an der Beute verweigerte. Wenn sich eine Möglichkeit bot, einen Highschool-Spieler vom College-Basketball wegzuziehen, diesem Kind zu helfen, gutes Geld für sich und seine Familie (und natürlich auch für Vaccaro) zu verdienen, und es der NCAA damit heimzuzahlen, dann wollte Vaccaro sie nutzen. Bei Adidas hatte er noch nicht das Budget und die Ressourcen, um einen solchen Spieler unter Vertrag zu nehmen, aber er wusste, dass sich das ändern würde. Er hatte den Auftrag, den nächsten Michael Jordan zu finden, und er wusste, dass er das schaffen würde.

Im Jahr 1994 verlegte er sein Camp in das Rothman Center auf dem Campus der Fairleigh Dickinson University in Hackensack, New Jersey, weniger als zwei Stunden von Wynnewood entfernt. Dann, am

Tag vor der Eröffnung des Camps Anfang Juli, „veränderte sich aus heiterem Himmel die ganze Welt", wie es Vaccaro ausdrückte.

Das Camp war kostenlos, man brauchte zur Teilnahme jedoch eine Einladung. Joe Bryant war ein Risiko eingegangen. Er hatte sich an Gary Charles gewandt, der die AAU-Mannschaft der Long Island Panthers coachte und Vermittler für Vaccaro war. Dieser Weg war leichter und weniger riskant, als sich direkt an Sonny zu wenden. Joe hatte selbst eine Reihe von Kontakten durch seine Zeit als Coach in der Sonny Hill League und bei La Salle, und außerdem, was wäre, wenn Sonny sich nicht an ihn vom Dapper Dan '72 erinnerte, vor all den Jahren? Wenn Sonny sich nicht daran erinnerte, dass auch Chubby Cox im Dapper Dan gespielt hatte? Das wäre peinlich. Besser war es, Joes Fragen erst einmal Charles zu stellen: Könnte Kobe vor seinem Junior-Jahr am ABCD teilnehmen, dort gegen die Besten des Landes antreten? Würde Sonny Joe diesen Gefallen gewähren? Und wenn Sonny Vaccaro später über seinen Platz in Kobe Bryants Entstehungsgeschichte sprach, dann kamen Allen Rubins Anrufe und Tipps zum Thema Kobe nie zur Sprache, denn wo wäre das Drama dabei? Wo wäre die Magie?

„Joe kommt also herein", sagte Vaccaro, „und ich erinnere mich sofort an ihn. Gary sagt: ‚Sonny, Joe Bryant ist hier. Er möchte mit dir über seinen Sohn sprechen, der in Italien war und den noch niemand kennt.' Joe kommt rüber. Jetzt sind wir wiedervereint. Es war das, was man Sport nennt, das, was man Gelegenheit und Zufall nennt. Das ist das Muster eines Lebens. Was, wenn Joe nicht selbst dabei gewesen wäre? Ich treffe Pam, und sie sagt mir: ‚Mein Bruder hat auch in diesem Spiel gespielt.' All diese Dinge fügen sich zusammen."

Und die Summe ... die Erfüllung dessen, was für Sonny Vaccaro nur Schicksal sein konnte ... offenbarte sich erst, als Joe und Pam Bryant mit ihrem Sohn in Fairleigh Dickinson eintrafen. „Bis das Kind hereinkommt", sagte Vaccaro. *Das Kind*. „Das ist es, was Kobe Bryant ist."

Wer war Kobe Bryant im Frühjahr und Sommer 1994? Er war ein Junge, der keine Freizeit hatte, weil er keine Freizeit haben wollte.

Ein Junge, der in mindestens sechs Basketball-Ligen und mindestens zwei Basketball-Camps spielte, der die Ostküste für AAUTournaments bereiste und seine Schulbücher auf diesen Reisen mit sich herumschleppte, damit er seine Hausaufgaben erledigen konnte. Ein Junge, dessen typischer Julitag mit einem Spiel um 9 Uhr morgens begann und mit einem Spiel um 21:30 Uhr endete. Ein besessenes Kind. Unmittelbar nach der Schlusssirene der Playoff-Niederlage gegen Plymouth Whitemarsh startete für Kobe ein Terminplan, der einen weniger engagierten Spieler am Ende ausgelaugt und des Basketballs überdrüssig gemacht hätte. Jede Liga, jede Reise, jedes Camp, jedes Spiel akzentuierte einen bestimmten Aspekt seiner Entwicklung, sowohl individuell als auch kollektiv bei Lower Merion. Indem er so viel spielte, mit und gegen so unterschiedliche Gegner und Mitspieler, entwickelte er sich von einem exzellenten Highschool-Sophomore zu einem großartigen Junior. Er sorgte sich nicht im Geringsten darum, dass er sich bei dieser Menge an Arbeit und körperlicher Anstrengung erneut verletzen könnte. Die gebrochene Kniescheibe lag zu weit zurück, als dass er sich darum Sorgen machte. Er war größer geworden, hatte an Muskeln zugelegt. „Wenn ich mich verletze", sagte er in jenem Sommer, „und nicht mehr spielen kann, hat Gott nicht gewollt, dass ich Basketballspieler werde. Wenn das passiert, dann werde ich weiterziehen und etwas anderes mit meinem Leben anfangen." Er verletzte sich aber nicht – und er hatte auch nicht vor, in nächster Zeit weiterzuziehen.

Zuerst fuhr er mit den Sam Rines All-Stars zum Delaware Shootout AAU-Turnier an der Delaware University in Newark, damals eine der heißesten Rekrutierungsveranstaltungen für College-Basketball im Kalender. Unter den Hunderten von Trainern, die Anfang April im Bob Carpenter Center anwesend waren, befand sich auch Mike Krzyzewski, weniger als eine Woche nach der schmerzhaften Vier-Punkte-Niederlage von Duke im NCAA-Finale gegen Arkansas. Die Blue Devils hatten in den vier Jahren mit Grant Hill dreimal das Finale erreicht, jetzt machte Hill jedoch seinen Abschluss und wechselte in die NBA. Natürlich verzehrte sich Krzyzewski nach einem Nachfolger – einem weiteren intelligenten Small Forward oder Shooting Guard mit butterweichem

Jumper und Sprungfedern in den Sohlen seiner Schuhe. In Kobe glaubte er ihn gefunden zu haben.

Die Ironie dieser Entdeckung war, dass Kobe am ersten Tag in Newark wie unter Schock stand. Aus der Highschool war er es nicht gewohnt, gegen so viele Spieler anzutreten, die älter, größer und stärker als er waren, und dabei nicht weniger qualifiziert als er. Wieder und wieder zog er in die Zone, nur um dort abgeräumt zu werden. Bis zum Ende des Turniers hatte er seine Herangehensweise geändert und warf mit einem früheren, schnelleren Release. Es gab glänzendere Leistungen von etablierten Namen. MVP des Turniers wurde Stephon Marbury, ein Guard vor seinem Senior-Jahr an der Brooklyn Lincoln High School, der im Finalspiel 18 Punkte erzielte. Tim Thomas von Paterson (New Jersey) Catholic, ein aufstrebender Junior wie Kobe, begeisterte ebenfalls und zeigte Point-Guard-Fähigkeiten, die man bei einem Spieler seiner Größe (2,06 Meter) selten findet, wie ein Joe Bryant der 1990er-Jahre. Krzyzewski jedoch war so beeindruckt von Kobe, dass er zu Joe sagte: *Ich werde deinem Sohn ein Stipendium geben, damit er der nächste Grant Hill wird.* Das war ein verdammt gutes Angebot, mindestens für den Hinterkopf.

In der Sonny Hill League lachten die besten Spieler Philadelphias – Donnie Carr und Arthur „Yah" Davis bei Roman Catholic, Rashid Bey bei St. John Neumann – über Kobe, als er auf den Court stolzierte. Sie erinnerten sich an den Sommer zuvor und an Kobes körperliche Schwäche und ließen es ihn spüren. *All diese Leute sagen, dass du der Beste hier und der Beste da bist. Uns interessiert das nicht.* „Wir mussten kein Wort sagen", sagte Carr. „Er sah es einfach in unseren Augen und spürte es." Kobe war jedoch dabei, seine Schmächtigkeit abzulegen. Seine Fähigkeiten waren entwickelter, gereifter, und selbst die Menschenmassen, die den Platz umgaben, 30 bis 40 Leute am Rand, die ihn zum Teil anpöbelten und alle auf die eine oder andere Weise laut waren, konnten ihm nichts anhaben. Spieler und Zuschauer gingen an der Seitenlinie auf und ab und machten ihre Sprüche, was seine Konzentration nur noch mehr steigerte und ihn dazu brachte, noch besser zu spielen. „Man konnte es sehen", sagte Carr. „Er war furchtlos." Nach den Spielen schloss sich Kobe Carr und den anderen Stadtkindern an und schlenderte die Broad Street hinunter zu Roy Rogers oder KFC, um etwas zu essen. Nein, er würde nie ganz verstehen, was sie durchgemacht hatten. Er hatte das nicht erlebt. Diese Unterschiede waren ihm jedoch bewusst, und weil er ihren Respekt und ihre Akzeptanz wollte, ließ er diese Unterschiede nicht heraushängen. Er ging nicht in einen Fast-Food-Laden, legte einen 50-Dollar-Schein auf den Tresen und erklärte: *Nehmt euch, was ihr wollt.* Er schloss sich den anderen an und legte das Geld aus seiner Tasche mit ihrem zusammen. *Also, ich möchte die Nr. 2 haben. Wie viel haben wir?* Dann konnten sie sich an einen Tisch setzen und ihre Lieblings-Rap-Gruppen und -Alben auflisten – *Enter the Wu-Tang (36 Chambers)* vom Wu-Tang Clan stand bei Kobe ganz oben auf der Liste – und er konnte sie über ihre Nachbarschaft und ihr Aufwachsen ausfragen. Darüber sprechen, was sie gemeinsam hatten und was nicht.

„Wir sind in Armut aufgewachsen", sagte Carr, „also haben wir alles gesehen, was es unter der Sonne gibt. Kobe war immer an diesen Geschichten interessiert: ‚Was ist hier passiert?' Ich sage den Leuten immer: Er ist zwar in der Vorstadt aufgewachsen, aber er hatte immer einen Großstadt-Verstand und ein Großstadt-Herz."

Seine Unreife agierte er in einer komplizierten und stürmischen Beziehung zu Sam Rines Jr. aus, der fortwährend versuchte, Kobe von seinem Egotismus abzubringen, und ihn damit nur wütend machte. In einem Spiel setzte Rines Kobe als Point Guard ein und Kobe verlor bei sieben Angriffen in Folge den Ball. Der Ball wurde ihm geklaut, er warf ihn weg. Der Ball sprang von seinem Fuß ins Seitenaus. Rines hatte sich bemüht, mehr Division-One-Spieler ins Team zu holen, weil er AAU zu einem größeren, angeseheneren Programm machen wollte, und nun nahm Kobe diesen Plan, zerknüllte ihn zu einem Ball und warf ihn in einen Mülleimer. Wer wollte mit so einem Egozocker zusammenspielen? „Während alle anderen versuchten, Stipendien zu bekommen", sagte Rines, „arbeitete Kobe an einem Crossover." Für ihn war der AAU-Basketball noch immer wie das Spielen in seiner eigenen Einfahrt – taub für Rines' Anweisungen, blind für die anderen Spieler, nur auf *seine* Fähigkeiten konzentriert, *seine* Entwicklung und Verbesserung, sich selbst, sich selbst, sich selbst. Rines bellte Kobe an. Sam Sr. saß neben seinem Sohn und sagte ihm, er solle sich beruhigen. Und Kobe blieb auf der Position des Point Guard. Als dann in einem anderen Spiel dasselbe passierte, als Kobe den Ball immer wieder verlor, sein Team mit 14:2 in Rückstand geriet und kaum einen Wurf zustande brachte, hatte Rines endgültig genug. Er wies Kobe an, einem anderen Spieler den Ball zu überlassen. Kobe winkte ab und machte es trotzdem selbst. „Das ist wie ein Mittelfinger", sagte Rines. „Also habe ich ihn ausgewechselt. Ich sagte: ‚Hör zu, das kannst du mit mir im Spiel nicht machen. Ich versuche, dir zu helfen. Du schadest der Mannschaft. Reiß dich zusammen und lass uns in einen Flow kommen, dann geben wir dir schon den Ball.' Joe nahm ihn beiseite und redete auf Italienisch auf ihn ein. Ich brachte ihn wieder rein. Alles war gut. Aber ich schwöre, danach hat er mich gehasst." Er entwickelte sich ruckhaft, die einzige Möglichkeit, wie sich eine so extreme Persönlichkeit entwickeln konnte. Seine Eitelkeit flammte auf und kühlte wieder ab, flammte auf und kühlte wieder ab. Sein Vater brachte ihn runter, seine Mutter erinnerte ihn daran, höflich zu bleiben.

Wie immer hielt Speedy Morris sein jährliches Basketballcamp in der Hayman Hall von La Salle ab – dieses Mal jedoch war etwas anders. Eine künftige Berühmtheit nahm daran teil. Der Teenager hatte seine Mutter überredet, die Teilnahmegebühr für das Camp zu bezahlen, und er konnte noch immer kaum glauben, dass sie das Geld tatsächlich zusammengekratzt hatte. Damals war er ein Niemand, ein weiteres Kind aus schwierigen Umständen mit großen Träumen. Es nicht in die NBA zu schaffen, war für ihn keine Option; fraglich war nur, welchen Weg er dorthin nehmen würde. Duke? Für Coach K zu spielen, wäre fantastisch. North Carolina? Er mochte das Himmelblau der Tar Heels nicht, aber das war für ihn nicht direkt ein Ausschlusskriterium. Vielleicht würde er in Philadelphia bleiben und für John Chaney bei Temple spielen, um seine Mutter glücklich zu machen.

Er hielt sich für den besten Defensivspieler seiner Altersklasse in der Stadt, vielleicht sogar im ganzen Land, und hatte sich selbst einen Spitznamen gegeben: The Bug. Wer mit ihm den Court betrat, wurde von ihm gewarnt: *Du solltest den Käfer nicht wütend machen.*

Als die Übungen und Spiele jedoch begannen, wurde Kevin Hart mit einigen harten Realitäten konfrontiert.

Er musste feststellen, dass Kobe Bryant ebenfalls dort war, zusammen mit Joe, der mit Morris arbeitete. Ausgezeichnet. Hart hatte von Kobe gehört, wusste, was für ein grandioser Spieler er war. Er wurde im Camp Kobes Zimmernachbar, schlich mit ihm spät nachts durch die Schlafräume von La Salle, um den anderen Campern Streiche zu spielen. Er folgte ihm überall hin, wollte einfach nur in seiner Nähe sein, egal, ob es sich um eine Layup Line oder eine Gemeinschaftstoilette handelte. Es musste doch irgendetwas geben, das Hart von ihm erfahren konnte. Tag eins … Tag zwei … Hart mühte sich ab. Er verteidigte wie ein Dobermann, selbst als er, der nie größer als 1,63 Meter werden würde, Kobe verteidigen musste. Er kämpfte im griechisch-römischen Stil mit den Riesen um Rebounds. Eines Nachts brachte er den Mut auf: *Hey, Kobe, was glaubst du, wo ich landen werde? Du weißt schon, in der Divison One?*

Kobe lachte und ging weg.

Später, als Stand-up-Comedian und Schauspieler, beschrieb Hart dieses Camp als Erweckungserlebnis: Basketball war Kobes Berufung, aber nicht die von Hart. Er musste sich etwas anderes suchen. Während eines Auftritts in der *Tonight Show Starring Jimmy Fallon* bestand Hart sogar darauf, dass Kobe während des gesamten Camps als Linkshänder gespielt hatte, um alle zu veräppeln. „Die Gelegenheit, von der ich dachte, dass sie die größte meines Lebens sein würde", sagte Hart, „stellte sich als verdammtes Übungspad für Kobe Bryant heraus." Unabhängig davon, ob Harts Geschichte so stimmte, entging es Morris nicht, dass der einzige Sohn seines Assistant Coach bewiesen hatte, dass er – einhändig, beidhändig oder ohne Hände – der mit Abstand beste Spieler des Camps war.

Die Summer Leagues von Narberth und Ardmore mögen für Kobe nicht ganz so erholsam gewesen sein wie das La-Salle-Camp, diese entspannende Gelegenheit, seine Fähigkeiten zu seinen eigenen Bedingungen zu verbessern, im Vergleich zu Hackensack und Delaware jedoch waren sie wie warme Kuscheldecken. Er war von seinen Freunden und Mannschaftskameraden aus Lower Merion umgeben und konnte sich mit ihnen mit den Spielern und Mannschaften messen, die ihnen bei den District und State Championships im Frühjahr 1995 im Wege stehen würden. In der Narberth League erzielte er über drei Spiele durchschnittlich 33,5 Punkte, darunter 40 Punkte in einem Spiel, in dem er 13 der 15 Punkte seiner Mannschaft im dritten Viertel erzielte. Die ganze Zeit über rief Joe ihm von der Tribüne aus Ratschläge zu. Das Seltsame daran war, dass Kobe nicht zurückschrie; auf dem Spielfeld konnte er Joes Stimme immer hören. Bei einem früheren Spiel, als sein Team im vierten Viertel mit acht Punkten in Führung lag, rief Kobe Joe zu: *Ich werfe jetzt einen Dreier.* Joe begann Kobe anzubrüllen, der nur grinste und weiter dribbelte, um ihm zu zeigen, dass er die ganze Zeit einen Scherz gemacht hatte. Ihm gefiel es einfach zu sehen, wie sein alter Herr sich aufregte.

Diese lokalen Summer Leagues waren im Prinzip, selbst mit Downer als Trainer in Narberth, eine Erweiterung der Pickup-Spiele, die unter den Aces und denen, die es werden wollten – man stelle sich so etwas in den Jahren vor Kobes Ankunft vor – im Remington Park oder im Shack oder auf anderen Plätzen an der Main Line entstanden. Kobe war, zumindest lokal, mittlerweile ein echter Star; es sprach sich mehr und mehr rum, wer er war und wohin sich das Programm mit ihm entwickeln könnte. Ein Beispiel: Dave Rosenberg, ein Jahr jünger als Kobe, machte seinen Abschluss an der Bala Cynwyd Middle School, erwog aber, eine andere Highschool als Lower Merion zu besuchen. Seine Hauptsportart war Fußball; vielleicht gab es anderswo ein besseres Angebot mit einem besseren Fußballprogramm. Aber er liebte auch Basketball. Eines Tages warf er allein im Remington Park ein paar Körbe, als Kobe und sein Cousin Sharif Butler auftauchten.

„Ich war so begeistert", sagte Rosenberg. „Als ich 14 Jahre alt war, waren direkt nach Magic Johnson alle Spieler der Highschool-Varsity-Mannschaft die größten Superstars in meinem Leben. Erst recht Kobe."

Die drei spielten ein paar Partien Roughhouse, ein One-on-One-Spiel, bevor Kobe auf eine Stelle nahe des oberen linken Zonenrands zeigte. „Hey", sagte er zu Rosenberg, „spiel ein bisschen Defense gegen mich. Ich will an ein paar Dingen arbeiten." Butler, der Kobe immer noch jedes Mal besiegte, obwohl sich der Abstand zwischen ihnen etwas verringert hatte, verließ den Platz irgendwann, Kobe und Rosenberg aber blieben noch eine Stunde lang dort. „Ich spielte Verteidigung wie ein glücklicher Hund", sagte Rosenberg, „während Kobe eine Mischung aus Fadeaways und schnellen Bewegungen zum Korb einstudierte." Als er seinen Eltern erzählte, dass er sich für Lower Merion entschieden hatte, nannte Rosenberg, ein ausgezeichneter Schüler, den guten akademischen Ruf der Schule als Grund ... und noch etwas anderes. „Ich sagte ihnen, dass ich dachte, ich könnte es in ein paar Jahren in die Basketballmannschaft schaffen und mit einem Typen namens Kobe spielen", erzählte er. „Ich sagte ihnen, dass er großartig sein würde, und ich erinnere mich, dass sie die Augen verdrehten." Tatsächlich hatte es Rosenberg wie vorhergesagt in die Freshman-Mannschaft geschafft und war damit auf dem besten Weg, als Senior Teil des Varsity-Teams zu werden. Er zählte zu einer Gruppe von Spielern, die Kobe ergänzten und auf seiner Erfolgswelle mitschwammen.

Das Vertrauen darauf, dass er etwas Großes erreichen würde, hinterließ einen bleibenden Eindruck bei Kobes Freunden und Coaches. Es war sein ganzes Auftreten, das sie nie vergessen konnten. In einem Spiel, als die Uhr am Ende eines Viertels ablief, warf er den Ball von der Freiwurflinie wie einen Baseball auf den gegenüberliegenden Korb, aus 22, vielleicht 24 Metern. Drin. Die Zuschauer hielten den Atem an und ließen ihn in einem langen *Woooo* wieder raus. Kobe ging einfach zurück in den Huddle und nahm seinen Platz neben Downer ein, als hätte er den Treffer erwartet. „Ich garantiere, dass er das getan hat", sagte Downer. *Ich bin etwas*

Besonderes. Besondere Menschen treffen solche Würfe. Das hatte ihm bereits das wichtigste Ereignis seines Sommers gezeigt.

157 Spieler besuchten das 1994er Adidas ABCD Camp, darunter vier der besten Nachwuchsspieler der Nation: Lester Earl aus Baton Rouge, Louisiana, Shaheen Holloway von der St. Patrick High School in Elizabeth, New Jersey, Tim Thomas und Kobe. Alle vier wurden Freunde, jeder von ihnen ein regelmäßiger Teilnehmer an AAU Tournaments, jeder von ihnen ein eigener Spieler, keiner ein Abbild des anderen: Earl, ein 2,10 Meter großer Low-Post-Spieler, Holloway, ein 1,78 Meter großer Point Guard, klug, zäh, ein zukünftiger Coach; Thomas, der überall spielen konnte, weil ihm das Spiel so leichtfiel, vielleicht sogar zu leicht; Kobe, der Scorer und Closer, der Getriebene. Sie hätten gut in ein gemeinsames Team gepasst. Das dachten sie selbst.

Der beste Senior des Landes war auch da, und er war ein echter Anblick: Kevin Garnett von der Mauldin (South Carolina) High School war 2,08 Meter groß, intensiv, muskulös und mit einem Körper gesegnet, bei dem niemand zweifelte, dass er den Strapazen und dem Verschleiß einer NBA-Saison mit 82 Spielen standhalten würde. Dick Vitale, die berühmteste und einflussreichste Stimme im College-Basketball, nahm auf der FDU-Tribüne Platz, bereit, sich ein paar „Dipsy-Doo-Dunkaroos“ und „Diaper Dandies“ anzuschauen und sich zu fragen, ob diese Kinder es ernst meinten mit ihren Moves, ihren Fähigkeiten und ihrer Cleverness – „WERE THEY SERIOUS?“ Rick Pitino von Kentucky, Steve Lappas von Villanova, Stu Jackson von Wisconsin und Dutzende andere Coaches schauten ebenfalls zu.

Marbury, der ein Stipendium an der Georgia Tech annahm und dort ein Jahr spielte, bevor er 1996 in die NBA eintrat, wurde wie schon in Delaware zum MVP des Camps gewählt. Weil er in eine rassistisch motivierten Schlägerei zwischen schwarzen und weißen Teenagern involviert war, wechselte Garnett noch im selben Sommer zur Farragut Career Academy in Chicago. Weder der Vorfall noch seine Leistung im ABCD-Camp beeinträchtigten jedoch seinen Status als einziger Spieler des 1995er-Jahrgangs, der ernsthaft in Erwägung zog und ziehen konnte, das College zu umgehen und sich direkt von der Highschool aus für den Draft anzumelden. Das hatte seit Darryl Dawkins und Bill Willoughby im Jahr 1975 kein Spieler mehr getan.

Für Kobe war das 1994er ABCD-Camp aber vielleicht ein noch wichtigeres Statement als für jeden dieser bekannteren Spieler. Von Schockstarre oder Schüchternheit an der FDU jedoch keine Spur, sondern nur hervorragende Spiele von Anfang bis Ende, was ihm am letzten Tag einen Platz im Junior All-Star Game einbrachte. Sonny Vaccaro konnte selbst nicht aufhören, den Kopf darüber zu schütteln. Dieser Junge spielte nicht für ein landesweit bekanntes AAU-Team. Die Sam Rines All-Stars waren in und um Philadelphia eine angesagte Mannschaft, ein gutes Team, aber sie waren nicht die Long Island Panthers von Gary Charles oder die Playaz von Jimmy Salmon – Teams in New York und New Jersey, die landesweit einen guten Ruf hatten. Und dieser Junge von einer Highschool in einem Vorort, den niemand kannte, hatte acht Jahre lang in Italien gelebt … er war praktisch ein Ausländer. Beachtlich, wie er hier performt hatte … und wie er vielleicht noch performen würde.

Am Ende des JuniorAll-Star Games, als die Familien der Spieler und die Zuschauer aus New York, New Jersey und Philadelphia das Rothman Center verließen, ging die Familie Bryant – Joe und Pam und Sharia und Shaya und Kobe – auf Sonny Vaccaro zu. Joe umarmte ihn, Pam lächelte ihn an, aber Kobe … Kobe packte ihn in einer großen, engen Umarmung, Vaccaros Gesicht an seine linke Schulter drückend.

„Vielen Dank, Mr. Vaccaro", sagte Kobe, „dass ich das Camp besuchen durfte. Und ich entschuldige mich."

Vaccaro stieß ihn sanft zurück. „Kobe", sagte er, „warum entschuldigst du dich?"

„Weil ich nächstes Jahr zurückkomme und den MVP-Award des Camps gewinnen werde."

„So Gott will, Kobe. Wir sehen uns nächstes Jahr."

„*Se Dio vuole*", sagte Kobe.

Vaccaro war verblüfft. Sein Herz machte Luftsprünge. Die Zahnräder in seinem Kopf begannen zu mahlen. „*Se Dio vuole*" bedeutet auf Italienisch „So Gott will", der Satz gehörte seit seiner Kindheit zu Vaccaros Wortschatz. Bevor er das Haus verließ, um zu spielen oder den Unfug zu treiben, den kleine Jungen so treiben, sagte er: „*Mom, wir sehen uns später*“, und seine Mutter antwortete jedes Mal: „*Se Dio vuole*“. Und das implizierte: *Du kommst wieder. Du wirst wieder hier sein. Du wirst am Leben sein. Es wird dir gut gehen. Und ich werde hier sein und auf dich warten.*

Für meine Teamkollegen war ich jemand, der nie nachließ, der nie selbstgefällig und nie zu übermütig wurde – meine Schwestern hätten das nicht ansatzweise geduldet.

KOBE BRYANT

10 | OK, let's play

Seine Zeitgenossen erinnern sich an Kobe nicht als Los Angeles Laker, als fünffachen NBA-Champion, als unvergleichlichen Wettkämpfer, der sich selbst den gewagten Spitznamen Mamba gab, den er zu einer Lifestyle-Marke machte. Darauf bestand Evan Monsky am Telefon. Dieser Kobe war nicht ihr Kobe. Dieser Kobe? Monsky wusste nicht sicher, was dieser Kobe mit ihrem Kobe gemeinsam hatte. „Die Leute küssten seinen Arsch von seinem 18. Lebensjahr bis zu seinem Todestag", sagte er, „mit einer verrückten Art von Arschkriecherei. Das ist kein normales Leben und keines, das viele Leute gerne führen würden. Absolut schrecklich." Was hat dieses Leben mit Kobe gemacht? Wie hat es ihn verändert? Diejenigen, die ihn in seiner Jugend kannten, hatten ihn in einer bestimmten Weise in Erinnerung. Ist er diese Person geblieben?

Ein Teil von Monsky und vielleicht von allen, die Kobe in Lower Merion kannten, will keine Antworten auf diese Fragen haben. Die Person, an die sich Monsky erinnerte, war ein Kind; ein 16-jähriger Junge, der gerne über Basketball sprach, der nicht der lustigste Kerl im Raum war, aber ab und zu einen guten Witz reißen konnte, der nervös wurde, wenn das Fahrzeug, in dem er reiste, ob sein Auto oder das seiner Eltern oder ein Schulbus voller Basketballspieler, eine Brücke überqueren musste. Diese Erinnerungen sind für Monsky nicht deshalb kostbar, weil sie so selten sind. Sie sind kostbar für ihn, weil es Erinnerungen an einen 16-jährigen Jungen sind und nicht an den berühmtesten Sportler der Welt. Es sind Erinnerungen an ein Kind, das auf Nachmittagsfahrten zu Spielen und auf den Nachtfahrten zurück neben ihm saß, an ein Kind, das aus dem Fenster schaute und dessen Lungen sich aufgrund der Angst vor dem silbrigen Wasser unter ihm weiteten und wieder zusammenzogen. Es gab keine Erklärung für Kobes Angst in diesen wenigen Sekunden, jedenfalls keine, die er seinen Mannschaftskameraden gegenüber zugegeben hätte. Aber sie machten sich darüber lustig. Er war einer von ihnen, in ihren Augen, und würde das immer sein, und er hielt tapfer durch, bis der Bus sicher die andere Seite erreicht hatte.

Gregg Downer fing mit Kobes Junior-Jahr damit an, sich den Gewinn einer Disctrict oder sogar einer State Championship vorzustellen. Er hatte jedoch auch realisiert, dass er einige Veränderungen vornehmen musste, wenn die Aces solche Höhen erreichen wollten, und dass sein bester Spieler Verstärkung brauchte. Zum Teil würde das automatisch geschehen, indem die Spieler, die im Schuljahr 1994/95 wieder dabei waren, neben Kobe reiften. Die 16-6-Bilanz und sogar die Niederlage in den District Playoffs gegen Plymouth Whitemarsh, ein starkes Team, das sich für das Staatsmeisterschafts-Turnier qualifiziert hatte, hatten Downer und die Upperclassmen bestätigt, dass die Aces zu den besten Teams im Raum Philadelphia und ganz Pennsylvania gehörten. Downer sprach mit seinen Spielern oft darüber, dass sie das Halbfinale des District One Tournament erreichen wollten, denn diese beiden Spiele fanden jedes Jahr im Palestra statt, und das war stets ein besonderes Erlebnis. Downer erkannte jedoch auch, dass dem Team einige wichtige Komponenten fehlten, um in der Postseason so weit zu kommen und dann auch noch dort zu gewinnen.

Eine dieser Komponenten tauchte im Herbst 1994 auf, als Dan Pangrazio nach dem Umzug seiner Familie an die Main Line für sein Freshman-Jahr an die Schule wechselte. Pangrazio war schon als Jugendlicher in seiner Heimatstadt Fairfield, Connecticut, ein sportliches Phänomen. Im Alter von neun Jahren war er in seiner Altersklasse ein herausragender Fußballtorwart, außerdem gewann er die Titel in Connecticut und New England beim Elks Hoop Shoot, einem landesweit vom Benevolent and Protective Order of Elks gesponserten Freiwurfwettbewerb – eine Leistung, die die *New York Times* in ihrer Ausgabe vom 9. April 1989 mit einem 671 Wörter langen Bericht würdigte.

Pangrazio rückte direkt als Shooting Guard in die Starting Five der Aces und sorgte für ein besseres Gleichgewicht in der Offensive, weil die Gegner seine Shooting-Fähigkeiten berücksichtigen mussten. So nützlich Kobes Anwesenheit auch war, Downer und die Aces konnten sich nicht zu sehr auf ihn verlassen. Was, wenn er in Foulprobleme geriet oder sich verletzte? Downer scherzte gerne mit den Leuten: *Ich bin nur einen verstauchten Knöchel von Kobe Bryant davon entfernt, ein totaler Idiot zu sein.*

Den erhofften Offensivschub durch Pangrazio konnten die Aces gut gebrauchen, noch wichtiger war es Downer jedoch, die Defense zu stärken. In den letzten acht Spielen der Saison 1993/94 hatten sie im Durchschnitt 70 Punkte zugelassen, eine Zahl, die Kobe und seine Mitspieler zu sehr unter Druck setzte, gegen insgesamt bessere Teams Korb um Korb zu erzielen. Über die Narberth League hatte Downer Mike Egan kennengelernt, der aus Ardmore stammte und gerade seine zweite Saison als Assistant Coach am Wilmington College, einem NAIA-Programm in New Castle, Delaware, beendet hatte. Er war 29 Jahre alt, ledig und mit wenigen Bindungen und Verpflichtungen ausgestattet. Im Stadtteil Overbrook in Philadelphia zu leben, als Versicherungsmakler im südlichen New Jersey zu arbeiten und im nördlichen Delaware als Trainer tätig zu sein, strapazierte aber sogar einen Mann wie ihn ziemlich stark. Als Coach in Lower Merion musste Egan nicht so viel Zeit im Auto verbringen und er konnte mit Kobe zusammenarbeiten. Egan hatte ihn in Narberth spielen sehen und im Jewish Community Center selbst Pickup gegen ihn gespielt. „Ich dachte mir: ‚Dieser Junge ist es wert, den Schritt zurück zum Highschool-Coach zu machen'“, sagte er, und Downer machte ihm ein verlockendes Angebot: *Werde mein Defensive Coordinator. Kein Basketballteam hat jemals ohne gute Halbfeldverteidigung eine Meisterschaft gewonnen. Ich gebe dir jeden Abend 20 Minuten Zeit, um das Training zu leiten und dein System auf deine Weise einzustudieren.* Egan konnte nicht nein sagen.

Die dritte und letzte Komponente auf Downers Liste war vielleicht die wichtigste und tiefgreifendste. Wenn die Aces mit den besten Teams der Region und des Staates mithalten, diese sogar schlagen wollten, mussten sie sich an Spiele gegen solche Teams gewöhnen, bevor die Postseason begann. Also machte sich Downer daran, den Spielplan außerhalb der Conference härter zu machen. Abgesehen von den Sixteen Annual Games in der Central League füllte Downer jeden freien Termin mit einem Gegner höheren Kalibers: St. Anthony in Jersey City, angeführt von Bob Hurley, dem Vater von Bobby Hurley und einem von nur drei Highschool-Coaches in der Naismith Memorial Basketball Hall of Fame; Glen Mills, eine Jugendstrafanstalt in Delaware County, deren Highschool-Basketballteam gegen öffentliche und private Highschools in ganz Pennsylvania antrat; und Coatesville, mit einem dürren Junior namens Richard „Rip" Hamilton, der dabei war, sich zu einem der besten Guards der Region zu entwickeln. Downer hatte im Sommer zuvor mehrere Tage in Harrisburg verbracht, um ein All-Star-Team aus Philadelphia bei den Keystone Games zu trainieren, die so etwas wie die Olympischen Spiele von Pennsylvania waren. Die Kinder, die er dort betreut hatte, stammten aus den besten Jungen-Basketballteams der Stadt und einem, das nicht in Philadelphia, sondern knapp außerhalb der Stadtgrenzen beheimatet war: den Chester High School Clippers, dem Primus von District One, dem Titelverteidiger. Diese Teams ähnelten denjenigen, die Downer in den aufgemotzten Spielplan von Lower Merion aufgenommen hatte. Diese Kinder hatten eine Härte, die er seinen Spielern vermitteln wollte. Kobe hatte sie, aber die anderen mussten sie kennenlernen. Vor allem Chester verkörperte diese Stärke, diese Härte, diese Exzellenz. 1994 wurde das Team zum dritten Mal in zwölf Jahren State Champion. Für Downer und Kobe waren die Clippers der Maßstab, den sie erreichen wollten, und gleichzeitig die größte Bedrohung für das Erreichen ihrer Ziele.

Die Freundschaft von Kobe Bryant und Anthony Gilbert hatte ihren Ursprung in Gilberts sanftem Flirt mit Sharia Bryant. Da war sie, eine herausragende Spielerin im Frauen-Volleyballteam der Temple University, eine Außenangreiferin mit der Sprungkraft der Bryant-Familie, die einen Kill nach dem anderen landete, bis sie ihre Karriere auf Platz fünf der ewigen Bestenliste der Owls beendete, 1,78 Meter groß, mit markanten Gesichtszügen, außerhalb des Spielfelds umgänglich und bodenständig. Da war er, ein Teilzeit-Freshman bei Temple, der im Fachbereich Sport der Universität arbeitete, um sein Studium zu finanzieren, der nicht das Geringste über Volleyball wusste, als er anfing, sich um Statistiken und Recherchen für das Team zu kümmern. Er war 1,72 Meter groß, was bedeutete, dass er nicht nur zu Sharia aufschaute, sondern sie auch von unten *an*sah. Er war von ihr beeindruckt und wollte sie selbst beeindrucken.

„Hör mal“, sagte er ihr eines Tages, „ich komme aus Philadelphia. Ich spiele *Ball.*“

„Alter“, antwortete sie, „du könntest nicht einmal meinen kleinen Bruder schlagen.“

Gilbert hatte noch nie von Kobe gehört. Das würde sich bald ändern. Wie bei Kobes Spielen waren alle Mitglieder der Familien Bryant und Cox bei Sharias Volleyballspielen. (Die Zuschauerzahlen dort waren spärlich, sodass die Anwesenheit der Familie noch mehr auffiel als bei Kobes Spielen.) Kobe war nicht immer dabei; der Basketball beanspruchte seine Zeit zu sehr. Nach dem Tête-à-Tête von Gilbert und Sharia jedoch tauchte Kobe beim nächsten Spiel seiner Schwester in der McGonigle Hall auf, nahm einen Volleyball in die Hand, dribbelte ihn wie einen Basketball und stellte sich Gilbert in seiner unnachahmlichen Art vor.

„Wir können das jetzt gleich erledigen“, sagte er.

Was? dachte Gilbert. *Du bist der jüngere Bruder? Wer bist du?*

Nach diesem unbeholfenen Erstkontakt mit Sharia und Kobe im Herbst 1994 wurde Gilbert Mitarbeiter des *SLAM*-Magazins und ein Freund Kobes und der gesamten Bryant-Familie. Er bewunderte ihren Zusammenhalt und ihre Loyalität untereinander und erhielt Einblicke in die Familiendynamik und die Persönlichkeit Kobes wie nur wenige. Es gab Kobe innerhalb des Basketballs: mörderisch, gerissen und ballsicher. Und da war Kobe abseits des Basketballs: höflich, naiv und behütet. Die Trennung hätte nicht schärfer sein können.

„Viele Leute realisieren nicht, dass er ein richtiger Streber war“, sagte Dayna Tolbert, eine Freundin von Kobe. „Wir haben ihn nie als den großen Star gesehen. Er war Kobe. Wir haben uns in seiner

Nähe nicht anders verhalten, und er hat sich in unserer Nähe auch nicht anders verhalten. Die Heimvideos, auf denen man ihn beim Herumalbern mit seiner Familie sehen kann, das war der echte Kobe. Die *Black Mamba*, die jeder auf dem Spielfeld sieht, das war der Wettbewerb. Das waren zwei verschiedene Dinge."

Diese zwei Seiten seiner Persönlichkeit zeigten sich am deutlichsten in Kobes Liebesleben, denn er hatte eigentlich keins. Es gab ein Mädchen namens Jocelyn Ebron, das er bei einem Familien-Barbecue kennenlernte. Sie fand ihn ruhig und sanftmütig und wurde am ehesten eine Freundin. Bei diesem Barbecue wirkte er nicht sehr *charmant* und schien nicht auf der Suche nach dem Mädchen zu sein, das er sich an den Arm hängen konnte, aber das gefiel Ebron, die auf eine katholische Mädchenschule ging. Sie verbrachten viel Zeit im Haus der Bryants, wo Ebron, die gehofft hatte, Kobe sei nicht der typische amerikanische Typ, realisierte, wie untypisch er tatsächlich war. Ihre „Dates" bestanden größtenteils darin, dass Ebron genau das tat, was Kobes Freunde und Mannschaftskameraden aus Lower Merion wie Guy Stewart, Matt Matkov, Jermaine Griffin oder Evan Monsky taten, wenn sie mit ihm abhingen. Sie saß neben Kobe auf der Couch, während er sich Videos von Magic und Michael und sich selbst ansah, bei seinen Spielen und Trainingseinheiten in Italien. Seine Aktivitäten bezogen sich nahezu alle auf den Court. Pam, so stellte Ebron fest, wusch Kobes Wäsche, machte ihm jeden Morgen sein Frühstück, und zwar jeden Morgen *das gleiche* Frühstück: Speck, Eier und Cream of Wheat, einen Fertiggrießbrei. „Alles war auf ihn und um ihn herum zentriert", sagte Ebron 2003 in einem Interview mit *Newsweek*. „Seine beiden Schwestern schienen das ohne Weiteres zu akzeptieren. Er war der Sohn und König." Sharia und Shaya schirmten ihren Bruder geradezu von den Mädchen ab, die ihn näher kennen lernen wollten. Das waren einige. Man kann verstehen, warum. Mit seinen braunen Augen und seinem entwaffnenden Lächeln wirkte er einen Hauch verletzlich. Auch Ebron wurde von den Bryants als Eindringling betrachtet, auch wenn sie zeitweise in ihrem Kreis zugelassen war. Sharia sagte Gilbert einmal, dass sie Ebron nicht als Kobes offizielle Freundin betrachtete, was darauf schließen lässt, dass Kobe das auch nicht tat. Da sie auf dem Campus von Temple wohnte, beriet Sharia ihren Bruder auch, wie er sich in der Welt außerhalb des grünen Wynnewood und des nächsten Basketballplatzes verhalten sollte. „Sie hat diesen mütterlichen Instinkt", sagte Gilbert, „und gab an Kobe weiter, wie wir redeten, sprachen und uns anzogen, übersetzte es ihm, der nicht wirklich wusste, was es hieß, ein junger Schwarzer in der Stadt zu sein. Man sagte etwas, und er war einfach nur still. Nur auf dem Basketballplatz redete der Kerl."

Als sich ihre Freundschaft vertiefte, sprach Gilbert fast genauso viel *zu* Kobe wie *mit* ihm. *Hey,* fragte Gilbert, *wollen wir in der South Street abhängen? Lass uns ein paar Mädchen treffen.* Er kannte die Antwort schon: Keine Chance. Gilbert stammte aus West Philadelphia und wusste, welches Kobes Lieblingsplätze waren, die Orte, an denen er sich am liebsten aufhielt: Remington Park, Ardmore Park, Tustin Playground. Nach South Philly fahren? Wozu, wenn Kobe die Schlüssel zum Jewish Community Center hatte? Für Kobe bedeutete das Erleben der Stadt nicht, die Tattoo-Studios und Plattenläden aufzusuchen und die Szene zu erkunden. Es bedeutete, dass Gilbert ihn ins JCC oder auf die Freiplätze begleitete. Es bedeutete, dass Gilbert nach jedem Wurf von Kobe den Rebound holte und ihm den Ball per Brustpass zurückspielte. Und es bedeutete, dass Gilbert, während Kobe warf und seine Fußarbeit perfektionierte, die Beleidigungen nachahmte, die Kobe entweder direkt oder hinter seinem Rücken hörte.

Du bist gut, aber du spielst nicht in der Public League.

Dribbel, dribbel …

Du wohnst in einem Vorort.

Spin …

Du gehst auf eine weiße Schule.

Swish.

Dort gibt es keinen Wettbewerb.

Hartes Dribbeln …

Du bist keiner von uns.

Dunk.

Das war Kobes emotionales Kettenhemd, seine Verteidigung gegen die Kritik, die er hörte, er sei nicht hart genug, nicht schwarz genug, nicht des Respekts der Spieler würdig, die zwar seine Hautfarbe hatten, sonst aber ihrer Ansicht nach wenig mit ihm teilten. „Seine Familie wurde überall geliebt, wo sie hinging", sagte Gilbert. „Sie waren nicht aufdringlich. Sie wurden geliebt und respektiert, weil sie jeden umarmten. Kobe hatte nie diese ‚Schwarze Erfahrung', wie meine Freunde und ich sie hatten, aber die Missachtung, die ihm von der Stadt entgegengebracht wurde, hatte mehr mit seiner Postleitzahl zu tun als mit seinen Basketballfähigkeiten. Kinder in seinem Alter in der Stadt, die in der Public League und in den Summer Leagues spielten, sagten: ‚Hör mal, Kobe, du bist gut. Die Leute schreiben über dich. Aber du spielst nicht in der Public League. Du gehst auf eine weiße Highschool. Du wohnst in einem Vorort. Du gehörst nicht zu uns.' Basketball war seine Rechtfertigung: ‚Wisst ihr was? Ihr habt alle recht. Ich bin nichts von alledem. Aber sobald der Ball in der Luft ist, werde ich euch allen zeigen, wer schwarz ist und wer nicht.' Er wusste, dass er nicht wie alle anderen war, aber das nutzte er zu seinem Vorteil. Wenn jemand den Mund aufmachte, blieb er ruhig im Sinne von: ‚Okay, bist du fertig? Denn wir spielen jetzt.' Und das brachte jeden aus der Fassung. Die meisten Jungs in seiner Lage hätten sich geprügelt, aber bei ihm war es nur: ‚War's das? OK. Lasst uns spielen.'"

Überdies war es seine Art, die Person zu ehren und zu verteidigen, die ihn zum Basketball gebracht und seine Besessenheit gefördert hatte: seinen Vater. Joe war von Team zu Team gewechselt, weil die Teams nicht glaubten, dass sie ihm vertrauen konnten. Joe hatte sich in der NBA nie durchsetzen können. Joe musste nach Europa gehen, ins Exil, um seine größten Erfolge zu erreichen. Kobe war entschlossen, sich mit den richtigen Fähigkeiten, der richtigen Einstellung und der richtigen Moral auszustatten, um das gleiche Schicksal zu vermeiden. *Sie werden keine Fragen dazu haben, wer ich bin, was sie mit mir machen sollen und wo ich hingehöre. Ich werde so hart arbeiten, dass sie den Namen Bryant nie vergessen werden.* „Er wollte wie sein Vater sein und Wiedergutmachung für seinen Vater erreichen", sagte Gilbert. „Es war eine Hommage an Joe." Und auf dem Weg zur Ehrenrettung des

Vaters und zur wahren Größe des Sohnes gab es keine Zeit zu verlieren. Kobe erzählte Gilbert einmal von den Zielen, die er in seinem Leben erreichen wollte, und dass er sie alle erreichen wollte, solange er jung war. Er wollte es jung in die NBA schaffen. Er wollte jung heiraten. Er wollte jung Kinder haben. Er wollte nicht warten, um ein Mann zu werden, er wollte alles nur zu seinen Bedingungen. „Das war sein Mantra", sagte Gilbert, „und so ging er die Dinge an. Er war auf einer anderen Wellenlänge als alle anderen." Er wollte alles früh erledigen, aber zuerst musste er noch etwas anderes erledigen, für seine Highschool und ihr wachsendes Basketballprogramm: eine Meisterschaft gewinnen.

Zu Beginn von Kobes Junior-Saison unterstrich der Trainerstab seine Bedeutung für die Aces, indem er ihn zum Teamkapitän ernannte. Nicht zu einem Teamkapitän. *Dem* Teamkapitän. Nicht alle seine Mannschaftskameraden begrüßten die Entscheidung. Monsky war davon ausgegangen, dass er und Guy Stewart – ersterer ein direkter Typ, letzterer ein vorbildlicher Sportsmann – sich als Seniors die Kapitänspflichten teilen würden. Die Entscheidung der Coaches verletzte Monsky. Nicht nur bei diesem Thema kamen zu Saisonbeginn Spannungen auf. Kobe hatte sich in einem Interview mit Stacy Moscotti, einer Reporterin von *The Merionite*, mit der Aussage aus dem Fenster gelehnt, dass die Aces sehr gute Chancen auf den Gewinn der State Championship hätten. „Ich sehe mir diese anderen Teams an", sagte er, „und sie sind nicht annähernd so gut wie wir."

Während einer seiner ersten Trainingseinheiten mit dem Team machte Egan sich Notizen zu jedem Spieler und seine Eindrücke von Kobe zeigten, dass der neue Assistant Coach ein schonungsloser Beobachter war: „Offensiv, foulanfällig; Seitwärtsbewegung; Arbeit am Rebounding, Wurfauswahl … lustloses Spiel, muss mehr rebounden, näher am Korb dominieren, dann kommt der Dreier. Du bist nur so gut wie deine Intensität. Nicht schlampig sein."

Als eine Art Retourkutsche für Kobes Kommentare gegenüber *The Merionite* eröffneten die Aces ihre Saison entgegen allen Erwartungen mit einer 62:60-Niederlage gegen Sun Valley, mit einem

Spiel, in dem sie eine Führung im vierten Viertel verspielten und Kobe mit 31 Punkten und Dan Pangrazio mit 16 zusammen für 78 Prozent der Offensive verantwortlich waren. Diese Verteilung deutete darauf hin, dass das Team noch immer zu kopflastig war, dass dieselbe Frage, die seit zwei Jahren wie ein Amboss über Downers Kopf schwebte – wann ist zu viel Kobe da, und wann ist zu wenig da? – noch immer unbeantwortet war. Vor dem zweiten Spiel der Mannschaft, dem ersten Spiel in der Central League gegen Upper Darby, nahmen Downer und Egan Kobe zur Seite und forderten ihn auf, mehr mit seinen Mitspielern zu sprechen, sie mehr einzubeziehen. Kobe versprach ihnen, dass er seine Führungsqualitäten durch sein Spiel unter Beweis stellen würde.

Was er ihnen in den nächsten zwei Monaten zeigte, war atemberaubend. In den nächsten drei Spielen der Aces erzielte er durchschnittlich über 30 Punkte pro Spiel und das Team gewann jeweils mit mindestens 14 Zählern Vorsprung. Vor seinem nächsten Spiel gegen Marple Newtown fünf Tage vor Weihnachten hatte er in seiner Karriere 994 Punkte erzielt und war nur noch sechs von 1000 Punkten entfernt. Er traf seine ersten beiden Würfe, ehe er versteifte, drei Würfe vergab und einmal den Ball verlor, wohl nervös wegen des nahenden Meilensteins. Schließlich versenkte er dreieinhalb Minuten vor Ende des ersten Viertels einen Jump Shot nahe der Freiwurflinie. Lower Merion gewann mit 63:58. Er erzielte 38 Punkte, ein Karrierehöchstwert, den er zwei Tage später noch übertraf, als er bei einem 13-Punkte-Sieg in Penncrest 40 Punkte erzielte. Dieser Sieg wiederum war eigentlich aus einem anderen, dunkleren Grund bemerkenswert: In diesem Spiel kam es zu dem, was man getrost als die erste dokumentierte öffentliche Häme gegenüber Kobe Bryant bezeichnen kann – wobei es noch zu freundlich ist, von „Häme" zu sprechen.

1986 hatte die NCAA Proposition 48 erlassen, eine Vorschrift, die besagte, dass ein Highschool-Schüler, der auf dem College Division-One-Sport treiben wollte, bestimmte Standards bei seinen Noten und SAT-Punkten erfüllen musste, um sich akademisch zu qualifizieren. Die Mindestanforderung für den SAT lag beispielsweise bei 700 von möglichen 1.600 Punkten. Schnell wurde „Prop-48-Kind" zu einer rassistischen, stereotypen Kurzformel, um einen Basketballspieler – fast immer einen schwarzen Basketballspieler – zu beleidigen, indem man ihn oder sie als zu dumm für das College bezeichnete. So dauerte es nach dem Tip-Off nicht lange, bis eine Gruppe weißer Penncrest-Fans damit anfing, rassistische Schimpfwörter zu rufen und Kobe zu verhöhnen: „PROP 48! PROP 48!"

Wie üblich war der gesamte Bryant-Clan anwesend. Es waren aber nicht der sensible Joe oder die hitzköpfige Pam, die Ärger und Bestürzung demonstrierten und sich vor Kobe stellten, um ihn zu verteidigen. Es war Shaya, Highschool-Senior und die zurückhaltende mittlere Schwester, die sich mit ihren 1,89 Metern im Lower-Merion-Bereich der Tribüne aufrichtete, um zurückzuschreien:

„Sicher, aber mein Bruder ist ein Einser-Schüler. Was sagt ihr dazu?"

Nichts, wie sich herausstellte. Die Gesänge hörten auf.

Das war allerdings nur der Anfang. Kobes Ansehen wuchs stetig, und für alle Beteiligten, auch für die Bryants, stand immer mehr auf dem Spiel. Kobes Spiele waren für die Familie so wichtig geworden, dass Shaya – die Starting Center des Mädchenbasketballteams, die im Durchschnitt selbst mehr als 13 Punkte pro Spiel erzielte – ein paar ihrer eigenen Spiele schwänzte, um die von Kobe zu sehen. „Und natürlich verloren wir dann", sagte Tolbert, die zu Shayas Teamkolleginnen gehörte, „weil sie diejenige war, vor der sich alle fürchteten, und ich war bloß 1,78 Meter groß."

Geschichten über Kobes Talent verbreiteten sich nun in ganz Philadelphia und seinen Vororten, in den Locker Rooms, bei Trainertreffen und beim Austausch zwischen College-Scouts. Jeremy Treatman, der immer noch für den *Inquirer* schrieb, sich regelmäßig mit Joe unterhielt und Kobe einmal pro Woche besuchte, konnte seine Redakteure zwar immer noch nicht davon überzeugen, dass Kobe eine große Titelstory oder auch nur mehr Aufmerksamkeit verdiente, aber dafür bot sich ihm bald ein alternatives Medium: Er hatte begonnen, als Produzent und On-Air-Reporter für die *Inquirer High School Sports Show* zu arbeiten, eine wöchentliche Fernsehsendung, die von der Zeitung finanziert wurde und sich mit regionalen Sportlern befasste. Sobald die District Playoffs anstanden und das Interesse daran zunahm, konnte er Kobes Geschichte dort erzählen. Bis dahin musste man vor Ort sein, um über Kobe Bescheid zu wissen, zu seinen Spielen gehen oder die lokalen Tages- und Wochenzeitungen an der Main Line und in Delaware County lesen.

Im Finale des Ardmore Rotary Tournament, kurz vor Jahreswechsel, lag Lower Merion gegen Malvern Prep zur Halbzeit mit sechs Punkten und nach dem dritten Viertel mit vier Punkten zurück. Zu Beginn des Spiels, nachdem Kobe einen miserablen Start hingelegt hatte – er verfehlte zwölf seiner ersten 15 Würfe –, versuchte eine Gruppe von Malvern-Schülern und -Fans, ihn mit einem anderen Sprechchor zu verunsichern, der vielleicht weniger verletzend klang als der von Penncrest: „ÜBERSCHÄTZT! ÜBERSCHÄTZT!" Aber Schweigen wäre allemal klüger gewesen. Die Aces dominierten Malvern im vierten Viertel, zogen davon und gewannen 71:64, und obwohl Stewart 19 und Pangrazio zehn Punkte erzielten, war der Unterschiedsspieler der Partie keiner von ihnen. Es war Kobe, der im letzten Viertel 20 Punkte erzielte und das Spiel mit 36 beendete. Er legte dabei nicht nur beeindruckende Offensivzahlen auf und führte zu seinem eigenen Vergnügen atemberaubende Kunststücke vor. Er machte sein Team so gut wie seit einer Dekade nicht mehr, und es fiel Downer schwer, sich echte Herausforderungen für Kobe vorzustellen, ohne diesem die Augen zu verbinden oder seine Schuhe mit Blei zu beschweren. Da sich Monsky und Stewart im Backcourt so gut ergänzten, spielte Kobe in der Offensive häufig unten, wo er gegen kleinere Gegner aufpostete, weshalb Downer Brendan Pettit, einen stämmigen, 1,98 Meter großen Sophomore, der hauptsächlich für das JV-Team spielte, nicht nur mit der Varsity-Mannschaft trainieren, sondern auch Kobe verteidigen ließ. Pettit hielt sich selbst für einen harten Spieler, der vor niemandem zurückschreckte und kein Problem damit hatte, den einen oder anderen Ellbogen auszuteilen, wenn er einen Rebound holen oder einen Gegner einschüchtern wollte. Das tat er auch bei Kobe, und einige Male hätte das Gerangel zwischen beiden beinahe zu einer Schlägerei geführt. Abgesehen von Pettit jedoch konnte keiner seiner anderen Teamkollegen großen

Widerstand leisten. Als Head Coach musste Downer seinen besten Spieler nicht motivieren, vielmehr hatte er das Gefühl, diesem gegenüber seine eigene Wettbewerbsfähigkeit und Arbeitsmoral beweisen zu müssen. Also stachelte er ihn nach jedem Training zu Drei-Punkte- und Trickwurf-Wettbewerben an und forderte Egan und Pangrazio zum Mitmachen auf: Zwei-gegen-Zwei, Trainer gegen Spieler. *Kannst du von der Mittellinie treffen? Kannst du von der Grundlinie übers Brett treffen?* Das waren keine albernen Übungen, keine Zeitverschwendung. Kobe war davon begeistert und Downer glaubte, ihm zeigen zu müssen, dass er ihn mit der gleichen Disziplin und Autorität trainieren konnte wie den Rest des Teams. Kobe in einer Partie H-O-R-S-E zu schlagen, ihn zu demütigen, so wie es Joe in der Einfahrt der Bryants getan hatte, war eine der besten Möglichkeiten, ihn daran zu erinnern, wer der Boss war. „Ich musste ihn herausfordern", sagte Downer. „Ich konnte ihn nicht wie ein Baby behandeln. ‚Wenn du Sachen willst, über die wir gesprochen haben, die NBA und wahre Größe, dann musst du dich von mir hart trainieren lassen. Ich werde hart zu dir sein. Es gibt hier Standards, die du zu befolgen hast.' Das Werfen nach dem Training half dabei." Diese Spielchen zogen sich so lange hin, dass Downer, Egan und die anderen Assistant Coaches kurz vor dem Ende des offziellen Trainings damit anfingen, sich darüber zu streiten, wer noch Zeit hatte, ein paar Stunden mit Kobe zu werfen … Pam rief Downer und den neuen Schulleiter Jack Maher an, um sich zu beschweren, dass sie ihn so lange in der Schule hielten, obwohl es genau umgekehrt war.

„Das ist der Grund, warum er sich von seinem Vater unterscheiden wird", sagte Joe Bryant Sr. damals einem Reporter. „Ich erinnere mich, dass Joe in der Highschool und im College ein großartiger Spieler war, aber Kobe macht jetzt schon Dinge, mit denen Joe erst in seinem ersten College-Jahr angefangen hat."

Die Siegesserie der Aces war auf acht Spiele angewachsen, ehe das erste von zwei Saisonspielen gegen Ridley anstand, deren Coach John DiGregorio Kobe eine weitere Motivationsspritze gegeben hatte. *Wenn man Kobe bei 15 Punkten hält,* so hatte DiGregorio einer Lokalzeitung gesagt, *wird man mit 30 Punkten gewinnen.* Für Kobe war diese Aussage eine Beleidigung seiner Mannschaftskameraden. Nachdem Monsky vier frühe Fouls, darunter ein Technisches Foul, kassiert hatte und vom zweiten bis zum vierten Viertel auf der Bank saß, sprang Kobe für ihn als Point Guard ein und fand Gefallen an der Rolle des Vorbereiters für alle anderen. „Dan hat mir gesagt, dass er sich gut fühlt", sagte Kobe nach dem Spiel, „also habe ich ihn gesucht." Während er selbst das ganze Spiel über gedoppelt wurde, zog Kobe immer wieder in die Zone, um Pangrazio für offene Dreier in der Ecke zu finden oder den Ball zu Griffin unterm Korb durchzustecken. Rob Knox, der für das Spiel zuständige Korrespondent des *Philadelphia Inquirer*, hatte Kobe schon einmal spielen sehen, aber nicht *diesen* Kobe. „Er musste nicht punkten", erinnerte sich Knox. „Ich bin mir sicher, dass er hätte punkten können, wenn er gewollt hätte, aber in diesem Spiel hat er sich wirklich auf seine Teamkollegen verlassen." Diesmal gab es bei einem Spiel zwischen Lower Merion und Ridley kein peinliches Ende mit nur vier Spielern auf dem Court. Es gab keinen Herzschmerz, keinen Buzzer-Beater, keinen entscheidenden Freiwurf, der die Stimmung der Aces zerstörte. Diesmal war es Pangrazio, der mit 23 Punkten seinen Karrierebestwert aufstellte, Griffin, der zehn Punkte erzielte, und Kobe, der zwar nur 15 Punkte erzielte, aber wie durch ein Wunder 17 Assists zum 59:37-Erfolg beisteuerte und offene Schützen nicht zuletzt deshalb fand, weil er wollte, dass sich DiGregorio an den eigenen Worten verschluckte. Später in der Woche kehrte er beim 90:61-Sieg gegen Strath Haven zu seiner normalen Spielweise zurück und lieferte einen Boxscore für die Ewigkeit ab: 14 Field Goals bei 18 Versuchen, zehn von elf Freiwürfen, 40 Punkte, acht Rebounds, vier Blocks … und das alles, ohne eine Sekunde im vierten Viertel zu spielen, weil Lower Merion zum Start des Durchgangs schon mit 34 Punkten führte. Downer setzte ihn aus Barmherzigkeit auf die Bank, ohne zu wissen, wie viele Punkte Kobe hatte. „Irgendwann", sagte er nach dem Spiel, „wird er schon noch 50 auflegen." Kobe selbst freute sich jedoch am meisten über seine beiden getroffenen Dreier. Seit sechs Spielen hatte er keinen mehr gehabt. „Das habe ich gebraucht", sagte er.

Dennoch waren diese Siege in der Central League, so befriedigend sie auch sein mochten, nie das Maß für das wahre Standing von Kobe und den Aces. Das sollten die von Downer angesetzten Spiele außerhalb der Liga sein, die den Trainerstab seit der Saisonvorbereitung beschäftigten, so sehr, dass sie Egans Defensivstrategie beeinflussten und Kobes Geduld und Sturheit bis an ihre Grenzen strapazierten. Egans System sah vor, dass die Guards und Forwards den Ballführenden unter Druck setzen und den Dribbler in ein Double-Team oder eine Trap locken sollten, und dass Kobe, der im Post spielte, immer seinen Mann fronten sollte. Kobe verstand zunächst nicht, was Egan damit bezwecken wollte, und wollte lieber hinter seinem Gegenspieler stehen. „Ich werde jeden Wurf blocken", sagte er – ein Einwand, den auch Joe erhoben hatte, als er bei einem Preseason-Training zufällig vor Ort gewesen war. Egan erklärte den beiden seine Argumente: Erstens bestand der Hauptzweck der Verteidigung darin, die gegnerische Offense zu hetzen, sie zu schlechten Entscheidungen zu bringen, Turnover und überhastete Würfe zu erzwingen. Für dieses Ziel musste Kobe in der Lage sein, für ein schnelles Doppeln zum Flügel oder zur Grundlinie zu sprinten, und das konnte er nicht, wenn er hinter seinem Mann im Post stand. Zweitens hätte es gegen die wenig sprungkräftigen Center und Power Forwards der Central League zwar klappen können, wenn Kobe versucht hätte, jeden Wurf zu blocken. Ein besseres Team mit größeren, athletischeren und reiferen Postspielern würde ihn jedoch direkt attackieren, was Kobe in Foulprobleme bringen könnte. Egans Diskussion mit den Bryants dauerte zehn Minuten. „Das klingt gut", sagte Joe. „Das gefällt mir." Das war das letzte Mal, dass er Downer oder Egan bei irgendetwas infrage stellte. Kobe stand danach nie wieder im Post hinter seinem Gegenspieler.

Jetzt hatten die Aces mit ihrer 11-1-Bilanz zum ersten Mal die Gelegenheit, diese Vorbereitung zu prüfen: an einem späten Samstagnachmittag ging es auswärts gegen Rip Hamilton und Coatesville, das bei 12-3 stand. Nichts an diesem Setting war für die Aces angenehm oder komfortabel. Im Vergleich zu ihrer putzigen Spielstätte fühlte sich die Halle an wie der Louisiana Superdome. Es gab eine Anzeigetafel, auf der die Nummern der Spieler auf dem Court sowie die Punkte und Fouls angezeigt wurden, was für die Aces ein unglaublicher Anblick war. Die Teams hatten in der jüngeren Vergangenheit noch nie gegeneinander gespielt. Eigentlich hätte es bereits in der Vorsaison dazu kommen sollen, doch das Spiel war wegen eines Eissturms abgesagt worden, was bedeutete, dass Hamilton für Kobes Coaches und Teamkollegen eine ebenso mythische und geheimnisvolle Figur blieb wie Kobe für Hamilton. Downer sagte den Aces, dass der Star aus Coatesville – der mit seinem cleveren und schnellen Spiel in der einen Minute seine Mitspieler in Szene setzte und in der nächsten Minute die Verteidigung mit Drives und Mitteldistanzwürfen aushebelte – der beste Spieler sein würde, auf den sie in dieser Saison treffen würden. Als wiederum Hamilton erstmals von diesem Guard in Lower Merion hörte, der so alt und groß wie er war, der von weiter draußen warf und mehr Jazz in seinem Spiel hatte, der alles konnte, was Hamilton konnte, und noch einiges mehr, war das für ihn unbegreiflich. Hamilton hatte kaum mal außerhalb von Coatesville Basketball gespielt. Er war nicht so unterrichtet und umsorgt worden wie Kobe – er war zu seinem ersten Highschool-Basketball-Tryout mit Plateauschuhen ohne Absätze erschienen –, und es fiel ihm schwer, die Möglichkeit zu verarbeiten, dass er im Vergleich zu jemand anderem der schlechtere Spieler sein sollte. *Lower Merion? Dort gibt es keine Kinder aus der Art von Gegend, in der ich aufgewachsen bin,* dachte Hamilton. *Es ist wie eine Privatschule. Er ist immer noch nicht so gut wie ich. Er kann nicht besser spielen als ich.*

„Man hört so viel über ein Kind, das gut ist", sagte Rick Hicks, Assistant Coach in Coatesville, „und man denkt, man hat selbst einen der besten Spieler in der Gegend. Was die Fähigkeiten angeht, denkt man: ‚Jemand ist besser als er? Das muss ich sehen.' Das war Kobes ganzes Auftreten, und ich spreche nicht von einem arroganten Auftreten. Es war: ‚Ich sage euch, dass ich den Ball klauen werde, und ich klaue ihn. Ich sage dir, dass ich das tun werde, und ich tue es.'

Kobes Leistung an diesem Nachmittag verkörperte dieses Ethos. Die Red Raiders spielten gegen ihn eine Box-and-One-Defense und während einer Auszeit sagte Downer zum Rest des Teams: *„Ihr Jungs müsst offene Würfe treffen, damit wir gewinnen.* Stewart, Pangrazio und Jermaine Griffin hörten zu; das Trio kam zusammen auf 43 Punkte, wobei jeder zweistellig punktete, und Lower Merion führte weniger als zehn Sekunden vor Schluss mit zwei Punkten. Hamilton jedoch legte vom rechten Flügel kommend einen ballettartigen Spin-Move hin, duckte sich unter Kobe hindurch und traf fünf Sekunden vor Schluss einen Layup, der das Spiel in die Verlängerung schickte. 75 Sekunden vor dem Ende der Verlängerung foulte er aus und beendete das Spiel mit 21 Punkten, aber Coatesville hatte nach seinem Ausscheiden immer noch einen Vier-Punkte-Vorsprung. In der NBA und auch im College-Basketball ist ein Vier-Punkte-Rückstand in der letzten Spielminute keineswegs uneinholbar. Im Highschool-Basketball jedoch waren die Aces damit so gut wie tot. So gut wie.

Auch 25 Jahre später sah Jim „Scoogie" Smith das Geschehen noch deutlich vor seinem geistigen Auge, es versetzte ihm immer noch einen Schlag. Wie Hicks war auch Smith an diesem Tag Assistant Coach bei Coatesville – im folgenden Jahr wurde er zum Head Coach – und war aufgesprungen, als ein Spieler von Lower Merion einen Rebound einsammelte und Kobe mit einem Outlet-Pass bediente. Kobe flitzte nach rechts in Richtung Seitenlinie und überquerte nach vier Dribblings die Mittellinie. „Das Tolle daran war", sagte Smith, „dass er, sobald er die Mittellinie überquert hatte, nicht das tat, was die meisten Spieler tun. Er feuerte keinen wilden Wurf mit einer Hand ab. Er hat noch anderthalb, höchstens zweimal gedribbelt und dann einen Jump Shot genommen."

Kobe war direkt vor Smith und Hicks und der Bank von Coatesville, acht Meter vom Korb entfernt, als er zum Wurf ansetzte. Hicks dachte: *Der Wurf wird auf keinen Fall reingehen.*

Der Wurf ging rein.

Nun war es ein Ein-Punkt-Spiel. Die Aces foulten, um die Uhr anzuhalten. Ein Spieler der Red Raiders verpasste den Versuch beim One-and-One. Kobe schnappte sich den Rebound und machte sich wieder entlang der rechten Seitenlinie auf den Weg zur anderen Seite. Diesmal wich er nach links aus, umging einen Verteidiger in der Nähe der Freiwurflinie, kam in die Zone und stieg zu einem Jumper aus knapp zwei Metern hoch. Der Ball fiel zwei Sekunden vor dem Ende wie eine Feder durchs Netz. Lower Merion 78, Coatesville 77. Später am Abend ließ Hamilton das Spiel zu Hause noch einmal in seinem Kopf Revue passieren, verglich sich mit Kobe und stellte fest, dass ihm etwas fehlte. *Bro, du bist nicht das, was du dachtest.*

„Das war vielleicht", so Egan, „das beste Basketballspiel, das wir in all den Jahren mit Kobe gespielt haben."

Die Aces duschten, zogen sich um und schleppten ihre Seesäcke mit auf den Court, um ihre Familienmitglieder zu begrüßen, die sich dort versammelt hatten. Monsky hatte das ganze Spiel über nicht gepunktet. Shaya Bryant blickte auf die riesige Anzeigetafel von Coatesville, auf der noch immer die Endstatistiken der Spieler leuchteten. Neben der Nr. 31 von Monsky stand eine 0, neben der Nr. 33 von Kobe eine 32. Shaya nutzte die Gelegenheit, um den Mannschaftskameraden ihres jüngeren Bruders zu ärgern.

„Null Punkte, Ev?", sagte sie. „Du willst mich wohl verarschen."

„Shaya", sagte Monsky. „Sie zählen hier keine Assists."

Trotz Monskys schlagfertiger Erwiderung verletzte der Spruch seinen Stolz ein wenig. Erst wurde Kobe vor ihm zum Kapitän ernannt. Und jetzt machte sich Shaya über ihn lustig? Wie oft musste Monsky daran erinnert werden, dass er nicht auf Augenhöhe mit Kobe war? Der Ärger hielt jedoch nicht lange an. Vor einem anderen Spiel später in diesem Monat, als sich die Mannschaftskapitäne mit den Schiedsrichtern an der Mittellinie unterhielten, stahl sich Kobe davon, huschte zurück zum Huddle und schnappte sich Monsky und Stewart. „Kommt schon", sagte er ihnen. „Wir gehen zum Mittelkreis." Von da an bis zum Ende der Saison gingen Monsky und Stewart vor jedem Spiel mit ihm dorthin.

„Das ist mir immer im Gedächtnis geblieben", sagte Monsky später. „Kapitän einer Highschool-Mannschaft zu sein – wen kümmert das schon? Du schüttelst den anderen Kapitänen die Hand. Es ist nichts Besonderes. Aber für einen 17-jährigen Jungen ist es wichtig und ich habe es wirklich zu schätzen gewusst, dass er sich die Mühe gemacht hat, uns ins Team zu holen. Ich hatte nie die Gelegenheit, ihm das zu sagen."

Ein fulminanter Start – Siege in den ersten fünf Spielen – deutete darauf hin, dass die La Salle Explorers vielleicht wieder auf dem

Weg waren, in Philadelphia und, relativ gesehen, im ganzen Land zu den führenden Mannschaften zu gehören. Stattdessen stolperte das Team vor dem Midwestern Collegiate Conference Tournament 1995 nur zu einer .500-Bilanz (13-13). Die mittelmäßige Saison war ein Mikrokosmos der Umstände und schlechten Entscheidungen, die das Programm plagten. Mit einer gewissen Apathie sahen Studenten und Ehemalige dem Team gegen Gegner aus Illinois und Wisconsin zu, die keine Rivalitäten oder emotionale Verbindungen zu La Salle und den Basketballfans der Ostküste pflegten. Das Civic Center fasste 10.000 Menschen; die Explorers konnten sich glücklich schätzen, wenn sie 2.000 Zuschauer zu einem Spiel anlockten. Eines Abends schaute sich ein Sportjournalist aus Philadelphia die riesige Arena von der Pressetribüne aus an und witzelte: „Wenn man jeden hier auf das Spielfeld stellen würde, würde niemand gegen die Drei-Sekunden-Regel verstoßen."

Auch die Entscheidung von Speedy Morris, Joe Bryant als Assistant Coach einzustellen, brachte nichts. Die Spieler mochten ihn – wer mochte Joe nicht? –, aber seine Aufgaben als Trainer schienen ihm oft weniger wichtig zu sein als das nächste Spiel seines Sohnes. Bei einem Training, als die Explorers an einem Set-Play feilten, trat Joe in die Mitte der Übung und schickte Senior Paul Burke, den Starting Point Guard des Teams, mit einem harten Pick auf den Hallenboden.

„Joe", sagte Morris, „was zum Teufel machst du da?"

Basketball wurde bei den Schülern von Lower Merion und in der umliegenden Gemeinde mit jedem Sieg und jedem spektakulären Kobe-Moment wichtiger. Die Schule begann, sich neu auszurichten, Sport war nicht mir mit dem Stigma der Arroganz behaftet, und Kobe stand im Mittelpunkt dieser Veränderung. Dan Gross, ein Klassenkamerad von Kobe und späterer Kolumnist der *Philadelphia Daily News*, hatte es mehr mit Punkmusik, weniger mit Sport und den Sportteams der Schule. Lieber ging er an den Wochenenden mit seinen Freunden zu Konzerten, zum Beispiel ins Trocadero, einem historischen Theater in Philadelphia-Chinatown. „Aber das hier hatte etwas", erinnert er sich. „Es war aufregend, dass es jemand an der eigenen Schule gab, der so herausragend war. Zu erleben, auf welchem Niveau Kobe spielte und wie er jeden anderen in der Highschool vernichtete, das zog erstmals unsere Aufmerksamkeit an." Eine der ersten Aufgaben von Maher als Schulleiter war die Abschaffung des Freshman Day und der damit verbundenen Schikanen. Dabei half es, dass der Head Coach des Basketballprogramms der Jungen, das sich zur beliebtesten Sportmannschaft auf dem Campus entwickelte, Schikanen von vornherein untersagt hatte und dass der beste Spieler, der zugleich als äußerst respektvoll gegenüber Lehrern und Schülern galt, nie daran teilgenommen hatte. „Der Sport war in Lower Merion etwas ins Abseits geraten, aus welchen Gründen auch immer", sagte Maher, „und ich glaube, das hat ihn wieder in Ordnung gebracht. Es war wieder in Ordnung, sich für Sport zu interessieren. Man musste nicht auf eine Privatschule gehen, um zu spielen. Man konnte das jetzt wieder in Lower Merion tun." Als der jährliche Drei-gegen-Drei-Wettbewerb „Hoop It Up" näher rückte, den die Teams um Kobe drei Jahre in Folge gewonnen hatten, traf Maher ihn eines Morgens vor dem Rektorat und fragte ihn, ob er an dem Wettbewerb teilnehmen würde. „Ich weiß es nicht", sagte Kobe. Maher schlug vor, dass Kobe, anstatt das Turnier erneut zu dominieren und die anderen Schüler über das unvermeidliche Ergebnis frustriert zurückzulassen, diesmal als Schiedsrichter fungieren sollte. Er stimmte zu. „Er hatte verstanden, wer er ist", sagte Maher.

Wenn es um Basketball ging, gab es daran kaum Zweifel. Sterling Carroll, der Kapitän des Leichtathletikteams, versuchte einmal, Kobe für die Leichtathletik zu gewinnen. „Du könntest Hochsprung ausprobieren", sagte er. Aber Kobe wollte nicht anbeißen. „Er war einer der fokussiertesten Menschen, die ich je gesehen habe", sagte Carroll, „aber er konzentrierte sich ausschließlich auf Basketball." Eines Nachmittags kam Jimmy Black, Assistant Coach bei Notre Dame, zu einem Training, um Kobe zu scouten. Als er Kobe an diesem Abend nach Hause fuhr, fragte Egan ihn, ob er wisse, wer Black sei. „Ja, Assistant Coach in Notre Dame", sagte Kobe, der auf dem Beifahrersitz hockte. *Er ist noch mehr als das,* wie Egan betonte. Black war der Starting

Point Guard in North Carolinas Meisterschaftsmannschaft von 1982 gewesen … im Team von Michael Jordan. Plötzlich schnellte Kobe voller Aufregung hoch. „Er hat mit Mike gespielt?“, fragte er. „Oh, mein Gott! Wo ist er jetzt? Können wir mit ihm reden?“ Die Aussicht, für die renommierteste katholische Universität des Landes Basketball zu spielen und dort einen Abschluss zu machen, war für ihn unerheblich. Was für Kobe zählte, war die Vertrautheit und Nähe von Black zu Jordan. „Er war nicht wirklich an Notre Dame interessiert“, sagte Egan, „und auch nicht an Jimmy Black, wenn wir ehrlich sind.“

Was sein sonstiges Leben betraf – seine Identität, seinen Intellekt, sein soziales Leben –, so war Kobe immer noch am Lernen, immer noch am Ausprobieren. Nur unter bestimmten Umständen und in bestimmten Situationen, mit bestimmten Menschen, ließ er seine Rüstung fallen und öffnete sich; seine Freunde und seine Familie glaubten, dass er sich von anderen Teenagern unterschied, weil er Zeit brauchte, um sich in die amerikanische Kultur einzufügen. „Als er aus Italien kam“, sagte seine Klassenkameradin und Freundin Susan Freeland, „konnten wir unhöflich sein, schnell reden und uns gegenseitig unterbrechen. Ich meine, wir kommen aus Philadelphia. Er war noch dabei, Englisch zu lernen. Er war ruhiger. Er wirkte auf uns nachdenklich.“ Es wäre nicht richtig zu sagen, dass Kobe ausschließlich an seine Zukunft im Basketball dachte, dass seine Basketball-Besessenheit jede Faser seiner Existenz einnahm. Es ist besser und genauer, Größe im Sport als sein Ziel zu betrachten, dem er sich mit allen ihm zur Verfügung stehenden Mitteln und Fähigkeiten widmete. Nachhilfe in Geometrie zu bekommen, war keine lästige Pflicht, sondern eine Herausforderung. Egan fragte ihn, wie es so lief. „Gut, wirklich gut“, sagte Kobe ihm. „Dieser Scheiß macht *Spaß*.“ Ein Ergebnis von 1.080 bei den SATs war für ihn kein Maßstab, der ihm in Verbindung mit seinen sportlichen Fähigkeiten zu Duke, Notre Dame oder einer anderen Universität der Ivy League bringen würde. Es war vielmehr ein Hinweis darauf, wer er war und was er noch erreichen könnte. Er konnte auf jedes College gehen, und er würde sich dort gut entwickeln. Aber er *musste* nicht gehen.

„Wie man so sagt: Zu viel von einer Sache kann schlecht sein. Das ist doch richtig, oder?“, sagte sein Cousin John Cox. „Nicht für ihn, denn man wusste, dass das seine Leidenschaft war. Er hat seine Leidenschaft früh gefunden, aber er war trotzdem vielseitig genug. Er las. Er war ein großer Leser. Er las alles. Er konzentrierte sich mehr auf Leute, die ihr Handwerk beherrschten, um zu sehen, was sie taten und wie sie vorankamen. Hier und da schnappte er etwas auf. Er tat es immer noch für den Basketball, aber das war nicht alles. Er las, um sich besser artikulieren zu können, um sich weiterzubilden. Er ging nicht auf Partys und verbrachte Zeit mit seiner Familie. Dadurch wirkte er so bodenständig. Wir kamen nicht auf den Gedanken, er würde dem zu viel Raum Basketball geben, der Sport wirkte nicht wie eine Ersatzbefriedigung. Er wirkte ausgeglichen.“

Wenn er konnte, kam er zu den Sitzungen von Student Voice und fragte Katrina Christmas, die Moderatorin der Organisation, welche Themen auf der Tagesordnung standen. Wenn er teilnahm, setzte er sich an einen Tisch und streckte seine langen Beine aus, meldete sich zu Wort, um zur Diskussion beizutragen und Vorschläge zu machen, scherzte und lachte. Christmas wusste es zu schätzen, dass er sich trotz seiner Hingabe zum Basketball Mühe gab. Deirdre Bobb, ein Jahr jünger als Kobe und Mitglied von Student Voice, bemerkte, dass immer mindestens ein Mädchen Kobe in die Sitzung oder von Klasse zu Klasse folgte. Kobe gefiel die Aufmerksamkeit wohl, aber er maß ihr keine Bedeutung über Gebühr bei; Bobb mochte das an ihm. Christmas bemerkte noch etwas anderes: Mehrere schwarze männliche Schüler, einige in West Philly geboren, einige in Ardmore aufgewachsen, mochten Kobe nicht. Sie zweifelten an seiner ethnischen Glaubwürdigkeit und stellten sie in Frage. Diesem Vorwurf konnte er weder auf dem Basketballplatz noch in den Hallen seiner Highschool entkommen.

„Neid – sie waren eifersüchtig“, sagte Christmas. „Sie sagten: ‚Er weiß nicht, wie man Ball spielt, weil er noch nie auf der Straße Ball gespielt hat.‘ Sie unterschieden zwischen seinem Basketball und ihrem Streetball. ‚Du bist ein anderer, wenn du auf der Straße Ball spielst. Man wird geschubst. Man wird niedergeschlagen. Man blutet.‘ Sie sagten, er sei niedlich. Ich verstand, was sie meinten, aber sie verkannten ihn. Das gehört dazu, wenn man schwarz ist und sich in einem anderen Kreis bewegt. Man hat immer das Gefühl, dass man sich beweisen muss. Ich bin sicher, dass es ihn an manchen Tagen traurig gemacht hat. Nach einer Weile geht einem das auf die Nerven. Es geht einem nahe, wenn die Leute einen nach dem Äußeren beurteilen und nicht nach dem, was in einem steckt. Deswegen tust du alles, um ihnen zu zeigen: ‚Hey, Mann, ich bin ein Mensch wie du.'"

Kobe war jemand, der sich nicht einordnen ließ, der das aber auch genoss, der bereitwillig mit jedem in Verbindung trat, egal welche Interessen oder Eigenschaften sie gemeinsam hatten, solange es um die Sache ging, die er am meisten liebte. Im Februar 1995 gab der Chor von Student Voice anlässlich des Black History Month ein Konzert, mit Stücken von Aretha Franklin, Lena Horne und Cab Calloway. Nachdem er Bobb singen gehört hatte, unterbreitete Kobe ihr einen Vorschlag: Würde sie vor einem Spiel die Nationalhymne singen? Bobb zögerte zunächst, aber nachdem sie es einmal getan hatte, bestand Kobe darauf, dass sie die Hymne vor jedem Spiel von Lower Merion singen sollte. Er würde den Hallenboden nicht betreten, ohne zuvor ihre Stimme gehört zu haben. „Also ergab es sich", sagte Bobb, „dass ich bei jedem Spiel dabei war, sogar bei Auswärtsspielen. Er ging zu den Spielleitern und sagte: ‚Hört mal: Ich habe ein Mädchen im Publikum, und ihre Stimme ist phänomenal. Ich möchte, dass sie singt und das Spiel eröffnet, bevor die Mannschaft herauskommt.' Ich fühlte mich sehr geehrt." Jedes Mal während der Hymne hielt Bobb die Augen geschlossen, bis sie sie bei den letzten Zeilen wieder öffnete. Immer schaute sie zur Basketballmannschaft und zu Kobe, der den Kopf gesenkt hatte und die Augen ebenfalls geschlossen hielt. Immer, wenn sie fertig war, „öffnete er seine Augen", sagte sie, „und schenkte mir ein breites Lächeln und zeigte mir zwei Daumen nach oben". *In Ordnung, Deirdre. Ich bin so weit.*

Der Sieg in Coatesville war der zwölfte Aces-Sieg in Folge, und diese Serie sollte sich noch neun weitere Spiele fortsetzen, was das Programm auf ein ungeahntes Niveau hob. Chester dominierte immer noch den gesamten District; die Clippers hatten zwar fünf Spiele verloren, ihr Spielplan war allerdings so stark, dass sich niemand, am allerwenigsten Kobe und Downer, Illusionen darüber machte, wie gut sie wirklich waren. Aber natürlich ließ die Siegesserie das Selbstvertrauen der Mannschaft wachsen. Griffin erzielte 25 und 24 Punkte in zwei aufeinanderfolgenden Spielen, ein Elf-Punkte-Sieg gegen Glen Mills und ein Zwölf-Punkte-Sieg gegen Haverford, bei dem der angeschlagene Kobe einen Großteil des Spiels Schleimklumpen in eine Papiertüte spuckte und auf der Bank so sehr zitterte, dass Pam einen roten Schal um ihn legte. Trotzdem erzielte er 36 Punkte. Gegen Marple Newtown traf Pangrazio im vierten Viertel acht Freiwürfe in Folge zum Sieg. Beim 76:70-Sieg über Ridley, der Lower Merion die erste League Championship seit mehr als zehn Jahren bescherte, erzielte Kobe mit 42 Punkten seinen nächsten Karrierebestwert. „Wir hatten das Gefühl, dass dies unser Jahr war", sagte er. Dave Rosenberg, dessen Eltern nicht aus der Gegend stammten, kannte sich mit dem Highschool-Basketball in Philadelphia und den Rivalitäten in der Region kaum aus. Er wunderte sich, als er sah, wie Downer, Egan und die anderen Trainer der Aces auf den Sieg in Ridley reagierten, als hätten sie gerade den Super Bowl gewonnen, und er war nicht der einzige Spieler, dem es so ging.

„Ridley war in unserer Liga", sagte Rosenberg, „und Kobe sagte: ‚Ridley ist nicht das Team, das du schlagen willst.'"

Das letzte reguläre Saisonspiel von Lower Merion gegen St. Anthony in Jersey City war nicht gerade ein typisches Aufwärmspiel für die Postseason. Die Friars, die immer zu den zehn besten Highschool-Teams der Nation gehörten, standen bei 19-2, und auch wenn Downer gehofft hatte, dass das Spiel gegen die Friars auf ihrem Court und zu ihren Bedingungen ein guter Gradmesser für sein Team sein würde, stellte es die Aces mehr auf die Probe als er gedacht. Stewart spielte nicht – er hatte Grippe – und im zweiten Viertel prallte Monsky bei einem Fastbreak-Layup mit einem Spieler von St. Anthony zusammen, verletzte sich am Handgelenk und verpasste den Rest des Spiels.

Hurley hatte Kobe noch nie persönlich spielen sehen; obwohl er eine ganze Reihe von Freunden und Informanten im Basketball hatte, verfügte er nur über einen einzigen Scouting-Report über ihn. „Wir hatten nicht viele Informationen", sagte Hurley, „außer, dass er ein großartiger Einzelspieler war." Hurleys Teams spielten Mann-gegen-Mann-Verteidigung; um seine Spieler zu motivieren und ihnen die Aufgabe, Kobe in Schach zu halten, greifbarer zu machen, ermahnte er sie im Huddle: „Im Laufe der Jahre sind viele bessere Spieler als dieser Kerl in diese Halle gekommen." Die Friars hielten Kobe bei ihrem 83:67-Sieg dann auch bei 22 Punkten und gerieten nie in Rückstand, und für Lower Merion war diese Niederlage aufgrund der Verletzung Monskys allzu teuer erkauft. Und nur zwei Tage später begannen die District Playoffs. Die Aces wurden mit ihrer 21:3-Bilanz an Position 2 von 32 Teams gesetzt, nur Chester war vor ihnen. Aber sie konnten nicht in voller Stärke antreten, und der Druck auf Kobe würde umso größer sein.

Ich beschloss,
meine Freizeit – abends,
an den Wochenenden –
damit zu verbringen,
in die Halle zu gehen und
Basketball zu spielen. Allein.

KOBE BRYANT

11 | Die Grube

Für die Philadelphia 76ers gab es in der Saison 1994/95 keine angenehmen Auswärtsreisen. Als Coach und General Manager John Lucas Ende Februar von drei Spielen in fünf Tagen an der Westküste zurückkam, nahm er die Bilanz von 24:58 mit Galgenhumor. Sein Team wurde Sechster von sieben Teams in der Atlantic Division. 19 Spieler waren zum Einsatz gekommen. Shawn Bradley, ein Center, den das Team im 1993er-Draft an zweiter Stelle gepickt hatte, kämpfte so sehr damit, an Masse zuzulegen, dass die Physios ihm Käsekuchen zu den Shootarounds und zum Training mitbrachten. Er stopfte sich damit voll, bis er sich übergeben musste.

Mit seinem Temperament, seiner Philosophie und seiner persönlichen Geschichte hätte Lucas der perfekte Coach für eine solche Mannschaft sein können. Als ehemaliger Drogen- und Alkoholabhängiger, dessen Dämonen seine 14-jährige NBA-Spielerkarriere fast zerstört hätten, glaubte er fest daran, dass jeder Mensch Erlösung finden konnte, egal wie schwerwiegend seine Probleme waren. *Du lernst Demut*, sagte er, *wenn du auf der Toilette ohnmächtig wirst und deine Kinder morgens über dich steigen müssen.* Er war gewillt, Dinge in Menschen und in Basketballspielern zu sehen, die andere vielleicht nicht sahen – eine bewundernswerte Eigenschaft, auch wenn sie ihn nicht unbedingt zu einem guten Coach machte. Die Sixers hatten auf der Reise alle drei Spiele verloren, das letzte mit 30 Punkten Abstand in Denver gegen die Nuggets. Die Niederlagen forderten ihren Tribut von Lucas, dennoch gab es Hoffnungsschimmer in dieser Situation. Der Umzug in die Gegend von Philadelphia ermöglichte es ihm, die Freundschaft mit Mo Howard zu vertiefen, seinem Backcourt-Partner von der University of Maryland, und er und seine Familie hatten sich in einer schönen Gegend westlich der Stadt niedergelassen.

Er und Debbie kannten und liebten sich seit ihren Teenagertagen in Durham, North Carolina. Sie hatte in ihm immer den besten aller Highschool-Basketballspieler gesehen. Doch als Lucas jetzt nach Hause kam, musste er feststellen, dass ihn jemand in der Basketball-Hierarchie verdrängt hatte.

„Ich habe einen besseren Highschool-Basketballspieler gesehen als dich“, sagte Debbie.

Er konnte sich denken, von wem sie sprach: Debbies und Lucas Tochter Tarvia war Schülerin in Lower Merion.

Trotz ihrer mangelnden Erfahrung in der Postseason und trotz Monskys gebrochenem Handgelenk kamen die Aces glatt durch die ersten beiden Runden des District Tournament und gewannen im Viertelfinale gegen Norristown mit 75:70 (Kobe erzielte 35 Punkte – keinen im ersten Viertel, sechs im zweiten, elf im dritten und 18 im vierten; außerdem gelangen ihm zwölf Rebounds und acht Blocks.) Der Sieg sicherte ihnen einen Platz in den State Playoffs.

Trotz aller Ansprachen von Downer an die Mannschaft, die im Halbfinale im heiligen Palestra spielen würde, hatten die Spieler keine Ahnung, was ein District Tournament ist. Sie wussten nur Folgendes: *Wenn wir gewinnen, haben wir morgen Training. Jemand soll Donuts mitbringen … Oh, bei diesem Spiel gibt es nur Stehplätze? Cool. Wo ist das nächste Spiel? Im Palestra? Wahnsinn.* Alles war neu und aufregend. Die Kobe-Erfahrung erweiterte die Vorstellung aller davon, was Lower Merion Basketball war, wie das Team spielen konnte und sollte und was es erreichen konnte. Downer spürte es auf einer Mikroebene, in den Spielzügen, die er im Huddle anordnete.

Einen Alley-Oop beispielsweise. Der Alley-Oop erfordert ein hohes Maß an Timing und Präzision, und Downer war sich nicht sicher, ob einer seiner Spieler einen Ball in der Nähe des Rings fangen und dann dunken konnte. „Ein schlechter Alley-Oop-Pass kann ein Play zerstören“, sagte er. Aber Kobe genügte ein solider Back-Screen für seinen Gegenspieler und ein Pass, der irgendwo in die Nähe des

Rings kam, damit ein Alley-Oop funktionierte. Kobe würde sich freilaufen, den Ball fangen, sogar mit einer Hand, und ihn dann reinhämmern. „Ich weiß noch, wie ich eines Tages im Auto saß und dachte: ‚Für diesen Jungen gibt es keinen schlechten Alley-Oop-Pass'", sagte Downer. „Einmal fing er einen hinter seinem Kopf und dunkte trotzdem. Da wurde mir klar: ‚Das ist wie bei Grant Hill oder Penny Hardaway.'" Und wenn du Grant Hill oder Penny Hardaway in deinem Team hast … wenn du Michael Jordan in deiner Halle hast … was ist dann unmöglich?

Die Kehrseite dieser Medaille war: Was aber, wenn Kobe nicht da wäre? Gegen Coatesville bekam er eine Antwort auf diese Frage.

Am Abend vor dem Spiel rief ein Reporter des *Philadelphia Inquirer* bei William Duffy an, dem stellvertretenden Direktor der Roman Catholic High School. Es gab Gerüchte, dass Kobe Bryant für sein Senior-Jahr an die Roman Catholic High School wechseln würde, und ja, Duffy hatte sie auch gehört, aber Transferformulare aller Schüler liefen über seinen Schreibtisch, und die Bryants hatten ihn bisher nicht kontaktiert. „So wie ich die Situation sehe", sagte Duffy dem Reporter, „stimmt das nicht."

Die Gerüchte beunruhigten Downer jedoch. Die Tatsache, dass Donnie Carr, Kobes Freund und Konkurrent aus der Sonny Hill League, an die Roman Catholic High School ging, verlieh den Gerüchten einige Glaubwürdigkeit. Downer hatten Gerüchte über mögliche Wechsel von Kobe schon seit dessen Zeit als Achtklässler beschäftigt. Nicht lange nach der Rückkehr der Bryants aus Italien hatte Joe Bryant beispielsweise Jim Fenerty kontaktiert, den Trainer der Germantown Academy, einer angesehenen Prep School in Montgomery County, um dessen Interesse an Kobe auszuloten. „Ich dachte, Kobe würde mich sofort zu einem guten Coach machen", sagte Fenerty. Kobe nahm an der Aufnahmeprüfung der Schule teil und qualifizierte sich, aber da die GA keine Sportstipendien vergab, entschied sich Joe dann doch lieber für Lower Merion. „Es war hilfreich, dass seine Schwestern die Highschool schon seit Längerem besuchten", erinnert sich Downer. „Heute säße er schon in einem Flugzeug zur IMG Sports Academy in

Florida." Was er damals jedoch nicht wusste: Er hatte Kobe bei ihrer ersten Begegnung für immer für sich gewonnen. „Ich wusste schon in der achten Klasse, dass Lower Merion der richtige Ort für mich ist", sagte Kobe einmal. „Ich kannte Coach Downer nicht wirklich gut, aber allein die Tatsache, dass er mich mit seinem Team trainieren ließ und mir erlaubte, nach dem Training zu bleiben und an meinem Spiel zu arbeiten ... Da wusste ich, es gibt keinen besseren Ort."

Es war ein anderes Gespräch in der Nacht vor dem Tip-Off, das einen weitaus größeren Einfluss auf Kobes Zukunft haben sollte. Als er aus der Winterkälte vor den Türen des Palestra auf den Gang trat und sich durch die Menschenmenge drängelte, stieß Joe mit John Lucas und dessen Familie zusammen. Debbie hatte Karten für das Spiel gekauft.

„Was machst du denn hier?", fragte Lucas Joe.

„Mein Sohn spielt für Lower Merion. Was machst du hier?"

„Meine Frau will, dass ich einen Jungen namens Kobe sehe."

„Das ist mein Sohn", sagte Joe.

Ein Highschool-Basketballspiel dauert 32 Minuten. Lucas sah Kobe gegen Coatesville für genau 27 Minuten und 22 Sekunden. Er sah, wie Kobe in dieser Zeit 26 Punkte erzielte. Er sah, wie er im dritten Viertel zehn Punkte erzielte und damit eine Zehn-Punkte-Führung der Red Raiders egalisierte. Er sah, wie Kobe ein paar saubere Pässe von Monsky in elektrisierende Dunks verwandelte. Und vier Minuten und 38 Sekunden vor Ende der regulären Spielzeit, als die Aces mit einem Punkt zurücklagen, sah er, wie Kobe ausfoulte.

Alley-Oops waren für Downer keine Option mehr. „Wir müssen Defense spielen", sagte ein verzweifelter Kobe im Huddle, während die beiden Senior-Kapitäne Stewart und Monsky ihre Mannschaftskameraden ermahnten, die Chance zu nutzen. Jeden Morgen lasen sie in der Zeitung Kobes Namen im Boxscore, Kobes Namen überall im Spielbericht, Zitate von Kobe, Zitate über Kobe. Waren sie also ein Ein-Mann-Team ... oder nicht? „Wir müssen ohne ihn gewinnen", sagte Stewart. „Das ist unser Moment – zu zeigen, dass wir mehr sind als nur er."

In den nächsten zweieinhalb Minuten ließen sie Coatesville nicht mehr punkten, bauten einen Fünf-Punkte-Vorsprung auf und ließen die Red Raiders nicht mehr herankommen. Nach dem 72:65-Sieg hob Kobe die Arme zu einem V und Griffin, der sich während des Spiels den linken Knöchel verstaucht hatte, eilte herbei, um seine Arme um ihn zu legen. Rip Hamilton, der zur Halbzeit 15 Punkte erzielt hatte, kam in der zweiten Hälfte nur noch auf sieben; Egans Pressure Defense funktionierte auch ohne Kobe, der im Post absicherte. Nach dem Spiel lobte Downer das Durchhaltevermögen der Aces: „Viele Teams wären am Boden zerstört, wenn ein Spieler dieses Kalibers ausfoult", sagte er. Joe räumte mit den Spekulationen über einen Kobe-Wechsel auf: „Er hat in Lower Merion noch viel vor", sagte er. Zum Beispiel in 48 Stunden eine District Championship gewinnen. An einem Freitagabend im DuPont Pavilion von Villanova. Gegen Chester.

John Lucas befand sich derweil auf dem Heimweg vom Palestra. Er konnte sich das Spiel um die District Championship nicht persönlich ansehen. Die Sixers sollten an diesem Abend in East Rutherford gegen die New Jersey Nets spielen. Er hatte aber genug gesehen.

Im Zentrum der William-Penn-Projects in der Stadt Chester befand sich ein Basketballplatz. Der Asphaltplatz war wie eine Grube in den Boden abgesenkt. Er wurde bereits morgens frequentiert, und es hörte erst auf, wenn sich der Vorhang der Nacht über den Platz gelegt hatte. Die Spieler wählten ihre Teams und legten los. Die Älteren erzählten Geschichten über das sportliche Vermächtnis der Stadt, dass niemand sich das Privileg verdiene, das orange-schwarze Trikot der Chester Clippers zu tragen, diese Highschool und diese Stadt zu repräsentieren, indem er soften Basketball spiele. In der Grube lernten die Kinder, dass der Sport für ihr Überleben und ihr Gedeihen genauso wichtig sein konnte wie ihr schlagendes Herz. In der Grube verstummten zumindest für einige Zeit das unheimliche Knallen der Schüsse und das unheilvolle Heulen von Polizeisirenen, die schrecklichen Geräusche, die zu ihrem Leben gehörten. In der Grube gab es nichts zu befürchten. In Chester war die Grube der Ort, zu dem man ging, um herauszuklettern.

Von einer florierenden Stadt am Delaware River Mitte der 1950er-Jahre mit einer vielfältigen Bevölkerung von ungefähr 70.000 Einwohnern, einer pulsierenden Hauptstraße und florierenden Fabriken, in denen Schiffe, Züge und Maschinen gebaut wurden, war Chester zu einem Paradebeispiel für postindustriellen Niedergang verkommen. Durch Korruption, Flucht der weißen Bevölkerung in Suburbs, Redlining, ethnische Aufstände und Blockbusting war Chester ein Mahnmal geworden. Die Bevölkerung sank auf weniger als 40.000 Menschen, von denen 80 Prozent Schwarze waren. Es war die ärmste Stadt in Pennsylvania und die zweitgefährlichste Stadt in ganz Amerika. Ihre Sozialbausiedlungen, so schrieb der Autor Christopher Mele, waren „Open-Air-Drogenmärkte", in den 1980er-Jahren wurden die William-Penn-Häuser „zu einer zentralen Anlaufstelle für den Vertrieb, Verkauf und offenen Konsum von Kokain und Heroin". Chester war mit anderen Worten das Gegenteil von Lower Merion.

Was die Menschen zusammenhielt, war der Basketball, insbesondere die Mannschaft der Highschool. Die Coaches waren für die Spieler Vaterfiguren und die Spieler, die in der Stadt aufwuchsen und dortblieben, gaben die Tradition des Programms weiter, so auch das Team der Saison 1994/95; die Ergebnisse der Clippers im District Tournament: 90:44, 70:43, 74:38, 71:49. Chester attackierte seine Gegner auf vielfältige Weise, spielte mit acht, neun, zehn Spielern, presste, spielte Traps, erzwang halbherzige Pässe und unentschlossene Dribblings und generierte Layups und Dunks. Backup Point Guard John Linehan, einer von mehreren Clippers, die in den William Penn Projects wohnten, war ein 1,75 Meter großer Ball aus Muskeln, Schnelligkeit und Unnachgiebigkeit, so schnell, dass er allein eine Ganzfeldpresse durchführen konnte, indem er von einer Seite des Courts zur anderen huschte und die gegnerischen Guards verfolgte, während sie sich gegenseitig Pässe zuspielten. Jahre später beschrieb Kobe ihn als den besten Verteidiger, dem er je gegenübergestanden hatte – dabei startete Linehan gar nicht, da er ein Junior war. „Wir hatten wahrscheinlich zwei oder zweieinhalb Starting Fives. Jeder unserer Spieler hätte in jedem anderen Team starten können", sagte Linehan.

Die 8 der Lakers – Kobe trug die Nummer bereits in seiner Zeit in Italien: »Als ich mit der 8 zum ersten Mal reinkam, war es so etwas wie Flagge zeigen. Ich muss beweisen, dass ich hier in diese Liga gehöre. Ich muss beweisen, dass ich einer der Besten in dieser Liga bin.«

Kobe und sein Vater Joe »Jellybean« Bryant. Joe spielte selbst acht Jahre lang in der NBA, bevor er nach Italien ging. Für den Werdegang von Kobe war er prägend – von seinem Vater lernte er die Fundamentals. Die Beziehung zu seinen Eltern erhielt einen Knacks, als Kobe heiratete und der Kontakt zu ihnen danach für lange Zeit fast vollständig abbrach.

Auch die Beziehung zu seinen Geschwistern war kompliziert. Auf seine Schwester Shaya, eine erfolgreiche Volleyballerin, war er unheimlich stolz, aber sein finanzieller Erfolg trug später zu Spannungen zwischen ihnen bei.

Eines der letzten Fotos von Kobe und seiner Tochter Gianna, aufgenommen beim Spiel der Lakers gegen die Dallas Mavericks am 29. Dezember 2019. Kurz danach, am 26. Januar 2020, verunglücken die beiden zusammen mit sieben weiteren Personen beim Absturz seines Hubschraubers in Calabasas, Kalifornien. Kobe wurde 41, Gianna 13.

⌃ Kobes Witwe Vanessa mit den Töchtern Natalia, Bianka und Capri (von links nach rechts). Sie nehmen an der Hand- und Fußabdruckzeremonie für Kobe Bryant teil (TCL Chinese Theatre, Los Angeles, 15. März 2023).

« Kobe trug Vanessa nicht nur im Herzen.

Von der Highschool direkt in die NBA: 1996, er ist gerade mal 17, wird Kobe nach seinem Abschluss an der Lower Merion High School in Philadelphia von den Charlotte Hornets gedraftet und anschließend zu den Lakers transferiert.

Der Rookie der LA Lakers in seinem Haus in Pacific Palisades – Kobe hatte es für sich und seine Eltern gekauft.

»Ich bin jung, aber ich werde vor niemandem zurückschrecken.«

« Beim NBA-Slam-Dunk-Contest 1997 in Cleveland ist Kobe der jüngste Spieler …

» … und gewinnt den Wettbewerb.

Kobe im Spiel gegen die Denver Nuggets in der McNichols Sports Arena 1997. Was hatte John Outlaw, zuständig für das Collegescouting bei den Nuggets, über den jungen Kobe gesagt? »Ich glaube nicht, dass er schon so weit ist.«

Gipfeltreffen am 19. Dezember 1997 im United Center in Chicago: »Eines Tages möchte ich mit ihm reden, und hoffentlich kann er mir ein paar Ratschläge geben … damit ich alle seine Rekorde brechen kann.« (Kobe Bryant über Michael Jordan 1996)

Am 1. Februar 1998 spielen die Lakers erneut gegen die Bulls und Kobe gegen Jordan: Er und die Lakers schlagen den Champion aus Chicago sensationell hoch mit 112:87.

Die Besten der Besten: Im All-Star-Game am 8. Februar 1998, ausgetragen im Madison Square Garden von New York, zieht Kobe zum Korb. Er ist mit 18 Punkten erfolgreichster Werfer der Western Conference.

Mit Teamkollege Shaquille O'Neal, 1999: »Shaq ist wie mein großer Bruder. Wir waren vom ersten Tag an eng befreundet.«

24
LEGENDS NEVER

⮝ Ein 38 × 10 m großes Wandgemälde von Odeith und Nikkolas Smith zeigt in der Mitte eine Nahaufnahme von Kobe Bryants Gesicht.

« In der Saison 2006 wechselte Kobe die Trikotnummer. Beide Nummern, die 8 und die 24, werden nach seinem tragischen Tod von den Lakers nicht wieder vergeben. (Wandbild von Jonas Never, 2020)

Road closed, Rest in peace ...

Er hatte zu jenen Sonny-Hill-League-Teams gehört, die Kobe wie ein Stahlbad für sein Spiel genutzt hatte, die ihn in Verlegenheit gebracht und überwältigt und ihn so inspiriert hatten, mehr zu trainieren. Angesichts seiner Fortschritte hatte er sich Linehans Respekt verdient, aber nicht so sehr, dass Linehan und die Clippers ihn fürchteten. In Erwartung des Spiels gegen Lower Merion bestellte Coach Alonzo Lewis Zain Shaw ein, einen ehemaligen Chester-Spieler und 2,01 Meter großen Swingman, der nun an der West Virginia University spielte, um beim Training Kobe zu geben, um dessen Bewegungen und seinen Spielstil zu simulieren. *Ja, Kobe ist großartig, vielleicht der beste Spieler auf dem Court. Na und? Wir werden sie trotzdem wegpusten. Wir sind Chester.* Shaws Teilnahme am Training war ein Beweis für die Tiefe des Chester-Programms und für die Loyalität derjenigen, die Teil davon gewesen waren. Außerdem vertrauten die Clippers darauf, dass sie einen psychologischen Vorteil gegenüber jedem hatten, erst recht den verwöhnten und verweichlichten Kids, die Kobe umgaben.

„Wir konnten das Spiel gewinnen, bevor wir überhaupt angefangen hatten", sagte Linehan. „Unsere Fans sind dabei – ich spreche von der ganzen Stadt, die mit uns reist, wohin wir auch gehen. Wenn ich irgendwo hingehe und sage, dass ich aus Chester komme, schauen mich die Leute an, als wäre ich verrückt. Wir können uns über die ethnischen Implikationen unterhalten, aber das ist einfach die Realität. Die Medien verbreiten dieses Bild der ‚Schwarzen Kindern aus Chester', und sofort haben weiße Vorstadtkinder Angst. Wenn man noch unseren harten Basketball dazunimmt, dann verstärkt das diese Angst."

Kobe hatte nicht nur in den Summer Leagues gegen mehrere Chester-Spieler gespielt, auch Downers Interaktionen mit einigen von ihnen bei den Keystone Games waren ihm noch frisch in Erinnerung. Als sich der Tip-Off im vollbesetzten DuPont Pavilion näherte, war Kobe siegesgewiss wie eh und je, während sich der Magen seines Coaches wie eine Schlinge anfühlte. Kobe hatte vor nichts Angst, das wusste Downer, aber der durchschnittliche Chester-Junge hatte das auch nicht. In der Umkleidekabine hörten Kobe und das Team die Sprechchöre „LET'S GO, ACES!" und das Stampfen und Singen von Chesters

Step-Team und spürten das Beben, das leichte Zittern der Wände. Ja, Monskys Handgelenk war immer noch gebrochen, und ja, Griffin ging auf Krücken und konnte nicht spielen, und ja, das war Chester. Aber … vielleicht konnten sie es schaffen. Downer schaute sich in der Arena um. *Mann*, dachte er, *das ist großartig*. Bei der Spielervorstellung vor dem Spiel kam einer nach dem anderen aus der Starting Five der Clippers auf ihn zu, um ihm die Hand zu schütteln, und jeder von ihnen sagte dasselbe zu ihm: *Coach, sorry für das, was wir jetzt tun werden.* Sie mochten ihn und sie respektierten Kobe, das würde sie jedoch ganz sicher nicht davon abbringen, sie zu Staub zu zermahlen.

Und das taten sie. Die Teams tauschten während der gesamten ersten Halbzeit Körbe aus, Kobe erzielte 14 Punkte, und die Aces hatten Mühe, mit dem rasanten Tempo der Clippers über den gesamten Court Schritt zu halten. Im ersten Viertel stürmte Ray Carroll, ein Forward mit einem vollen Basketball-Stipendium für Fordham, auf den Korb zu, und Monsky stellte sich in seinen Weg, um ein Offensivfoul anzunehmen. Carroll stieg hoch und krachte mit Monsky zusammen, sodass dieser umkippte und Carrolls Fuß mit seinem ganzen Gewicht auf Monskys Gesicht landete. Sein Handgelenk war schon bandagiert, nun war eines seiner Augen schwarz-lila, aber Monsky blieb bis zum dritten Viertel im Spiel, als er und Stewart ausfoulten. Nach einem 12:2-Lauf von Chester stand Downer auf, riss sich die Jacke vom Leib und warf sie auf die Tribüne. Sie landete auf dem Schoß seines besten Freundes. Das Spiel geriet aus den Fugen. Als der Chester-Vorsprung zu Beginn des vierten Viertels auf 18 Punkte anwuchs, nahm Downer Kobe und den Rest der verfügbaren Starter vom Feld und schickte eine reine Ersatzmannschaft auf den Court, die Jungs, die erst dann spielten, wenn der Ausgang des Spiels außer Zweifel stand. Dann wandte er sich an Egan, der auf der Bank saß.

„Was machen wir?", fragte er.

„Ich weiß es nicht", sagte Egan.

Das Endergebnis von 77:50 war nicht überraschend; es spiegelte den Unterschied zwischen den beiden Programmen wider. Lower Merion leistete sich satte 29 Turnover. Linehan allein hatte sechs Steals. „Wir waren verletzt, und wir waren nicht bereit", sagte Monsky.

„Es war ein Umfeld, in dem wir noch nie gespielt hatten." Selbst Kobe konnte die Waage nur bedingt ins Gleichgewicht bringen. Er stapfte erschöpft aus dem Pavillon, nachdem er 23 Punkte erzielt hatte und nun etwas genauer wusste, was auf ihn und die Aces zukommen würde, wollten sie im nächsten Jahr die District Championship gewinnen. „Sie haben uns einfach zermürbt", sagte er, und der einzige Trost für ihn und seine Mannschaftskameraden, insbesondere Monsky, Stewart und die anderen Seniors, war, dass in etwas mehr als einer Woche die State Playoffs begannen.

Am Tag nach der Niederlage von Lower Merion endete 880 Kilometer weiter westlich in Dayton, Ohio, auch die Basketballsaison der La Salle University in der Midwestern Collegiate Conference mit einer 54:46-Niederlage gegen Wisconsin-Green Bay. Mit einer Bilanz von 13-14. Mit einer weiteren Saison, in der die Explorers nicht zu den 64 Teams gehörten, die sich für das NCAA Tournament qualifizierten. Wenn es eine Wende geben sollte, dann versprach die folgende Saison der Wendepunkt zu werden. La Salle verließ die MCC und trat in eine angemessenere Conference ein, die Atlantic 10, wo sie zum Beispiel auf Temple, St. Joseph's und andere Colleges traf, die als Konkurrenten geografisch sinnvoller waren. Mit diesem Schritt schienen alle weiteren Probleme des Programms durch Kobe lösbar zu sein … sollte er sich für sie entscheiden … und tatsächlich gab es bereits Kräfte, die unabhängig voneinander daran arbeiteten, dies zu erreichen.

Wo sollten sie ihn sonst haben wollen? Der Basketball befand sich an dem Ort, den alle Aces, von Downer über Egan bis hin zu allen Spielern und ihren Eltern, als den sichersten Ort der Welt betrachteten: in den Händen von Kobe Bryant. Das Spiel in der zweiten Runde des Turniers der Pennsylvania Class AAAA an der Liberty High School in Bethlehem stand Unentschieden bei 59:59. Die gegnerische Mannschaft – Hazleton aus dem Nordosten des Bundesstaates – und ihre Fans hatten den größten Teil der Halle in Beschlag genommen, vergleichbar mit dem Kontingent von Chester in Bezug auf Größe und Enthusiasmus, komplett unterschiedlich in manch anderer Hinsicht.

„Das Publikum“, so Stewart, „war nicht minderheitenfreundlich“. Die Stimmung war feindselig, und das Spiel der Aces in den letzten Minuten des vierten Viertels war schlampig. Sie führten mit einem Punkt Vorsprung und versuchten, die Zeit herunterlaufen zu lassen. Einer ihrer Spieler, Tariq Wilson, drückte den Ball mit einem Arm gegen seine Hüfte, als er ihn einfach … fallen ließ und er aus dem Feld rollte. Aber nun hatte Kobe, der bei 33 Punkten stand, obwohl Hazleton ihn das ganze Spiel über gedoppelt und getrappt hatte, bei Gleichstand den Ball. Erneut doppelten die Cougars, als die Uhr von zehn auf neun auf acht Sekunden heruntertickte, zwei Spieler standen direkt vor ihm, fuchtelten mit Händen und Armen, um ihn abzulenken, ihm die Sicht zu versperren oder ihm den Ball für einen Steal aus den Händen zu schlagen, falls Kobe bei seinem Zug zum Korb für den entscheidenden Wurf etwas unvorsichtig werden sollte. Aber eine solche Unachtsamkeit war jetzt undenkbar, denn der Ball befand sich am sichersten Ort der Welt …

… bis er das nicht mehr war. Bis ein Hazleton-Spieler Kobe den Ball aus den Händen spitzelte. Bis es ein Gerangel um den Ball gab und Hazleton-Guard Ryan Leib ihn sich schnappte und wie ein Irrer zum Korb dribbelte, verzweifelt darauf bedacht, den Buzzer mit einem Layup zu schlagen … und dort ankam … und den Ball in Richtung des Rings schickte … und verfehlte.

Nachspielzeit. Auf der Bank von Lower Merion hätte es ein großes, erleichtertes Aufatmen geben sollen, dass die Saison noch nicht vorbei war, ein entspanntes Team, das sich die Kontrolle über das Spiel zurückholen wollte. Doch nichts davon war zu sehen. Vielleicht war der Anblick von Kobes Fehler, seine Fehlbarkeit in einem so entscheidenden Moment, zu beunruhigend und verwirrend gewesen. Hazleton bedrängte ihn weiterhin mit Double-Teams. Er bekam keinen freien Wurf oder Blick auf den Korb. Niemand sonst konnte übernehmen. Die Aces erzielten in der fünfminütigen Verlängerung keinen einzigen Punkt; bei ihrem letzten Ballbesitz holte sich Kobe einen Rebound und dribbelte über das ganze Spielfeld in drei Spieler von Hazleton hinein. Er verlor den Ball – und Lower Merion verlor das Spiel mit 64:59.

Danach sah sich Downer in der Umkleidekabine um. Das einzige Geräusch war Schniefen. „Hat jemand etwas zu sagen?", fragte er.

Guy Stewart und Evan Monsky meldeten sich. Keiner von beiden sprach sehr lange, höchstens eine Minute. *Wir haben alle zusammengespielt, seit wir klein waren; diese Erfahrung war so cool, wenn man bedenkt, in was für einem beschissenen Team wir mal waren, und hier waren wir und spielten in den State Playoffs in einer vollen Arena. Ich werde Basketball vermissen, aber euch werde ich noch mehr vermissen.*

Zunächst konnte Kobe nicht sprechen. Schließlich begann er, dieselben Worte zu wiederholen:

„Es tut mir leid."

Der Rest dieser Minuten in der Umkleidekabine der Liberty High School verschwimmt in den Erinnerungen derer, die dabei waren. Gregg Downer fragte sich, was Kobe als Nächstes sagen würde. *Wir werden die Seniors vermissen, und es tut mir leid. Aber jedem Spieler in diesem Raum möchte ich eines klar machen: So etwas wird nie wieder passieren.* Stewart erinnert sich an Kobes Entschuldigung und an sein Versprechen an die älteren Teamkollegen, die ihren Abschluss machten, dass er sich für sie rächen würde. Brendan Pettit erinnert sich an seinen Schock über die Niederlage und daran, dass er sich des Drucks bewusst war, der im nächsten Jahr auf dem Team lasten würde, dass er Teil von etwas Besonderem sein könnte. Egan erinnert sich an nichts, außer dass Kobe weinte. Keine zielgerichtete, entschlossene Rede. Kein Trotz. Nur diese Worte, wieder und wieder. *Es tut mir leid.* In einer bemerkenswerten Junior-Saison hatte er im Durchschnitt 31,1 Punkte und 10,4 Rebounds aufgelegt. Er hatte seine Mannschaft auf ein Niveau gehoben, das sie seit Jahren nicht mehr erreicht hatte. Aber wenn er kein District Champion war, wenn er kein State Champion war, wenn er nicht der Beste war, wer war er dann, und für wen hielten ihn die Leute?

Es tut mir leid.

Es tut mir leid.

Es tut mir leid.

Die Leute wunderten sich,
wie selbstsicher und von meinen
Fähigkeiten überzeugt ich als
17-Jähriger war. Ich konnte
zwischen den besten Colleges des
Landes oder der NBA wählen.

KOBE BRYANT

12 | Mythos und Realität

John Kunzier, der Volleyballtrainer der Frauen an der La Salle University, hielt Joe Bryant während ihrer gemeinsamen Zeit auf dem Campus für einen durchweg sympathischen Kerl. Volleyball war kein Spitzensport in La Salle. Kunziers Teams hatten in den ersten drei Jahren seiner Trainertätigkeit eine Bilanz von 17:78. Er rechnete trotz des bevorstehenden Wechsels in die Atlantic 10 nicht damit, dass die Universität großartig investieren würde. Die NCAA erlaubte ihren Mitgliedercolleges, bis zu zwölf Volleyball-Stipendien zu vergeben. La Salle stellte vier bereit. Im späten Frühjahr 1994 schickten der sportliche Leiter Bob Mullen und die Frauenbeauftragte Kathy McNally Kunzier eine Nachricht:

Du bekommst eine weitere Stipendiatin, eine Mittelblockerin, 1,89 Meter groß, sie heißt Shaya.

Kunzier hatte Shaya Bryant nicht auf dem Zettel; es hatte auch niemand mit ihm über sie gesprochen. „Es gab kein Budget", sagte er, „aber dann bekam ich aus heiterem Himmel eine zusätzliche Spielerin. Ich wusste gar nicht, wer sie war." Sie ergänzte das Team in der Saison 1995, wobei sich die Bilanz nicht wesentlich verbesserte – von 3-30 in der Saison zuvor auf 4-27. Shaya blieb auch nur ein Jahr in La Salle. „Sie war sympathisch", sagte Kunzier, der nach dieser Saison 1995 als Trainer zurücktrat, „nicht die beste Spielerin, die ich je hatte, aber athletisch und durchaus begabt." Er freute sich, sie im Team zu haben und sie zu trainieren. In Anbetracht der Schwierigkeiten der Mannschaft hätte er sich über jede Spielerin mit Shayas Qualitäten gefreut. Was ihn störte, war etwas anderes.

„La Salle war damals bereit, alles zu tun, um Kobe zu bekommen", sagte er. „Sie haben Joes Gehalt bezahlt. Sie waren bereit,

Kobe ein volles Stipendium zu geben, und sie gaben Shaya ein volles Stipendium. Das war ein Schachzug von Bob Mullen."

Für das eine Jahr, das Shaya Bryant in La Salle verbrachte, beliefen sich die Kosten für Studiengebühren, Unterkunft, Verpflegung auf etwa 20.000 Dollar. Diese Summe war jedoch nicht der einzige Preis, den Mullen zu zahlen bereit war, um Kobe auf den Campus zu locken. Zu Beginn des Sommers 1995 betrugen die Gehälter von Morris' wichtigsten Assistant Coach Joe Mihalich und Joe Bryant 34.000 respektive 32.000 Dollar. Irgendwann teilte Mullen Morris mit, dass Joe Bryant ab sofort 50.000 Dollar bekomme.

Das ist großartig, sagte Morris zu Mullen. *Aber wenn Jellybean 50.000 Dollar bekommt, muss Mihalich 52.000 Dollar bekommen.*

Mullen explodierte: „Bist du verrückt? Ist dir klar, dass dein Posten auf dem Spiel steht, wenn du Kobe nicht kriegst?" Morris war das egal. Mihalich hatte drei Kinder und gehörte seit 1986 zu Morris' Mitarbeitern.

Das hat etwas mit Loyalität zu tun, sagte er. *Joe Mihalich ist mein bester Mann. Wenn du ihm die Gehaltserhöhung nicht gibst, bekommt Joe Bryant auch keine.*

Mullen stürmte aus Morris' Büro. Am nächsten Tag teilte er Morris mit, dass Joe Mihalich 52.000 Dollar bekommen würde.

Kobe zog La Salle tatsächlich in Betracht – unter bestimmten Bedingungen. Die Tatsache, dass die Universität der Atlantic 10 beitrat, gefiel ihm – die Conference hatte mit Temple und St. Joseph's zwei ernstzunehmende Rivalen. Ebenso gefiel ihm die Aussicht, mit Lari Ketner zu spielen, einem 2,08 Meter großen Center von der Roman Catholic High School. Kettner war eine Klasse über Kobe. Im Frühjahr hatte er La Salle eine mündliche Zusage gegeben, allerdings war die Sache noch nicht offiziell, es gab noch keinen Vertrag. Ketner wollte sich alle Optionen offenhalten – nicht zuletzt, weil er abwarten wollte, wie Kobes College-Entscheidung ausfallen würde. *Wenn du mir sagst, dass du zu La Salle gehst*, sagte Ketner, *unterschreibe ich morgen.*

Kobe konnte und wollte Ketner jedoch nichts versprechen, was er nicht halten konnte. Joes Plan hing von einer Reihe von unbekannten

Faktoren ab. Die Explorers wiesen zum ersten Mal in ihrer Geschichte in zwei aufeinanderfolgen Saisons eine negative Bilanz auf und hatten sich in den drei Jahren zuvor kontinuierlich verschlechtert. Die Verantwortlichen verloren die Geduld mit Morris, wie Mullen ihm nachdrücklich zu verstehen gegeben hatte. Noch eine schlechte Saison, und Morris' Entlassung wäre unabwendbar. Der logische Nachfolger wäre dann … Joe. Es gab bereits Gerüchte. „Man sprach schon darüber, dass Joe den Job in La Salle bekommen sollte", sagte Sam Rines Jr. „Und wenn Joe den Job bekommen hätte, wäre Kobe natürlich nach La Salle gegangen."

Und nicht nur Kobe. Joe hatte eine eigene Version der „Fab Five" zusammengestellt, der berühmten Michigan-Klasse von 1991, die die Wolverines 1992 und 1993 in die NCAA-Finals geführt hatte: Kobe, Rip Hamilton, der sich mit Kobe angefreundet und sich den Sam Rines All-Stars angeschlossen hatte, Shaheen Holloway, Lester Earl und Jermaine O'Neal aus Eau Claire, South Carolina. Joe glaubte, dass er sie davon überzeugen konnte, sich Kobe in La Salle anzuschließen. Wenn er ihnen sagte: *Ich werde euer Head Coach*, würden sie sofort zusagen, daran hatte er keinen Zweifel.

Kobe auch nicht. Er hatte mit diesen vier Jungs und gegen sie gespielt und die Idee mit ihnen am Telefon besprochen. Wer hätte nicht für seinen Vater spielen wollen? Ketner machte einen Rückzieher und ging in den Norden an die University of Massachusetts. Aber diese vier Jungs hätten mit Begeisterung für Joe gespielt, genau wie Donnie Carr. Es hätte keine Rolle gespielt, dass sie in La Salle in einer schäbigen Trainingshalle spielen würden, mit so vielen Niederlagen aus den letzten Jahren im Rücken. Sie würden nicht so gut sein wie die Fab Five – sie würden *besser* sein! Und sie würden nur ein Jahr bleiben müssen, bevor sie alle in die NBA gingen, und Kobe müsste nicht nach einem College-Coach suchen, der ihn entsprechend förderte. Er hätte einen: seinen Vater. Speedy Morris … würde Speedy Morris ein guter Coach für Kobe sein? Speedy Morris, der, als Joe La Salle empfohlen hatte, Sharif Butler aus dem Junior College zu verpflichten, geantwortet hatte: *Nein, wir glauben nicht, dass Sharif gut genug ist.* Speedy Morris, der Kobe nicht für gut genug hielt, um in die NBA zu gehen. „Wenn dieser Kerl nicht glaubt, dass Kobe gut genug ist", sagte Joe, „wie soll ich ihm dann zutrauen, meinen Sohn zu erziehen?" Speedy Morris, der, wenn er sich über eine dumme Aktion oder eine schlechte Entscheidung ärgerte, nicht aufhören konnte, mit den Füßen zu stampfen – wie ein Kleinkind, das unbedingt ein Spielzeug haben will.

Es gab eine Zeit, zu Beginn von Joes Tätigkeit in La Salle, in der er sich gefreut hätte, wenn Kobe sich für die Universität entschieden hätte. Aber: Die Entscheidung lag immer bei Kobe, und der fand, dass Speedy seine Spieler zu viel anschrie. Genau das sagte er auch Joe und Pam.

Im Frühjahr und Sommer 1995 konkretisierten sich die Pläne, die Kobe Bryant und seine Familie seit seiner Kindheit verfolgt hatten. So dynamisch und dominant er für Lower Merion auch war, so sehr ihn der Gewinn einer State Championship auch antrieb, diese Junior-Saison war nun das Äquivalent zu den Pickup-Spielen im Remington Park mit seinen Freunden aus der Middle School und Highschool. Für ihn war es keine Herausforderung, gegen Teenager anzutreten, die nicht auf seinem Level waren. „Er war nie im Moment", sagte Sonny Vaccaro, „sondern immer schon einen Moment weiter." Wichtig auch zu erwähnen, dass Kobes Entwicklung und seine spielerischen Fortschritte mit einem Erdbeben im Profisport zusammenfielen. Am 19. März 1995, nur vier Tage nach der Niederlage der Aces gegen Hazleton in den State Playoffs, erzielte Michael Jordan nach seiner 17-monatigen Basketballpause 19 Punkte für die Chicago Bulls bei einer Niederlage gegen die Indiana Pacers. MJ war zurück, und seine Rückkehr bedeutete für Kobe ein weiteres Ziel. Nur eine Handvoll Außenstehende konnte sich vorstellen, worauf er hinarbeitete.

An einem Tag im Frühjahr beschloss Paul Hewitt, ein Assistant Coach von Villanova, nach Lower Merion zu fahren, um Kobe beim Training zu beobachten. Begleitet wurde er von Jonathan Haynes, dem Starting Point Guard der Wildcats, der wenig über Kobe wusste. Hewitt hatte Kobe rekrutiert, in der Hoffnung, ihn in eine

Freshman-Klasse aufzunehmen, zu der auch Tim Thomas gehören würde. Die Idee, sich mit Thomas zusammenzutun und die Big East zu zerreißen, kam bei Kobe gut an. Zwei der Topscorer der Wildcats – die Guards Kerry Kittles (selbst ein wahrscheinlicher NBA-Lottery-Pick), und Eric Eberz – würden theoretisch vor Kobes Ankunft ihren Abschluss machen und ihm und Thomas sofort einen Platz in der Starting Five verschaffen. *Der College-Basketball ist nicht bereit für zwei Spieler wie mich und Timmy in einem Team*, dachte Kobe. Da sein Onkel Chubby Cox für die Wildcats gespielt hatte, war es leicht, sich Villanova als mögliches Ziel vorzustellen.

Nachdem Kobe ein „unglaubliches Training" absolviert hatte, war Hewitt überzeugt davon, dass er an der Main Line aufs College gehen würde. Haynes allerdings lachte ihn aus.

„Was ist so lustig?", fragte Hewitt.

„Coach", sagte Haynes, „du hast keine Chance, diesen Kerl zu bekommen."

„Was meinst du?"

„Coach, dieser Kerl geht nicht aufs College. Der geht direkt in die NBA."

Haynes' Einblick in Kobes Denken traf Hewitt wie ein Blitzschlag. „Dass ein College-Junge so etwas über einen Highschooler sagt … in dem Moment wurde mir klar, dass dieser Kerl etwas Besonderes sein musste", erinnert sich Hewitt. „Kobe und ich haben uns oft unterhalten. Er hatte immer Fragen zum Spiel und liebte es, über Basketball zu reden, war immer heiß auf Informationen. Ich fand es toll, dass ein 17-jähriger Junge so engagiert ist. Später wurde mir klar, dass dieser Junge auf der Suche nach wahrer Größe war."

An jenem Abend im Palestra, beim Playoff-Spiel gegen Coatesville, konnte John Lucas Kobe so sehen, wie Kobe sich selbst sah: nicht als das, was er mit 16 war, sondern als das, was er mit 21, 22 und darüber hinaus sein würde. Um sicherzustellen, dass seine Sixers-Spieler in Form waren, ermutigte Lucas sie, an Pickup-Spielen zwischen Profis und College-Spielern in Philadelphia teilzunehmen. Das Fieldhouse der St. Joseph's University war das offizielle Trainingszentrum der Sixers, wo Lucas seinen alten Freund Mo

Howard damit beauftragte, die Trainingseinheiten zu leiten: zwei pro Tag, von neun Uhr morgens bis sieben Uhr abends. Lucas rief die Bryants an, lud Kobe zu diesen Einheiten ein und gab Howard einen Auftrag: *Es ist mir egal, wie ihr die Teams zusammenstellt, aber Kobe muss spielen. Wenn Kobe spielen kann, wenn er spielen will, dann spielt er. Ende der Geschichte.*

Noch vor dem Ende seiner Highschool-Saison hatte Kobe Phil Martelli kontaktiert, der in seinem ersten Jahr als Basketballtrainer der St.-Joseph's-Herrenmannschaft war, und gefragt, ob er im Fieldhouse trainieren könne. Martelli setzte Kobes Namen auf die Gästeliste, wo er bis zum Beginn des nächsten Schuljahrs im September blieb. „Wenn er dienstags und freitags für Lower Merion spielte", so Martelli, „kam er montags, mittwochs und donnerstags in unsere Halle." Um Lucas' Einladung anzunehmen, musste Kobe also nicht seinen minutiös durchgeplanten Terminkalender durcheinanderbringen – Pickup und Training, Workouts und Krafttraining unter der Woche, AAU Tournaments und All-Star-Camps an den Wochenenden. Und während der fünf- bis zehnminütigen Fahrt nach St. Joe's freundete er sich mit seinem Fahrgemeinschaftskollegen Emory Dabney an. Dabney, der zwei Jahre jünger als Kobe war, hatte sein Freshman-Jahr an der Woodlynde School in West Philadelphia verbracht, einer Tagesschule für Schüler mit Lernschwierigkeiten. Als Point Guard des Woodlynde-Basketballteams hatte er mit Kobe und den Aces in der Summer League gespielt, dort Gregg Downer kennengelernt und mehrere Stipendienangebote von privaten Highschools abgelehnt, um stattdessen nach Lower Merion zu wechseln. Bei diesen Spielen im Sommer war er auch Lucas aufgefallen, der Dabney so gut fand, dass er ihm eine Chance bot. Er war der jüngste Spieler in der Halle. Wenn es schon seltsam wirkte, Kobe vor seinem Senior-Jahr mit Profis und erfahrenen College-Athleten trainieren zu lassen, schien es geradezu lächerlich, einen Jungen dabeizuhaben, der noch keine 15 war. Doch Dabney hatte, bevor er Lucas und Kobe kennenlernte, bereits einen Mentor gefunden, der im Basketball ein noch viel größeres Ansehen genoss: Dabneys bester Freund in Woodlynde war Cory Erving gewesen, der Sohn von Julius. Immer wenn Dabney das Haus der Ervings in Villanova besuchte, bot Julius ihm an, im One-on-One gegen ihn zu spielen. „Wir haben herumgealbert“, erzählte Dabney. „Dann sagte er: ‚Okay, willst du mal sehen, wie die Verteidigung in den NBA-Finals aussieht?‘ Ich sagte: ‚Ja.‘ Ich konnte gar nichts machen. Aber im Laufe der Jahre wurde ich kontinuierlich besser, und er sagte: ‚Du wirst bald vor einem größeren Publikum spielen. So wird es sein.‘ Und ich hatte nie ein Problem damit, vor vielen Leuten zu spielen.“

Cory Erving starb im Jahr 2000 im Alter von 19 Jahren bei einem Autounfall. Dabney leidet immer noch unter dem Verlust zweier seiner besten Freunde in so jungen Jahren. Zu ihren ersten gemeinsamen Trainingseinheiten holte Kobe Dabney im alten weißen BMW der Bryants und später in einem neuen hellgrünen Toyota Land Cruiser ab; in St. Joe's konzentrierten sie sich auf Kardiotraining, meist auf einer Laufbahn im Fieldhouse. „Kobe war immer wie ein großer Bruder für mich“, sagte Dabney. „Er hat mir Ratschläge gegeben. Ich habe viel Zeit mit ihm abseits des Platzes verbracht. Er war oft bei mir zu Hause und ich bei ihm. Er wollte sehen, dass man besser wird und Erfolg hat, auch bei Schularbeiten und Noten. Er hat einen immer ermutigt. Ich werde emotional, wenn ich daran denke. Er gab mir damals das Fundament, das man braucht, um im Leben erfolgreich zu sein, auch wenn er selbst erst 17 oder 18 war.“ Als aber Ende Juni 1995 der NBA-Draft stattfand, wandelte sich das Training von der täglichen Plackerei mit Sprints und Drills zu einer noch immer lebendigen Form der Basketball-Mythologie.

Der Glaube, dass Jerry Stackhouse, ob während seiner College-Karriere in North Carolina oder nachdem die Sixers ihn 1995 an Position drei gepickt hatten, „der nächste Michael Jordan“ sein würde, war für den jungen Mann, der die Last solch hoher Erwartungen trug, zugleich schmeichelhaft und unsinnig. Natürlich fühlte er sich gebauchpinselt, mit dem wohl größten Spieler in der Geschichte des Basketballs verglichen zu werden, aber … die Leute, die diesen Vergleich anstellten, wussten doch wohl, dass Jordan ein Guard war. Und Stackhouse war keiner. In der Highschool und in North Carolina war er ein Power Forward. Er hatte noch nie in seinem

Leben als Guard gespielt, hatte keine kleineren Spieler übers Feld und durch Screens gejagt, war nicht selbst für Sprungwürfe oder Drives um Screens gelaufen. Er hatte ein solides Ballhandling, aber der größte Teil seines Spiels basierte auf dem Aufposten, darauf, den Ball in den Händen zu halten, während er mit dem Rücken zum Korb stand. Er hatte noch einen weiten Weg vor sich, um die Feinheiten zu verstehen und die Fähigkeiten zu entwickeln, die es ihm ermöglichen würden, die Position des Guards auszufüllen ... auf der ihn die Sixers einsetzen wollten.

Aufgrund seines Hintergrunds geriet Stackhouse, als er sich den Sixers und den Pickup-Kreisen Philadelphias anschloss, in eine Situation, auf die er nicht vollständig vorbereitet war. Dieser Kontext ist entscheidend, um in den Geschichten jenes Sommers Wahrheit von Fiktion oder Übertreibung zu unterscheiden. Es gibt eine natürliche Neigung, Kobes Leistungen im Fieldhouse, im Bellevue und in den anderen Hallen, die er und die Sixers und die anderen Profi- und College-Spieler aus Philadelphia besuchten, zu erhöhen oder zu übertreiben; weil er so jung war und sich als so großartig erwies, und weil die Übertreibung die Legendenbildung verstärkt. Jeder, der eine Anekdote über Kobe bei diesen Spielen erzählt, tut dies aus einem ganz persönlichen Blickwinkel, gefiltert durch eigene Interessen. Jerry Stackhouse musste sich diese Geschichten zwei Jahrzehnte lang anhören und jede davon war ein Nadelstich für sein Ego, denn in jeder Geschichte steckte eine Beleidigung für ihn, seine Karriere und seine Fähigkeiten: *Kobe hat dich im* One-on-One *besiegt. Kobe hat dir eine Lektion erteilt. Kobe war noch kein Highschool-Senior und er demontierte den dritten Pick* im *Draft – und dieser dritte Pick warst du.*

Hier sind ein paar solcher Geschichten:

- Willie Burton, ein Journeyman in der NBA, hatte in der Saison 1994/95 für die Sixers gespielt. Im Dezember hatte er bei einem Sieg über die Miami Heat im Spectrum 53 Punkte erzielt und damit einen Arena-Rekord aufgestellt, was er wie folgt erklärte: „Just hoopin'." Er tauchte bei St. Joe's auf, kam ins Spiel und musste Kobe verteidigen. Burton scorte bei seinem ersten Ballbesitz und schickte dann ein oder zwei Worte in Kobes Richtung. Im weiteren Verlauf des Spiels erzielte Kobe zehn der elf Körbe seines Teams. Burton erzielte nur einen. Er stürmte sofort wutentbrannt aus dem Fieldhouse und kehrte nicht mehr zurück, weder in die Halle noch für ein weiteres Jahr in die NBA. Er unterschrieb bei einem Team in Italien und verbrachte die Saison 1995/96 dort.

- Nach dem Sixers-Training ließ Lucas Kobe im One-on-One gegen einzelne Spieler antreten. Einmal war sein Gegenspieler Vernon Maxwell, der gerade seine siebte NBA-Saison hinter sich hatte und dessen Spitzname „Mad Max“ war. Und zwar aus gutem Grund: Erst im Februar hatte die Liga ihn für zehn Spiele gesperrt, weil er auf die Tribüne gestürmt war und einen Fan geschlagen hatte, der ihn beschimpft hatte. „Sie spielten bis zehn“, sagte Lucas, „und es stand neun zu neun. Es war so hitzig, dass ich dachte, sie würden miteinander kämpfen. Ich sagte mir: ‚Ich will jemanden, der bei neun zu neun kämpft.‘“
- Bobby Johnson, der an der Southern High School in Philadelphia gespielt hatte und in den 1980er-Jahren der sechste Mann der drei Conference-Championship-Teams von La Salle gewesen war, begleitete manchmal seinen ehemaligen Teamkollegen Lionel „L-Train“ Simmons zu den Spielen in St. Joe's. Simmons, ein Spieler der Sacramento Kings, und Johnson spielten zusammen mit Kobe, dem ehemaligen Sixers-Center Rick Mahorn und dem aus Philadelphia stammenden ehemaligen NBA-Guard Paul „Snoop“ Graham gegen fünf Sixers. Zehn Punkte bis zum Sieg. „Es steht unentschieden bei neun Punkten, wir haben den Ball“, erzählte Johnson. „Kobe bringt den Ball nach vorne, verteidigt von Vernon Maxwell auf dem rechten Flügel. Kobe dribbelt die Luft aus dem Ball und weist die NBA-Veteranen an, ihm Platz zu machen. Train postete auf und Kobe schickte ihn weg, gefolgt von Snoop. Den Screen von Mahorn lehnte er ab. Nachdem ich das gesehen hatte, brauchte ich meinen Hintern nicht in seine Nähe zu bringen.“ Kobe dribbelte zwischen Maxwells Beinen hindurch, ließ ihn per Crossover aussteigen und stieg zu einem Jumper aus fünf Metern hoch. „Dagger

über Maxwell“, sagte Johnson. „Er rief ‚Ballgame‘, als sei das für ihn ganz normal. Ich war unglaublich beeindruckt.“

- Kobe spielte eine Partie P-I-G gegen Sixers-Forward Sharone Wright, den Nummer-sechs-Pick des 1994er-Draft. Der Preis für den Sieg: in Wrights Land Cruiser herumfahren zu dürfen. „Ich habe mich sehr konzentriert und ihn geschlagen“, sagte Kobe einmal. „Ich sollte eigentlich nur fünf oder zehn Minuten weg sein, aber ich bin eine halbe Stunde herumgefahren.“
- Howard war bei jedem Training dabei. Bei einem Spiel sprang Kobe von der Foullinie und versuchte, über Shawn Bradley zu dunken, den 2,29 Meter großen Center der Sixers. Er verfehlte. „Keiner der Profis hat das gemacht“, sagte Howard. „Da war keine Angst. Es gab keine Unentschlossenheit. Da war Alpha, Alpha, Alpha. Man sollte meinen, er würde sich zurückhalten, weil diese Jungs älter waren als er. Aber er war immer der Meinung: ‚Ich werde in dieser Einheit der beste Spieler auf dem Platz sein.‘“ An einem Morgen, an dem das Fieldhouse geschlossen war, gingen die Spieler und Coaches, darunter auch Lucas' Assistant Coach Maurice Cheeks, über die City Avenue in die Halle der Episcopal Academy. Stackhouse und Kobe verteidigten sich gegenseitig. „Jerry ist ein ziemlich guter Spieler“, erinnerte sich Howard, „aber Kobe macht ihm das Leben schwer. Es gab eine Aktion, die werde ich nie vergessen. Kobe verteidigt Jerry, ziemlich physisch, und Jerry lässt sich frustrieren und wirft Kobe über die Hüfte. Kobe steht auf, holt sich den Ball und ich schwöre euch, er wirft den Ball aus über neun Metern rein. Übers Brett, und er wusste, was er tat. Maurice sah mich an und sagte: ‚Wenn Jerry Stackhouse die Nummer drei ist, muss Kobe die 3A sein.‘“
- Kobe holte Emory Dabney an einem Augustmorgen ab. Auf dem Weg nach St. Joe's kurbelte er die Fenster hoch und drehte die Heizung im Auto auf. „Was machst du da?“, fragte Dabney. „Ich halte das nicht aus. Es sind 32 Grad draußen.“ „Ich spiele gleich gegen Stackhouse“, sagte Kobe. „Ich muss mich warmhalten.“
- Jeremy Treatman konnte sich ein paar Trainingseinheiten ansehen, und auch für Gregg Downer war es einfacher, da er gerade seine Stelle als Sportlehrer an der Shipley School aufgegeben und

eine Stelle an der Episcopal School angenommen hatte. Kobe raubte Treatman bei einer Aktion den Atem, als er in die Zone zog und vor Mahorn (2,08 Meter groß, 109 Kilo schwer, ein ehemaliges Mitglied der „Bad Boy" Detroit Pistons, das Kobe mit dem Unterarm aus der Luft reißen konnte und dies auch gerne tat) hochstieg, sich im Flug um ihn bog und mit der Hand und dem Ball über dem Ring einen Layup erzielte. Für Treatman war die aufschlussreichste Enthüllung in jenem Juli und August, dass Bradley Kobe manchmal vom Training nach Hause brachte und ihn dann jeden Abend anrief, um zu bestätigen, dass er am nächsten Morgen da sein würde. Das bedeutete etwas. Das war wichtig. Es bedeutete, dass Kobe *dazugehörte*, dass er reinpasste. Die Minnesota Timberwolves hatten gerade Kevin Garnett an fünfter Stelle gedraftet und ihn damit zum ersten Spieler seit 20 Jahren gemacht, der direkt aus der Highschool gedraftet wurde, und „das hat Kobe noch mehr angespornt", so Treatman. „College-Basketball war für ihn, der in Italien aufgewachsen war, nicht so wichtig wie für alle anderen. Während dieser Einheiten wurden die Gedanken an die NBA ernsthafter."

- Kobe trainierte bis in den September hinein mit den Sixers. In einer Woche, in der die Sixers in der Halle von Episcopal trainierten, bat Lucas einige Episcopal-Spieler, als Aufwärmspieler mitzumachen: Picks setzen, Pässe in Drills werfen, nichts, was ein durchschnittlicher Highschool-Spieler nicht schaffen könnte. Michael Weil war ein Sophomore aus der Junior Varsity – 1,83 Meter groß, 66 Kilo schwer, kurzes blondes Haar, „scheiß-blass", wie er selbst sagte. Für einen Jungen wie ihn war die Teilnahme an den Übungen ein wahr gewordener Traum – noch nie zuvor war er Profisportlern so nahe gewesen. Es war jedoch vor allem Kobe, der Weils Aufmerksamkeit auf sich zog. Ein Highschool-Senior, der mit vollem Einsatz gegen die Sixers spielte … Weil bewunderte das. Von all den Spielern und großen Namen dort war Kobe der einzige, dessen Autogramm Weil wollte. Er reichte ihm einen Zettel, und Kobe unterschrieb ihn und fragte freundlich: „Welchen Sport treibst du?" *Der Kerl ist nur zwei Jahre älter als ich*, dachte Weil, und das machte das, was er jeden

Tag nach dem Ende der Übungen miterlebte, umso bemerkenswerter. „Kobe und Stack waren an einem der Körbe an der Seite", sagte Weil, „und sie haben sich alles abverlangt. Ich weiß nicht, bis zu welcher Zahl sie gespielt haben oder wie der Endstand war. Aber man musste kein Basketball-Experte sein, um zu erkennen, dass die beiden Jungs, die an der Seite One-on-One spielten, zu diesem Zeitpunkt ungefähr gleich gut waren."

Stopp! Genug von diesen Geschichten. Haben nicht auch alle anderen in der Halle gesehen, was Jerry Stackhouse sah? Erinnert sich nicht jeder an das, woran Jerry sich erinnert? Hat denn sonst niemand gesehen, wie Lionel Simmons und die ehemaligen Temple-Stars Eddie Jones und Mark Macon und all die alten Ikonen des Philly-Basketballs Kobe immer wieder zur Seite nahmen und ihm sagten: „Du musst den Ball abgeben."

Also … Stopp. Ja, Kobe hatte ein paar gute Scoring-Tage, weil er sich so gut bewegen und mit dem Ball umgehen konnte, aber sein Tunnelblick war total, allumfassend. Niemand wollte *wirklich* mit Kobe spielen. Manchmal wählte ihn für ein Pickup-Spiel niemand aus. *Er hat Stackhouse im* One-on-One *geschlagen.* Stackhouse war dreieinhalb Jahre älter als Kobe. „Könnt ihr euch vorstellen, dass ein 17-Jähriger mich ständig besiegt?" fragte Stackhouse einmal. „Davor hätte ich ihm garantiert wehgetan. Haben wir One-on-One gespielt? Ja. Hat er mich geschlagen? Hat er vielleicht mal ein Spiel gewonnen? Ja. Aber hat er den 20-jährigen Jerry Stackhouse mit 17 ständig geschlagen? Verdammt, nein. Ich räume mit dieser Geschichte auf, es muss ein Ende haben. War er super talentiert und sah jeder großes Potenzial in ihm? Ja. Aber diese Geschichten, die wir jetzt in den Überlieferungen über Kobe Bryant hören, stellen sich etwas anders dar, wenn man mit den Leuten spricht, die tatsächlich in der Halle waren."

In einem späteren Medienzeitalter hätte jeder, der 1995 am Adidas ABCD Camp an der Fairleigh Dickinson University teilnahm, bereits gewusst, dass Kobe Bryant der beste Highschool-Basketballspieler des Landes war. Kobe hätte es nämlich allen erzählt, auf Twitter und

Facebook gepostet und Videos von sich auf Instagram geteilt. In jenem Juli war das Internet für die meisten Amerikaner jedoch ein Kuriosum, eine neue Technologie, deren Macht und Reichweite sich noch nicht in vollem Umfang entfaltet hatte. Und so war es Sonny Vaccaro möglich, seine Strategie zur Wiedererlangung der Kontrolle über den Sneakermarkt geheim zu halten.

Zu Beginn jenes Sommers hatte Vaccaro ohne die finanziellen Mittel und die Markenstärke von Nike und vor der hohen Draft-Position von Garnett noch nicht die Absicht, die Zukunft von Adidas an ein Highschool-Phänomen zu hängen. Er wollte den nächsten Michael Jordan finden, aber das Risiko, einen 17- oder 18-Jährigen unter Vertrag zu nehmen und ihn zum Dreh- und Angelpunkt der Comeback-Hoffnungen des Unternehmens machen, schien zu groß. Vielleicht war Kerry Kittles – ein langer und geschmeidiger Shooting Guard, der für seine Senior-Saison nach Villanova zurückkehrte und dessen Spielstil dem von Jordan ähnelte – die sicherere Lösung. „Er wäre wahrscheinlich derjenige gewesen, den ich Adidas empfohlen hätte", erinnert sich Vaccaro. „Kerry war ein großer Name, ein etablierter Spieler, und er hatte eine sehr gute Karriere. Es gab nichts Negatives an ihm. Aber Kevin [Garnett] öffnete die Türen." Und öffnete auch Vaccaros Geist für neue Möglichkeiten: Das 72er Dapper Dan Classic ... die gemeinsamen Italienischkenntnisse ... die Umarmung und der Abschied im 94er ABCD-Camp ... er hatte diese besondere ... *Verbindung* ... zu Kobe Bryant und seiner Familie – zum Vater, Joe, einer einst vergessenen Figur aus der Vergangenheit, und zu Kobe, der so viele kostbare Möglichkeiten präsentierte. Sie hatten sich nach all den Jahren zu genau diesem spezifischen Zeitpunkt gefunden, und Sonny Vaccaro glaubte nicht an Zufälle.

Es war für Gregg Downer einfach gewesen, Kobe in den Jahren und Monaten vor diesem ABCD-Camp anzustacheln und die perfekte Motivationsmethode für einen Spieler zu verfeinern, der jede Halle in der festen Überzeugung betrat, dass es dort keinen besseren Spieler gab als ihn. Es genügte ein kurzer Blick auf eine Rekrutierungsrangliste, eine Liste in einem Basketballmagazin, und schon hatte Downer ausreichend Munition gesammelt. Wer lag diese Woche vor Kobe? Vince Carter, unten an der Mainland High School in Daytona Beach? Tim Thomas? Die bloße Erwähnung von ein oder zwei Namen brachte Kobe auf die Palme. Noch in den letzten Jahren seines Lebens erwähnte Kobe immer wieder die Hänseleien seines alten Coaches und deren inspirierende Kraft. *Du hast mir immer gesagt, Vince Carter oder Tim Thomas seien besser.* Das stimmte zwar nicht ganz – Downer wies immer darauf hin, dass diese beiden als Rekruten höher eingeschätzt wurden als Kobe, was nicht bedeutete, dass sie besser waren als er –, aber es erfüllte seinen Zweck, und zwar für beide.

Als Downer, sein älterer Bruder Drew und Mike Egan sich für das Camp auf den Weg nach Hackensack machten, wurde ihnen schnell klar, wie wenig aussagekräftig ein Vergleich von Kobe mit den anderen herausragenden Highschool-Spielern sein würde. Gregg hatte Drew gebeten, in der Saison 1995/96 in seinem Team mitzuarbeiten, und Drew, der in Orlando lebte und als leitender Angestellter eines Luftfahrtunternehmens arbeitete, sagte zu, kündigte seinen Job und ließ die Sonne hinter sich, um Kobe zu trainieren. Gregg ging davon aus, dass der Druck, eine State Championship zu gewinnen, der auf ihm, Kobe und den Aces lastete, sie erdrücken könnte, wenn sie nicht darauf vorbereitet waren – folglich vertraute er niemandem mehr als Drew, ein emotionales Barometer für das Team zu sein, zu erkennen, welche Spieler einen Klaps auf die Schulter oder eine wütende Ansprache brauchten. Und Drew wiederum merkte sofort, dass Kobe in dieser Hinsicht wahrscheinlich die geringste seiner Sorgen sein würde. Keiner der anderen Camper war so hart im Nehmen wie er. „Ich habe immer darauf gewartet, dass Kobe das Tempo etwas drosselt", erinnerte sich Drew, „aber das hat er nie getan." Tatsächlich war es zu Beginn des Camps offensichtlich, dass Kobe überkompensierte. „Er war nicht zum Spaß hier, sondern wollte mehr tun, als nötig war", so Egan. „Er versuchte zu sehr, der beste Spieler auf dem Platz zu sein und die College-Trainer und Profi-Scouts auf der Tribüne zu beeindrucken. Egan nahm ihn hinterher zur Seite: *Hey, was machst du da? Spiel einfach dein Spiel,* sagte er ihm. „Im nächsten Spiel – ich sage nicht, dass es an mir lag – hatte er einen Move, bei dem er in einer Bewegung stoppte, sich drehte und einen Bankshot aus viereinhalb Metern versenkte, und ich sah, wie jedem Trainer die Kinnlade herunterfiel", erzählte Egan. „Das war ein unaufhaltsamer Move auf NBA-Niveau. Niemand, egal auf welchem Niveau, konnte einen 2,01 Meter großen Jungen davon abhalten, diesen Wurf zu treffen. Das ist es, was die Trainer sehen wollen. Er fing an, sich von der Meute zu abzuheben."

Im Oktober 1994, sechs Monate nachdem Duke das NCAA-Final gegen Arkansas mit vier Punkten Rückstand verloren hatte, wurde Mike Krzyzewski wegen eines Bandscheibenvorfalls am Rücken operiert. Er hatte jedoch noch Monate nach der Operation so starke Schmerzen, dass er bezweifelte, dass die Bandscheibe das Problem war. Er hatte Angst, dass er wie sein Freund Jim Valvano, der ehemalige Coach von North Carolina State, an Krebs erkrankt war und sterben würde. Wie sich herausstellte, brauchte er nur Zeit und Ruhe, damit die Bandscheibe richtig heilen konnte, aber in seiner Abwesenheit fielen die Blue Devils auseinander. Der langjährige Assistant Coach Pete Gaudet übernahm und erreichte mit Duke in der Saison 1994/95 eine 13-18-Bilanz. Die Situation war so angespannt, dass der ehemalige NBA-Coach Doug Collins, Joe Bryants einstiger Teamkollege bei den Sixers, dessen Sohn Chris für die Blue Devils spielte, nach einer Niederlage in die Kabine stürmte und Gaudet anschrie, weil er Krzyzewskis Spieler nicht richtig einsetzte. Es war die einzige Saison in 36 Jahren, in der sich Duke nicht für das NCAA Tournament qualifizieren konnte. Krzyzewski erholte sich so weit, dass er im Herbst 1995 seine Trainertätigkeit wieder aufnehmen konnte; er kehrte zu einem Programm zurück, das dringend einen Superstar brauchte, um zum früheren Ruhm zurückzukehren.

Nachdem er Kobe als diesen Superstar ins Auge gefasst hatte, beauftragte Krzyzewski seinen Top-Assistenten Tommy Amaker mit der Aufgabe, als primärer Verbindungsmann zwischen Duke und Kobe zu fungieren. Amakers Hauptkontakt in Lower Merion wiederum war Mike Egan. Amaker war der Meinung, dass Kobe über alle Qualitäten auf und neben dem Court verfügte, die Duke in einem Spieler suchte.

Er hatte viele Facetten – seine Intelligenz, die vielschichtige Perspektive und die Wertschätzung für andere Menschen und Kulturen, die seine Jahre in Italien gefördert hatten. Aber Amaker sprach wahrscheinlich mehr mit Egan über Kobes mögliche Zukunft in Duke, als Egan das mit Kobe tat. „Kobe war in dieser Sache sehr reserviert", sagte Egan, und wir respektierten die Tatsache, dass es seine Entscheidung war und uns eigentlich nichts anging. ‚Hey, wenn du jemals darüber reden willst, lass es uns wissen', sagten wir. Aber er hatte eine erstaunliche Begabung, sich abzuschotten. Wir haben fast nie mit ihm darüber gesprochen."

Kobe telefonierte jedoch mit Krzyzewski und mochte ihn sofort. Als sie sich zu Beginn des Rekrutierungsprozesses unterhielten, sprachen die beiden mehr über Kobes Erfahrungen im Ausland und in seinen ersten Jahren nach der Rückkehr in die Vereinigten Staaten als über Basketball. Kobe bewunderte die Art und Weise, wie Krzyzewski Grant Hill während dessen vier Jahren bei Duke entwickelt hatte, und Krzyzewski erzählte Kobe Geschichten und Anekdoten über Hill: wie er die Führung des Teams übernahm, wie er sich an den Medienhype um die Blue Devils anpasste. Hill hatte gerade seine erste Saison bei den Detroit Pistons beendet, die ihn 1994 an Position drei gedraftet hatten. Er hatte im Schnitt fast 20 Punkte pro Spiel erzielt, war zum All-Star in der Eastern Conference und zum Rookie des Jahres geworden. Kobe konnte sich vorstellen, dass Krzyzewski die gleiche Wirkung auf ihn haben würde. Später in seinem Senior-Jahr gab er anderen gegenüber zu, was er sich selbst schon jetzt eingestand: Wenn er sich für ein College entscheiden würde, dann ohne Frage für Duke.

Niemand im ABCD-Camp wusste das jedoch: nicht Krzyzewski, nicht Speedy Morris, nicht Rick Pitino, nicht Jim Boeheim von Syracuse (der 14 aufeinanderfolgende Saisons mit mindestens 20 Siegen hinter sich hatte und dessen bester Scorer Lawrence Moten gerade in der zweiten Runde des NBA-Draft ausgewählt worden war), nicht Jim Calhoun von Connecticut mit seinem scharfen New-England-Akzent, mit dem er Kobe gegenüber seine Karriere-Bilanz und die beiden aufeinanderfolgenden Big East Championships von UConn anpries. Jeder Coach im Camp hatte eine Chance, Kobe von sich und seinem Programm zu überzeugen, und jeder Coach sah sich dazu verpflichtet, weil noch niemand von Kobes Plänen wusste. Als Kobe, Gregg Downer und Egan den Aufzug im Rothman Center betraten, schlüpfte auch Krzyzewski hinein, bevor sich die Türen schlossen. Es war das erste persönliche Treffen zwischen ihm und Kobe. Jetzt konnte der Coach den sprichwörtlichen „Elevator Pitch" halten, also eine möglichst komprimierte Präsentation.

Bei Duke, sagte er zu Kobe, *polieren wir Diamanten. Wir wissen, dass sie großartig sind, und wir machen sie noch besser.*

Verdammt, dachte Egan, *das ist ein toller Spruch.*

In einem Camp mit Rip Hamilton, Lester Earl, Shaheen Holloway und Jermaine O'Neal, in dem die „Fab Five" immer noch darüber sprachen, sich in La Salle zusammenzuschließen, löste Kobe das Versprechen ein, das er Sonny Vaccaro ein Jahr zuvor gegeben hatte. Er wurde zum wertvollsten Spieler des Camps gewählt und setzte sich damit de facto die Krone des besten Highschool-Spielers des Landes auf. Joe war bei der Krönung anwesend und genoss die Aufmerksamkeit, die seinem Sohn entgegengebracht wurde. Telefonanrufe von Trainern hatten das Haus der Bryants überschwemmt und die Mahlzeiten der Familie unterbrochen; für ihn war das in seiner Zeit in Bartram anders gewesen, aber er genoss es für Kobe. „Du glaubst gar nicht, wie viele Leute mir gesagt haben, dass es ihnen Spaß macht, ihn spielen zu sehen", sagte Joe während des Camps. Die Fragen zu Kobes College-Wahl? „Ich versuche, das Gespräch im Moment vom College wegzulenken", sagte Joe. „Kobe wird noch viel Zeit haben, um sich für ein College zu entscheiden. Das Wichtigste ist jetzt, dass er das alles in sich aufsaugt, denn so etwas erlebt man nur einmal im Leben." Außerdem hatte sich die Kunde von Kobes Fähigkeiten inzwischen herumgesprochen. Jeder wusste oder würde bald wissen, wer von nun an der Spitze der Ranglisten stehen würde. Jeder wusste oder würde wissen, wer der König war. Schon bald hatte Vaccaro den armen Kerry Kittles in den Tiefen seines Gedächtnisses vergraben. Kobe war der Spieler, so beschloss er, der dem Umfang seiner Ambitionen für Adidas entsprach. Es musste nur richtig gemacht werden, mit einem Agenten und Partner, der genau zu Kobe passte. Der einen ähnlichen Hintergrund in Philadelphia hatte wie die Bryants. Der wie Vaccaro der Meinung war, dass ein aufstrebender Profisportler das Recht hat, seine Karriere so zu verfolgen, wie er es für richtig hält, und dass ein College-Studium nicht zwingend erforderlich für einen Sprung in die NBA sein sollte. Der Vaccaros Vision teilen würde, Kobe zum nächsten Basketball-Gott zu machen, und der das Gütesiegel besaß, um die Strippen zu ziehen und diese Vision zu verwirklichen. Später im Sommer rief Vaccaro Arn Tellem an.

Um Kobe noch einmal aus der Nähe zu sehen, arrangierte Krzyzewski eine Reise in einen Vorort von Philadelphia, wo er einem seiner Spiele in der Summer League von Plymouth Whitemarsh beiwohnen konnte. Er wählte ein gutes Spiel, gegen Donnie Carr und Roman Catholic. Es kam nicht oft vor, dass ein Spiel in der Summer League schon 24 Stunden vor Anpfiff den Wettkampfgeist anregte, aber …

Am Abend vor dem Spiel telefonierte Carr gerade mit seiner Freundin, als der Anklopfton ertönte. Er klickte rüber.

„Hallo."

„Yo, Don. Wie geht's, Mann? Was geht ab?"

„Chillen. Wer ist dran?"

„Bean, Mann. Wie geht es dir?"

„Ich chille, Mann. Rede mit meinem Mädchen."

„Alles klar, Mann. Ich habe nur eine kurze Frage an dich. Wird Yah Davis morgen beim Spiel sein?"

Es gab Gerüchte, dass Davis, Carrs Mannschaftskamerad bei Roman und selbst ein Kandidat für die Division One, zur Frankford High School wechseln würde. Sofort wurden Carrs Sensoren aktiv. *Der Kerl will mich ausfragen*, dachte er. Das war nicht dieselbe Art von Fragen, die Kobe ihm zu stellen pflegte, als sie noch jünger waren – als er etwas über sein Leben in South Philly wissen wollte, über eine Kindheit in Armut. Das hier war keine aufrichtige Neugierde, sondern ein sanftes Verhör. Das war ein Konkurrent, der nach einem Vorteil suchte.

„Ich weiß es nicht", sagte Carr. „Warum?"

„Mann", antwortete Kobe, „wenn Yah zu dem Spiel kommt, dann spielen du und Yah gegen mich, und es wird abgehen. Du und Yah gegen mich – das wäre ein tolles Matchup. Aber wenn es nur du bist, weiß ich nicht, ob es sich für mich überhaupt lohnt zu kommen."

Carr knallte den Hörer auf, wobei er vergaß, dass seine Freundin noch in der Leitung war. Seine Schwester und sein Bruder stürmten ins Zimmer: *Yo, was ist los?* Carr konnte es nicht fassen, dass Kobe ... es *wagte*, diese Nummer zu wählen und Psychospielchen mit ihm spielte. Das war der dünne kleine Witzbold, über den Carr und seine Freunde immer gelacht und den sie auf dem Platz herumgeschoben hatten.

„Mann, dieser Wichser hat mich gerade angerufen!", rief Carr seinen Geschwistern zu. „Totale Respektlosigkeit!"

Am nächsten Tag in Plymouth Whitemarsh saßen unter den etwa 20 schwitzenden Leuten in der stickigen, schweren Luft der Halle John Lucas, Rick Pitino und, in der neunten Reihe der Tribüne, Krzyzewski. Dave Rosenberg, einer von Kobes Teamkollegen, blickte zu ihnen auf. *Scheiße,* dachte er, *diese Saison wird interessant.* Dass Krzyzewski es überhaupt zum Spiel geschafft hatte, war für Mike Egan eine große Erleichterung. Egan, der Cheftrainer von Lower Merion in dieser Liga, hatte ihm den Weg zur Halle beschrieben und war besorgt, dass der legendäre Coach in Allentown statt in Montgomery County landen könnte.

Angesichts dieser Auswahl an Coaches wandte sich Carr an einen Assistant Coach aus Romans Stab. „Ich möchte Kobe verteidigen", sagte Carr. „Ich will Kobe und allen anderen zeigen, dass ich besser bin." Als sie zum Tip-Off aufs Spielfeld gingen, schüttelten sie sich nicht die Hände und sprachen nicht miteinander. Als ein Spieler von Roman den Ball zu Carr spielte, ging Kobe in eine „großartige Verteidigungshaltung", erinnert sich Carr, „wie damals, als Jordan Magic in den Finals bewachte", Arme und Beine ausgestreckt und weit, wie eine riesige Spinne. So als wolle er sagen: *Ja, ich weiß noch, was ihr mit mir gemacht habt. Aber jetzt gibt es etwas Neues.*

Carr stürmte mit einer schönen Geschwindigkeit auf Kobe zu und glitt zum Korb. Kobe holte ihn in Ringnähe ein, hob kurz hinter ihm ab und versuchte, seinen Wurf wegzuschmettern, aber nein ... Carr täuschte ihn und gab den Ball an einen hinter ihm stehenden Teamkollegen für einen Powerdunk ab. Die erste Halbzeit war zu Ende; er hatte 25 Punkte, Kobe vier. Carr lachte in sich hinein. Er wusste, dass er jederzeit gegen Kobe punkten konnte. „Wenn ich mich von einer Seite zur anderen bewegte, von Norden nach Süden, mit ein paar geschickten Moves“, erinnerte sich Carr, „fiel es ihm schwer, vor mir zu bleiben, weil seine laterale Geschwindigkeit noch nicht so gut war, wie sie später wurde.“ Nichts war anders als in den Spielen der Sonny Hill League, als Carr Kobe wie eine Schachfigur manipulieren und ihn durch seinen Größen- und Kraftvorteil in jede beliebige Richtung schieben konnte.

Dann begann die zweite Halbzeit, und zum ersten Mal war zwischen ihnen alles anders. In der Verteidigung begann Kobe, Carr zu face-guarden und ihn nicht an den Ball kommen zu lassen, und in den seltenen Fällen, in denen Carr den Ball hatte, senkte Kobe die Schultern ab und weigerte sich, Carr unter sich zu lassen. Bei einem Ballbesitz versuchte Romans Point Guard, einen Pass zu Carr zu erzwingen. Kobe stahl den Ball, tippte ihn vor und jagte ihm hinterher. Ein Roman-Spieler kam dem Ball nahe, aber Kobe schnappte ihn sich, spielte ihn hinter seinem Rücken und wieder nach vorne und lief weiter zum Korb. Zwei weitere Spieler stellten sich Kobe entgegen, der den Ball diesmal zwischen seinen Beinen hindurch dribbelte, von hinter seinem Hintern bis vor seine Leiste, ein Outlet-Pass zu sich selbst. Der Ball prallte ab, er fing ihn einen Schritt innerhalb der Freiwurflinie, in vollem Tempo, stieg hoch und dunkte ihn mit beiden Händen – *BOOM* –, und als er landete, begann er zu schreien. „Das war pure Extase“, sagte Carr. „Er hatte diesen Blick: ‚Ich bin der beste Spieler auf dem Platz, vergesst das bloß nicht.‘“

War Kobe fertig? Er war nicht fertig. Später kam er über den rechten Flügel, ging auf Carr zu und ließ ihn per Crossover aussteigen, genau wie Carr es zu Beginn des Spiels mit ihm getan hatte, wackelte ihn mit einem In-and-Out-Dribbling aus, versenkte einen Sprungwurf und hielt seinen Arm und seine Hand hoch wie ein großer Vogel im hohen Gras, wie Jordan. Carr hörte, wie Joe Bryant von der Tribüne aus rief: „Oh ja, mein Sohn. Genau wie ich es dir gesagt habe.“ Er hat nie vergessen, wie der Vater das Ausrufezeichen für den Sohn setzte.

Nach 25 Punkten zur Halbzeit beendete Carr das Spiel mit 29 Punkten, neun Rebounds und neun Assists. Kobe erzielte 32 Punkte in der zweiten Halbzeit und 36 im gesamten Spiel. Als Carr beim Buzzer einen Wurf verfehlte und die Aces mit einem Punkt Vorsprung gewannen, sank er auf den Parkettboden. Kobe half ihm hoch.

„Hör zu, Mann", sagte Kobe. „Es ist nur ein Spiel der Summer League. Du bringst das Beste in mir hervor. Wir sehen uns wieder."

Nur ein Spiel der Summer League. Angesichts des Meisterschaftsspiels ein paar Tage später war diese Aussage lächerlich. Lower Merion traf auf einen altbekannten Gegner, Chester, dessen Coach und Spieler nach wie vor davon überzeugt waren, dass die Aces sie nicht schlagen konnten, egal ob in ihrer Sommer- oder Winterversion. Besagter Head Coach war neu: Fred Pickett, langjähriger Assistant Coach an der Schule, der den Status der Clippers als das herausragende Programm in Pennsylvania und ihr Image als das meistgefürchtete Team genoss. Im Gegensatz zu seinem Vorgänger Alonzo Lewis, der von seinen Spielern nur wohlklingende Klischees über sich selbst und ihre Gegner hören wollte und selbst mit bestem Beispiel voranging, war Pickett nicht abgeneigt, den Lokalreportern genau zu sagen, was er dachte oder zu denken vorgab. Es war eine Taktik, eine Bestätigung seines Vertrauens in seine Spieler, und Pickett war bereit, andere Trainer zu verärgern, um den psychologischen Schutzschild seiner Mannschaft undurchdringlich zu halten.

Nach einem Rückstand von acht Punkten zur Halbzeit erzielte Lower Merion den ersten Korb der zweiten Halbzeit, doch der Teenager, der sich freiwillig gemeldet hatte, um die Anzeigetafel zu bedienen, vergab die zwei Punkte fälschlicherweise an Chester. Eigentlich führten die Clippers mit sechs Punkten, aber auf der Anzeigetafel stand, dass sie mit zehn Punkten führten. Egan rief den Schiedsrichter zu sich. Das war nur die Summer League. Niemand führte ein offizielles Punktebuch. Aber es war das Finale, und es ging gegen Chester.

„Moment mal", sagte Egan zum Schiedsrichter. „Sie haben den Spielstand falsch berechnet."

Dann wies Egan auf Pickett.

„Fred", sagte er, „du weißt, dass es acht Punkte waren und wir gerade gepunktet haben."

Pickett saß einfach nur da, die Arme über seinem Medizinball-Bauch verschränkt.

„Das weiß ich nicht."

„Fred! Komm schon!"

Das Ergebnis wurde schnell korrigiert, aber Lower Merion verlor trotzdem. Ein weiteres Finale gegen Chester, eine weitere Niederlage. Downer, der als Zuschauer anwesend war, und Egan geleiteten die Mannschaft in einen Gang außerhalb der Halle. Die Trainer versuchten nicht, die Spieler zu trösten. Das brauchten sie auch nicht. Bei den meisten von ihnen löste eine Niederlage in einem Finale der Summer League die gleiche Reaktion aus: „Okay, jetzt können wir ins Schwimmbad oder an den Strand gehen."

Nicht so bei Kobe. Dies war ein Finale, und dies war Chester. Als er zu sprechen begann, packte er sein feuchtes T-Shirt mit zwei Händen, zerknüllte es und wrang es aus, bis sich dicke Schweißtropfen auf dem Stoff formten und auf den Boden platschten.

„Ihr Motherfucker solltet besser bereit sein zu spielen", sagte er. „Ich verliere nicht noch einmal gegen dieses Scheißteam. Das ist doch Bullshit. Ihr solltet alle damit anfangen, eure Ärsche in Bewegung zu setzen."

Am 25. Juli 1995, zwei Wochen nach dem ABCD-Camp, schrieb Mike Krzyzewski handschriftlich mit Duke-blauer Tinte einen persönlichen Brief an Mike Egan, um seine Zuneigung für Kobe auszudrücken.

Lieber Mike,

schöner Sieg gegen Roman Catholic! Du hast gute Arbeit mit den Kindern geleistet. Sie spielen hart und gut zusammen. Mike, danke für all deine Hilfe. Ich weiß das sehr zu schätzen. Kobe ist etwas Besonderes und ich möchte ihn trainieren!

Allerbeste Grüße,
Mike

Egan fühlte sich von diesem Brief geehrt, hatte aber weiterhin keine Ahnung, wie Kobe sich entscheiden würde. Heute bewahrt er den Brief nicht in einer Schreibtischschublade oder sonst irgendwo versteckt auf, sondern das Schreiben hängt in der Mitte einer Wand in seinem Haus in Paoli, Pennsylvania, gegenüber einem Bücherregal, das mit Autobiografien und dicken historischen Schinken vollgestopft ist. Nur 14 Meilen entfernt lag an einem frühen Septembertag im Jahr 2020 ein blau-weiß gestreifter Duke-Basketball mit dem Logo der Blue Devils auf einem Schreibtisch in Joe Bryants altem Arbeitszimmer in der Remington Road 1224. Richard und Kate Bayer, das Ehepaar, das dort wohnte, wusste immer noch nicht genau, warum Kobe ihn zurückgelassen hatte, aber sie konnten es sich, wie alle anderen auch, denken.

Der angehende Retter der Sixers brauchte nicht lange, um zu erkennen, dass ihm keine guten Karten ausgeteilt worden waren. Am 31. Juli 1995, einen Monat nachdem das Team Stackhouse gedraftet hatte, beobachtete Joe Carbone, der Kraft- und Konditionstrainer des Teams, wie ein großer, schlaksiger Junge das Fieldhouse betrat und direkt auf Lucas zuging. Die beiden unterhielten sich einen Moment lang unter vier Augen, bevor Lucas Carbone zu sich rief und ihm Kobe vorstellte. Der stämmige und muskulöse Carbone war ein ehemaliger Bodybuilder mit der Form eines Hydranten, der sein ganzes Leben in Rockland County, New York, verbracht hatte, bevor er in dieser Saison zu den Sixers gekommen war. Er wusste nichts über die Highschool-Basketballszene in Philadelphia und hatte keine Ahnung, wer Kobe war. Mit seinen 1,58 Metern starrte er zu dem 2,01 Meter großen Teenager auf.

Du musst dich an Joe halten, sagte Lucas zu Kobe, *und stärker werden.*

Die Transformation von Kobe Bryants Körper begann sofort, als Carbone ihn zu einem zusammengewürfelten Haufen von Trainingsgeräten in der Ecke der Halle führte. Das Fieldhouse verfügte über keinen separaten Kraftraum, sondern nur über ein Squat Rack mit zwei Bänken, ein paar einstellbare Kraftgeräte, einige Pulley-Kabelzüge. „Aber wenn man weiß, was man tut", sagte Carbone, „kann man damit arbeiten." Da die Sixers und andere Spieler ihr Training um 9 Uhr morgens begannen, startete Kobe sein Training mit Carbone um 7 Uhr, und sie machten vor den Augen aller anderen Athleten weiter. Das Arrangement war etwas peinlich, wie Carbone später zugeben musste, denn es war klar, wer der eigentliche Auserwählte war.

Carbone erstellte eine Tabelle, um Kobes Training und Fortschritte zu verfolgen. Er hat sie aufbewahrt, sodass er ein Vierteljahrhundert später zeigen kann, dass Kobes erste Krafttrainingseinheit mit ihm vier Übungsrunden umfasste, von Kniebeugen mit 29 kg für zehn Wiederholungen über drei Sätze von 20 Curl-Ups bis hin zum Drücken von 48 kg für zehn Wiederholungen. In der dritten Sitzung am Donnerstag, dem 3. August, schaffte Kobe zehn Kniebeugen mit 61 kg. „Er war als Ausdauertyp gebaut", sagte Carbone. „Seine Muskeln basierten auf Ausdauer. Er war kein Fast-Twitch-Typ. Schnell zuckende Muskeln helfen dir, schnell zu sprinten und große, dicke Muskeln zu bekommen. Etwa ein NFL-Running-Back: sehr dicke Oberschenkel, kann 181 kg stemmen, Kniebeugen mit 272 kg machen. Das war nicht Kobes Körpertyp, also waren seine Erfolge hart erarbeitet." Am Ende des Sommers hatte Kobe von 84 auf 91 kg zugelegt, diese zusätzlichen Kilos waren nichts als Muskeln und Sehnen. Phil Martelli beobachtete aus dem Augenwinkel, wie er unter den Augen von Carbone auf einem Heimtrainer strampelte oder mit einem Fallschirm am Oberkörper sprintete. *Das ist anders,* dachte Martelli, *als alles, was ich je von all den anderen großen Spielern gesehen habe, die in Philadelphia Station machten.* „Er war da, um sich vorzubereiten", sagte Martelli später, „nicht um zu spielen."

John Nash, der General Manager der Washington Bullets, war ein echter „Philly Guy" – ein Absolvent der St. Joseph's University, früher ein langjähriger Angestellter bei den Sixers. Ein Insider, der wusste, wo alle Leichen begraben waren, und ein Mann, für den ein Handschlag verbindlich war. „Wenn John etwas sagt", erzählte Frank Layden, der langjährige Präsident und Trainer der Utah Jazz, einmal, „kann man es zur Bank bringen." Als Nash Mitte der 1970er-Jahre Direktor der

Philadelphia Big Five war, hatten er und Joe Bryant ein freundschaftliches Verhältnis gepflegt. Sie verkehrten in denselben Kreisen, und Nash kannte die Bryants als solide, bodenständige Familie.

Einen Pick nach der Wahl von Stackhouse durch die Sixers im 1995er-Draft entschieden sich Nash und die Bullets, die mit Chris Webber und Juwan Howard bereits über zwei erstklassige Postspieler verfügten, für den talentiertesten Spieler, der noch zur Verfügung stand, auch wenn es sich um einen weiteren Big Man handelte: den aus Philadelphia stammenden Rasheed Wallace, Stackhouses früheren Teamkollegen bei North Carolina. Nash wusste als Philly Guy natürlich, dass Stackhouse und zwei von Washingtons Guards, Doug Overton und Tim Legler, an den sommerlichen Spielen und Workouts der Stadt teilnahmen, und er wusste, dass Lucas oft dabei zusah. Nash rief Lucas also etwa einmal pro Woche an, um sich auf den neuesten Stand bringen zu lassen – ein freundschaftlicher Austausch von Beobachtungen und Informationen zwischen Kollegen und Konkurrenten.

Eines Tages fragte Nash: „Wie geht's Stackhouse?"

„Er ist der zweitbeste Guard in der Halle", antwortete Lucas.

Nash war verblüfft. Die Sixers hielten Stackhouse für einen Eckpfeiler ihrer Franchise. Waren Overton und Legler die einzigen anderen NBA-Guards, die an den Trainingseinheiten teilnahmen? Meinte Lucas einen von ihnen? *Stack ist wahrscheinlich besser als sie,* dachte Nash.

„Wer ist besser als er?", fragte Nash.

„Kobe", sagte Lucas. „Kobe bringt die Halle zum Glühen."

Kobe, dachte Nash. *Wenn ich die Chance bekomme, ihn zu draften, werde ich sie nicht ausschlagen.*

Der Sommer war Sam-Rines-Zeit für Kobe – und es war die Zeit von Sam Rines Jr. mit Kobe. Später im Juli, nach dem ABCD-Camp, reisten die Sam Rines All-Stars nach Las Vegas zum Adidas Big Time Tournament. Die Teilnahme an diesem Turnier war ein Bruch mit dem Ansatz der Familie Rines, ihr AAU-Basketballprogramm und seine Ziele in Philadelphia und Umgebung zu halten.

Aber Kobe hatte Sam Jr. dazu gedrängt, die Reichweite des Teams zu vergrößern, sich mehr landesweiten Wettbewerben zu stellen, und auf dem Flug nach Las Vegas wurde Sam Jr. in einem privaten Gespräch mit ihm klar, warum. Kobe erzählte ihm, dass er vorhatte, sich zum NBA Draft anzumelden.

„Die Beziehung wurde eng“, sagte Sam Jr. „Die Dinge wurden real.“

Es ergab Sinn, dass Kobe seine Pläne zuerst Sam Jr. gestand. Ja, die beiden hatten ihre Differenzen. Sam Jr. fragte sich, wann Kobe endlich lernen würde, weniger egozentrisch zu spielen; Kobe sträubte sich gegen die Forderung von Sam Jr., auf seine Mitspieler Rücksicht zu nehmen. Aber so sehr ihm der Gewinn einer State Championship auch am Herzen lag, so nahe er Gregg Downer, Mike Egan und Jeremy Treatman auch stand: Kobe trennte diese beiden Welten, den Highschool-Ball und den AAU-Ball, und nur in einer von beiden konnte er beweisen, dass er bereit war, Profi zu werden. Gegen ein Team der Central League Mitte Januar 40 Punkte zu erzielen war schön; sich gegen die besten Highschool-Spieler der Nation durchzusetzen, vor Hunderten von Trainern und Scouts, vor den Mächtigen der amerikanischen Basketball-Maschinerie, bei einer Veranstaltung, die von einem Sneaker-Mogul organisiert wurde, der sich mit ihm und seiner Familie anfreundete, war grundlegend. Rip Hamilton reiste nicht mit den Sam Rines All-Stars an und die Mannschaft gewann das Turnier nicht, aber das war nebensächlich. Kobes Zukunft nahm immer mehr Gestalt an. In den letzten Sekunden eines Spiels in Las Vegas gab er den Ball sogar an einen Mitspieler für einen offenen Korbleger ab. Dass der Mitspieler nicht traf und die Sam Rines All-Stars das Spiel verloren, war unerheblich. Der Pass war ein Zeichen dafür, dass Kobe sich endlich Sam Jr.'s Bitten zu Herzen nahm, den Ball öfter abzugeben, dass er sein komplettes, vielseitiges Spiel für sich sprechen ließ und nicht nur sein Ego und seinen Mund. „Mit dieser Aktion wurde er zu meinem Lieblingsspieler“, sagte Sam Jr. „Ich habe ihm sogar gesagt: ‚So solltest du immer spielen. Egal, was die Leute sagen, du bist der beste Spieler von allen, sobald du anfängst, Pässe zu spielen und nicht mehr so selbstsüchtig bist.‘ Ich habe ihn nach dieser Aktion respektiert.“

All die Coaches und Scouts taten das sicher auch. Aber sahen sie, was Kobe eigentlich im Sinn hatte? Verstanden sie, dass sie für ihn und Joe nur ein Mittel zum Zweck waren, dass die Bryants, so sehr sie auch die Bestätigung und Anerkennung dieser Trainer und Scouts brauchten, gedanklich im Hinblick auf Kobes Karriere schon einen Schritt weiter waren? Bei den Keystone Games im August sahen Joe, Sam Rines Sr. und Ron Luber (der Vater von Justin Luber, einem AAU-Teamkollegen von Kobe) zu, wie Kobe und Rip Hamilton drei Siege gegen All-Star-Teams aus Pennsylvania einfuhren, und flogen dann von Harrisburg nach Atlantic City, um im Trump Plaza Hotel und Casino eine Nacht mit Würfeln und anderen Glücksspielen zu verbringen. Luber, ein Arzt, übernahm die Rechnung, und es entwickelte sich eine Freundschaft zwischen den Dreien. Und der Basketball selbst? War für Kobe sehr zufriedenstellend, denn der Gegner seiner Mannschaft im Keystone-Finale bestand aus mehreren Spielern aus Chester und wurde trainiert von … Gregg Downer und Mike Egan. Kobe erzielte in diesem Finale 47 Punkte und besiegte seine Trainer. Diesen Sieg kostete er gegen Downer und Egan gnadenlos in Form von spitzen Bemerkungen aus, als die Saison von Lower Merion im Herbst begann.

Hey, Kobe, wir werden in der Verteidigung Folgendes tun …

Ach, wird das so gut funktionieren wie damals, als ich euch bei den Keystone Games 47 eingeschenkt habe?

Im Rückblick auf „diesen berühmten St. Joe's-Sommer", wie er ihn nannte, konnte Downer, der inzwischen selbst Vater war, die Perspektive von Joe einnehmen. Hier ist Kobe, der sich mit Jerry Stackhouse und Vernon Maxwell anlegt. Hier ist Kobe, der versucht, über seinen neuen Chauffeur Shawn Bradley zu dunken. Hier ist Sonny Vaccaro mit seinen Schachzügen. „Joe muss gedacht haben: ‚Da wird nichts draus'", sagte Downer. „‚Da wird nichts draus für La Salle, Villanova, Duke, für keinen von diesen Leuten.'" Ja, Joe muss so gedacht haben … denn Kobe dachte es auch, vor allem, als es um die Theorie ging, dass die beiden sich zusammentun würden, um das Programm an Joes Alma Mater wiederzubeleben. Das Gerede der „Fab Five" verflüchtigte sich bereits. Sam Rines Jr. war Lester Earl in Las Vegas begegnet und hatte ihn für eine kurze Frage angehalten – *Wirst du mit Kobe spielen*? – auf welche dieser eine vielsagende Antwort gab. *Mann, da bin ich mir nicht so sicher, Coach. Kobe wirft sehr viel. Ich könnte mit Kobe spielen, aber bei La Salle? Ich weiß es nicht.* Michigans Coach Steve Fisher kam zu einem offenen Training in der Hayman Hall, um Kobe zu beobachten, nahm die Umgebung in Augenschein und sagte zu jemandem: *Verdammt, hier spielen sie?* Das taten sie natürlich nicht, aber das spielte keine Rolle, denn die Wahrheit kam langsam ans Licht: Es war reines Wunschdenken, dass La Salle Kobe für sich gewinnen und dass Kobe La Salle verändern könnte, wenn er erst einmal dort war. Der Ort war zu klein für ihn. Er war nur noch nicht bereit, seine wahren Gedanken mitzuteilen. Er hatte noch einen weiten Weg vor sich, und wenn die Leute beim Vervollständigen des Puzzles nicht aufpassten, war das ihr Fehler.

Ich werde auf keinen Fall nach La Salle gehen. Wenn das so wäre, hätte ich schon vor langer Zeit zugesagt, und die vier anderen Spieler wären mit mir gekommen. Da ich während der Early Signing Period nicht bekannt gegeben habe, dass ich dorthin gehe, hätte man denken können, dass das jeder verstanden hat. Die Leute können manchmal so langsam sein.

John Cox hatte seinem älteren Bruder Sharif Butler eine Warnung nach der anderen, eine Ermahnung nach der anderen zukommen lassen, bevor sie sich eines Tages im Sommer mit Kobe in der hinteren Ecke der Halle von St. Joe's trafen. Butler war schon eine Weile nicht mehr in Philadelphia gewesen. Der 1,98 Meter große Guard spielte für Billy Tubbs an der Texas Christian University in Fort Worth und war nur zurückgekehrt, um seine Familie zu besuchen und seinen kleinen Cousin Kobe ein weiteres Mal aus Spaß an der Freude zu demütigen. *Yo*, hatte Cox ihm immer wieder gesagt, *du willst nicht gegen ihn spielen. Das war's für dich. Es ist vorbei.* Aber Sharif Butler war ein Starting Guard in der Big 12 Conference. Sharif Butler war selbst ein verdammt guter Spieler. Und Sharif Butler hatte keine Ahnung von dem Monster, das er mit all den ausgeteilten Qualen Jahre zuvor mit erschaffen hatte. Cox sagte ihm noch einmal: *Spiel nicht gegen ihn. Er wird dich zerstören.*

Butler spielte trotzdem, weil er zu lange weg gewesen war, weil er nicht Zeuge von Kobes Verwandlung geworden war.

Das Spiel ging bis 16. Kobe gewann. Nein, das ist nicht ganz richtig, das wird ihm nicht ganz gerecht. Kobe schlug ihn 16:0. Kobe hat ihn demoliert. Kobe hat über ihn gedunkt. Kobe ergoss über das drei Jahre ältere Familienmitglied eine Flut von Obszönitäten und Beleidigungen, die dessen Männlichkeit infrage stellten. Seine Wut hatte sich in Hunderten von Niederlagen gegen Butler angestaut. Als es vorbei war, holte sich Kobe einen Schluck Wasser. Der gedemütigte Butler stapfte zu Cox hinüber.

„John", sagte Butler, „er ist bereit. Er kann jetzt schon in der NBA spielen. Er ist da."

3
TEIL DREI

Ich liebe es,
Geheimnisse zu haben.
KOBE BRYANT

13 | Geheimnisse und Haie

Er war jetzt ein Senior. Bevor seine letzte Basketballsaison in Lower Merion begann, wachte Kobe Bryant im Spätherbst in der Dunkelheit und Stille des Morgengrauens auf, setzte sich auf den Fahrersitz seines Land Cruiser und machte sich auf die zwei Meilen lange Fahrt zu seiner Highschool. Noch hatte nichts geöffnet, weder die Supermärkte noch die Bagel-Shops. Niemand war auf der Straße. Wenn er sich noch ein paar Minuten Schlaf gönnte und etwas später aus der Haustür schlüpfte, würde er vielleicht ein oder zwei Jogger entdecken, die gleichmäßig wie Metronome liefen, dampfender Atem vor ihrem Gesicht, während das sanfte Licht der Straßenlaternen von ihren Schutzwesten reflektiert wurde. Sonst gab es nicht viel, was ihn ablenken konnte, als er links aus der Einfahrt fuhr, rechts in die Haverford Avenue und dann wieder rechts in die Argyle Road. Dort war trotz der dicht gedrängten Häuser und des hektischen Lebensstils der Babyboomer, die darin lebten, alles ruhig, und nur die Lichter auf der Veranda oder das grelle Licht des Vollmonds durchbrachen die Dunkelheit der Nacht.

Nirgendwo auf seiner Route lag das Tempolimit über 35 Meilen pro Stunde, weshalb die Fahrt rund sieben Minuten dauerte. Vielleicht dauerte sie auch weniger als sieben Minuten, weil er ein ungeduldiger Teenager war und so schnell wie möglich zur Schule kommen wollte, sodass sein Fuß stärker aufs Gas drückte und der Geländewagen vielleicht auf 40 oder 45 Meilen pro Stunde kam. Vielleicht brauchte er aber auch mehr als sieben Minuten, weil er ein schwarzer Teenager war, der vorsichtig sein wollte, weil man nie wusste, wo ein Polizist war und was dieser denken würde, wenn er einen schwarzen Jungen in der Dunkelheit an der Main Line herumfahren sah.

Seine Fenster waren geschlossen und die Heizung lief, sodass manchmal absolute Stille herrschte. Malte er sich das morgendliche Training im Kopf aus und plante die Übungen für die Fußarbeit, die Dreier und die Mitteldistanzwürfe? Dachte er an das nächste Training seiner Mannschaft, an das nächste Spiel? Sah er sich selbst in der NBA, die tobende Menge, den Wurf zum Sieg, den er machte? Manchmal fuhr er nicht allein, sondern holte Robby Schwartz. Der stämmige Junior-Guard Schwartz war einer der sympathischsten Spieler im Team, eine echte Plaudertasche, der jede Menge Sprüche und lustige Anekdoten auf Lager hatte. Während der zwei Tryout-Tage war er durch die Halle gewirbelt, hatte nach jedem Loose Ball gehechtet, jedes Offensivfoul angenommen und jeden Sprint gewonnen. „Ich habe noch nie in meinem Leben so hart trainiert", sagte er später. „Ich *musste* es ins Team schaffen. Ich wusste, dass etwas Besonderes passieren würde, und ich wollte ein Teil davon sein."

Kobe parkte auf dem Lehrer-Parkplatz, in der Nähe des Eingangs zu einer der drei Sporthallen der Schule – ein Privileg, das ihm eigentlich nicht zustand. In jenem Herbst hatten Bauarbeiten die Zahl der Schülerparkplätze von 79 auf 24 reduziert, und da die Anwohner über die vielen Autos in ihrer Nachbarschaft verärgert waren, verteilte die Polizei Strafzettel über 40 Dollar an Schüler, die die Frechheit besaßen, in den umliegenden Straßen zu parken. *Und Kobe darf seinen SUV parken, wo er will, als wäre er der Rektor?* Aber er konnte sich so leicht rechtfertigen. Er kam vor 5:30 Uhr an der Schule an, vor den Lehrkräften und den Schülern. Wenn er mehr Zeit in diesem Gebäude verbrachte, um seine Fähigkeiten zu verbessern, als sie, wenn er berühmt und unsterblich werden würde (und er war sich dessen sicher), warum sollten sie dann eher Anspruch auf einen dieser Parkplätze haben als er? Also ließ ein Hausmeister Kobe in die Schule, wo er und Schwartz entweder in die Haupt- oder in die dritte Sporthalle gingen, die Ardmore Gym. Es dauerte fünf Minuten, bis das Licht anging, und eine halbe Stunde, bis die Turnhalle auf Raumtemperatur aufgewärmt war. Während Schwartz dort stand und in seinen Shorts zitterte („Mir war noch nie so kalt wie in dieser Halle"), fragte er sich, warum ausgerechnet er zugestimmt hatte, als Kobe seine Mannschaftskameraden gefragt hatte, ob sie ihn bei diesen Shootarounds begleiten wollten.

„Ich stellte mir vor, dass wir diese großartige Chemie entwickeln würden und dass das irgendwie dazu führen würde, dass ich mehr spiele oder überhaupt spiele“, sagte er. „Am Ende habe ich einfach eine Stunde lang für ihn Rebounds geholt. Ich habe nie etwas gesagt. Er war ein Jahr älter als ich. Ich wollte nicht aufmucken, sondern einfach nur Teil seiner Reise sein, wohin auch immer sie führen würde. Dabei dachte ich: ‚Ich werde nur ein paar Minuten für ihn rebounden, dann laufen wir ein paar Drills.‘ Aber ich holte die ganze Stunde Rebounds für ihn.

„Das Komische ist, dass es im Nachhinein betrachtet der größte Spaß überhaupt war. Es war unglaublich. Die Leute hätten alles getan, um in meiner Position zu sein, um einfach nur für ihn zu rebounden. Damals habe ich das nicht so gesehen. Rückblickend weiß ich jede einzelne Sekunde mit ihm und dem Team sehr zu schätzen. Das war das beste Jahr aller Zeiten. Jeder Moment, vor dem Spiel, nach dem Spiel, im Training – ich würde alles geben, um zurückzugehen und alles noch einmal zu erleben.“

Ein Senior an der Highschool besitzt meist ein gewisses Maß an Sicherheit und Selbstvertrauen. Seniors sind im ersten Semester ihrs Schulabschlussjahres die absoluten Kings und können sich im zweiten Semester entspannt zurücklehnen, wenn die Bewerbungen fürs College eingereicht sind und die Zulassungsbescheide im Briefkasten landen. Wenn sie ein besseres Gefühl dafür haben, was vor ihnen liegt; wenn der Sommer (ihr erster als Highschool-Absolvent, als 18-Jähriger, als Erwachsener) und ihre neue Freiheit in Sicht sind. Ein Senior ist mit der Schullandschaft bestens vertraut, weiß, was cool ist und was nicht. Ein Highschool-Senior bekommt den größeren Spind, den besten Tisch in der Cafeteria, Partyeinladungen. Ein Highschool-Senior geht nicht, sondern er oder sie stolziert herum.

Kobe Bryant hatte gute Gründe, mehr zu stolzieren als die meisten Seniors. Der schüchterne, unsichere Freshman war verschwunden und durch einen 17-Jährigen ersetzt worden, der sich selbst bewiesen hatte, dass sein Traum – in der NBA zu spielen – nicht nur erreichbar, sondern greifbar war. Dieses Wissen befreite ihn. Er war sich jederzeit seines Platzes, seiner Rolle und seiner Verantwortung im Ökosystem von Lower Merion bewusst. Aber er war auch bereit und geneigt, Grenzen zu überschreiten – die Grenzen anderer und seine eigenen, innerhalb und außerhalb der Schule, wobei er Stimmungen, Bilder und Identitäten anprobierte wie Klamotten im Kaufhaus. Als ein Landstreicher ihn und Matt Matkov auf einer Straße in Philadelphia ansprach und Matkov um Geld bat, hob Kobe ihn hoch und *warf* ihn zur Seite. Matkov geriet im Shack in Ardmore in eine Schlägerei. Nachdem Kobe für seinen Freund eingetreten war und die Situation entschärft hatte, sagte er zu Matkov: „Matt, du kannst Leute nicht so wütend machen. Das darfst du einfach nicht." Eines Abends servierte ihm eine Kellnerin ein kleines Stück Apfelkuchen, worauf er zu ihr sagte: „Ma'am, ich bin 2,01 Meter groß. Davon werde ich nicht satt." Sein Wunsch, der beste Basketballspieler der Welt zu werden, verzehrte ihn förmlich. Erst nach seinem Tod begannen seine Freunde zu verstehen, welche Wirkung das auf ihn hatte. „Das ist etwas, womit ich nach seinem Tod sehr zu kämpfen hatte", erinnerte sich Robby Schwartz. „Die Leute sagen oft Dinge über ihn, die für mich unangemessen sind. Niemand kennt irgendjemanden. Jeder wollte nur eine Geschichte darüber haben, wie er war, und niemand wusste es wirklich. Ich habe immer gedacht, dass man von einer Sache besessen sein muss, um großartig darin zu werden. Stellt euch bei einem 17-Jährigen ein solches Maß an Konzentration und Intensität vor. Er war einfach extrem auf ein Ziel konzentriert. Das ist es, was die Leute nicht verstanden haben. Er hatte ein Ziel vor Augen, und wenn man nicht dazu gehörte, wenn man nicht zu diesem Ziel beitrug …"

Dieser engstirnige Fanatiker war nicht der Kobe, dem Katrina Christmas bei den Treffen der Schülervertretung begegnete und an den Vormittagen, an denen er in der Bibliothek vorbeikam, manchmal um zu plaudern, manchmal um ihr etwas anzuvertrauen. Dieser Kobe war respektvoll, wissbegierig und suchte ihren Rat, auch wenn es um seinen Umgang mit dem anderen Geschlecht ging. „Er war wie mein Sohn", sagte Christmas. „Wenn wir über Mädchen sprachen, sprachen wir über Respekt. Ich habe ihm immer gesagt: ‚Du willst nicht diese Mädchen, die die Röcke so kurz tragen.‘ Ich bin eine alte Frau und er war ein Junge, ich spreche also aus der Perspektive einer alten Frau. Es ging um das Leben im Allgemeinen und darum, wie man miteinander auskommt. Das war es, was unsere Beziehung ausmachte: wie man mit anderen Menschen auskommt, auch mit solchen, die nicht so aussehen wie man selbst. Er hatte nie etwas Überhebliches an sich. Er war wie alle anderen, aber er war auch anders als alle anderen.“

Das war eines der größten Paradoxe in Kobes Leben. Er konnte sich in andere hineinversetzen und dann auch wieder nicht. Er saß in derselben Klasse wie Jordan Couzens, der Star des Eishockeyteams, und Kobe fuhr oft nach King of Prussia, um die Spiele des Teams zu sehen und ihn zu unterstützen. „Ich glaube, Kobe hat gemerkt, dass er die ganze Aufmerksamkeit bekam“, sagte einer seiner Klassenkameraden, „aber Jordan hält immer noch alle Eishockey-Rekorde in Lower Merion und es gab eine Seelenverwandtschaft zwischen den beiden.“ Während einer Analyse der Kurzgeschichte „Everything That Rises Must Converge“ von Flannery O'Connor im Englischunterricht fand Matkov einen Weg, die Diskussion wieder auf Kobe zu lenken, indem er argumentierte, dass die Hauptfigur der Geschichte sich selbst etwas vorgemacht habe, dass sie nicht ehrlich zu sich selbst gewesen sei, was Kobe nie getan hätte. „Viele Leute denken, dass er in einer Blase lebt, in seiner eigenen Welt“, sagte Matkov, wobei sein Pferdeschwanz wippte und er Kobe zunickte, „aber ich weiß, dass er das nicht tut. Er ist mit mir verbunden und er ist mit sich selbst verbunden. Echter als er zu sein, ist nicht möglich.“ Wer in diesem Moment im Klassenzimmer saß, wusste nicht, ob er Matkov für seine Loyalität zu seinem Helden / besten Freund bewundern oder über seine Arschkriecherei die Augen verdrehen sollte. Für ein Hauswirtschaftsprojekt sollte Kobe mit seiner Freundin Lauren Rodrick ein Team bilden. Lauren war nach sechs Jahren auf der katholischen Schule nach Lower Merion gewechselt und hatte Kobe erzählt, wie fehl am Platze sie sich als neue Schülerin fühlte. Und er hatte ihr gesagt, dass er sie verstehe. Jetzt sollten die beiden mit einer Cabbage-Patch-Puppe lernen, wie es ist, Eltern zu sein und sich um ein Neugeborenes zu kümmern. Die hellhäutige Rodrick brach in Gelächter aus, als Kobe den dunkleren Teint der Puppe betrachtete und sie fragte: „Bist du sicher, dass das dein Baby ist?“ Sie hielt ihn für clever, einen Spaßvogel, der sich in Einzelsituationen wohler fühlte als in Gruppen. Je größer die Menschenmenge um Kobe wurde, desto ruhiger wurde er, stellte Rodrick fest. Als sie Juniors waren, überraschte er sie mit der Aussage, dass er zwar von Zeit zu Zeit mit zwei oder drei Freunden abhing, aber noch nie auf einer Hausparty gewesen war, noch nie inmitten von ein paar Dutzend Schülern, ohne dass seine Eltern oder andere Eltern die Aufsicht hatten. „Kobe, du gehst vielleicht aufs College“, hatte Rodrick ihm gesagt. „Du kannst nicht gehen, ohne einmal auf einer Hausparty gewesen zu sein!“ Nachdem er zunächst versucht hatte, Rodricks Drängen zu ignorieren – *Nein, ich bleibe zu Hause. Viel Spaß euch* –, begleitete Kobe schließlich sie, ihren Freund, Shaya und ein paar andere zu einem Haus in Yeadon, einer kleinen Stadt in Delaware County, und ließ sich einen Samstagabend lang von der Musik und der Aufmerksamkeit von Mädchen mitreißen, die er noch nie zuvor gesehen hatte. „Er war heiß begehrt“, erinnert sich Rodrick. „Er genoss es, dass die Mädchen ihn nicht als Kobe Bryant kannten. Er war einfach ein gutaussehender Typ auf einer Party. Es war ein guter Abend. Er war sehr froh, mitgegangen zu sein.“

Diese Freiheit und relative Anonymität hatte er in Lower Merion nicht mehr. Am 3. Oktober hingen die Schüler an den Fernsehgeräten in den Fluren und in der Lobby, um den Abschluss des Mordprozesses gegen O. J. Simpson zu verfolgen, und der Freispruch spaltete die Schule: Schwarze jubelten, Weiße waren ungläubig. Kobe berührte diese Spannung nicht. „Ich weiß nicht, inwieweit die Leute ihn als Schwarzen oder Weißen sahen, oder eher als Kobe, diese imposante Figur“, sagte Schwartz. „Er war unter uns, aber in gewisser Weise war er größer als wir.“

Kobe fühlte sich zunehmend wohler mit seiner gehobenen Stellung und mit sich selbst. An den Wochenenden gingen er und Griffin häufiger aus, in Clubs und andere Lokalitäten in der Stadt und Umgebung. In der Schule kursierte das Gerücht, er sei mit der Schauspielerin Tatyana Ali zusammen, einer Darstellerin der Sitcom *The Fresh Prince of Bel Air*; Kobe hatte das Gerücht selbst in die Welt gesetzt, indem er mit seinem Freund Rennae Williams scherzte, dass er entweder Ali oder den Popstar / die Schauspielerin Brandy zum Abschlussball mitnehmen würde. (Als Melanie Amato, eine Reporterin von *The Merionite*, ihn fragte, ob das Gerücht wahr sei, lachte er. „Kein Kommentar", war seine Antwort.) Aufgrund seines Status hinterließ er bei jeder Interaktion, bei jeder Person im Gebäude, einen Eindruck. Zu Beginn des Schuljahres traf sich sein Vertrauenslehrer Frank Hartwell mit einigen Freshmen, als Kobe in Hartwells Büro kam und ihn unterbrach. „Hallo, Mr. Hartwell", sagte er. „Wie geht's Ihrer Familie?" Die Freshmen schnappten hörbar nach Luft und starrten ihn an. *Da ist Kobe Bryant! Ich bin ganz nah an ihm dran!*

Bei einem späteren Treffen mit Hartwell herrschte ein anderer Ton. Im März 1995 hatte die Schulbehörde eine überarbeitete Richtlinie über sexuelle Belästigung verabschiedet, die im folgenden Herbst Schulungsseminare für das Personal und die Schüler der Schule vorschrieb. Als Vertrauenslehrer musste Hartwell seine Schüler in kleinen Gruppen versammeln, um mit ihnen die Bestimmungen der Richtlinie durchzugehen. Dazu gehörte auch, „die Beziehung zwischen Regeln, Gesetzen, Sicherheit und dem Schutz der Rechte des Einzelnen" und „die Unterschiede zwischen angemessenem und unangemessenem Körperkontakt" zu lernen.

Nachdem Hartwell den Zweck der Sitzung erklärt hatte, stand Kobe auf und ging zur Tür.

„Mr. Hartwell, ich brauche das nicht", sagte er. „Ich brauche das nicht."

„Kobe", sagte Hartwell, „du brauchst das."

Kobe setzte sich wieder hin, und Hartwell fuhr mit dem Seminar fort.

Der Druck, Kobe zu coachen und eine State Championship anzustreben, lastete auf Gregg Downer, lange bevor im Spätherbst 1995 die

Probetrainings und das Training begannen. Er rechnete damit, dass die kommende Saison seine letzte in Lower Merion sein würde. Er hatte seine neue Stelle als Sportlehrer an der Episcopal Academy unter zwei Prämissen angetreten: Erstens, dass er die Möglichkeit haben würde, die Aces während der gesamten Senior-Saison von Kobe zu trainieren; zweitens, dass er sich nach dem Ende der Saison vollkommendem Unterrichten und Trainieren an der Episcopal Academy widmen würde. Dass er seine Karriere dorthin verlagern würde, selbst wenn er nie Basketball-Cheftrainer der Schule wurde. Aber was, wenn es keinen Titel auf regionaler oder überregionaler Ebene gab? Was, wenn die Saison ein Misserfolg wurde? Die tägliche Herausforderung durch Kobe, ihn zu pushen und von ihm gepusht zu werden, war belebend, aber Downer konnte diese Fragen nicht beiseiteschieben. Bevor Kobe nach Lower Merion kam, lag Downer manchmal nachts wach und sorgte sich nicht etwa, dass die Aces ihr nächstes Spiel verlieren, sondern dass sie keine *Punkte* machen würden. Es war albern, aber es war real. Der Stress würde ihn lähmen, wenn er nicht aufpasste, und andere Leute spürten das ebenfalls.

Bei einer Kundgebung für das Footballteam stürzte sich Kobe in ein Tauziehen zwischen Seniors und Juniors, fünf Schüler auf der einen und fünf auf der anderen Seite. Die Schüler hatten ihre Taschen überall hingeworfen und so ein Minenfeld auf dem Hallenboden geschaffen. Als Lynne Freeland (die Lehrerin, die die Kundgebung organisiert hatte, und die Mutter von Kobes Freundin Susan Freeland) sah, wie Kobe beinahe auf die Taschen trat, beeilte sie sich, diese mit Fußtritten aus der Gefahrenzone zu befördern. *Gregg wird mich umbringen, wenn Kobe sich den Knöchel verstaucht,* dachte sie.

Das Telefon im Sportbüro – ein Raum von der Größe einer Besenkammer, der gerade genug Platz für Direktor Tom McGovern und die Sekretärin Mary Murray bot – hörte nicht auf zu klingeln: Trainer, Scouts, Medien, Eltern, Gemeindemitglieder. McGovern kaufte einen Anrufbeantworter, der bis zu 100 Nachrichten aufnehmen konnte. Nachdem er zwei Tage lang morgens feststellen musste, dass der Anrufbeantworter voll war, weil die Anrufe über Nacht gekommen waren, zog er den Stecker. Während der regulären Saison gab es so viele Anfragen nach Eintrittskarten, dass McGovern den Kartenverkauf aus dem Sportbüro verlegen musste, weil die Schlangen auf den Fluren den Schulbetrieb störten. An Spielabenden wurden Hunderte von Menschen, die an der Abendkasse Tickets kaufen wollten, an der Tür abgewiesen, und ihre zurücksetzenden Autos sorgten für Staus auf der Montgomery Avenue und Kopfzerbrechen bei der örtlichen Polizei. „In seinem Junior- und Senior-Jahr", sagte McGovern, „nahm Kobe fast jede Minute meines Tages in Anspruch." Und die von Murray auch, aber sie nahm die Sache weniger gelassen auf. Von allen in Lower Merion schien sie diejenige zu sein, die das Kobe-Erlebnis am meisten ablehnte oder missbilligte, als ob die alten Tage mit einem mittelmäßigen Basketballprogramm dem Trubel und der Aufregung vorzuziehen wären. „Sie waren überwältigt", sagte Downer. „Jemand wie Mary Murray konnte es kaum erwarten, dass die Saison zu Ende ging."

Downer und der Rest des Teams wiederum konnten trotz all dieser Strapazen den Beginn der Saison kaum erwarten. Die noch immer Kobe-zentrierten Aces würden ohne Guy Stewart und Evan Monsky, die beide ihren Abschluss gemacht hatten, ein etwas anderes Gesicht haben. Emory Dabney würde die Rolle des Point Guard übernehmen und zusammen mit Kobe, Jermaine Griffin, Dan Pangrazio und Brendan Pettit in der Starting Five stehen, und zwei weitere neue Spieler gaben Downer einen breiteren Kader: Forward Omar Hatcher, der von Archbishop Carroll zur Schule gewechselt war, und Freshman Kareem Barksdale. Wie schon im Jahr zuvor hatte Downer den Spielplan der Aces zu Beginn der Saison vollgepackt: ein Spiel gegen Donnie Carr und Roman Catholic an der Drexel University, ein Rematch gegen St. Anthony, diesmal im Fieldhouse von St. Joseph's, und drei Spiele beim Beach Ball Classic, einem Turnier in Myrtle Beach, South Carolina, an dem einige der besten Spieler und Teams der Nation teilnehmen würden, darunter Glen Oaks und Lester Earl, Eau Claire (South Carolina) und Jermaine O'Neal sowie die Shadow Mountain High School aus

Arizona und ihr Point Guard Mike Bibby, der Sohn von Joe Bryants ehemaligem Teamkollegen Henry Bibby.

Am wichtigsten für die Mannschaft und für seinen eigenen Seelenfrieden war, dass Downer zwei weitere Assistant Coaches einstellte und ihnen ungewöhnliche Aufgaben zuwies. Den ersten musste er nicht finden, denn dieser fand ihn. Jimmy Kieserman, 1,83 Meter groß und 26 Jahre alt, der mit Sam Rines Jr. aufgewachsen war und sowohl für die Rider University als auch für die University of Miami als Point Guard gespielt hatte, arbeitete jetzt im Versicherungswesen und lebte in Narberth. Eines Abends sah er zufällig einen Beitrag über Kobe in einem lokalen Fernsehsender. Kieserman war der Enkel von Harry Litwack, dem legendären Cheftrainer von Temple. Und als solcher fragte er sich, was auch ein Cheftrainer fragen würde: *Wie wird dieser Junge in der Highschool besser? Wer ist vor Ort und kann ihm dabei helfen?* Er rief Downer an und bot sich an, quasi als Personal Trainer für Kobe zu fungieren. Kieserman konnte dunken. Kieserman hatte bei den Maccabi Games in Israel und als Profi in der Eastern Basketball League gespielt, verfügte über einen mörderischen Crossover und hatte ein athletisches, aggressives Spiel entwickelt. „Ich hatte das Gefühl, dass ich ein Mann war und er ein Kind, und dass ich ihm bei seinen Fähigkeiten helfen und ihn herumschubsen konnte“, sagte er. Downer akzeptierte.

Downers zweiter Neuzugang im Trainerstab, Jeremy Treatman, war eine Formsache, da die beiden Männer bereits befreundet waren und Treatman ohnehin so viel Zeit mit Downer, Kobe und Joe verbrachte. Treatman sollte allerdings in Downers Vorstellung weniger ein Coach sein, sondern sich eher um die Pressearbeit kümmern. Was Downer im Zusammenhang mit Kobe am meisten hasste, waren die ständigen Interviewanfragen von Zeitungs- und Fernsehreportern. Downer war Außenstehenden gegenüber diskret und vorsichtig in seiner Wortwahl, wenn er öffentlich sprach; er zog es vor, sich auf das Coachen seines Teams zu konzentrieren, Treatman hingegen verfügte nicht nur über die professionellen Kontakte, die Erfahrung und das Know-how, um mit dem Medienansturm umzugehen, sondern war auch begeistert von der Chance, ein Vertrauter von Kobe zu sein und jeden Anschein von Objektivität aufzugeben. Warum über Lower-Merion-Basketball berichten, wenn er Teil von Lower-Merion-Basketball sein konnte? Insgesamt schlug Downer beim Aufbau eines Basketball-Programms an einer Highschool einen innovativen und modernen Weg ein. Mike Egan blieb der Defensivspezialist, Drew Downer war der Amateur-Sportpsychologe, Kieserman war Kobes Gegenspieler/Tutor und durch die Anwesenheit von Treatman konnte Downer die gesamte Operation beaufsichtigen und orchestrieren.

Die Reise verlief in den ersten Wochen der Saison nicht ohne Hindernisse. Egans Notizen aus der Preseason – Überschrift: „Vier Monate spielen, ein Leben lang bereuen“ – ließen wenig Zweifel daran, dass die knallharten Methoden, die Downer und er während Kobes Junior-Saison angewandt hatten, auch in seiner Senior-Saison zum Tragen kommen sollten: „Kobe – energischer in der Zone, Rebounds, Erschweren, Absichern … Jermaine – finish, finish, finish, finish, zweiter Effort … DAN – Court Awareness, mehr den Ball übernehmen, pump + go. Drew, denk über Beweglichkeitsarbeit für ihn nach (schwere Füße).“ Sie taten ihr Bestes, um Kobe wie ein ganz normales Teammitglied zu behandeln, auch wenn er das offensichtlich nicht war. Am ersten Trainingstag war Kobe entsetzt über die Faulheit seiner Mannschaftskameraden, insbesondere der neuen. Dabney kam zu spät und war (weil er nach eigenen Worten im Unterricht nur „herumgegammelt“ hatte) für drei Spiele nicht spielberechtigt. Hatcher kam ebenfalls zu spät, ebenso wie ein anderer Ersatzspieler, Cary „Butter“ Walker. „Sie hatten wirklich keine Ahnung“, sagte Kobe später. „Sie haben für das Basketballteam vorgespielt, aber sie wussten nicht, was sie erwartete. Sie wussten nicht, was wir emotional durchmachen würden, der Hype, die Medien. Sie kamen einfach ohne Energie zum Training.“ Er nahm Griffin, seinen engsten Freund im Team, zur Seite.

„Jermaine“, sagte er zu ihm, „wir müssen das vielleicht ganz allein machen. Ich muss vielleicht 40 Punkte im Schnitt auflegen und du 30.“

Noch bevor ein einziges Spiel in dieser Saison gespielt war, begannen Kobes Fähigkeiten und sein unbändiger Siegeswille ihn von seinen Teamkollegen abzuheben, die sich schwer damit taten, die von ihm in sie gesetzten Erwartungen zu erfüllen. Bei jedem Training ließ Downer das Team einen Rebounding Drill durchführen: Ein Spieler verfolgte den Fehlwurf und der andere versuchte, ihn auszuboxen. Wenn der Offensivspieler den Ball berührte oder sich sogar den Rebound schnappte, musste der Verteidiger auf dem Court bleiben. Kobe hatte in seiner Highschool-Karriere noch nie eine Scrimmage oder eine Wettkampfübung verloren. Als er und Pangrazio gegeneinander antraten und einen Loose Ball auf dem Weg zu einer Betonmauer jagten, tat Kobe, was er für nötig hielt. Gerade als Pangrazio den Basketball in die Hände bekam, verpasste Kobe ihm einen Stoß in den Nacken. Eine Metallplatte hing unten an der Wand. Als Pangrazio auf den Beton aufschlug, stieß sein Ellbogen gegen eine der Schrauben der Platte, die ihm eine Wunde in den Arm riss. Kobe riss Pangrazio den Ball aus den blutverschmierten Händen und trug ihn triumphierend zur Mitte des Courts, noch immer ungeschlagen. Bemerkenswerterweise zeigte Pangrazio keine Verbitterung über den Vorfall, obwohl er sich sofort ins Krankenhaus begeben musste, wo sein Arm mit drei Stichen genäht wurde. „So sehr die Leute vielleicht denken, dass Kobe es übertrieben hat", sagte er später, „wir alle haben seinen Ehrgeiz geliebt. Wir wussten, dass wir Teil von etwas Besonderem waren. Kobe trieb mich auf ein Niveau, das ich nie für möglich gehalten hätte, und er verlangte von uns allen, dass wir dasselbe für ihn tun."

Im Allgemeinen war Robby Schwartz ein beliebtes Ziel für Schikanen. Die morgendlichen Fahrgemeinschaften brachten ihm keine Pluspunkte bei Kobe ein. Wenn die Aces Full-Court trainierten, ließ Downer sie oft zu sechst spielen, wobei Schwartz und ein anderer kleiner Spieler, Leo Stacy, Kobe verteidigen und irritieren sollten. „Ich dachte immer: ‚Irgendwann wird er ausholen und mich schlagen'", erinnert sich Schwartz. „Wir waren ständig an ihm dran. Wir haben versucht, ihn nicht an den Ball kommen zu lassen, und wenn er ihn dann hatte, haben wir ihn gedoppelt, gehackt und gefoult. Manchmal wurde es ein bisschen brenzlig. Er hat uns die Hand weggeschlagen. Ich wurde nach einem Dunk mehrmals mit dem

Ball im Gesicht getroffen." Einmal rächte sich Schwartz schließlich, indem er bei einem Fastbreak in Kobe hineinstürzte und dabei einen Korbleger übers Brett versenkte. Kobe sank zu Boden, um ein Offensivfoul anzunehmen, und Schwartz fing den Ball, nachdem er durch den Korb fiel, und warf damit nach Kobe, während der noch auf dem Rücken lag. *Verdammt, ja. Ich habe gerade gegen den besten Spieler des Landes gepunktet.* Schwartz rannte mit geballten Fäusten zurück in die Verteidigung, als er sah, dass seine Mannschaftskameraden auf ihn zeigten. „Ich drehte mich um", sagte er, „und der Ball kam auf mein Gesicht zu." Kobe hatte ihn in Nolan-Ryan-Manier auf ihn geschleudert. Schwartz duckte sich. Der Ball zischte an seinem Kopf vorbei. Das Training ging weiter, als wäre nichts passiert.

Eine Begebenheit, in die Schwartz involviert war, gehört schon seit Langem zur Kobe-Bryant-Story, auch wenn die Details durch die Überlieferung inzwischen so verschwommen sind, dass es sich auch um eine Legende halten könnte. Nach Aussage der Zeugen scheint dies die genaueste Wiedergabe der Ereignisse zu sein: Die Aces hatten ein Trainingsspiel und Kobe und Schwartz waren im selben Team. Bei ausgeglichenem Spielstand, während Kobe ständig Double- und Triple-Teams auf sich zog, kam Schwartz auf die Idee, Kobe als Lockvogel einzusetzen. In der Ecke klatschte Kobe in die Hände und rief nach dem Ball – „Rob! Rob!" – aber Schwartz täuschte einen Pass zu ihm an und zog stattdessen zum Korb. Es war sein erster Wurf im Spiel. „Ich habe den Layup verpasst", erinnert sich Schwartz. „Ich würde ja sagen, dass ich gefoult wurde, aber wir haben nicht wirklich Fouls gepfiffen."

Die gegnerische Mannschaft traf auf der Gegenseite und gewann das Spiel. Für Kobe war es in vier Jahren die erste Niederlage gegen seine Mannschaftskameraden. Er rammte den Ball in den Boden. Er schimpfte mit Schwartz: *Das war kein kluges Play! Was denkst du, was du da tust?* „Es fing an, als wäre es spielerisch und scherzhaft gemeint", sagte Downer. „Dann wurde uns klar: ‚Er macht keine Witze.'" Seine Wut eskalierte, bis Schwartz murmelte: „Alter, entspann dich."

Für Schwartz blieb die Zeit plötzlich stehen. *Scheiße, ich hätte nichts sagen sollen.* Kobe machte irgendeine Bewegung in seine Richtung und Schwartz wartete nicht ab, um zu sehen, was er vorhatte. Er stürmte durch die Doppeltüren der Halle und rannte zum oberen Ende des Flurs. „Ich hatte riesige Angst", sagte er. „Ich wusste, dass ich etwas zu jemandem gesagt hatte, der wesentlich größer war als ich. Die Angst nahm überhand und ich bin einfach geflohen. Als ich zurück in die Halle ging, war mir das sehr peinlich."

Die Legende besagt, dass Kobe Schwartz den Gang hinunter „gejagt" hat. „Er hat ihn nicht gejagt", sagte Egan. „Die wahre Geschichte ist besser: Er war einfach wütend auf den Kerl. Es spielte keine Rolle, dass Robby der letzte Mann auf der Bank war." Treatman behauptet, dass Kobe in den verbleibenden 75 Minuten des Trainings Schwartz nicht mehr aus den Augen ließ. Als er an diesem Abend nach Hause fuhr, konnte Treatman nicht fassen, was er gesehen hatte; die Intensität von Kobes Reaktion auf etwas, das jeder andere als bedeutungslose Niederlage in einem gewöhnlichen Trainingsspiel ansehen würde. Als er an einer Ampel hielt, wurde ihm die Bedeutung der Szene bewusst. *Das ist es, was ihn großartig macht. Das ist es, was ihn von allen anderen unterscheidet.*

„Ich glaube, einige der Jungs waren ein wenig eingeschüchtert", sagte Treatman.

Vielleicht hatten sie auch allen Grund dazu – und wenn Kobes Mannschaftskameraden mit seinem Konkurrenzdenken nicht zurechtkamen, wie sollten sie dann mit Roman Catholic zurechtkommen? Oder mit St. Anthony? Oder, bei den District und State Championships, mit Chester? Oder was, wenn die anderen Spieler, weil sie darauf vertrauten, dass Kobe ihnen aus jeder Patsche helfen würde, übermütig wurden? Downer sah überall potenzielle Fallstricke, darunter auch einen, der sich aus der vermeintlichen Verbesserung des Teams ergab. Der allgemeine Talentzuwachs der Aces hatte Matt Matkovs Platz im Kader in Gefahr gebracht und Downer machte sich Sorgen, wie Kobe reagieren würde, wenn die Coaches Matkov nicht mehr guten Gewissens im Team behalten konnten.

„Was soll ich mit diesem Kerl machen?", fragte Downer Egan. „Er kann wirklich nicht für uns spielen, aber er ist der beste Freund von Kobe."

„Wirf ihn raus", sagte Egan. „Kobe wird es erst in zwei Wochen merken."

Tatsächlich verließ Matkov das Team schon vorher auf eigenen Wunsch. Zwei Wochen später schaute sich Kobe im Training um und fragte: „Was ist mit Matkov passiert?"

Über die vergangenen zwei Jahre hatte Joe Bryant immer wieder zu Speedy Morris gesagt: *Wenn Kobe aufs College geht, dann geht er nach La Salle.* Joe wollte seinen Chef beschwichtigen und seinen Job behalten, aber es war nichts in trockenen Tüchern, und soweit es Kobe und Joe betraf, würde sich das auch nicht ändern. In der Beziehung zwischen Morris und Joe war ein Riss entstanden, dessen Tiefe Morris nicht ganz bewusst war.

Joe sprach weiter einmal pro Woche mit Jeremy Treatman und flüsterte in sein Bürotelefon, damit Morris ihn nicht hörte. Dabei informierte er Treatman über jedes Gespräch mit Sonny Vaccaro. Joe hatte Mühe, seine Rolle als Vater und Recruiter unter einen Hut zu bringen, und ärgerte sich über Morris' Tonfall, wenn dieser nach Kobe fragte. „Er fragte mich als Recruiter", sagte Joe einmal, „und das gefiel mir nicht." Als die *Philadelphia Daily News* am 5. Oktober 1995 einen Artikel mit der Überschrift „La Salle, NBA an der Spitze von Kobe Bryants Liste" veröffentlichte, hatte Kobe verächtlich gelacht. „Mom, ich gehe auf gar keinen Fall nach La Salle", hatte er zu Pam gesagt, und zu Joe: „Dad, es liegt nicht an dir. Ich mag Coach Morris einfach nicht."

Morris wusste nichts davon – obwohl er etwas *ahnte* –, und deshalb hegte er noch immer die Hoffnung, dass er Kobe für sich gewinnen und ihn dazu bringen könnte, ein Megastar für die Explorers zu sein. Joe und Kobe verabredeten sich mit ihm in einem Restaurant in Roxborough zum Abendessen. Kobe saß an einem Ende des Tisches, Morris am anderen, und Kobe sagte: „Ich werde kommen." Es handelte sich um eine mündliche Zusage, aber sie war über das Wort von Kobe und Joe hinaus nicht bindend.

Am nächsten Morgen kam Joe mit einem Blatt Papier in der Hand in Morris' Büro in La Salle.

„Was ist das?", fragte Morris.

„Das", sagte Joe, „sind die Hochschulen, die er sich ansieht."

Morris nahm das Blatt von Joe. Es standen 15 Colleges und Universitäten auf der Liste.

„In Ordnung, Joe", sagte Morris. *Wir kriegen ihn nicht,* dachte er, zerriss das Blatt und warf es in den Mülleimer.

Das war nur ein Blatt Papier, auf dem nur 15 Colleges standen. Frank Hartwell hatte in seinem Büro einen Korb stehen, der jede Woche bis zum Rand mit Briefen von jedem College und jeder Universität des Landes gefüllt war. Und jede Woche tat Hartwell mit dem Großteil des Inhalts dieses Korbes das, was Morris mit Kobes Liste tat: Er warf ihn in den Müll. Die größeren Umschläge und Materialien reichte er an Gregg oder Drew Downer weiter, die sie vor dem Team öffneten und ein lustiges Spektakel daraus machten: *Hier ist ein FedEx-Paket aus … Kentucky! Kobe Bryant, komm zu uns in den Süden!* So oder so hatte Kobe kein Interesse an ihnen, was Hartwell überraschte, da er davon ausging, dass die akademischen und sozialen Aspekte der College-Erfahrung einen gewissen Reiz auf Kobe ausüben würden. Das war jedoch nicht der Fall. Kobe nahm nie an einem offiziellen Rekrutierungstermin teil; er und Joe wollten weder ihre Zeit noch die der Hochschulen verschwenden. „Es schien, als wüsste er wirklich, was er tun wollte", sagte Hartwell, „und es schien, als würde er Ermutigung und Motivation aus anderen Quellen erhalten."

Natürlich tat er das – und das war ein weiterer Widerspruch, der den Kern von Kobe und seinen Entscheidungen ausmachte. In einer Hinsicht war seine Basketballkarriere als Teenager traditionell verlaufen. Er wechselte nicht auf eine Privatschule oder eine renommierte Prep School, welche die besten jugendlichen Spieler des Landes rekrutierte und sie auf einen malerischen Campus in Kalifornien oder Florida lockte, um sich ein All-Star-Team aufzubauen. Er verließ sich nicht auf einen skrupellosen AAU-Trainer/Sportdirektor einer Charter-Schule, der Aufzeichnungen oder Noten fälschte, damit Kobe sich akademisch für ein Jahr in einem der prestigeträchtigsten Programme des College-Basketballs „qualifizieren" konnte. Stattdessen machte er es ganz einfach: Er spielte für seine örtliche Highschool, wo die Menschen in seiner Community, die er seit der achten Klasse kannte, seine Fortschritte genau verfolgen, an einem Freitagabend fünf Minuten zu einem seiner Spiele fahren und an seinem Erfolg teilhaben konnten. Eine seiner Klassenkameradinnen und Nachbarinnen, Annie Schwartz (nicht verwandt mit dem armen Robby), bemerkte, dass Kinder Kobe oft um Autogramme baten und er sich Zeit für jeden einzelnen nahm. „Niemand behandelt ihn anders", sagte Annie, die fünf Häuser von den Bryants entfernt aufwuchs. „Er ist ein ganz normales Kind. Sicherlich ist er kein Macaulay Culkin."

Aber in anderer Hinsicht ging er einen revolutionären Weg, indem er sein Image und seine Ergebnisse kontrollierte, wie es so viele junge Sportler seither getan haben. Er gab nur ausgewählten Menschen einen indirekten Einblick in seine Denkweise und seine Einstellung. So fragte Katrina Christmas Kobe eines Tages in der Bibliothek nach seinen Plänen für die Zeit nach der Highschool. Wollte er aufs College gehen oder Profi-Basketballer werden, wie alle Gerüchte besagten? Der Schreibtisch von Christmas stand gegenüber einer Reihe von Computern. Kobe kritzelte etwas auf ein Stück Druckerpapier, ging dann zu ihr hinüber, legte den Zettel auf den Schreibtisch und schob ihn ihr zu. „Das ist deine Antwort", sagte er. Er hatte sich selbst in einem Basketballtrikot beim Korbleger gezeichnet und am unteren Rand signiert, ein Selbstporträt, das Christmas noch immer besitzt. „Wow", sagte sie, „du gehst also in die NBA?" Er verließ die Bibliothek, ohne zu antworten.

Die Medien … es fiel leicht, seine wahren Gedanken vor ihnen zu verbergen, einfach zu lächeln, abzuwiegeln und ein weiteres Mal zu erwähnen, wie viel er von seinem Vater gelernt hatte, wie viel Spaß es machte und wie sehr er alles in sich aufsaugte. Die Chancen, dass er seine Meinung ändern würde, waren gering, aber er hielt sich gerne alle Optionen offen – „Sag niemals nie, vielleicht gehst du hin und hast die beste Zeit deines Lebens" – und wenn man ihm bei der Beantwortung von Fragen zu seiner Entscheidung zuhörte, konnte man allein am Tonfall und den Schwingungen seiner Stimme erkennen, dass er sich an den Spekulationen erfreute. Für ihn war es ein Spiel, die Leute in die Irre zu führen, sie im Ungewissen zu lassen. Er mochte Villanova, Michigan und Arizona. Villanova? Es wäre cool, in der Nähe seiner Heimat mit Tim Thomas zu spielen. Michigan? Er liebte Jalen Rose und die ursprünglichen Fab Five. Arizona? Er hatte sich mit einem ihrer Rekruten angefreundet, Stephen Jackson. Keine dieser Verbindungen oder Gründe jedoch war stark oder tiefgründig genug, um ihn an eine dieser Hochschulen zu bringen. Mit Ausnahme von Krzyzewski, mit dem er ab und zu telefonierte, standen selbst die Blaublüter des College-Basketballs auf Zehenspitzen vor Kobes Fenster und hofften, dass er sie sehen würde. Kentucky? Rick Pitino konnte Kobe nicht dazu bringen, Lexington zu besuchen, also tat er das, was er für das Nächstbeste hielt: Er ließ Gregg Downer für ein Wochenende dorthin einfliegen. Downer, der Pitino seit Langem bewunderte, schaute sich das Training der Wildcats an, besichtigte den Campus und die Stadt – all das half jedoch Pitino nicht dabei, Kobe umzustimmen. North Carolina? Kobe hatte einen Rekrutierungsbrief von Dean Smith erhalten und war so begeistert gewesen – Dean Smith! –, dass er den Umschlag im Englischunterricht geöffnet hatte, während sein Lehrer vor sich hinredete. Aber North Carolina war Michael Jordans Alma Mater, und so sehr er Jordan auch bewunderte und ihm nacheiferte, wie konnte er, Kobe Bryant, dort seine eigene Identität aufbauen? Außerdem wusste Smith eh, was Sache war: *Wir wissen, dass du Profi wirst, aber wenn du deine Meinung änderst, wartet hier ein Stipendium auf dich.*

„Alle wollen wissen, auf welche Uni er geht oder ob er vielleicht in die NBA geht", sagte Kobes Freund Anthony Gilbert, „und Kobe hat das alles aus der Vogelperspektive gesehen. Alles ist ein Lackmustest, er bewertet und testet. ‚Ja, nee, College ist nichts für mich.' Dean Smith hat es tatsächlich gerochen und gesagt: ‚Nein, du kommst nicht hierher.' UNC wollte ihn und sie kamen an einen Punkt, an dem sie sagten: ‚Okay, wir kriegen dich nicht.

Du wirst eindeutig nicht aufs College gehen.' Und das war *Dean Smith*."

Dennoch erzählte er nur wenigen Leuten offen, dass er vorhatte, das College zu übergehen – Matkov, Griffin, Treatman –, und vertraute darauf, dass sie Stillschweigen darüber bewahren würden, was Treatmans Rolle als Kobes inoffizieller PR-Vertreter umso schwieriger machte. „Ich habe das nie mit Gregg besprochen", sagte Treatman. „Ich habe mit keinem der Spieler darüber gesprochen, weil es mir nicht erlaubt war. Ich wusste genau, dass es eine große Sache war, dass es eine große Geschichte werden würde."

Warum also hat Kobe es ihnen nicht einfach selbst gesagt?

„Ich habe versucht, die Highschool-Saison abzuschließen", sagte Kobe. „Ich wollte sicherstellen, dass alle auf derselben Wellenlänge sind, dass alle hart arbeiten und trainieren, und wenn nicht, muss man sie ansprechen. Darum ging es. Während der Saison wollte ich es niemandem sagen, weil es eine totale Ablenkung gewesen wäre. Ich wollte konzentriert bleiben, der Trainerstab, die Teamkollegen, um diese verdammte Meisterschaft zu gewinnen …

„Sie wussten immer, was ich vorhatte, auch wenn ich es ihnen nicht gesagt habe. Um ehrlich zu sein, glaube ich, dass sie es wussten, weil sie wussten, wie ehrgeizig ich war und dass ich immer die ultimative Herausforderung wollte. Ich brauche das immer. Also denke ich, dass sie automatisch von meinem Vorhaben wussten. Verstehst du, was ich sage? Ich glaube, sie haben es verstanden."

Etwa Downer. Kobe hörte sich seine Ratschläge an, ohne explizit zu verraten, dass er sofort Profi werden würde, aber Downer war nicht blind. Er konnte erkennen, in welche Richtung Kobe tendierte und was seine Prioritäten waren. Er äußerte ihm gegenüber auch seine Bedenken: *Ich weiß, dass du irgendwann ein großartiger Spieler in der NBA sein wirst. Aber im Moment hast du die Welt in deiner Hand und wenn du in die NBA gehst und keine Leistung bringst, wirst du das verlieren. Wenn du aufs College gehst, musst du dir keine Sorgen machen.* Kobe war das egal. Er wollte, dass die Leute an ihm zweifelten. „Ich wollte nicht wie Shaquille O'Neal oder wie Chris Webber in die Liga kommen, die all diese Erwartungen mit sich herumtrugen", sagte er. „Selbst, wenn sie großartige Leistungen erbringen, ist das immer noch nicht gut genug, denn sie werden die Erwartungen der Leute nie erfüllen. Ich will hineingleiten, mich an die Leute heranschleichen. Dann sagen sie als Nächstes: ‚Wow, er macht das toll.' So möchte ich immer sein. Ich möchte mich an die Leute heranschleichen, wie ein Hai."

Kobe war nicht der Einzige, der sich an die Leute heranschlich und Geheimnisse hatte. All diese Hinweise und Andeutungen und Annäherungsversuche von Sonny Vaccaro an ihn und seine Familie waren das Fundament eines Plans, der so schlau und hinterhältig war, dass ein britischer Spion neidisch gewesen wäre. Zunächst überzeugte Vaccaro Adidas-Präsident Peter Moore von einer Theorie: Um einen großen Spieler unter Vertrag zu nehmen, musste er geografisch näher an einem dran sein, und die meisten von ihnen lebten nur ein paar Stunden von New York entfernt. Also bezahlte Adidas Vaccaro und seiner Frau Pam einen neunmonatigen Aufenthalt in Manhattan, damit er und sein Kumpel Gary Charles an die Arbeit gehen konnten. Sie fuhren unter dem Vorwand, Kerry Kittles in Villanova spielen zu sehen, in die Gegend von Philadelphia und trafen sich nach dem Spiel mit Joe zum Mittagessen oder zu einem Gespräch im Pavillon. Joe wiederum fuhr nach New York oder New Jersey, um sich mit ihnen zu treffen. „Wenn ich zum Haus der Bryants gefahren wäre", sagte Vaccaro, „hätte es geheißen ‚Sonny Vaccaro macht seinen Schachzug' oder so ähnlich. Ich wollte meine Karten nicht aufdecken." Vaccaro ging selbst nie zu einem Lower-Merion-Spiel. Das musste er auch nicht. Charles war seine Ohren und Augen. „Um Weihnachten herum", sagte Vaccaro, „wusste ich, dass es Kobe sein würde. Keiner sonst wusste es. Niemand dachte, dass er Profi werden würde, auch nicht in Philadelphia. Ich wusste es." Er hatte den Agenten Arn Tellem an der Hand und bereit. Alle Vereinbarungen konnten später finalisiert werden. Aber Kobe würde mit seinem Vertrag Millionen verdienen. Und wer weiß: Vielleicht gäbe es auch eine Kleinigkeit für Joe und die anderen Leute in Kobes Umfeld, darunter die Lower Merion Aces.

Tatsächlich wurden eines Tages Kisten mit Trikots, Aufwärmtrikots und Reisekleidung für die Basketballmannschaft der Jungen an die Highschool geliefert – mit freundlichen Grüßen von Adidas.

Stunden vor dem schillerndsten Abend seines Basketball-Lebens saß Donnie Carr in einem Klassenzimmer der Roman Catholic High School an seinem Schreibtisch und konnte sich nicht konzentrieren. Alles, woran er denken konnte, war das Spiel seiner Mannschaft an diesem Abend gegen Lower Merion, gegen den Freund und Rivalen, den Carr immer als Maßstab für sich selbst angesehen hatte. *Ich weiß, dass Kobe seine Leistung bringen wird. Ich hoffe, ich bringe meine. All diese Leute werden dort sein. Ich hoffe, dass ich keinen Fehler mache. Ich hoffe, ich spiele nicht schlecht.*

Die Aces hatten ihr Auftaktspiel gegen Upper Darby mit zwölf Punkten Unterschied gewonnen und Kobe war mit 18 Punkten gemütlich in die Saison gestartet. Das Spiel gegen einen Rivalen aus der Central League wirkte im Vergleich zum nächsten Match wie ein Testspiel. Das bevorstehende Spiel, das im Physical Education Athletic Center der Drexel University stattfand, rief ein Raunen, eine gewisse Vorfreude hervor, vor allem auf dem Campus der La Salle University. Joe Bryant war dabei, Carr für die Explorers zu rekrutieren. Die Aussicht, dass sich die beiden Stars des Spiels, *Kobe und Donnie*, im nächsten Jahr zusammentun würden, war für alle, die mit La Salle verbunden waren, aufregend, selbst wenn sie bloß ein Luftschloss war. Unter den 1.500 Zuschauern bei dem Spiel – zugelassen waren im Center etwas mehr als 2.500 – befanden sich auch 15 Teenager und junge Männer aus Carrs Viertel in Süd-Philadelphia, die alle bezweifelten, dass er sich gegen Kobe würde behaupten können. „Sie wussten nicht wirklich, wie Kobe und ich uns die ganze Zeit miteinander maßen", sagte er. „Sie hatten den ganzen Hype um Kobe gehört und kamen, um zu sehen, wie ich zerstört wurde."

Was sie stattdessen sahen, war ein Duell, das in die Geschichte des Basketballs in Philadelphia eingehen sollte – ob auf Profi-, College-, Highschool- oder Pickup-Niveau. Kobe, der Carr Eins-gegen-Eins verteidigte und sich selbst einer Triangle-and-Two-Defense gegenübersah, die sich der Roman-Catholic-Coach Dennis Sneddon ausgedacht hatte, um Kobe und Dan Pangrazio einzuschränken, erzielte 13 Punkte in der ersten Halbzeit. Carr hatte 19, eine Reihe von Dunks und Pullup-Jumper. Seine Freunde auf der Tribüne pöbelten und brüllten Kobe nach jedem Korb an, Kobe pöbelte zurück. Als Carr in der Halbzeitpause vom Platz in Richtung Locker Room sprintete, brüllend wie ein Gladiator (Roman führte mit drei Punkten Vorsprung), kam er an Joe Bryant vorbei, der in der Nähe einer Tribünenreihe mit Sportjournalisten und Scouts saß.

„Hey, Donnie, immer mit der Ruhe“, sagte Joe.

„Mann“, sagte Donnie, „wenn er ein Profi ist, bin ich auch ein Profi.“

Carr hielt seinen Energiepegel während der gesamten zweiten Halbzeit aufrecht und erzielte 34 Punkte, was es Roman ermöglichte, die Aces auf Abstand zu halten, und er erhielt dabei mehr Unterstützung von seinen Mitspielern als Kobe von den seinen. Griffin hatte zwölf Punkte und zwölf Rebounds, war neben Kobe allerdings der einzige Aces-Spieler mit zweistelliger Punktzahl. Romans Triangle-and-Two setzte Pangrazio außer Gefecht; er kam nur auf sieben Punkte. Kobe schloss mit 30 Punkten ab, aber es waren harte 30. Er nahm 29 Würfe, verfehlte fünf seiner letzten sechs und jagte Carr bis zur Erschöpfung über den Platz. Am Ende des 67:61-Sieges von Roman umarmten sich die Freunde und Kobe lehnte sich dicht an Carr heran, um ihm etwas ins Ohr zu flüstern.

„Gute Arbeit, Mann“, sagte er. „Glückwunsch. Ihr habt es verdient, dieses Spiel zu gewinnen. Weißt du was, Mann? Warum gehen wir nicht einfach nach La Salle und machen es zusammen? Wer könnte uns beide zusammen aufhalten?“

„Okay, lass uns das machen“, sagte Carr, aber er glaubte nicht so recht, dass Kobe es ernst meinte. Er dachte, dass Joe Kobe diese Worte in den Mund gelegt haben könnte, um ihn, Carr, zu rekrutieren. Als Ted Silary, der langjährige Highschool-Sportreporter der *Philadelphia Daily News*, Joe und Kobe auf Kobes Zukunft ansprach, waren beide zurückhaltend. Könnten Kobe und Carr zusammen in La Salle landen? „Das wäre ziemlich übel", sagte Joe, „wenn es jemals passieren würde." Kobe sagte Silary, dass er seine Absichten bis nach der Saison für sich behalten würde. „Aber wenn ich eines Morgens nach einem Traum aufwache und genau weiß, was ich tun will", sagte er, „werde ich zu meinem Vater gehen und sagen: ‚Ich bin bereit, es allen zu erzählen.'"

In der *Daily News* vom nächsten Morgen stand also nicht die große Enthüllung von Kobe. Stattdessen gab es einen Artikel von John Smallwood, dem einzigen schwarzen Sportkolumnisten der Stadt. Unter der Überschrift BRYANT IST NOCH NICHT REIF FÜR DIE NBA argumentierte Smallwood, dass Kobe, wenn er wirklich in der Lage wäre, in einem Jahr als Profi zu spielen, „so viel besser sein müsste als Carr, ein guter Division-One-Anwärter ... Wenn Kobe Bryant jetzt in die NBA eintritt, wird er bestenfalls ein später Erstrundenpick und man wird vielleicht nie wieder von ihm hören."

Kobe wies den Artikel als ein weiteres Beispiel für das Geschwätz von „Leuten, die keine Ahnung vom Basketball haben" zurück. „Ich kann Kritik vertragen. Das lässt mich nur härter arbeiten, um zu beweisen, dass sie falsch liegen." Es war ihm egal, was Smallwood geschrieben hatte. „Ich war nicht verärgert", sagte er später. „Ich war nicht verletzt oder so etwas. Ich sagte nur: ‚Ich werde dir das Gegenteil beweisen.' Das war's. Das geht zum einen Ohr rein, geht in meine Gedächtnisbank, geht in meine Motivationsbank und dann zum anderen Ohr wieder raus."

Seine Mutter reagierte nicht mit dieser scheinbaren Gleichgültigkeit auf den Artikel. Als er am nächsten Tag in der Redaktion seine Nachrichten abhörte, fand Smallwood eine Reihe von Nachrichten von Pam Bryant. Sie war wütend, nicht weil Smallwood vorgeschlagen hatte, Kobe solle nicht Profi werden, sondern weil er einen (seiner Meinung nach unscheinbaren) Nebensatz eingebaut hatte: „... sagte Bryant, *der sich für Proposition 48 qualifiziert, vorausgesetzt, seine Noten verschlechtern sich in diesem Schuljahr nicht drastisch.*" Kobe, erinnerte Pam Smallwood, nachdem er sie zurückgerufen hatte, war ein Einser/Zweier-Schüler, der drei Sprachen sprach und bei seinen SATs 1.080 Punkte erzielt hatte. Durch die bloße Erwähnung von Proposition 48 hatte Smallwood ihrem Sohn einen scharlachroten Buchstaben auf die Brust geklebt und das Klischee aufrechterhalten, dass ein schwarzes Kind ohne Basketball nicht aufs College gehen könne.

Wenn die Leute Proposition 48 sehen, sagte sie Smallwood, *sehen sie nur eine Phrase, die andeutet, dass die Person, die damit verbunden ist, dumm ist.*

Eine Woche später schrieb Smallwood einen Folgeartikel, in dem er einräumte, dass Pam Bryant Recht hatte. Seine Vorhersage über Kobe und die NBA nahm er nicht zurück.

Ich musste ein Anführer
sein, wenn wir eine State
Championship gewinnen wollten.
Das bedeutete, dass ich so hart
arbeiten musste wie möglich.

KOBE BRYANT

14 | Der Krebs des Ich

Auf der Tribüne des Fieldhouse der St. Joseph's University sprachen der beste Highschool-Coach und der beste Highschool-Basketballspieler des Landes Zeit darüber, was Ersterer noch lernen musste und wie viel er noch aus sich herausholen konnte. Bob Hurleys Augen waren leicht eingefallen, aber immer noch von einem durchdringenden Blau. Man respektierte ihn wegen seiner Karriere an der St. Anthony High School und seiner Arbeit als ehemaliger Bewährungshelfer. Und er war bereit, seine geballte Erfahrung und Weisheit im breiten New-Jersey-Akzent mit Kobe zu teilen.

Es gelang ihm, Kobe Bryants Aufmerksamkeit auf sich zu ziehen und zu halten. Das war keine Kleinigkeit. Hurleys Team hatte Kobes Team gerade mit 15 Punkten Abstand geschlagen, doch in den Minuten nach der 62:47-Niederlage schluckte Kobe seinen Frust für ein paar Minuten runter und suchte Hurleys Rat.

Coach, fragte Kobe ihn, *können wir reden?*

Kobe brauchte Ratschläge und Ermunterung, und Hurley konnte sie ihm geben. Es war normalerweise keine Schande, gegen Hurley und seine Friars zu verlieren, aber bei dieser Niederlage herrschten besondere Umstände. Ursprünglich sollte das Spiel in der Halle von Lower Merion ausgetragen werden, in Erwartung einer größeren Zuschauerzahl als üblich jedoch hatten Downer und Egan (ein ehemaliger St. Joe's-Spieler) Don DiJulia, den sportlichen Leiter der Universität, kontaktiert und darum gebeten, das Spiel ins Fieldhouse zu verlegen. DiJulia sagte nicht nur zu, sondern verlangte auch keine Gebühr oder Miete. Am Tag vor dem Spiel hatte ein Schneesturm alle öffentlichen Schulen in Jersey City lahmgelegt. In der Erwartung, dass auch St. Anthony geschlossen werden würde, waren dessen beste Spieler Anthony Perry und Rashon Burno nicht zum Unterricht erschienen. St. Anthony blieb jedoch trotz des Wetters geöffnet, und Hurley setzte Perry und Burno wegen ihrer Abwesenheit auf die Bank. Die beiden machten sich trotzdem mit den Friars auf den Weg zur City Avenue und erklärten Kobe, als er sie vor dem Tip-Off ansprach, warum sie nicht spielen würden. Anders als im Sommer mit Donnie Carr sagte er aber diesmal nicht, dass er gar nicht erst aufgetaucht wäre, wenn er gewusst hätte, dass er nicht gegen sie spielen würde.

Kobe erzielte 28 Punkte, wobei er zehn von 21 Würfen aus dem Feld traf. Vier Minuten und neun Sekunden vor Schluss setzte er einen Meilenstein in seiner Highschool-Karriere, als er seinen 2.000. Punkt erzielte. Dass er in diesem Spiel so viele Punkte mit so wenigen Würfen erzielte, die meisten davon aus viereinhalb Metern Entfernung und mehr, war insofern besonders beeindruckend, als sich die Friars aus gutem Grund kaum um seine Mitspieler kümmerten. Keiner von ihnen erzielte mehr als sieben Punkte.

Dennoch gab es Bereiche in Kobes Spiel – sein Situationsbewusstsein, sein Auftreten –, die verbesserungswürdig waren, Schrauben, an denen er drehen konnte, und als sie auf der Tribüne saßen, wies Hurley ihn auf diese Aspekte hin. Kurz vor der Halbzeitpause hatten die Friars Kobe getrappt, ihm den Ball gestohlen und einen Korb erzielt, um ihre Führung auf vier Punkte auszubauen. Kobe war mit gesenktem Kopf in die Umkleidekabine gegangen, das Kinn fest auf die Brust gepresst, und brachte so seine Enttäuschung über sich selbst zum Ausdruck. In Hurleys Wahrnehmung war Kobe danach in den ersten Minuten des dritten Viertels passiv aufgetreten, anstatt zu versuchen, das Spiel zu dominieren und es zugunsten der Aces zu entscheiden.

„Ich habe mit ihm über seine Reaktion auf diesen Fehler gesprochen und darüber, wie wichtig es gewesen wäre, diesen Fehler mit seinem Auftreten zu Beginn der zweiten Halbzeit auszubügeln“, erinnerte sich Hurley, der St. Anthony 39 Jahre lang coachte. „Er hat es vollkommen verstanden und sich sehr bei mir bedankt. Er war sehr reif für sein Alter. Wir haben im Laufe der Jahre gegen unglaubliche Spieler gespielt. Er ist der beste Spieler, gegen den wir je gespielt haben."

Hurleys Anerkennung und Lob für Kobe halfen den Aces damals allerdings nicht. Sie standen bloß bei 4:2. Zum zweiten Mal innerhalb von elf Tagen hatten sie gegen einen Gegner der Kategorie gespielt, die sie in den District und State Playoffs schlagen mussten, und zum zweiten Mal war Kobe der einzige Spieler von Lower Merion, der der Aufgabe gewachsen schien. Das lag nicht daran, dass es der Mannschaft an Talent fehlte. Es war etwas anderes, etwas Ungreifbares, das die Aces zu bremsen schien. Mike Egan verließ das Fieldhouse mit seinem Bruder Tom, der zu ihm sagte: „Ich kann nicht glauben, dass du dich nicht mehr aufregst."

„Tom", sagte Mike Egan, „wir müssen ein paar Spiele verlieren, um die Egos dieser Jungs ein wenig zu schrumpfen."

„Diese Mannschaft ist die Nummer eins des Landes", sagte Tom Egan, der immer noch versuchte, die positiven Seiten zu sehen. „Ihr hättet sie schlagen können."

„Ja, hätten wir."

An der Südküste von Myrtle Beach, direkt am Atlantik, begrüßte das Swamp Fox Motel seine Gäste in der letzten Woche des Jahres 1995 mit einem hellblauen Schild am Ocean Boulevard, ein paar stacheligen Palmen auf dem Parkplatz und einer einladenden Botschaft auf der Markise: MAINE LOBSTER $11, BEEF AND SHRIMP KABOBS, WELCOME BEACH BALL CLASSIC. Das Turnier mit acht Mannschaften war seit 1981 ein fester Bestandteil der Stadt, eine Veranstaltung im Winter, die den Zusammenhalt und die Sichtbarkeit der Gemeinde stärken und Touristen an die Strände, ins Nachtleben und auf die Dutzenden von Golfplätzen locken sollte. Erst im Jahr zuvor hatte die Stadt 23 Millionen Dollar ausgegeben, um das Myrtle Beach Convention Center auf ein Fassungsvermögen von zwischen 7.500 und 8.000 Besuchern zu erweitern, und die Sponsoren des Turniers übernahmen alle wichtigen Kosten für Coaches und Spieler (Flug, Unterkunft, Bodentransport, zwei Mahlzeiten pro Tag). Im Gegenzug sollten Spieler wie Kobe, Jermaine O'Neal, Lester Earl und Mike Bibby ihr Können zeigen. Im Vergleich zu dem, was die meisten Highschool-Basketballprogramme, auch das von Lower Merion, gewohnt waren, war dies ein Großereignis, mit mehr Zuschauern und Scouts, einer College-ähnlichen Atmosphäre sowie TV-Kameras und Medienauszeiten.

Kobe und die Coaches betrachteten die Reise nach Myrtle Beach und die drei Spiele dort als eine Art Zwischenprüfung, um festzustellen, wie gut die Aces wirklich waren, ob sie wirklich in der Lage waren, eine State Championship zu gewinnen. Auf dem Weg zum U.S.-Airways-Flug nach South Carolina liefen die Aces im Gänsemarsch durch den Philadelphia International Airport – Downer am Anfang der Schlange, Egan am Ende –, um sicherzustellen, dass niemand sich von der Gruppe entfernte. Weit hinten schlenderte Kobe, die Kopfhörer auf den Ohren, die Sporttasche über die Schulter geworfen, die Blicke der Passanten auf ihn gerichtet. „Er hatte einfach dieses Besondere, diese Aura um sich herum", sagte Egan. „Alle starrten Kobe einfach an." Aber die anderen Spieler schienen die Reise wie einen Urlaub im Stil eines Spring Breaks zu betrachten. Einige von ihnen hatten noch nie zuvor ein Flugzeug betreten.

Da Matt Matkov nicht mehr im Team war, fragte Kobe Downer, ob er sich für die fünf Nächte der Reise eine Suite mit Jeremy Treatman teilen könne, was Treatman nicht nur schmeichelte, sondern ihn auch aufhorchen ließ. „Er wollte sich völlig unabhängig fühlen", erinnert sich Treatman, „und er wusste, dass er in mir einen Freund hatte. Ich war der Einzige von den fünf Coaches, der nichts sagen würde, wenn er das Zimmer verließ." Ihre Suite bestand aus zwei Zimmern: ein kleineres direkt an der Eingangstür mit einem Fernseher und einem Bett und der Hauptbereich mit einer Terrasse, Meeresblick und einem größeren Bett. Nachdem sie eingecheckt und ihre Schlüssel erhalten hatten, stellte Treatman sein Gepäck in dem größeren Zimmer ab. Dann kam Kobe Bean Bryant durch die Tür. Um sein Revier zu markieren, bedeutete er Treatman mit einer Geste, sich und seine Koffer wieder in das kleinere Zimmer zu begeben.

„Warum legst du deine Sachen nicht hierher?", sagte er. „Dann wird the Bean kommen und mit dir abhängen."

The Bean wird mit dir abhängen. Kobe hatte noch nie so mit ihm gesprochen. *Er versucht, mich zu bezirzen,* dachte Treatman.

„Nun", sagte Treatman, „ich schätze, du bist der Grund, warum wir hier sind. Wenn du willst, dass ich dieses Zimmer nehme, dann nehme ich dieses Zimmer."

Für den Rest der Woche als Kobes Mitbewohner schwankte Treatman, der zugegebenermaßen ein neurotisches Temperament besaß, zwischen Gelassenheit und Besorgnis. Es gab nur ein Badezimmer in der Suite, und da Treatman dazu neigte, nach dem Duschen Wasserpfützen auf dem Boden zu hinterlassen, breitete er eine zusätzliche Badematte aus, weil er befürchtete, dass Kobe ausrutschen und fallen könnte und dass er, Jeremy Treatman, dafür verantwortlich sein würde, die Karriere des nächsten Michael Jordan zu ruinieren, bevor sie überhaupt begonnen hatte. Kobe stürzte sich morgens und nachmittags in die Spiele und Übungen und verbrachte die verbleibenden Stunden des Tages mit Nickerchen, aber nachts schlich er sich raus, um sich mit O'Neal und Griffin zu treffen, und Treatman nahm mehrere Anrufe von kichernden Teenagerinnen entgegen, die mit Kobe sprechen wollten. In einer der ersten Nächte, als Kobe nicht im Zimmer war, klingelte das Telefon. Treatman nahm ab, aber dieses Mal kicherte die weibliche Stimme am anderen Ende nicht.

„Ist Kobe da?" fragte Pam Bryant.

„Nein", antwortete Treatman, „er schläft."

Sie legte auf, um ihr Baby nicht zu wecken. *Oh, Gott,* dachte Treatman. *Ich habe gerade Pam Bryant angelogen. Ich komme mir wie ein Idiot vor.*

Doch indem er Kobe beschützte, selbst bei so bescheidenen Vergehen wie dem Abhängen mit Mädchen, verdiente sich Treatman sein Vertrauen. Also weihte Kobe ihn in ein Geheimnis ein.

„Weißt du", sagte er zu ihm, „Jermaine und ich haben uns unterhalten, und Jermaine will auch Profi werden."

Treatman war sich nicht ganz sicher, was er da hörte. Jermaine Griffin war ein hervorragender Highschool-Spieler, aber ein Profi?

Und das direkt nach der Highschool? Schließlich unterbrach Treatman ihn.

„Kobe, ich weiß, er ist dein bester Freund und so", sagte er, „und ich bin nicht hier, um die Gefühle von irgendjemandem zu verletzen. Aber Jermaine Griffin? Wovon redest du?"

„Nein!", erwiderte Kobe. „Jermaine O'Neal!"

Das ergab mehr Sinn. Es bedeutete auch, dass Treatman keine Zweifel mehr in Bezug auf Kobes Entscheidung hatte. Und falls doch, trugen die fünf Tage, die Kobe in Myrtle Beach verbrachte, einen großen Teil dazu bei, sie zu beseitigen.

In ihrem ersten Spiel des Turniers traf Lower Merion auf die Central Catholic High School aus Springfield, Ohio, eine Mannschaft, die mit ihrem 2,01 Meter großen Power Forward Jon Powell und ihrem 2,13 Meter großen Center Jason Collier, selbst ein zukünftiger NBA-Spieler, einen deutlichen Größenvorteil gegenüber den Aces hatte. Collier blockte Kobes ersten Wurf, woraufhin die Zuschauer sekundenlang johlten und raunten. Downer nahm sofort eine Auszeit. Im Huddle stellte Kobe eine Forderung an seine Teamkollegen.

„Gebt mir den Ball. Ich werde auf seinen verdammten Hals springen."

Seine Mannschaftskameraden entsprachen seinem Wunsch gleich beim ersten Angriff nach der Auszeit. Kobe, der 15 Zentimeter kleiner war, postete gegen Collier trotzdem auf, drehte sich zum Korb und hämmerte den Ball durch die Reuse, während Collier ihn foulte. Auf der Bank staunte Drew Downer über das, was er gesehen hatte. Nicht nur, weil Kobe getan hatte, was er angekündigt hatte. Sondern auch, weil er es sofort getan hatte. Dennoch: Obwohl Kobes Überlegenheit gegenüber seinen Mitspielern und Konkurrenten immer offensichtlicher wurde, war es für seine Mannschaftskameraden schwierig anzuerkennen, was für ein bemerkenswerter Spieler er war und noch werden könnte. Brendan Pettit zum Beispiel konnte Kobes Leistung erst richtig einordnen, als er an der Wesleyan University in der Division III Basketball spielte. „Als ich aufs College ging und meine Spielerkarriere fortsetzte, wurde mir klar, wie besonders Kobe war. Kein Dunk, kein

Play, keine Punktzahl kann dich noch beeindrucken." Das Turnier und Kobes Spiel haben auch Omar Hatchers Einstellung zum Basketball verändert. „Wir konnten sehen, wie Kobes Spiel gegen die Top-Teams des Landes an Fahrt aufnahm", sagte er. „Er hat mir gezeigt, dass ein guter Spieler auch unterwegs seine Topleistung abrufen muss. Er darf nicht vom Ort oder der Atmosphäre abhängig sein."

Die Leistung von Kobe war da, aber die der anderen Aces nicht. Wieder verteidigte er den Topscorer des Gegners, dieses Mal den riesigen Collier, und wieder schulterte er die gesamte Offense. Im dritten Viertel lagen die Aces mit fünf Punkten zurück. Um die fehlende Größe der Aces jedoch auszugleichen, stellte Downer auf eine Ganzfeldpresse um und neutralisierte Central, das in den letzten sechs Minuten des Spiels kein einziges Field Goal mehr erzielte. Lower Merion erkämpfte sich einen 65:60-Sieg. Kobe erzielte 43 Punkte, traf 18 seiner 27 Körbe aus dem Feld, darunter drei seiner fünf Dreipunktversuche, und holte 16 Rebounds. Dan Pangrazio kam auf zwölf Punkte, und Dave Rosenberg verdiente sich durch schiere Zähigkeit und Härte mehr Spielzeit von Downer: Seine linke Schulter sprang gelegentlich aus der Gelenkpfanne, wenn er mit einem anderen Spieler kollidierte oder nach einem Loose Ball hechtete, und er drückte sie einfach wieder rein, um im Spiel zu bleiben. Dennoch waren die Aces trotz ihrer 5-2-Bilanz und dem Einzug ins Halbfinale des Classic-Turniers weniger ein harmonisches Ensemble als ein atemberaubender Solo-Act mit einer unharmonischen, manchmal gleichgültigen Begleitband. Der nächste Abend sollte zeigen, wie sehr sie aus dem Rhythmus waren.

Kobes Eltern und Schwestern schafften es rechtzeitig zum Halbfinalspiel der Aces gegen die Jenks (Oklahoma) High School nach Myrtle Beach. Joe saß auf der Tribüne neben Pam und trug eine La-Salle-Baseballcap, als Wesley Gibson ihn entdeckte. Gibson war nur wenige Häuserblocks von Joe entfernt im Südwesten von Philadelphia aufgewachsen, hatte sich bei der Nationalgarde und der Air Force verpflichtet und pendelte mit seinem Sohn Jarid, der 13 Jahre alt war und die sechste Klasse besuchte, zwischen der Stadt und South Carolina.

„Hey, Joe, ich kenne dich noch von früher“, sagte Wesley Gibson. „Bist du hier unten, um jemanden zu scouten?“

„Nein“, sagte Joe, „ich bin gekommen, um meinen Sohn spielen zu sehen.“

Wesley Gibson hatte noch nie von Kobe Bryant gehört, aber Jarid schon. Jarid las *SLAM* und alle Scouting-Magazine und Berichte über die besten Highschool-Spieler des Landes, er wusste alles über Kobes grandiose Leistung im ABCD-Camp. Die gemeinsame Liebe zum Basketball war vielleicht das stärkste Band zwischen Vater und einem Sohn, die sich gegenseitig brauchten, nachdem Nathene Gibson, Wesleys Frau und Jarids Mutter, 1988 Suizid begangen hatte. Jarid war schon seit Beginn des Beach Ball Classic wie ein Hündchen hinter Kobe hergelaufen, und jetzt hatte er einen weiteren Grund (die Verbindung zu seiner Heimatstadt), um für den Rest des Turniers an seiner Seite zu kleben. Jarid holte sich Autogramme von Kobe und „Mr. Joe“, plauderte mit Kobe über ihr Lieblings-Cheesesteak-Lokal in Philadelphia und an der Main Line. „Ich bevorzuge Jim's“, erinnerte sich Jarid, „und er mochte Larry's“. Zusammen mit Papa Wesley sah er das Spiel, das in dieser Saison alles für die Aces verändern sollte.

Die Jenks High School hatte mit mehr als 2.400 Schülern doppelt so viele wie Lower Merion, doch in den ersten acht Minuten sah es so aus, als gehörten die Trojans nicht in dieselbe Halle. Die Aces führten am Ende des ersten Viertels mit 18:6 und obwohl Kobe vier Fouls kassierte und seine Teamkollegen ihn einmal mehr kaum unterstützten, gingen sie mit einem Sieben-Punkte-Polster ins vierte Viertel. Und sie lagen mit neun Punkten in Führung, als Kobe – in einem die Grenze zwischen Selbstsicherheit und Selbstüberschätzung überschreitenden Moment, der auch für seine spätere Lakers-Karriere typisch war – es allein mit drei Jenks-Verteidigern aufnahm, einen von ihnen umpflügte und dafür ein Offensivfoul kassierte. Er hatte 30 Minuten gespielt, 31 Punkte erzielt, 14 Rebounds geholt, und nun war er aus dem Spiel.

„Und wir“, erinnerte sich Treatman, „haben uns einfach komplett aufgelöst.“

Das galt vor allem für den Spieler, der aufgrund seiner Fähigkeiten und seiner Rolle im Team am besten zu Kobe passte. Kobes Herz brannte heißer als das jedes anderen, aber kein Spieler der Aces war so straff gespannt wie Dan Pangrazio. Seine Erfahrung als elitärer Torhüter im Jugendfußball, die Balance, die er dem Team mit seinem Distanzwurf verschaffte, der Druck, den er sich selbst machte und den seine Eltern ihm auferlegten: Diese Faktoren trieben ihn oft zu Höchstleistungen an, aber dieses Mal, mit dem zusätzlichen Stress durch die Abwesenheit von Kobe, brachten sie ihn über seine Belastungsgrenze. In der Schlussphase vergab er mehrere Freiwürfe und traf insgesamt keinen von sechs von der Linie. „Und Dan hat nie einen Wurf verfehlt", sagte Dave Rosenberg, der selbst zwei späte Freiwürfe vergab, nachdem er für Kobe in die Aufstellung gerückt war. Die Krönung kam 0,4 Sekunden vor Schluss, als Mike Bay von Jenks bei einer 61:59-Führung für Lower Merion an die Freiwurflinie ging und zwei Freiwürfe verwandelte. Er traf den ersten, verfehlte den zweiten … doch dann begingen die Aces eine Lane Violation und gaben Bay eine weitere Chance. Bay versenkte seinen Freiwurf und schickte das Spiel in die Verlängerung, in der die Aces völlig zusammenbrachen. Rosenberg begann die Verlängerung mit einem Airball von der Dreierlinie. Während Jenks die Aces überrollte und in der Verlängerung mit 17:2 Punkten gewann (78:63), wiederholte Kobe immer wieder zwei Worte, die er so laut murmelte, dass Treatman, der neben ihm saß, sie hören konnte.

„Keine Eigenständigkeit. Keine gottverdammte Eigenständigkeit …"

In der Umkleide hegte Egan weiter die Hoffnung, dass die Mannschaft noch Zeit habe, sich zusammenzureißen und ihr Potenzial auszuschöpfen. „Jungs", sagte er zu den Spielern, „ihr seid einfach nicht so gut, wie ihr denkt. Jeder Einzelne von euch muss sich zusammenreißen. Gregg Downer, der zu wütend und verzweifelt war, um viel zu reden, fragte: „Hat jemand etwas zu sagen?" Kobe hatte: *Ihr müsst die Leute attackieren! Ihr könnt nicht vor irgendwelchen Wichsern zurückschrecken!* Das war genau das, was die Aces getan hatten. Ohne Kobe waren sie zurückgeschreckt.

„So wütend habe ich ihn noch nie gesehen", erinnerte sich Egan.

Die Niederlage gegen Jenks und die Reaktion von Kobe, der seine Wut an den anderen Spielern ausließ, hatten das größte Problem der Aces zum Vorschein gebracht: Kobes bloße Anwesenheit hatte zu einem Teufelskreis geführt. Er schüchterte seine Teamkollegen ein und sie unterwarfen sich ihm bis zu dem Punkt, an dem sie unfähig wurden, ihm zu helfen. Wenn er nicht jederzeit zur Stelle war, hatten sie überhaupt keine Chance zu gewinnen. Es fiel ihnen schwer, mit ihm zu spielen, aber sie konnten nicht ohne ihn spielen. Nachdem der Bus alle zurück in die Lobby des Swamp Fox gebracht hatte, rief Downer allen Spielern und Trainern zu: „Raum 107, zehn Minuten." Als sich die Teammitglieder dort versammelten, schwebte eine unangenehme Spannung im Raum. „Ich hatte das Gefühl, dass wir anmaßend und arrogant waren", erinnerte sich Downer, „und ich war sauer." Die Spieler befürchteten eine Standpauke ihres Head Coaches. Kareem Barksdale, der einzige Freshman im Team, hatte so viel Angst vor einem bevorstehenden Anschiss, dass er auf seinem Stuhl förmlich zitterte.

Dann stellte sich Downer vor ihnen auf. Er hielt ein Blatt Papier in den Händen.

Wir haben ein Problem in diesem Team, sagte er. *Wenn man Krebs hat, beginnt er, den Körper anzugreifen. Mit der Zeit überwältigt er den Körper. Wir haben Krebs. Den Krebs des Ich. Und solange wir ihn haben, werden wir nicht erreichen, was wir erreichen wollen.*

Er hob das Blatt auf und begann mit einem Stift Löcher hineinzustechen.

Jeder muss sich engagieren. Hört auf, euch Gedanken darüber zu machen, ob euer T-Shirt passt. Hört auf, euch Gedanken darüber zu machen, wohin wir zum Abendessen gehen. Hört auf, euch Gedanken darüber zu machen, wer heute Abend das Eis kauft. Lasst uns dreckig werden. Lasst uns in die Halle gehen, denn mit einer 5-3-Bilanz sind wir auf dem Weg zu einer .500-Bilanz. Einige von euch erwarten von Kobe, dass er alles macht. Wir sind größenwahnsinnig. Wir sind nicht so gut wie unsere Zeitungsausschnitte.

Kobe nickte zustimmend. Downer wandte sich an Emory Dabney.

Wenn du nicht anfängst, besser zu spielen, sagte Downer zu Dabney, *werden wir dich in die Junior Varsity schicken.* Diese Drohung versetzte Dabney in Angst und Schrecken. *Ich werde verdammt noch mal nicht in der JV spielen,* dachte er.

Kobe nickte weiter. Downer fuhr mit dem Stift weiter über das Blatt. Er wandte sich an Brendan Pettit.

Du kapierst es nicht. Du benimmst dich wie ein Arschloch. Du musst ernster sein. Du musst konzentrierter sein. Deine Körpersprache, deine Einstellung müssen sich ändern, und zwar schnell.

Kobe nickte weiter. Downer wandte sich an Barksdale.

Was trägst du bei?

Kobe nickte weiter. Downer zeigte auf Dave Rosenberg und machte tatsächlich einem Spieler ein Kompliment.

Wenn ich Rosey bitte, durch eine Mauer zu rennen, sagt er: „Gut, Coach. Wo ist das Krankenhaus?"

Kobe nickte immer wieder, während Downer alle Spieler des Teams bis auf einen durchging und ihnen ihre Schwächen und Verbesserungsmöglichkeiten aufzeigte. Das Blatt, das er in den Händen hielt, war inzwischen nur noch ein dünnes Netz aus Zellstoff-Pampe.

Was ist jetzt? Was hast du jetzt, Kareem?

Barksdale, mit großen Augen und verängstigt, platzte heraus: „Sie haben ein Blatt Papier mit einem großen Loch drin!"

Downer unterdrückte ein Lachen. *Oh nein,* dachte er, *das war's dann wohl mit der Rede.* Aber der Raum blieb mucksmäuschenstill, die Spieler waren auf ihn fixiert.

Man kann nichts mehr darauf schreiben. Man kann nichts mehr damit machen. So ist es auch bei uns. Wenn nicht alle auf derselben Seite stehen, sind wir kaputt. Wir sind auseinandergerissen.

Er griff nach unten und hob sein Flugticket zurück nach Philadelphia hoch. *Wenn ihr zurückwollt, nur zu. Jeder, der zurückwill, kann jetzt sofort gehen.*

Schließlich wandte er sich an Kobe, der aufhörte zu nicken.

Du bist Kobe Bryant. Du bist der beste Spieler des Landes. Aber du musst deine Mitspieler hier respektieren. Du kannst nicht so aggressiv sein. Du kannst es nicht mit jedem Team allein aufnehmen. Diese

Jungs versuchen ihr Bestes, um ihre Rolle in diesem Team zu spielen. Du musst dafür sorgen, dass sie sich wohlfühlen. Jeder muss seine Rolle spielen, damit das hier funktioniert.

Er sah die anderen Spieler an und deutete auf Kobe.

Ihr habt keine Ahnung, unter welchem Druck dieser Kerl steht. Schaut euch an, wie hart er arbeitet. Wenn wir nicht mit seiner Intensität mithalten können, haben wir keine Chance. Wenn wir zu harter Arbeit zurückkehren, wenn wir das Team an die erste Stelle setzen, wenn wir uns nicht um das Endergebnis sorgen oder darum, wer die Lorbeeren erntet, dann werden sich die Ergebnisse von selbst einstellen. Schaut euch in diesem Raum um. Wir können ein großartiges Team sein. Falls ihr es nicht wisst, Leute, wir wollen dieses Jahr eine State Championship gewinnen. Deshalb sind wir hier in South Carolina. Deshalb spielen wir gegen Bob Hurley und St. Anthony. Deshalb spielen wir gegen Roman Catholic. Aber die Dinge müssen sich schleunigst ändern.

Downer war fertig. Treatman meldete sich zu Wort.

20 Leute haben sich auf diese Reise begeben. Ich bin dabei die zwanzigst wichtigste Person hier, und ich werde euch jetzt etwas sagen. Ich habe das Gefühl, dass meine Aufgaben ziemlich wichtig sind. Im März möchte ich Teil von etwas Historischem sein, und wenn ihr nicht versteht, dass wir Geschichte schreiben können, wenn ihr die Möglichkeiten nicht versteht, die Coach Downer und Kobe Bryant uns bieten, wenn ihr nicht an Bord seid, solltet ihr nicht hier sein.

Eine Zeit lang war es still im Raum. Kobe brach die Stille, indem er rhythmisch in die Hände klatschte. Seine Mannschaftskameraden schlossen sich ihm an. Dann gingen alle hinaus.

Die Teammitglieder erinnern sich noch heute daran, dass Downers Rede der Eckpfeiler der Saison war, der Wendepunkt. „Es war einer dieser Momente, bei denen man so gut reinen Tisch macht, dass es dem Team hilft, sich zu entspannen“, erinnerte sich Drew Downer. „Die ganze Spannung löst sich einfach auf. Wenn man alles offen anspricht, wird man ein bisschen freier.“

Es gab jedoch einen Spieler, der mehr Zeit brauchte, um den Druck zu verarbeiten und die Schuldgefühle loszulassen. Als Drew nach einem längeren Gespräch mit Gregg in sein Hotelzimmer zurückkehrte, war sein Mitbewohner Dan Pangrazio nicht da, und Drew hatte keine Ahnung, wo er hingegangen war. Nachdem sie einige Minuten lang das Hotel und den nächtlichen Strand abgesucht hatten und ihre Sorge immer größer wurde, fanden Drew und die anderen Coaches ihn schließlich. Er saß allein im Sand und trug immer noch sein Trikot von Lower Merion.

Tom Pettit hatte sich daran gewöhnt. Kobe war der letzte Spieler, der die Kabine verließ. Mal wieder. Kobe war immer derjenige, der die Kabine als letzter verließ. Als Zeugwart des Basketballteams und jüngerer Bruder von Brendan hatte Pettit nach jedem Spiel die demütigende Aufgabe, an der Seite von Kobe zu bleiben und seinen Seesack zu tragen, während Kobe zum Mannschaftsbus ging, unterwegs Autogramme gab und Hände schüttelte. Er war ein Sophomore, klein und dünn mit strähnigem blondem Haar; die beiden waren ein ziemlich gegensätzliches Paar. Aber trotz all der Caddy-Dienste, die Pettit für Kobe übernahm, hatten sie in der ganzen Zeit, die sie miteinander verbrachten, noch nie ein längeres Gespräch geführt. Bis jetzt.

Beim dritten Spiel von Lower Merion beim Classic gegen die Lexington High School (Kentucky) waren Kobes rechte Hand und sein Unterarm mit einem dicken Verband umwickelt. Er hatte sich irgendwann während der ersten beiden Spiele am Daumen verletzt, aber auch über Schmerzen im rechten Handgelenk geklagt, die, soweit man das beurteilen konnte, von seiner Popularität herrührten, da er so viele Hände schüttelte und so viele Autogramme schrieb. Diese zusätzlichen Anforderungen machten ihm nichts aus. „Wenn man hart arbeitet, um etwas zu erreichen, wenn man sich ein Ziel setzt – und mein Ziel war es, ein großartiger Basketballspieler zu sein und berühmt zu werden – dann muss man darauf gefasst sein", sagte er gegen Ende seines letzten Schuljahres. „Man kann nicht ständig im Fernsehen sein und dann erwarten, dass die Leute nicht wissen, wer man ist, und nicht auf einen zukommen und um Autogramme bitten. Also akzeptiere ich es." Zum Ende des Turniers hin kritzelte er seinen Namen nur noch mit der linken Hand auf

Basketbälle, Spielprogramme und Zettel. Doch am Samstag, dem 30. Dezember, dem letzten Tag des Classic, war er bereit, einige Schmerzen zu ertragen, um beim Highlight des Classic sein Können zu zeigen.

An diesem Nachmittag erzielte er beim 76:70-Sieg gegen Lexington 43 Punkte, wodurch die Aces wieder auf die Beine kamen. Er wurde zum MVP des Turniers gewählt und erzielte in den drei Spielen 117 Punkte, die zweitmeisten in der Geschichte des Turniers nach den 118, die Mike Bibby in seinen drei Spielen erzielte. Noch einmal musste Kobe Autogramme geben und Interviewfragen beantworten. Der Busfahrer, der die Aces zurück zum Swamp Fox brachte, konnte nicht länger warten. Er fuhr los und ließ Kobe und Pettit zurück. Glücklicherweise konnte eine der Gastfamilien aus Myrtle Beach, die sich freiwillig gemeldet hatten, um den Aufenthalt des Teams angenehm zu gestalten, Kobe und Pettit zurück zum Hotel fahren. Die Highschool-Schüler kletterten auf den Rücksitz des Geländewagens der Familie und während der zwölfminütigen Fahrt führte Kobe das erste und eigentlich einzige richtige Gespräch mit Pettit. Wie gefiel es ihm, Zeugwart zu sein? Welche Art von Musik hörte er? Welche Fernsehsendungen und Sportarten mochte er am liebsten?

Auf diese dritte Frage gab Pettit die ausführlichste Antwort. Er erzählte Kobe, dass er zwar Basketball mochte, aber Eishockey mehr verfolgte.

„Ich liebe Eishockey", sagte Kobe. „Ich liebe Wayne Gretzky."

„Du kennst dich mit Eishockey aus?", fragte Pettit.

„Ja", antwortete Kobe, „vor allem mag ich Gretzky. Er ist der Beste in seinem Sport."

Damals fand Pettit die Antwort von Kobe ziemlich offensichtlich und ein wenig albern. Es war der Winter 1995. Sicher, Gretzky war damals immer noch großartig, aber er befand sich am Ende seiner Karriere, wurde bald 35 und war nicht mehr das Alpha und Omega der NHL. Es gab andere, jüngere Spieler, die ihn verdrängt hatten und die jetzt die Gesichter der Liga waren, Spieler, die selbst Gelegenheits-Eishockeyfans bereits kannten. Pettit vermutete, dass

Kobe sich einfach den bekanntesten Namen des Sports ausgesucht hatte, so wie jemand, der sich als Fan klassischer Musik bezeichnet, weil er Beethoven mag.

„Damals dachte ich spöttisch: ‚Na, du kennst dich ja wirklich mit Eishockey aus, Kobe'", erinnert sich Pettit. „Aber rückblickend hatte er wohl schon diese ‚Ich werde der Beste sein'-Mentalität.' Das war es, worauf er hinauswollte. Natürlich sprach er über den Größten aller Zeiten."

Der Abschluss des Beach Ball Classic war das Ereignis, auf das sich alle Spieler und Zuschauer am meisten freuten: der Dunk Contest am Samstagabend. Kobe wollte unbedingt teilnehmen, obwohl seine Mannschaftskameraden, Coaches und sogar Familienmitglieder ihn davon abbringen wollten, weil er sich dabei noch mehr verletzen könnte. Sharia und Shaya klopften an die Tür von Kobes und Treatmans Suite, flehten ihren Bruder an und waren fast den Tränen nahe: *Bitte tu's nicht.* „Sie waren besorgt und ich glaube, seine Eltern wollten auch nicht, dass er es tut", sagte Treatman. „Kobe sagte: ‚Ich mache das schon. Ich mache das schon.'„

Treatman und alle anderen, die mit den Aces in Verbindung standen, mussten indes zugeben, dass sie neugierig waren, wie sich Kobe in dem Wettbewerb schlagen würde. Eine Neugierde, die nichts damit zu tun hatte, ob sich die Schmerzen in seinem Arm verschlimmern würden. Sie hatten gesehen, wie er während der Spiele seine Standard-Dunks ablieferte: kraftvoll, unglaublich für einen Highschool-Spieler. Seine Kreativität und Athletik wurden nur durch die Regeln des Basketballs und den Deckmantel des Sportsgeistes eingeschränkt. In seinem weißen Lower-Merion-Trikot und mit bandagiertem Arm warf Kobe vor dem voll besetzten Civic Center den Ball beim ersten Versuch hoch in Richtung Korb, fing ihn auf, nachdem er hoch vom Boden abgesprungen war, und hämmerte ihn rein. Die Zuschauer reagierten verhalten; jeder der drei Schiedsrichter gab ihm neun von zehn Punkten. Er dribbelte den Ball in der linken Ecke der Halle und überlegte, was er als Nächstes versuchen sollte. Dann lief er die Grundlinie entlang, nahm den Ball in die linke Hand, schob ihn im Sprung zwischen den Beinen hindurch in die rechte Hand und dunkte. Das Publikum und die Kampfrichter waren begeistert: drei Zehner und ein langanhaltendes Raunen.

Im Finale ging es gegen seinen Freund Lester Earl. Während Kobe die verschiedenen Dunk-Optionen im Kopf durchging, war die Stimme eines kleinen Jungen zu hören, der rief: „Kobe! Kobe!" Er startete mit dem Ball in der rechten Hand von der Freiwurflinie, wechselte in der Luft in die linke Hand und dunkte. Earl tat es ihm mit einem weiteren perfekten Dunk gleich, es ging ins Stechen. Earl erkannte, dass er sich etwas einfallen lassen musste. Also rollte er einen Basketballständer mit neun Basketbällen aufs Spielfeld und platzierte ihn auf der rechten Seite der Halle, in der Mitte zwischen der Grundlinie und der Foullinie. Von der rechten Seite aus dribbelte er zweimal, sprang mit Leichtigkeit über den Ständer und hämmerte den Ball mit links durch die Reuse. Es war ein aufregender Anblick. Wieder drei Zehner. Die Spieler von Glen Oaks strömten auf den Platz, um Earl zu feiern. Kobe konnte jetzt nur noch ausgleichen, und auch das würde eine Herausforderung sein.

Er konnte es nicht allein tun. Er zerrte an den Hemden von drei Mitspielern und zog sie zum Korb. Er stellte sie in einem Dreieck 1,50 Metern vorm Ring auf, dann ließ er sie sich bücken und den Kopf einziehen. Er ging zurück zur Mittellinie, dribbelte den Ball einmal zwischen seinen Beinen hindurch und drehte sich dann wieder zu seinen Mitspielern und dem Korb um.

Dribbeln mit der rechten Hand am Mittelkreis …

Dribbeln mit der linken Hand … Dreierlinie …

Dribbeln mit der linken Hand … Freiwurflinie …

Er hob knapp innerhalb der Freiwurflinie ab, kurz bevor er mit seinen Mitspielern zusammenstoßen konnte. Stattdessen flog er über sie hinweg, ohne sie zu berühren, nahm den Ball in seine geschwächte rechte Hand und drückte ihn in den Korb.

Die Menge gab einen ohrenbetäubenden Lärm von sich, alle standen oder hüpften auf der Stelle, klatschten und schrien und jubelten. Earl, der in der Nähe der Mittellinie stand, hob seine Hände in einer „Da kann man nichts machen"-Geste. Er und Kobe schüttelten sich die Hände und umarmten sich in der Spielfeldmitte. Der Contest wurde unentschieden gewertet, aber alle Anwesenden wussten, wer gewonnen hatte.

„Es war, als ob ein Rockstar geboren wurde", sagte Downer. „Der Schneeball wurde größer und größer."

Treatman und Drew Downer gingen gemeinsam zum Swamp Fox zurück und unterhielten sich über die Leistung von Kobe, die sie immer noch nicht ganz fassen konnten. Sie kannten ihn seit vier Jahren und keiner von ihnen hatte so etwas wie an diesem Abend gesehen. Wussten die Kids im Team zu schätzen, was sie da erleben durften? Wussten die Coaches selbst, die Erwachsenen mit mehr Durchblick, es zu schätzen? Haben sie es tief im Inneren wirklich verstanden? Er flog durch die Lüfte, zeigte Zirkus-Dunks mit einem kaputten Arm, während seine Familie ihn anflehte, sich nicht zu gefährden, und die Menge im Convention Center wurde von Sekunde zu Sekunde lauter und lärmender. Wenn das Kobe Bryant jetzt war, wer könnte er dann später sein?

Die beiden blieben vor der Tür zu Treatmans Suite stehen.

„Und hier wohnt er", sagte Treatman.

Sie brachen in Gelächter aus.

In den ersten Wochen seines Studiums an der University of Maryland hatte Evan Monsky einem anderen Studienanfänger zugehört, einem Jungen aus Camden, New Jersey, der im selben Wohnheim wie Monsky wohnte und ihm sagte, Tim Thomas sei „das Größte auf der Welt". Und ja, Monsky musste zugeben, dass Thomas (auf dem Weg nach Villanova, wo er ein Jahr blieb, bevor er eine 13-jährige NBA-Karriere startete) ein ziemlich unglaublicher Highschool-Spieler war. „Aber das war ein Junge, der nur Scheiße redete", sagte Monsky später. „Er hatte keine Ahnung. Ich sagte ihm: ‚Da ist dieser Typ aus meiner Heimatstadt. Der spielt in einer anderen Liga.'"

Kobe war zu Beginn des Herbstsemesters in Maryland mit Rip Hamilton, John Linehan und den Sam Rines All-Stars zu einem AAU-Turnier ins Cole Fieldhouse in College Park gekommen. Kobe hatte sich ein Zimmer mit Linehan geteilt und es war eine typische AAU-Erfahrung für ihn, da er das Zimmer außer zu den Spielen selbst nie verließ. „Ich will ins Einkaufszentrum gehen, abhängen, Videospiele spielen", erinnerte sich Linehan. „Es ist acht, halb neun und plötzlich geht das Licht aus. Ich frage: ‚Kobe, was ist los?' Er sagte: ‚Wir haben morgen ein Spiel.' Wer macht so etwas in dem Alter? Da wusste ich, dass er etwas Besonderes sein würde. Er hatte eine andere Herangehensweise an das Spiel als ich oder irgendjemand anders, den ich je kennengelernt hatte." Nach einem der Spiele in Cole hatte Monsky die Gelegenheit, Kobe zu begrüßen und mit ihm zu sprechen. Er fragte ihn, ob er erwäge, nach Maryland zu gehen. *Nein,* sagte er. *Ich mag die Körbe hier nicht.*

Es war Anfang Januar, Winterpause in Maryland. Lower Merion war aus Myrtle Beach zurückgekehrt und hatte sich an die Routine und den schwächeren Wettbewerb der Saison gewöhnt, und Monsky tat, was viele Studienanfänger in der Winterpause tun: Er kehrte zu seiner Alma Mater zurück, um alte Freunde zu sehen und sich ein wenig darin zu sonnen, dass er in die nächste Phase seines Lebens eingetreten war. Kurz vor Beginn des Trainings unterhielt er sich mit Kobe unter einem der Körbe. Treatman stand in der Nähe und hielt die Ohren offen, während der Rest des Teams sich aufwärmte und herumballerte.

„Kobe, was ist los?", fragte Monsky. „Wo willst du zur Uni gehen? La Salle? Ich habe gehört, Duke." Davon war Monsky schon seit seinem Senior-Jahr ausgegangen: *Kobe wird aufs College gehen, ein Jahr spielen und dann zu den Profis wechseln. Er wird ein ordentlicher sechster Mann sein, ein Journeyman, ein guter Spieler in der NBA, und was für ein tolles Leben das für ihn sein wird.*

„Ev", sagte Kobe, „ich denke darüber nach, in die Liga zu gehen."

„Nein, im Ernst", antwortete Monsky. „Denkst du an La Salle oder Duke?"

„Nein, wirklich. Ich gehe in die Liga."

Downer pfiff an, um die Spieler zum Beginn des Trainings an der Mittellinie zu empfangen. Kobe trottete hinüber und ließ Monsky allein, um seine Erwartungen an seinen Freund und dieses beiläufige und überraschende Eingeständnis von Kobe unter einen Hut zu bringen. *Guards gehen nicht direkt in die NBA. Kevin Garnett schon, aber er ist kein Guard. So etwas passiert einfach nicht, und schon gar nicht bei Kindern mit Kobes hervorragenden Noten. Und warum sollte er das überhaupt tun? College macht doch so viel Spaß!*

Derweil hatte Treatman gehört, was Kobe gesagt hatte. Instinktiv suchte er die Halle ab, um zu sehen, ob Reporter in der Nähe waren, und seufzte dann erleichtert, als ihm einfiel, dass es keine gab. Er war noch nicht bereit, Kobe bei der Bekanntgabe seiner Absichten zu helfen, und da er jahrelang in den Medien, insbesondere beim Fernsehen, gearbeitet hatte, wusste er, dass es der passenden Szenerie und Dramaturgie bedurfte, um die offizielle Enthüllung unvergesslich zu machen. Und trotz seiner Offenheit Monsky gegenüber, wusste Kobe das sogar noch besser als Treatman.

Wochen nach dem Beach Ball Classic schaltete Jarid Gibson den Compaq-Computer seines Vaters ein. Er wollte einen Brief an Kobe Bryant schreiben. 13 vollgeschriebene Seiten später bat er seinen Vater, den Brief für ihn durchzusehen. *Lass mich das für dich zusammenfassen,* sagte Wesley Gibson zu seinem Sohn.

Monate später war Kobe im Haus der Bryants auf dem Fußboden vor dem prasselnden Wohnzimmerkamin ausgestreckt, bereit für ein langes Fernsehinterview mit ESPN. 15 Minuten des Interviews wurden auf dem Sender ausgestrahlt. Kobe sprach über seine Kindheit in Italien, die Bedeutung seiner Ausbildung und seinen Wunsch, dass die Leute über ihn sagten: *Kobe, du bist ein guter Mensch.* Er hatte noch nicht bekanntgegeben, ob er aufs College oder in die NBA gehen wollte. „Das ist etwas, auf das ich mich wirklich konzentrieren muss, bevor ich eine Entscheidung treffen kann", sagte er in dem Interview, als ob er noch keine getroffen hätte.

In der Mitte des Beitrags blendete ESPN das Cover des Beach-Ball-Classic-Programms ein, wobei das Bild von Kobe beim Sprungwurf den größten Teil der unteren zwei Drittel der Seite einnahm.

„Also", sagte der Interviewer, als die Kamera auf Kobe zurückschnitt, „wo hast du diesen jungen Mann kennengelernt?"

"South Carolina", sagte Kobe. „Myrtle Beach."

„Wie ist sein Name?"

„Jarid Gibson."

„Ein Fan von dir?"

„Ja."

„Du triffst ihn bei einem Turnier, und er schreibt dir danach einen Brief."

„Einen wunderschönen Brief."

„Was steht drin?"

Kobe blickte auf das Blatt und begann zu lesen.

Lieber Kobe,

wie geht es dir so? Ich hoffe aufrichtig, dass dieser Brief dich bei bester Gesundheit antrifft. Ich schreibe dir, um dir für deine hervorragende Leistung und deinen Charakter zu danken, den du beim Beach Ball Classic gezeigt hast. Mein Name ist Jarid Gibson, der kleine Kerl aus Pennsylvania, der ständig in deiner Nähe war.

Kobe, du sollst wissen, welch enormen Einfluss du in der kurzen Zeit, in der ich in deiner Gegenwart war, auf mein Leben hattest, nicht nur als Spieler, sondern auch als Mensch. Du bist echt, bodenständig und warst für deine Fans zugänglich. Aber was ich am meisten bewundere, sind die 1.000 Punkte, die du bei deinen SATs erreicht hast, und die besondere Beziehung, die du zu deinem Vater hast. Das kann man sich weder mit Ruhm noch mit Geld kaufen. Das Leben hat dir ein perfektes Blatt in die Hand gegeben. Du bist intelligent, hast eine liebevolle Familie und bist ein sehr begabter Basketballspieler. Der Topf voll Gold am Ende des Regenbogens wartet auf dich. Nimm ihn, aber denke bitte an diese drei Dinge: Erstens, danke immer Gott und deiner Familie; zweitens, denk immer daran, wie hart du gearbeitet hast, um erfolgreich zu sein, und dass du weiter hart arbeiten musst, um erfolgreich zu bleiben; drittens, vergiss nie uns kleine Jungs, die dich am Anfang deines Aufstiegs zum Star gesehen haben.

So wie du mich berührt und inspiriert hast, etwas aus mir zu machen, wird wirst du in Zukunft noch Tausende andere inspirieren. Bleib bescheiden. Bleib fokussiert. Bleib du selbst.

Jarid Gibson ging schließlich genau wie sein Vater zur Air Force und blieb mit Kobe in Kontakt – es folgten weitere Briefe, fünfminütige Telefonate alle paar Wochen, signierte Bälle, Postkarten und Lakers-Trikots in der Post nach South Carolina. „Wenn ich wie irgendjemand sein könnte", sagte Jarid, „würde ich wie er sein wollen." Ihre Korrespondenz dauerte bis Anfang 2001 an, nachdem Kobe mit den Lakers im Sommer zuvor seine erste Meisterschaft gewonnen hatte. „Als er die Mamba wurde", so Wesley, „brach der Kontakt ab." Er war jemand Neues geworden, jemand Älteres, jemand anderes, und er hatte beschlossen, diese Beziehung nicht mit in seine Zukunft zu nehmen. Es war nicht der einzige Teil seiner Vergangenheit, den er zurücklassen sollte.

Wenn jemand sagt,
dass ich etwas nicht machen
kann, möchte ich es erst recht
machen, und zwar auf die
bestmögliche Art und Weise.

KOBE BRYANT

15 | Entspannt euch, ich hab’s im Griff

Der Kontrast zwischen dem Kobe Bryant, der im Bus hinten saß, und dem, der in der Klasse vorne saß, war riesig. Wenn das Team zu Auswärtsspielen reiste, herrschte im Bus eine konzentrierte Stimmung, man unterhielt sich mit gedämpfter Stimme. Kobe hatte Kopfhörer auf, sein Gesicht war ausdruckslos, die Aussicht, eine Wasserstraße zu überqueren, löste bei ihm keine Panikattacken mehr aus. Es gab ein Spiel zu gewinnen und um nichts anderes sollten sich die Gedanken drehen. Wenn sie jedoch erst einmal in der Halle ihres Gegners angekommen waren und diesem den Arsch versohlt hatten, konnten die Aces auf der Rückfahrt nach Wynnewood richtig aufdrehen und sie selbst sein. Vorne beim Fahrer erzählte Jimmy Kieserman beispielsweise Geschichten darüber, wie es war, ein Guard in der Big East zu sein oder auf eine richtige Studentenverbindungsparty in Miami zu gehen. Kobe und Jermaine Griffin, die beiden dominanten Persönlichkeiten des Teams, saßen in der letzten Reihe. „Kobe und Dan Pangrazio waren die Stars“, sagte Dave Rosenberg, „Jermaine war die Seele.“ Brendan Pettit und Robby Schwartz waren die Komiker des Teams. Oral Williams’ Spitzname war „Sarge“. Dave Lasman hatte eine coole, Hollywood-artige Attitüde. Kareem Barksdale krönte jeden Sieg, indem er auf dem Spielfeld Rückwärtssaltos machte. Rosenberg und Phil Mellet waren die akademischen Aushängeschilder und brachten Energie von der Bank. Kobe, Griffin und die anderen schwarzen Spieler – Emory Dabney, Omar Hatcher, Williams, Cary Walker, Barksdale – lieferten sich Rap-Battles, und nachdem die Fugees Mitte Februar 1996 *The Score* veröffentlicht hatten, nahm Williams seine Boom-Box mit CD-Player mit in den Bus. Das Album mit seinen Reggae-Rap-Grooves und aufschneiderischen Texten wurde sofort zum Soundtrack des gesamten Teams.

We used to be number ten
Now we permanent at one

So fühlte es sich an: als würden sie für immer an der Spitze stehen und als könnte niemand sie stürzen. Nachdem Downer sie in seiner Suite im Swamp Fox Motel zusammengestaucht hatte, gewannen die Aces ihre letzten 15 Spiele der regulären Saison und entwickelten sich zu einer der Hauptattraktionen im Basketball von Philadelphia. „In der ganzen Gegend hörte man Gerede", erinnert sich Jack McGlone, der in der Saison 1995/96 im zweiten Jahr für Ridley spielte. „Man hörte von anderen Mannschaften der Central League, die gegen Kobe spielten und eine volle Halle hatten. Man las Zeitungsartikel im *SLAM*-Magazin über ihn." Vor Ridleys erstem Spiel gegen die Aces in dieser Saison in Lower Merion war McGlone irritiert, als einer der Assistant Coaches der Green Raiders dem Team sagte: *Denkt daran, Jungs, wenn Kobe dunkt und die Menge durchdreht, sind es auch nur zwei Punkte.* „Er hat uns mental darauf vorbereitet, dass wir bereit sein müssen, wenn Kobe dunkt", sagte McGlone. „Das ist nichts, worüber man sich als Highschool-Schüler normalerweise Gedanken macht." In seinen beiden Spielen gegen Ridley erzielte Kobe 29 Punkte bei einem 16-Punkte-Sieg und 27 Punkte bei einem 17-Punkte-Sieg. Aber für McGlone und seine Teamkollegen aus Ridley – und eigentlich für jedes Team, das in dieser Saison gegen die Aces antrat, und sogar für Kobes Teamkollegen – war die bloße Erfahrung, mit oder gegen ihn zu spielen, noch bemerkenswerter. So hitzig diese lokalen Rivalitäten auch waren, sie waren nicht vergleichbar mit der Aufregung und der Atmosphäre, die herrschte, wenn Kobe antrat: die große Bühne, das große Spiel, die Menge, die bei jedem Ballbesitz stand und ausflippte, sobald ein Spieler einen einfachen Korbleger traf, der Anblick von Kindern und sogar Erwachsenen, die für Autogramme Schlange standen, als Kobe aus der Kabine kam. Ein Gefühl, das man nie vergisst. „Wenn man jemals Sport getrieben hat", sagte McGlone, „ist das etwas, wovon man immer geträumt hat, und ich konnte es zweimal erleben. Das ist besser als ein Stück Papier mit seinem Namen darauf."

Die Erfüllung solcher Träume musste für diese Spieler und Teams ausreichen, denn Kobe und die Aces waren ein Monster des Jugend-Basketballs, das alles zerstörte, was ihm in den Weg kam. Von den 15 Siegen in Folge wurden 14 mit mehr als zehn Punkten Vorsprung errungen, sieben sogar mit mindestens 28. Bei einem 95:64-Sieg über Marple Newtown stand Kobe vier Minuten vor Ende des vierten Viertels bei 48 Punkten, als Gregg Downer eine Auszeit nahm. „Hör zu", sagte er zu Kobe, „mach nur noch einen Korb." 50 Punkte, eine nette, runde Zahl. Dann wollte Downer ihn aus Mitleid mit dem Gegner den Rest des Spiels aussetzen lassen ... nur spielte Kobe prompt fünf perfekte Pässe, die fünf Körbe seiner Mitspieler vorbereiteten, und zwang Downer zu einer weiteren Auszeit. „Du hast 48 Punkte!", schrie der Trainer seinen Star an. Als die Aces das nächste Mal den Ball hatten, traf Kobe einen Layup und setzte sich endlich hin. „Er konnte so starrköpfig sein", sagte Downer später.

Ja, das konnte er, und er war darüber hinaus von einer unbekümmerten Zuversicht erfüllt, was die Aussichten der Aces in den District und State Playoffs betraf. Downer konnte es sich nicht leisten, mit irgendeinem Spiel oder Ergebnis so sorglos umzugehen. Seine berufliche Zukunft wurde um den Valentinstag herum in Frage gestellt, als James Crawford, der Schulleiter der Episcopal Academy, ihn zu einem Treffen einbestellte und ihm mitteilte, dass Downer am Ende des Schuljahres entlassen würde, weil die Betreuung von Kobe und Lower Merion so viel Zeit in Anspruch nahm und ihn davon abhielt, seine Verpflichtungen gegenüber Episcopal zu erfüllen. *Wovon redest du?* antwortete Downer. *Ich habe dir gesagt, dass ich die Sache mit Kobe zu Ende bringen muss. Das habe ich dir vom ersten Tag an gesagt.* (Crawford sagte später, dass er sich nicht an den Inhalt ihres Gesprächs erinnern könne.) Ganz zu schweigen davon, was mit Downers Ruf und seiner Zukunft als Coach geschehen würde, sollte er 1996 keine District und/oder State Championship gewinnen. Er bekommt vier volle Jahre mit Kobe Bryant und kann es nicht schaffen? Für Kobe war das jedoch unvorstellbar. *Entspann dich, Coach,* sagte er zu Downer. *Ich hab's im Griff.* Und dasselbe sagte er auch zu seinen Teamkollegen. „Emory, Omar, Butter, wisst ihr, wie gut wir sind? Lächelt! Habt Spaß! Macht euch keine Sorgen. Ich mache das schon."

In ihrer ersten Saison in der Atlantic 10 hatten die La Salle Explorers 17 ihrer 22 Spiele verloren, ehe sie am 12. Februar gegen Villanova antraten. Speedy Morris' Vertrag lief noch ein Jahr und man hatte das Gefühl, dass nur noch eine Person zwischen ihm und der Arbeitslosigkeit stand: Kobe Bryant. Nun, etwas mehr als eine Stunde vor dem Villanova-Spiel, traf Morris in den Katakomben des Spectrum auf Bill Lyon, den langjährigen Sportkolumnisten des *Philadelphia Inquirer.*

„Wie geht's dir?", fragte Lyon.

„Ich hänge", sagte Morris.

„Buchstäblich?"

„Ja", sagte Morris und schlug seinen Hemdkragen zurück, „siehst du die Abschürfungen vom Seil?"

Villanova schlug La Salle an diesem Abend mit 90:50, die schlimmste Niederlage in der schlimmsten Saison von Morris' Trainerkarriere. Lyon kam auf der Pressetribüne zu dem Schluss, dass es richtig und mutig ist, einen Mann zu unterstützen, der bereits mit einem Bein im Aus steht. Er schrieb einen 1.012 Wörter umfassenden Artikel, in dem er dafür plädierte, dass La Salle inmitten der Gerüchte und Spekulationen um Morris' Trainerposten großmütig sein und zu ihm stehen sollte.

„Jetzt hängt die Zukunft von Speedy Morris, so wird allgemein angenommen, von einer Entscheidung von Kobe Bryant ab", schrieb Lyon. „Dies ist der sinnlose und quälende Teil des Trainerberufs. Ein 17-jähriger Junge kann dein Schicksal und das deiner Familie bestimmen."

Am nächsten Morgen, als der Artikel auf der Titelseite des Sportteils des *Inquirer* erschien, klingelte das Telefon bei Lyon zu Hause. Es war Mimi, die Frau von Morris. Sie weinte.

„Danke", sagte sie.

Im Klassenzimmer war Kobe nicht so selbstbewusst wie auf dem Spielfeld. Er hatte sich an Jeanne Mastriano gewandt, um ein Wahlfach zu belegen, das sie im Frühjahr unterrichtete: Speaking Arts, ein einsemestriger Kurs, in dem die Schüler Reden und dramatische Monologe schrieben und vortrugen und sich anschließend gegenseitig kritisierten. Ziel des Kurses war es, so Mastriano, den Studenten beizubringen, „ihr Publikum zu kennen, zu wissen, wie sie ihr Publikum erreichen können, zu wissen, was sie erreichen wollen und in ihrer Methode flexibel zu sein". Kobe meldete sich für den Kurs an, und zwar nicht nur, weil die Ausbildung später für ihn nützlich sein könnte. Er brauchte das Training sofort. Kamerateams von ESPN und PRISM, einem TV-Sender mit Sitz in Philadelphia, verfolgten ihn durch die Gänge und berichteten im Stil einer Dokumentation über das tägliche Leben von Amerikas berühmtestem Highschool-Basketballer. Als Mastrianos Klasse eine Aufführung von Ntozake Shanges *For Colored Girls Who Have Considered Suicide/When the Rainbow Is Enuf* besuchte, setzten sie und die Schüler sich ins Theater und bemerkten erst als die Lichter ausgingen und der Vorhang sich zu heben begann, dass alle anderen im Publikum ihre Köpfe von der Bühne wegdrehten, um einen Blick auf Kobe zu erhaschen. Zum ersten Mal hatte Mastriano eine Ahnung von der Faszination, die ihr Schüler auf die Menschen ausübte. „Mir wurde es erst wirklich klar, als wir gingen", sagte sie später. „Ich konnte ihn nicht in den Bus bekommen. Er wurde geradezu belagert."

Er war an diese Art von öffentlicher Aufmerksamkeit gewöhnt. Die Anforderungen in Speaking Arts brachten ihn jedoch in eine verletzlichere Position: Er stand vor seinen Mitschülern in einem stillen Raum, jeder von ihnen beurteilte und bewertete ihn, und das alles in einer Umgebung, in der er nicht unbedingt der begabteste oder geübteste Darsteller war. Bei einer seiner Aufgaben, einer persönlichen Rede, ging er zu einem Platz in der Nähe der Tafel, vergrub seine Hände unter seinem übergroßen weißen Pullover in den Taschen seiner eleganten marineblauen Sporthose und sprach viereinhalb Minuten lang über sich selbst. Er hielt alle paar Sekunden inne, um nach den richtigen Worten zu suchen, verfiel aber nie in „ähm"s oder „ahhh"s. Seine Nervosität zeigte sich nur darin, dass er sein Gewicht von einem Fuß auf den anderen verlagerte und hin- und herschwankte, wobei seine Zunge auf beiden Seiten seines Mundes herausschnellte.

„Mein Name ist Kobe Bryant. Ich bin 17 Jahre alt. Und ich habe Glück gehabt. Ich habe nicht nur in verschiedenen Teilen der Vereinigten Staaten gelebt. Sondern auch in Europa."

Er fühlte sich isoliert, als er in Lower Merion ankam, erzählte er der Klasse, und spielte Basketball, um seine Tage zu füllen und sich die Zeit zu vertreiben.

„Ich glaube, das war das Beste, was mir je hätte passieren können. Denn während dieser einsamen Stunden im Freizeitraum entdeckte ich den Hunger, die Motivation und den Wunsch ... der bestmögliche Basketballspieler zu sein, der ich sein kann. Und hier bin ich heute ... Ich stehe vor einer großen Entscheidung. Und zwar, ob ich aufs College gehen soll. Oder direkt in die NBA."

Am meisten störten ihn bei dieser Entscheidung die Fremden, die ihn auf der Straße oder im Einkaufszentrum anhielten, um ihm zu sagen, was er tun solle. Aber er verstand, dass solche ungebetenen Ratschläge und Anregungen unvermeidlich waren.

„Ich habe viele Menschen bewundert: Magic Johnson, Michael Jordan, Emmitt Smith. Und Entertainer wie Michael Jackson und Janet Jackson. Aber die beiden Menschen, die ich am meisten bewundere, sind meine Mutter und mein Vater."

Nachdem er fertig war, setzte er sich an seinen Schreibtisch, drehte sich zu einer der Kameras, wischte sich halb im Scherz, halb im Ernst über die Stirn und sagte: „Puh." Die Schüler urteilten. Sie fanden es nicht schlimm, dass er schwankte. Sie fanden, er sei leidenschaftlich. Sie wiesen auf seine Ticks hin. Er lachte so, wie man lacht, um eine peinliche Stille zu vermeiden. In der ersten Minute seiner Rede hatte Kobe die Entscheidung seines Vaters beschrieben, sich aus der NBA zurückzuziehen und seine Spielerkarriere in Italien fortzusetzen: „Nach seinem achten Jahr beschloss er, dass es das Beste für ihn sei, weiterzuziehen und sein Talent anderswo einzubringen." Keiner der Anwesenden reagierte auf diesen Satz oder schien sich etwas dabei zu denken.

Mit dem Näherrücken der Playoffs und der Gewissheit, dass Lower Merion nicht nur zu den Favoriten auf den Gewinn der District Championship, sondern auch auf den Gewinn der State Championship der Klasse AAAA in Pennsylvania gehörte, wollte Gregg Downer sicherstellen, dass seine Spieler entsprechend motiviert waren. Downer musste sich nie Sorgen machen, dass Kobe irgendetwas auf die leichte Schulter nahm oder die Bedeutung eines Spiels oder einer Situation unterschätzte. Aber bei einigen der anderen Jungs war er sich nicht sicher. Die Schule hatte seit 1943 keine State Championship mehr gewonnen ... Ihm kam eine Idee.

Villanova hatte sich bereiterklärt, den Aces den Pavillon, in dem auch das Viertelfinalspiel ausgetragen werden sollte, für ein Training zur Verfügung zu stellen. Am Tag vor diesem Training erteilte Downer Jeremy Treatman einen Auftrag: Treatman sollte ein simuliertes Finale zwischen Lower Merion und einem Team aus dem Westen von Pennsylvania kommentieren und sich dabei aufzeichnen. Downer wollte den Spielern einen Vorgeschmack darauf geben, wie es wäre, bei einer State Championship mitzuspielen und diese zu gewinnen. „Ich glaube nicht, dass die Kids wissen, was wir hier vorhaben“, sagte er zu Treatman.

Treatman tat, wie ihm geheißen wurde. Er holte den Mikrokassettenrekorder heraus, den er für Interviews benutzt hatte, als er noch für den *Inquirer* schrieb. Er wählte einen Gegner, der bei den Spielern gut ankommen würde: Williamsport, das im Jahr zuvor das Finale erreicht hatte. Und er begann. *Hallo und herzlich willkommen in der Hersheypark Arena ...*

Das fiktive Spiel, das Treatmans Fantasie entsprungen war, dauerte eine Stunde. Jeder Spieler der Aces kam zum Einsatz. Kobe traf am Ende einen Jumper und gewann das Spiel.

Am nächsten Tag versammelte Downer die Spieler in der Mitte des Spielfelds in Villanova, bat sie, sich auf den Boden zu setzen, und ließ Treatman das gesamte Tape abspielen. Die meisten Spieler lächelten, lachten und jubelten. Treatman schaute zu Kobe hinunter und sah, dass er still und unbewegt war. „Ich glaube, es hatte eine größere Wirkung auf die anderen Jungs“, sagte Treatman später, „weil sie es sich nicht so erträumt haben, wie Kobe es sich erträumt hat.“

Als die Aufnahme zu Ende war, ließ Downer den Jubel abklingen, bis im Pavillon absolute Stille herrschte.

„Und jetzt“, sagte er, „lasst uns trainieren.“

Das Tape war nicht Downers einziger Motivationstrick. Er veranlasste, dass die Nummern 27 und 53 auf die Rückseiten der Aufwärmshirts der Aces geklebt wurden. Die Bedeutung der Zahlen lag auf der Hand: Das Team hatte im Vorjahr das District Final gegen die Chester Clippers mit 27 Punkten verloren und es war 53 Jahre her, dass Lower Merion eine State Championship gewonnen hatte. „Wir wollten einfach allen eine Botschaft senden“, sagte Kobe, „An Chester, um zu sagen: ‚Hey, wir sind hier. Letztes Jahr war letztes Jahr. Dieses Jahr ist ein neues Jahr. Ihr solltet also besser vorbereitet sein und alles geben. Wenn nicht, werden wir euch den Hintern versohlen.‘ Das war eine Botschaft, dass wir keine Angst haben und uns nicht einschüchtern lassen.“ Doch die Clippers, an Nummer eins im District gesetzt, waren nicht die einzige Bedrohung für die Meisterschaftsambitionen von Lower Merion. Coatesville ging als Nummer zwei ins Rennen, mit nur einer Niederlage. Die Aces waren die Nummer drei.

Da er wusste, wie sehr die einseitige Niederlage gegen Chester Kobe immer noch zu schaffen machte, nutzte Treatman die Gelegenheit, ihn während einer Trainingseinheit damit zu ärgern. Die Disctrict und State Championships in Pennsylvania wurden getrennt ausgetragen; eine Mannschaft qualifizierte sich für die State Championship, indem sie das Viertelfinale der District Championship erreichte. Es war also möglich, dass Lower Merion die District Championship gewann und dabei Chester und/oder Coatesville besiegte, um dann in der Landesrunde gegen einen von ihnen zu verlieren – ein Szenario, das Kobe angesichts seiner Freundschaft und Rivalität mit John Linehan von Chester und Rip Hamilton von Coatesville sicherlich quälen würde. Treatman wollte also herausfinden, wie Kobe die Aussicht, in den Playoffs vielleicht sogar mehr als einmal auf so starke Gegner zu treffen, aufnahm.

„Linehan und seine Jungs sind ziemlich gut“, sagte Treatman.

„Ich habe keine Angst vor diesen Niggas“, sagte Kobe.

Diese Bemerkung ließ Treatman zurückschrecken. Vielleicht war er die ganze Zeit über naiv gewesen, aber er hatte Kobe dieses Wort noch nie sagen hören. Er wusste nicht recht, wie er darauf reagieren sollte.

„Was ist mit Coatesville?", fragte er.

„Ich habe auch keine Angst vor diesen Niggas."

Und tatsächlich gab es nichts zu befürchten. Die Aces gewannen ihre ersten beiden Playoff-Spiele jeweils mit 27 Punkten Vorsprung, wobei Kobe im zweiten Spiel gegen Academy Park erneut 50 Punkte erzielte und sieben Dreier traf, was das Interesse des Sportkolumnisten der *New York Times* weckte. Ira Berkow reiste in einen Vorort von Philadelphia, um das Phänomen mit eigenen Augen zu sehen. Er sah das Viertelfinale der Aces gegen Norristown, das über eine Reihe von Spielern verfügte, die Kobe mit ihrer Länge und Schnelligkeit bedrängen konnten. Und ausgerechnet jetzt, vor den Augen von Berkow, machte Kobe sein einziges schlechtes Spiel in der Senior-Saison: Er verfehlte 19 seiner 25 Würfe aus dem Feld – die schlechteste Wurfleistung, die er je von ihm gesehen hatte, wie Downer später sagte – und foulte eine Minute und zehn Sekunden vor Schluss aus. Sein schlechtes Spiel ärgerte Kobe noch tagelang, vor allem, weil er das Gefühl hatte, die Spieler von Norristown glaubten, ihn gestoppt zu haben, obwohl Kobe sich selbst gestoppt hatte. „Ich wollte nicht, dass sie denken: ‚Wir haben Kobe Bryant aufgehalten'", sagte er. „Als das State Tournament begann, wollte ich, dass sie gewinnen und weiter gewinnen, damit wir wieder gegen sie spielen können und ich ihnen 50, 60 Punkte einschenken kann, ihnen zeigen kann: ‚Nicht ihr habt das getan. Ich war es selbst.'"

Das Spiel in Norristown war vielleicht das beste Worst-Case-Szenario für die Aces: Kobe war furchtbar gewesen, aber sie hatten trotzdem überlebt. Dan Pangrazio, der seinen Myrtle-Beach-Albtraum längst hinter sich gelassen hatte, versenkte im vierten Viertel vier Dreier und die Aces behielten mit 60:55 die Oberhand. Wenn es jemals ein Spiel gab, das sie hätten verlieren können, dann war es dieses, und sie gewannen. Vier Tage später sollten sie auf Coatesville treffen, während Chester im anderen Halbfinale gegen Plymouth Whitemarsh antrat. Noch bevor er geduscht hatte, wurde Kobe klar, dass Lower Merion wieder im Palestra spielen würde, und er begann zu weinen. „Zu Beginn des Jahres schien der Weg sehr trüb zu sein", sagte er. „Ich wusste nicht, was mich erwartet." Nachdem er sich gesammelt und die Kabine verlassen hatte, gab er Berkow ein kurzes Zitat mit auf den Weg: „Und weiter geht's", während Berkow neben ihm herlief, sich Notizen machte und ihn später als einen jungen Mann beschrieb, der „selbst an einem glanzlosen Spielabend von seinem Talent überzeugt war und die Freuden des Lebens genoss".

„Er hatte so viel Selbstvertrauen", sagte Treatman später. „Ich persönlich fand, dass seine Selbstsicherheit außer Kontrolle geraten war. Ich habe so viel von ihm gelernt, weil ich mein eigenes Leben nicht so lebe. Er war der zuversichtlichste Mensch, den ich je getroffen habe, egal auf welchem Gebiet, und das glaube ich bis heute."

Vergesst den Court. Vergesst das Klassenzimmer. Wenn man Kobe Bryant, den Teenager, in seiner ängstlichsten Phase erleben wollte, musste man ihn nur in einen Raum mit einem Mädchen setzen, das er für hübsch hielt. Bei seinen weiblichen Freunden schwankte er zwischen kumpelhafter Verspieltheit und beinahe überhöflichem Auftreten, wohlwissend, dass er aufgrund seiner Berühmtheit und seines guten Aussehens ein guter Fang war, aber er lehnte es ab, diese Attribute so auszunutzen wie ein stereotyper Highschool-Sportler. Als der Abschlussball näher rückte, bat er Katrina Christmas um Ratschläge im Hinblick auf potenzielle Dates und schlug Namen von Mitschülerinnen vor. *Meinst du, sie ist in Ordnung? Meinst du, ich sollte sie fragen?* Jocelyn Ebron, seine Pseudo-Freundin, wäre die logische Wahl gewesen. Außer …

„Dann habe ich ihm Kristen Clement vorgestellt", sagte Treatman.

Kristen Clement, so kann man ohne Übertreibung sagen, war die Kobe Bryant des Mädchenbasketballs in Philadelphia: eine Guard/Forward an der Cardinal O'Hara High School in Delaware County, nur acht Meilen von Lower Merion entfernt, die in ihrer Karriere mehr als 2.000 Punkte erzielte, O'Hara zu drei Meisterschaften in der Philadelphia Catholic League führte und für Coach Pat Summit an der Universität von Tennessee spielen sollte. Ihr Spitzname war „Ace", und sie wurde mit Eric Lindros, dem Starspieler der Philadelphia Flyers, in Verbindung gebracht – ein kleines Stück lokaler Klatsch und Tratsch, das sie zwar nicht ganz auf den Rang von Kobe hob, sie aber sichtbarer und bekannter machte als eine durchschnittliche Highschool-Sportlerin. Treatman hatte für die *High School Sports Show* des *Inquirer* über sie berichtet und sie Kobe gegenüber erwähnt: *schönes Mädchen an der O'Hara, unglaubliche Spielerin.*

„Jeremy", sagte Kobe eines Tages, „wir werden Ace spielen sehen. Wann spielt sie das nächste Mal?"

„An meinem Geburtstag, 11. Februar", sagte Treatman.

So verbrachte Treatman den Nachmittag seines 30. Geburtstags auf der Tribüne der O'Hara-Halle und saß direkt neben Kobe. „Am Ende des Spiels", erinnert sich Treatman, „drehte sich Kristen um und schaute zweimal hin. ‚Oh, hallo.'" Ich sah, wie sie Telefonnummern austauschten, und dachte, es sei nur eine Freundschaftssache. Im nächsten Moment merke ich, dass er überall, wo wir waren, von einem Münztelefon mit Kristen Clement sprach. Von da an kam sie zu all unseren Spielen. Sie stiegen Arm in Arm aus dem Bus."

Ihre aufkeimende Romanze stellte das Paar vor die typischen Herausforderungen, denen Menschen ausgesetzt sind, die ihr Leben in der Öffentlichkeit führen. Eines Abends, nach einem Auswärtsspiel der Aces, das Clement besucht hatte, suchte Kobe die Nähe von Robby Schwartz, als sie aus dem Mannschaftsbus stiegen. Kobe war an diesem Abend mit Clement in einem Restaurant in Ardmore verabredet, und sie brachte eine Freundin mit.

„Willst du mitkommen?", fragte Kobe ihn.

„Natürlich!", sagte Schwartz.

Als sie im Restaurant ankamen, dauerte es nicht lange, bis Schwartz verstand, warum Kobe ihn eingeladen hatte, bei seinem Doppeldate sein Begleiter zu sein. „Ich weiß noch, wie ich mich umsah", erinnert sich Schwartz, „und alle starrten zu unserem Tisch hin. Ich glaube, ich habe den ganzen Abend nicht mehr als zehn Worte gesagt. Es war auf jeden Fall ein ‚Komm mit uns, damit wir nicht allein sind'-Ding." Er nahm es Kobe nicht übel, dass er Gesellschaft brauchte. Wie hätte er sonst ein vernünftiges Sozialleben führen können? „Basketball machte

99 Prozent seines Lebens aus, aber er war so normal, wie der beste Spieler des Landes eben sein konnte", sagte Schwartz. „Die Leute verhielten sich anders in seiner Nähe. Wenn man mich traf – ‚Hey, da drüben ist ein Typ, der in Lower Merion Basketball spielt' –, dann kam man auf mich zu und sagte hallo und war ganz normal. Aber ihm gegenüber benahmen die Leute sich nie normal. Sie sagten nur dummes Zeug und wussten nicht, wie sie sich verhalten sollten. Kommt doch einfach vorbei und sagt hallo! Er ist ein normaler Kerl!"

Ein ganz normaler Kerl, der im Frühjahr einen ganz normalen Abschlussball erleben würde, sollte man meinen.

Am 27. Februar, zwei Wochen und einen Tag nach dem Erscheinen von Bill Lyons Artikel zur Verteidigung von Speedy Morris im *Inquirer*, gab die Universität La Salle auf einer Pressekonferenz bekannt, dass die Verwaltung Morris' Vertrag um zwei Jahre bis 1999 verlängert hatte. „Ohne diesen Artikel hätte ich diese Verlängerung nicht bekommen", erinnert sich Morris. „Dessen bin ich mir sicher."

Auf der Pressekonferenz wurde Kobe Bryant, der an diesem Abend im Halbfinale des District One gegen Coatesville im Palestra spielen würde, nicht erwähnt.

Eines Tages möchte ich mich
mit ihm zusammensetzen und
mit ihm reden. Hoffentlich kann
er mir ein paar Ratschläge
geben … damit ich alle seine
Rekorde brechen kann.

**KOBE BRYANT ÜBER
MICHAEL JORDAN, 1996**

16 | Der Tunnel

Es war vielleicht Rip Hamiltons letzte Chance zu beweisen, dass er besser war als Kobe Bryant, sein Freund und Gegner, den er liebte, respektierte und – in einem gesunden Maße – auch fürchtete. Der Senior stand vor einem weiteren District-One-Halbfinalspiel im Palestra. Lower Merion gegen Coatesville. Die Halle bebte, die Zuschauer strömten auf die Ränge. Gene Shue – einst Head Coach der Sixers, jetzt Direktor für Spielerpersonal – war unter ihnen, er saß in der Nähe des Spielfelds. Es waren so viele Menschen, 9.000 oder mehr, auf so engem Raum in der Halle, dass Kobe nach dem Spiel behauptete, die Spieler beider Teams hätten „unter Schock" gestanden. Hamilton gehörte vermutlich zu denen, die ein paar Minuten brauchten, um sich an diese Atmosphäre zu gewöhnen, die für ihn im Laufe seiner Karriere irgendwann alltäglich werden sollte. Nur zwei Wochen zuvor hatte er der Universität von Connecticut mündlich zugesagt und deren Coach Jim Calhoun saß nun ebenfalls auf der Tribüne des Palestra. Calhoun wollte sehen, wie sein Rekrut mit dem Druck umging und ob Hamilton aus Kobes Schatten heraustreten konnte. Tatsächlich würde Hamilton Kobe in seinen drei Spielzeiten bei UConn und seinen 14 NBA-Jahren in mancher Hinsicht übertreffen. So gewann er mit UConn 1999 die NCAA-Championship, die Kobe natürlich vorenthalten blieb. Und NBA-Titel? Okay, Kobe gewann fünf, aber keiner davon ging auf Hamiltons Kosten. Und als sie 2004 in den Finals gegeneinander antraten, als Hamilton und die Detroit Pistons die Lakers in fünf Spielen besiegten, war er genauso gut oder besser als Kobe: Er traf besser aus dem Feld und von der Dreierlinie, holte im Durchschnitt mehr Rebounds und Assists und zog endlich eine gewisse Genugtuung aus dieser Rivalität.

Und jetzt hatte er ihn. Er *hatte* ihn. Lower Merion führte nach dem dritten Viertel mit zehn Punkten. Die Aces hatten die meisten ihrer Punkte erzielt, indem sie Kobe entweder mit Alley-Oop-Pässen bedienten oder ihm den Ball übergaben, sich auf die vier Ecken des Halbfeldes verteilten und ihn im Eins-gegen-Eins gegen den oder die Spieler von Coatesville antreten ließen, die ihn gerade verteidigten. „Es war eine Art persönliches Duell [mit Hamilton]", sagte Kobe später. „Viele Leute sagten, er könne mit mir mithalten und mir Probleme bereiten. Wenn die Leute das sagen, lache ich und denke: ‚Mann, den Kerl kann ich fertig machen.'" Doch die Red Raiders machten diesen Rückstand in den ersten drei Minuten des vierten Viertels wieder wett und als Hamiltons Teamkollege John Henderson einen Layup versenkte, führte Coatesville drei Minuten vor Schluss sogar mit sechs Punkten. Das erste Duell … Kobe hatte einen Dreier aus knapp acht Metern und diesen Buzzer-Beater aus knapp zwei Metern getroffen, und Hamilton konnte ihn nicht schlagen. Bei der zweiten Begegnung … Kobe hatte ausgefoult, und Hamilton konnte ihn immer noch nicht besiegen. Jetzt aber. Das musste es sein.

Das war es nicht. Emory Dabney versenkte einen Dreier, holte dann einen Steal und traf einen Layup, um den Rückstand auf einen Punkt zu verkürzen. Kobe fand in der Coatesville-Verteidigung eine Lücke – wie konnte ausgerechnet er eine Lücke finden? – und dunkte den Ball 1:43 Minuten vor Schluss zur erneuten Führung für die Aces. Jermaine Griffin erzielte in der Schlussminute vier Punkte. „Es gibt nichts Besseres als das Palestra", sagte Kobe nach dem 70:65-Sieg, bei dem er selbst 29 Punkte erzielt und Hamilton nur 16 Punkte geschafft hatte und die Aces sich ein Rückspiel um die District Championship gegen Chester gesichert hatten. „Das war eine einmalige Gelegenheit."

Das brauchte Hamilton niemand zu sagen. Nach seinem ersten Spiel gegen Kobe war ihm klar geworden, dass er noch nie gegen jemanden auf seiner Position gespielt hatte, der im selben Spiel mehr Punkte als er erzielt und ihn geschlagen hatte. Jetzt hatte Kobe das schon zum dritten Mal getan.

„Wie kommt es, dass ich immer, wenn ich gegen dich spiele, verliere?“, fragte Hamilton ihn nach dem Spiel.

Kobe lachte. „Keine Ahnung“, sagte er. Es sollte acht Jahre bis zu den NBA-Finals 2004 dauern, bis Rip Hamilton ein gewisses Gleichgewicht zwischen sich und Kobe Bryant herstellen konnte, acht Jahre zu spät für die Coatesville Red Raiders.

Lower Merion gegen Coatesville war das erste Spiel des Halbfinal-Doubleheaders. Chester hatte im zweiten Spiel mit Plymouth Whitemarsh keine Mühe, 65:45 lautete der Endstand.

Chester-Coach Fred Pickett: „Wir freuen uns, dass Kobe all diese Auszeichnungen erhält. Wir freuen uns, dass er ein All-American ist. Aber wir werden ihn abmelden. Punkt.“

Chester-Forward Greg Hollman: „Er ist ein großartiger Spieler, aber er muss seine Hose immer noch mit einem Bein nach dem anderen anziehen, so wie wir anderen auch.“

Chester-Guard Brahin Pharr: „Wir werden auf ihn losgehen. Wir werden ihn direkt attackieren.“

Zwischen dem Sieg gegen Coatesville und dem Rematch gegen Chester lagen zwei Schultage und ein Training, also 48 Stunden, in denen der Hype um Kobe und das Team noch größer wurde. Der sportliche Leiter Tom McGovern hatte zufällig seine tägliche Mittagspause, in der er ein Auge auf das Verhalten der Schüler in der Cafeteria warf, mit Kobes Mittagspause zusammenfallen lassen. So wurde er Zeuge eines bemerkenswerten Spektakels. Die Cafeteria war ebenerdig und vor den hohen Sprossenfenstern reihten sich Reporter, Fernsehkameraleute und Fotografen Ellbogen an Ellbogen auf. McGovern hatte den Medienvertretern den Zutritt zum Gebäude verwehrt, aber sie wussten, dass Kobe etwas essen musste. Also blieben sie dort, klickten, filmten und beobachteten, als wäre Kobe ein Tier in seinem natürlichen Lebensraum. „Es gab einen Tisch für Sportler“, sagte McGovern. „Manchmal ging er dorthin, aber nicht immer. Er setzte sich manchmal auch zu den Schülern, die ihn aus der Klasse kannten. Seine Gelassenheit war für sein Alter erstaunlich. Er schenkte den Kameras keine Aufmerksamkeit.“

Das Training war seine Erholung. Schon als Highschool-Spieler, lange bevor das *Verlieben in die Reise* und das *Verweilen im Moment* zu Mantras der Mamba-Mentalität wurden, genoss er die notwendige Routine der Vorbereitung. Beim Mannschaftstraining der Aces am Abend vor dem Spiel gegen Chester half ihm Marcella Shorty, die Athletiktrainerin des Programms, drei Eisbeutel auf seinem Körper zu balancieren, während er in ihrem Büro saß: einen Beutel auf jedem Knie, einen auf seiner rechten Hand. Er war in keiner Weise verletzt; dies waren lediglich die vorbeugenden Maßnahmen, die er schon immer ergriffen hatte, um seinen Körper frisch zu halten. Wie um sich zu vergewissern, dass er für Chester bereit war, wartete er ab, bis das Training bereits eine Stunde lief, bevor er sich in einer Pause den Ball schnappte, mit ein paar energischen Dribblings zum Korb zog und mit einem Dunk die Wände der Halle zum Beben brachte. Alle Anwesenden, einschließlich Gregg Downer und die anderen Coaches, stießen ein „OHHHH!" aus. Später, nach einer Übung, räusperte er sich, um zu seinen Mitspielern zu sprechen, wobei sich seine Stimme mit zunehmendem Alter zu einem vollen Bariton vertieft hatte. Sein Ziel war es, sie mit ihm in den Tunnel zu führen, in den Zustand, den Psychologen als *flow* bezeichnen, in dem es keine abschweifenden Gedanken oder Umgebungsgeräusche gibt, sondern nur einen Zustand der Konzentration, der so intensiv ist, dass alles andere in ihrem Leben unwichtig und unnötig erscheint, eine Ablenkung oder Zerstreuung, und wie tote Blätter von einem Rosenstock abfällt.

„Übt es nicht und vergesst es danach gleich wieder", sagte er. „Wenn ihr heute Abend nach Hause geht, denkt darüber nach. Denkt daran, was ihr morgen Abend im Spiel machen werdet. Stellt euch vor, wie ihr es macht."

Er brauchte den Tunnel. Er brauchte den Tunnel, weil er dort eine Woche lang jeden Tag John Linehan anrufen konnte – noch bevor Lower Merion Coatesville besiegt hatte –, um mit ihm Trash-Talk auszutauschen. Er brauchte den Tunnel, weil er ihn beschützte, weil er ihn ruhig und selbstbewusst und fokussiert hielt und ihm die Sicherheit gab, dass er sein Team zu einer District oder State Championship oder beidem führen könnte. Er brauchte den Tunnel, weil die Reporter und Kameras nicht verschwinden würden. Die Spannung würde sich nicht auflösen. Die State Playoffs würden, falls die Aces das Finale erreichten, noch drei Wochen dauern. Kobe musste seine Entscheidung noch bekannt geben (jeder, der ihn gut kannte, wusste, dass die Entscheidung bereits gefallen war), irgendwann danach. Die Anrufe würden das Sportbüro weiterhin überfluten: Fragen, Zeitdruck, Tickets. Nicht jeder genoss das Rampenlicht und seine Auswirkungen so sehr wie Kobe. Treatman hörte mehr als einmal, wie Schulverwalter vor sich hinmurmelten: *Wann wird das endlich aufhören?* Das Ringerteam hatte eine starke Saison und McGovern musste sich anhören, wie sich die Trainer des Teams darüber beschwerten, dass der Erfolg von Kobe und den Basketballern die ganze Aufmerksamkeit auf sich zog. Das Ringerteam nutzte die Halle vor dem Basketballteam, und mehr als einmal musste McGovern Downer helfen, die auf dem Platz liegengelassenen Ringermatten wegzuschleppen – ein Archipel passiv-aggressiver Ressentiments –, damit Kobe und die Spieler trainieren konnten. Eines Tages hinterließ Pam Bryant eine Nachricht, um sicherzugehen, dass sie, Joe und der Rest der Bryants Karten für ein Playoff-Spiel bekommen würden. Aber sie hatten die Karten noch nicht bezahlt, und die Deadline rückte näher. Drew Downer war zufällig im Büro, als Mary Murray zum Telefon griff, um Pam mitzuteilen, dass es zu spät war – leider gebe es keine Karten mehr für sie, um Kobe bei den größten Spielen seiner Highschool-Karriere zu sehen. „Drew war für alle der große Bruder", sagte Kobe. „Jeder schaute zu ihm auf. Er hat alle euphorisiert. Coach Downer war der Motivator, der Typ, der dich bestraft, wenn du Mist baust, aber Drew war der Typ großer Bruder, der dir auf den Hintern klopfte, wenn du nicht gut warst, und dich aufmunterte, wenn sein Bruder dich gerade bestraft hatte." Und er setzte sich für die Spieler und ihre Familien ein, wenn eine Sekretärin uneinsichtig war. Drew drückte seinen Finger auf den Hörer. „Das ist Pam Bryant", sagte er zu Murray. „Das wirst du nicht tun." Kobes Onkel Chubby Cox kam dann, um die Karten zu bezahlen und abzuholen.

An der Ostseite der Villanova University gelegen, schien der John E. DuPont Pavilion an diesem spätwinterlichen Freitagabend eher der Schauplatz einer nationalen politischen Kundgebung oder eines Springsteen-Konzerts zu sein als der eines Highschool-Basketballspiels. Die umliegenden Parkplätze waren mit Autos vollgestopft. Gelbe Bänder sperrten eine Viertelmeile des Bürgersteigs vom Eingangstor der Arena bis zur Lancaster Avenue ab, der Hauptverkehrsader des Campus. Diejenigen, die bereits ihre Eintrittskarten für das Finalspiel der Pennsylvania District One Class AAAA gekauft hatten und auf Einlass in den Pavillon warteten, mussten in einer Schlange stehen, die jedem Stau auf dem Schuylkill Expressway Konkurrenz gemacht hätte. Wer nicht im Voraus geplant hatte, konnte sich nur heimlich auf die Suche nach einem Schwarzhändler machen und zwischen 30 und 60 Dollar für einen Sitzplatz hinblättern. Oder mehr. Lynne Freeland wurde von ihrem Mann Michael abgesetzt, damit sie sich schon mal anstellen konnte, während er noch das Auto parkte. Als er nach dem Parken wieder auf dem Weg zu ihr war, bot ihm ein Fremder 100 Dollar für seine Eintrittskarte an. Er lehnte das Angebot ab.

Im Inneren der Arena herrschte ein Durcheinander von Körpern, Farben und Lärm: Schüler und Eltern, Basketballfans, Scouts und Medienvertreter, die Aces in Kastanienbraun, die Clippers in Weiß mit orange-schwarzen Verzierungen. Singende Cheerleader, tretende und stampfende Step-Teams, Spott und (keine Übertreibung) Drohungen auf den Tribünen. Chester-Fans riefen den Fans und Spielern von Lower Merion zu, dass sie „Müll" seien, dass sie Angst hätten, „ins Viertel zu kommen" und „gegen die Streetball-Jungs zu spielen"; ein Schülerreporter von *The Merionite* zeichnete jede dieser Beleidigungen auf. Man kann davon ausgehen, dass die Schüler aus Lower Merion entsprechend reagierten, aber die hitzige Atmosphäre ließ sich nicht auf einen Konflikt zwischen einer schwarzen Stadtschule und einer weißen Vorstadtschule reduzieren. Es ging ebenso sehr um Klasse und Kultur wie um die Hautfarbe, und Kobe stand im Mittelpunkt dieses Konflikts, denn er drohte, Chester sein Geburtsrecht zu stehlen, ein Stück der Identität der Stadt selbst.

„Die Eltern wollten sich auf der Tribüne mit uns prügeln", sagte Dayna Tolbert, eine Freundin von Kobe. „Viele Leute außerhalb der Main Line waren neidisch, dass ein schwarzer Junge von der Main

Line im Begriff war, es zu schaffen. So sollte die Geschichte eigentlich nicht ablaufen. Es sollte so sein, dass ein schwarzes Stadtkind es in die NBA schafft. ‚Kobe hat es nicht verdient, weil er schon als Sohn eines NBA-Spielers geboren wurde.' So war das überall. Deshalb haben wir ihn auch sehr beschützt. Es gab viele eifersüchtige Leute und eifersüchtige Eltern. In unserer Community kam das nicht zum Vorschein. Aber in der Sekunde, in der wir uns aus ihr herausbewegten – puh, das war nicht gut. Es war nicht gut."

Dieser Konflikt, dieser Druck ... all das machte Kobe nichts aus. Darüber brauchte sich niemand Sorgen zu machen. Die Sorge war, dass selbst das Beste von Kobe, selbst das Beste der Aces, gegen die Clippers nicht gut genug sein könnte. Gregg Downer hatte es selbst gesehen, er hatte Chester-Kinder bei den Keystone Games in Harrisburg trainiert, er hatte sich um 3:30 Uhr morgens mit einem anderen Coach in einem Denny's hingesetzt, um ein paar Grand-Slam-Frühstücke zu verzehren, als eine Gruppe von Chester-Spielern ins Restaurant kam. *Hey, Coach.* Und auch sie verschlangen ihre Eier und Pfannkuchen, genau wie Downer, und was sollte er sagen? *Hey, Jungs, um elf ist Zapfenstreich?* Auf keinen Fall, denn er wusste, was am nächsten Nachmittag passieren würde und tatsächlich passierte: Dieselben Chester-Kids würden nach drei Stunden Schlaf, nach einem Brunch mit Cheetos und Traubenlimonade, ewig rennen, ohne müde zu werden, und sich für ihn ins Zeug legen, als hätten sie gerade die erholsamsten acht Stunden Schlaf ihres Lebens gehabt. Und das war nur ein Summer-League-Turnier, bedeutungslos im Vergleich zu einer District Championship. Chester stand bei 25-1. John Linehan war ein Senior, der im Herbst aufs Providence College gehen würde, und selbst wenn es den Aces gelänge, den Ball gegen seinen Druck über die Mittellinie zu bringen, würden die Clippers einen oder beide ihrer 2,07 Meter großen Bigs, Center Tyran Watkins und Forward Garrett McCormick, in der Nähe des Korbes auf sie warten lassen.

Kobe begann das Spiel als Point Guard; ihn den Ball bringen zu lassen, war für die Aces der einfachste und effizienteste Weg, Chesters Ganzfeldpresse zu durchbrechen. Es erwies sich jedoch als zu schwierig, den Ball wieder in seine Hände zu bekommen, wenn er ihn abgab, und die Aces erzielten nicht genug Punkte, um den Größenvorteil der Clippers auszugleichen. Watkins schloss einen Fastbreak mit einem beidhändigen Dunk ab. McCormick traf zum Ende des zweiten Viertels einen hübschen Jumper. Chester führte zur Halbzeit mit 29:22. Zur Halbzeit ihres Spiels gegen die Clippers im Jahr 1995 hatten die Aces ebenfalls mit sieben Punkten hinten gelegen. Ein Jahr war vergangen. Hatten sie gegen die Könige des District wirklich keine Fortschritte gemacht?

„Obwohl wir Kobe hatten, hielt ich uns wirklich immer für die Underdogs", erinnerte sich Dave Rosenberg. „Wir hatten Chester noch nie besiegt. Sie hatten eine so beeindruckende Tradition."

Downer musste Chester in den Köpfen seiner Spieler irgendwie entmystifizieren, ihnen zeigen, dass die Clippers keine unbezwingbare Maschine waren. Er musste dafür sorgen, dass sich dieses Spiel, das wichtigste im Leben dieser Jungs, wie jedes andere Spiel anfühlte, und es gab zumindest ein Merkmal, das so gut wie alle Spiele von Lower Merion gemeinsam hatten: Kobe punktete problemlos, wann immer er musste oder wollte, auf jede Art und Weise, die er wollte. Also nahm Downer eine taktische Anpassung vor: Er nahm Kobe vom Ball weg und verließ sich darauf, dass die Point Guards des Teams, Dabney und Ersatzmann Dave Lasman, die Presse von Chester überwinden konnten. Dan Pangrazio blieb auf dem Flügel, aber Kobe und Jermaine Griffin – zwei der größten und beweglichsten Spieler des Teams – sollten im Angriff und in der Verteidigung an der Grundlinie agieren, was Downer ermöglichte, Brendan Pettit, der in Foulprobleme geraten war, durch den physisch dominanten und hartnäckigen Rosenberg zu ersetzen. Mit ihrer neuen Aufstellung konnten die Aces nun zumindest annähernd das Tempo von Chester erreichen, und Kobe und Griffin konnten Watkins und McCormick vom Korb wegziehen.

Die Änderungen veränderten das Spiel. Kobe hechtete für einen Steal zum Boden und löste einen 14:1-Lauf aus, bei dem er und Griffin zusammen zwölf Punkte erzielten. 3:21 Minuten vor Ende des dritten Viertels warf Pangrazio für einen fulminanten Dunk einen Alley-Oop-Pass zu Kobe. Kobe beendete das Viertel mit einem tiefen Dreier, der den Aces eine Acht-Punkte-Führung einbrachte. In den letzten 2:40 des

Spiels traf er zehn Freiwürfe; nach einem Foul von Hollman winkte er diesem zu und sagte: „Bye, bye". Wenn ein Spieler das Recht hatte, es jemandem unter die Nase zu reiben, dann Kobe mit seinen 34 Punkten, elf Rebounds, neun geblockten Würfen und sechs Assists. Als Pangrazio den Ball bei Spielende zum 60:53-Sieg in die Luft warf, tanzten die Aces auf dem Center Court, bevor sie sich aufstellten, um sich ihre Goldmedaillen um den Hals hängen zu lassen.

Die Spieler der Clippers reagierten zurückhaltend auf den Ausgang des Spiels – „wir gehen erhobenen Hauptes nach Hause", sagte Linehan. Ganz anders das Coaching-Team. Coach Fred Pickett fand, dass direkt nach einer knappen Niederlage nicht die richtige Zeit sei, um an seinem Team zu zweifeln. In Erwartung eines erneuten Aufeinandertreffens in den State Playoffs, wovon beide Teams ausgingen, beschloss er, rhetorisch selbstbewusst aufzutreten. „Sie haben ordentlich gejubelt", sagte Pickett. „Sie haben heute Abend *ihre* State Championship gefeiert." Chesters sportlicher Leiter Randy Legette sagte zu Jack McCaffery, dem Sportkolumnisten der *Delaware County Daily Times*: „Wir würden lieber eine State Championship gewinnen als eine District Championship. Schreib das in deine Zeitung."

McCaffery tat wie ihm geheißen. Am nächsten Morgen las Kobe den Bericht.

Während seines Rekrutierungsprozesses war Donnie Carr davon ausgegangen, dass Kobe aufs College gehen würde. Wahrscheinlich Duke, weil Kobe Coach K verehrte. Der Rest der ACC – Maryland, Florida State, Clemson – hatte Interesse an Carr gezeigt. Bobby Knight hatte ihm ein Stipendium für Indiana angeboten. Aber am Ende kamen für ihn nur zwei lokale Bewerber in Frage: La Salle und St. Joseph's. Eines Abends rief er Kobe an.

„Ich denke wirklich über La Salle nach", sagte Carr ihm.

„Das wäre ein toller Ort für dich", sagte Kobe, „da kannst du dein Können unter Beweis stellen."

Die Antwort von Kobe wirkte etwas distanziert. Den Grund verstand Carr erst später, als Joe Bryant Carr und seinen älteren Bruder Darren zu einem Treffen nach La Salle einlud.

Hör zu, sagte Joe zu Carr, *mein Sohn wird nicht aufs College gehen. Kobe wird die Chance haben, der erste Guard zu sein, der den Sprung schafft. Es heißt, er wird ein Lottery-Pick sein. Don, tief im Herzen glaube ich immer noch, dass dies das richtige College für dich ist. Du wirst 40 Minuten pro Spiel spielen. Sie werden dir den Ball in die Hand geben. Du hast die Chance, hier Unglaubliches zu leisten.*

Am 8. März 1996 erzielte Carr im Palestra 19 Punkte und führte Roman Catholic zu einem 57:47-Sieg über Archbishop Carroll im Finale der Philadelphia Catholic League. Am 11. März rief er Kobe erneut an. Er werde zu La Salle gehen, sagte er ihm, und am nächsten Tag werde er seine Entscheidung bekanntgeben. Danach sagten beide nicht mehr viel, Carr schien darauf zu warten, dass von Kobe noch etwas zu diesem Thema kam ... aber dem war nicht so. „Wir haben über andere Dinge gesprochen", sagte Kobe später.

Donnie Carr vollbrachte in La Salle Unglaubliches. Als Freshman war er mit durchschnittlich fast 24 Punkten pro Spiel der sechstbeste Scorer des Landes. Dann machte er einen Fehler, wie er später zugab: Anstatt sich zum NBA-Draft anzumelden, kehrte er für ein zweites Studienjahr zurück. Er war ein Junge aus der Gegend, der an einem örtlichen College für eine lokale Legende wie Speedy Morris spielte, und wählte den traditionellen Weg zum Erfolg, den Kobe kaum in Betracht gezogen hatte. „Als Spieler bist du eine Aktie mit niedrigem Wert", sagte Carr. „Du wirst nach deinem Potenzial gedraftet. Sobald ein gewisses Plateau erreicht ist, kann es nur noch abwärts gehen." Er blieb vier Jahre lang in La Salle und erzielte am Ende mehr als 2.000 Punkte, aber eine Meningitis in seinem Senior-Jahr behinderte ihn, und er erreichte nie wieder die Höhen seiner ersten Saison. Beim NBA Draft 2000 wurde er von keinem Team ausgewählt. Er ging ins Ausland, spielte in Frankreich und der Türkei, und sein Pech verschlimmerte sich: eine Knochenspornoperation, ein Riss des rechten Meniskus, ein Riss des linken Meniskus, ein Riss der Patellasehne. Bis zu seinem 25. Geburtstag hatte Donnie Carr, der sich einst für ebenbürtig oder besser als Kobe Bryant gehalten hatte, und zwar aus gutem Grund, jede realistische Hoffnung auf eine Profi-Karriere verloren.

Er wechselte von einem Job zum nächsten, wurde als Umweltbeauftragter eingestellt und entlassen, schwoll auf 136 Kilo an und verfiel in Depressionen, bevor ihm ein Freund eine Stelle als ehrenamtlicher Highschool-Trainer anbot. Er arbeitete sich hoch und wurde 2017 von La Salle eingestellt. Dort ist er immer noch tätig, als Assistant Coach eines anderen Freundes aus Kobes Kindheit: Ashley Howard. Der Lauf der Zeit hat dazu beigetragen, seine körperlichen und emotionalen Wunden zu heilen. Die Vergangenheit und ihre unerfüllten Möglichkeiten, die ständige Konfrontation mit Kobe, schmerzen nicht mehr so sehr.

„Ich habe Jahre gebraucht, um darüber hinwegzukommen", sagte er. „Das Lustige daran ist, dass die Leute dachten, dass es mir helfen würde, wenn sie zu mir sagten: ‚Mensch, Don, früher hast du Kobe alles abverlangt', aber es hat mich vernichtet. Es hat mich an diesen Ort zurückgebracht. Ich war zur selben Zeit am selben Ort wie er. Aber er wurde der beste Spieler der Welt und ich habe meinen ultimativen Traum nicht verwirklicht."

Es war, wie Kobe später sagte, der „hässlichste Alley-Oop des Jahrhunderts": Dan Pangrazio stand oben am Perimeter und warf den Ball grob in Richtung des Korbes, Kobe startete in der rechten Ecke, raste auf die Zone zu, ging hoch, hoch, hoch, sah den Ball und dachte zuerst, er würde ihn mit der linken Hand fangen und in den Korb legen. Dann brachte er seine linke Hand nach unten, näher zum Ring, und schloss die Augen …

„Und dann", sagte er, „fingen alle an durchzudrehen."

In jedem Spiel gab es jetzt mindestens einen solchen Moment, einen Augenblick, der (selbst wenn er an diesem Abend sonst nichts Bemerkenswertes tat), den Hype um seine Person bestätigte, der ihn in den ersten drei Runden der State Championship verfolgte. Der Moment, um den es hier geht, ereignete sich in Coatesville, im zweiten Viertel des Erstrundenspiels der Aces gegen Cedar Cliff, und er brachte sie bis auf zwei Punkte heran, nachdem sie bereits mit neun Punkten zurückgelegen hatten. Kobe beschränkte sein Improvisationstalent auf die winzigen Augenblicke, in denen er ein

Play von gut zu atemberaubend steigern konnte, und streute gerade genug Zauberei ein, um jeden in der Halle wissen zu lassen, dass er Dinge tun konnte, zu denen ein Highschool-Schüler eigentlich nicht fähig war. Gleich nach diesem Dunk dribbelte er den Ball über den Court und musterte den Verteidiger vor ihm. *Ich will noch einmal dunken, aber ich kann dabei ebenso gut versuchen, diesen Kerl ein bisschen dumm aussehen zu lassen.* Drehung nach rechts, Drehung nach links, 360-Grad-Drehung komplett, wieder mit dem Gesicht zum Korb, mit der linken Hand ein Finger-Roll, Unentschieden. Hier, mitten im Lauf des 74:62-Sieges, war dann aber Schluss mit lustig, denn für Kobe war das alles eine todernste Angelegenheit. Auf der knapp 100 Kilometer langen Busfahrt zur Liberty High School in Bethlehem zum Zweitrundenspiel gegen Scranton dachte er darüber nach, wie deren Spieler wohl mental drauf sein würden. Er hatte sich über die Knights informiert. Sie standen bei 15-10, waren ein junges Team, das in der ersten Runde Titelverteidiger Williamsport geschockt hatte. Dieses Ergebnis kam so überraschend, dass die Coaches von Scranton sich gar nicht die Mühe gemacht hatten, Lower Merion zu scouten, weil sie einen Sieg über Williamsport nicht für möglich gehalten hatten. Die Spieler von Scranton, so Kobe, würden sich darüber freuen, dass sie ein so wichtiges Spiel gewonnen hatten, vielleicht ein wenig selbstzufrieden sein. „Wenn man gegen eine Mannschaft wie uns antritt“, sagte er später, „kann das einschüchternd sein.“ Als der Bus ankam, betraten die Aces als erstes die Halle. Kobe war der Letzte, begleitet von zwei Sicherheitsleuten. Liberty war im Vorjahr Schauplatz der Playoff-Niederlage gegen Hazleton gewesen, und jede Sinneswahrnehmung – der Anblick des Schulgebäudes, der muffige Geruch der Turnhalle – weckte seine Erinnerungen an diese Nacht. Er grinste die Spieler von Scranton an.

„Als ich reinkam“, sagte er, „gab mir ein Typ aus der Gegend einen netten kleinen Artikel. Darin sprach ihr Starspieler davon, dass er von dem Tag träumte, an dem er mich verteidigen und gegen mich spielen konnte. Er sagte so Sachen wie ‚Ich schaue wirklich zu ihm auf. Ich weiß, dass ich ihn nicht aufhalten kann.‘ Ich dachte nur: ‚Ich habe dich.' Wie ein Hai: Wenn er Blut riecht, greift er an. Ich wusste, dass er eingeschüchtert war, dass er zu mir aufschaute. Also habe ich ihn einfach attackiert."

In den ersten vier Angriffen von Scranton blockte Kobe einen Wurf, behinderte zwei weitere und stahl einmal den Ball. Er dunkte fünfmal und kam auf 25 Punkte sowie zwölf Rebounds. Lower Merion erzielte die ersten 22 Punkte des Spiels und gewann 79:39. Die Knights waren weniger eingeschüchtert als unterwürfig und fühlten sich geradezu geehrt, auf demselben Platz wie Kobe zu stehen. „Offensichtlich", sagte ihr Coach John Lyons, „sind das das beste Highschool-Team und der beste Highschool-Spieler, die ich je gesehen habe." Nach dem Spiel bat jeder Scranton-Spieler Kobe um ein Autogramm, eine Bitte, die ihn sowohl geschmeichelt als auch verwirrt zurückließ. *Haben wir euch nicht gerade plattgemacht?*, dachte er. *Ihr solltet eigentlich sauer sein.* „Aber sie haben gelächelt, und ich unterschrieb", sagte er später. „Es war cool. Ich habe es genossen."

Ein weiterer Sieg – 71:54 gegen Stroudsburg, zu dem Kobe 36 Punkte beisteuerte – fühlte sich wie eine Formalität an. Der eigentliche Nervenkitzel kam erst hinterher in der Kabine, als Downer und der Coaching Staff die Nachricht erhielten, dass auch Chester sein Viertelfinalspiel gewonnen hatte. Die beiden Mannschaften sollten am Mittwochabend im Palestra erneut gegeneinander antreten – es ging um den Einzug ins Finale. Während seine Mannschaftskameraden bei dieser Nachricht jubelten, blieb Kobe still, auch auf der Heimfahrt im Bus. Die Zeitungsartikel nach dem ersten Chester-Spiel und die Zitate der Clippers hatten seine Begeisterung über die District Championship gedämpft und sie als hohlen Erfolg dargestellt. Was bedeutete dieser Sieg, wenn er dieses Mal verlor? *Chester besiegen. Chester besiegen. Müssen wir schaffen.* Das war alles, was ihm durch den Kopf ging, als der Bus durch die Nacht rollte.

Am Montag, dem 18. März fand das erste Training der Aces vor dem Spiel gegen Chester statt. Obwohl Kobe an diesem Abend einen dringenden Termin hatte – der für jeden anderen in seinem Alter sicherlich eine Ablenkung gewesen wäre –, hatte er das

Gefühl, der einzige Spieler im Training zu sein, der sich voll reinhängte. Der Gewinn einer State Championship konnte seiner Meinung nach geplant und vorbereitet werden. Sie würden den Titel erringen, wenn sie alles so machten, wie es gemacht werden sollte, wenn niemand davon abwich, wenn sich jeder auf das *Jetzt* konzentrierte. Das hatten sie die meiste Zeit der Saison über geschafft, aber in diesem Training taten sie es nicht, zumindest nicht nach seinen Maßstäben. „Wir waren nicht bei der Sache, waren nicht konzentriert und haben uns nicht konsequent durch Screens gekämpft“, sagte er. Er und Downer ärgerten sich über den mangelnden Einsatz, und während einer Übung („Ich habe versucht, das Team aufzuwecken“, so Kobe) nahm er den Ball in der Nähe der Mittelinie an sich und suchte den schnellsten Weg zum Korb für einen krachenden Dunk, während der kleine Leo Stacy sich in Position brachte, um ihn zu verteidigen.

Kobe schlenderte mit einem langsamen, bedächtigen Dribbling nach vorne, zog zurück und versuchte, mit einem Crossover an Stacy vorbeizuziehen. Stacy griff nach vorn, um Kobe den Ball aus den Händen zu schlagen, und sein Kopf traf Kobe an der Nase und ließ ihn zu Boden sacken.

Downer zuckte sofort zusammen. Er hatte schon lange befürchtet, dass sich Kobe während eines Trainings verletzen könnte. Aber monatelang waren seine Spieler stolz auf ihren Einsatz gewesen, hatten sich gegenseitig ihre Abschürfungen gezeigt wie Kriegsverletzungen. Wie konnte er ihnen jetzt sagen, dass sie es locker angehen lassen sollten? Benommen, mit tränenden Augen, dachte Kobe: *Ach, naja. Ich habe mir die Nase gestoßen. Ich werde aufstehen und weiterspielen.* Er versuchte aufzustehen. Blut strömte aus seinem Gesicht.

Shorty eilte mit einem in ein Handtuch gewickelten Eisbeutel auf den Platz. Mit seiner rechten Hand drückte sich Kobe das Handtuch auf die Nase, die ganz offensichtlich gebrochen war. Das gesamte Team sah ihm entsetzt zu und fragte sich, ob er in 48 Stunden wieder würde spielen können. Er machte einen Schritt in Richtung des Physio-Raumes, dann blieb er stehen.

„Ball“, sagte er.

Jemand warf ihm einen weichen Bodenpass zu. Er fing den Ball mit der linken Hand, 1,50 Meter hinter der Dreierlinie. Er drehte sich zu Treatman, der neben ihm stand.

„Jeremy, ich wette mit dir um fünf Dollar, dass ich diesen Dreier mit der linken Hand treffe", sagte Kobe. „Ich wette mit dir, dass ich diesen Wurf treffen kann."

Treatman nahm die Wette an. Einhändig, mit der falschen Hand, warf Kobe den Ball in Richtung Korb.

Swish.

Er ging weiter zum Physio-Raum.

„Der Rest von uns steht einfach nur da", sagte Robby Schwartz, „und denkt: ‚Was zum Teufel ist hier eigentlich los?'„

Kobe sagte zu Shorty, er wolle wieder rausgehen und weiter trainieren. Sein Jump Shot war nicht gelungen, bevor er mit Stacys Kopf kollidiert war.

Es ärgerte ihn, dass er nicht an seinem Spiel arbeiten konnte, dass Leo Stacy, Leo Stacy! – „kaum 1,50 Meter groß und 45 Kilo schwer", wie Kobe sagte – derjenige war, der ihm die Nase gebrochen hatte. Aber Shorty und die Trainer waren unerbittlich; sie wollten ihn nicht zurück auf den Court lassen. Außerdem hatte er noch etwas anderes zu tun.

Es war ein Abend, an dem Kobe mit alten Freunden abhängen konnte. An dem er mit seinen sommerlichen Pickup-Kumpels Jerry Stackhouse und Vernon Maxwell in der Umkleidekabine des Spectrum Zeit verbringen konnte, ein paar Stunden vor dem Spiel der Sixers gegen die Chicago Bulls. John Lucas hatte Kobe zu dem Spiel eingeladen, um die Beziehung zwischen den beiden drei Monate vor dem NBA Draft zu pflegen und zu vertiefen. Nun unterbrach Lucas das Gespräch mit Stackhouse und Maxwell mit einem Angebot, das Kobe nicht ablehnen konnte.

Lass uns zu Michael gehen.

Lucas führte Kobe in die Kabine der Gäste. Eine Schar von Reportern umringte Jordan. Kobe rutschte so nah wie möglich heran und lehnte sich an eine Wand.

„Kobe", sagte Jordan, „was geht ab?"

Kobe sah sich um. *Gibt es hier noch einen Kobe? Ich weiß, dass er nicht mit mir redet.*

Jordan streckte seine Hand aus. „Hey“, sagte er, „schön, dich kennenzulernen, junger Mann.“

Kobe wusste nicht, dass Jordan irgendetwas über ihn wusste. Erinnerte er sich an ihre kurze Begegnung, als Kobe ein Achtklässler war? Hatte Lucas ihm gegenüber etwas erwähnt? Hatte Jordan etwas über ihn gehört oder gelesen? Kobe streckte seine Hand aus und schüttelte die von Jordan. *Seine Hand ist so … stark …* Kobe war nicht nervös. Dieser Mensch, der vor ihm stand, den die ganze Welt verehrte, war ein Mensch wie jeder andere auch. Nur ein Basketballspieler, wie Kobe.

Anders als bei ihrem letzten Treffen sprach Jordan dieses Mal ausführlich mit Kobe. *Genieß das Spiel,* sagte er ihm. *Bei dem Druck und dem Rummel, der herrscht, kann man sich leicht ablenken lassen, und dann macht das Spiel keinen Spaß mehr. Lass das nicht zu. Bleib du selbst. Habe Spaß auf dem Platz, und alles wird gut.* Der letzte Rat, den Jordan ihm gab: *Mann, wenn es nach mir ginge, würdest du nach North Carolina gehen. Geh nach Carolina.* Er sagte das drei- oder viermal, natürlich ohne zu ahnen, dass Kobe sich bereits für die NBA entschieden hatte. Dass er zu Jeanne Mastriano gesagt hatte: „Das Fenster schließt sich. Wenn ich jetzt nicht gehe, werde ich keine Chance haben, gegen Michael zu spielen.“

Die tektonischen Platten der Macht und Popularität in einer Institution, in einer Kultur, können sich zu verschieben beginnen, ohne dass es jemand bemerkt. Die Bulls, auf dem Weg zu einer Saison mit 72 Siegen und der vierten ihrer sechs Meisterschaften mit Jordan, schlugen die Sixers mit 98:94. Das Treffen mit Kobe war dem *Philadelphia Inquirer* ein paar Tage später nicht mehr als eine Randbemerkung in einem Artikel wert: „Am Montag gab es auch eine Audienz bei Michael Jordan …“ Es wäre absurd gewesen, eine engere Verbindung zwischen den beiden herzustellen, zwischen dem berühmtesten und meistbewunderten Sportler der Welt und einem 17-jährigen Aspiranten. Aber man bedenke: Nur zwei Jahre trennten Jordans letzte NBA-Championship von Kobes erster. Der Übergang vom einen zum anderen war unmittelbarer, als man sich 1996 hätte vorstellen können. 2020 hatte Jordan das Bedürfnis, seine Stellung im Sport zu unterstreichen und allen seine Größe wieder vor Augen zu führen: Er schloss sich mit der NBA für die zehnteilige ESPN-Dokumentation *The Last Dance* zusammen. „Was ihr von mir bekommt, stammt von ihm", sagt Kobe in der Serie. „Ohne ihn hätte ich nicht fünf Championships gewonnen." Es gibt ein subtiles, aber aufschlussreiches Detail in diesem Interview: In dem Moment, in dem Kobe diese Worte ausspricht, bewegt er seine rechte Hand, als wolle er entweder den Interviewer oder die Frage wegschieben, als wolle er sagen: *Langsam. Nicht vergessen: Michael war zuerst da.* Die Erinnerung war notwendig, nicht weil Kobe Jordan als Spieler, sondern weil er ihn als Geschichte überholt hatte. Er hatte den Bogen der Erlösungserzählung beschritten: Er hat seinen guten Namen und beinahe seine Ehe ruiniert und eine Fremde mit Narben in einem Hotelzimmer in Eagle, Colorado, zurückgelassen; er hat die Beziehungen zu wer weiß wie vielen Coaches, Spielern und Kollegen. Und dann hat er irgendwie einen Großteil des Schmutzes weggeschrubbt und sich als gereift präsentiert. Er fand eine schwer fassbare Balance zwischen Frieden und Ehrgeiz, die die Menschen davon überzeugte, dass die Arroganz und die grausamen Entscheidungen und Handlungen seiner Vergangenheit nicht mehr so relevant waren. Seine neue Identität war nun ein emotionaler und psychologischer Prüfstein, seine Mentalität eine, die alle bewundern, nachahmen und übernehmen sollten. Das war ein größeres Kunststück als jedes, das Michael Jordan je vollbracht hat.

Ich erinnere mich an einen Streit mit einem der Lehrer in der Schule, einem Vertretungslehrer. Damals war ich ein Junior. Er redete einen Haufen Trash. Wir hatten gerade gegen Chester verloren und er sagte: „Ihr werdet nie eine State Championship gewinnen. Glaubt ihr wirklich, dass ihr eine State Championship gewinnen könnt?“ Ich sagte: „Ja.“ Er sagte: „Das kannst du glauben, so viel du willst. Ihr werdet nie eine State Championship gewinnen. Es gibt viele großartige Spieler da draußen, viele großartige Teams da draußen. Du wirst niemals gewinnen.“ Ich schaute ihn an und dacht: Du liegst so was von falsch ...

KOBE BRYANT

17 | Das letzte Spiel

Die drei Tage vor den Halbfinalspielen der State Championship hätte Kobe damit verbringen können, sich in der Nachricht von seiner bis dahin größten persönlichen Ehre zu sonnen: Er hatte den Naismith Award als bester Highschool-Spieler der Nation gewonnen. Seine Gedanken waren jedoch ein Wirbel aus Angst und Aufregung im Hinblick auf mögliche erfreuliche und unerträgliche Resultate. Also fütterte er seinen Geist mit vertrauter Nahrung. Als wäre er wieder in Italien, wo er zu Füßen seines Vaters Basketball lernte, sah er sich wieder und wieder Spiele von Magic Johnson an. Alle Videos hatten eines gemeinsam: Jedes von ihnen zeigte eines der vier siebten Spiele in Johnsons Karriere. (Jordan hatte in seiner Karriere nur zwei.) Diesmal konzentrierte er sich nicht auf die No-Look-Pässe und die Dribblings von Magic im Fastbreak oder auf seine Antizipieren, wo seine Mitspieler wann sein würden. Dieses Mal konzentrierte sich Kobe auf etwas anderes: Wie ging Magic mit dem Druck um? Ließ er das Spiel auf sich zukommen? Ging er raus und riss es an sich? Wie führte er sein Team zum Sieg? Dann konzentrierte sich Kobe auf sich selbst: Was, wenn seine Würfe nicht fielen? Was, wenn die Würfe seiner Teamkollegen nicht fielen? Wie würden sie mit dem Lärm der Menge im Palestra umgehen? Wie würden sie reagieren, wenn Chester in Führung ging? Wie würden sie mit den Widrigkeiten umgehen? „Ich war sehr nervös", sagte er später. „Gleichzeitig habe ich mich aber auch gefreut, weil ich wusste, dass dies die Chance meines Lebens war. Ich wusste, dass wir sie schlagen können. Es gab keinen Zweifel daran, dass wir sie schlagen konnten. Wir mussten nur unser Spiel spielen."

Gregg Downer war sich da nicht so sicher. Während des Trainings am Dienstag, einen Tag nach Kobes Zusammenstoß mit Leo Stacy und einen Tag vor dem Chester-Spiel, hatte Kobe eine Gesichtsmaske getragen, und Downer hatte Lynne Freeland vor den Türen der Halle postiert, um sicherzustellen, dass weder die Medien noch Schüler oder Schaulustige einen Blick auf Kobes Ähnlichkeit mit dem Phantom der Oper erhaschen konnten. Er wollte die Maske auch im Spiel tragen. Sollte er das? Machte er sich dadurch zur Zielscheibe? Die Coaches und Spieler von Chester wussten nichts von der Verletzung. Niemand außerhalb des Teams wusste es, und die gebrochene Nase würde Kobe anfällig für einen nicht ganz so unabsichtlichen Ellbogenstoß machen. Er mochte die Maske sowieso nicht. Sie schränkte sein peripheres Sichtfeld ein. Aber ohne sie würde er sich einem noch größeren Verletzungsrisiko aussetzen.

Kobe beantwortete diese Fragen Minuten vor dem Anpfiff für sich. „Leute, lasst uns in den Krieg ziehen", sagte er. „Ich werde dieses Ding nicht tragen." Er riss die Maske ab und warf sie gegen eine Wand.

Jetzt hatte Kobe keine Maske. Er hatte auch keine Beine. Er konnte es schon in der Layup-Line vor dem Spiel spüren. Sie waren weg, schlaff. Er versuchte, sie zu dehnen. Er versuchte, sie zu entspannen, in der Hoffnung, dass eine lockere Haltung ihre Sprungkraft und Federung wiederherstellen würde. Nope. Das trotzige Schleudern seiner Maske war in dem Moment dramatisch gewesen, aber die emotionale Inspiration und der Adrenalinschub, den er und die Aces dadurch erhielten, verpuffte wie ein Zuckerrausch. In der ersten Halbzeit verfehlte er zehn seiner 14 Würfe und ihm gelang es nur mit Mühe, sich von den Clippers-Spielern zu lösen. Jeder seiner Jump Shots war kurz. Nach dem Spiel sagte er dem *Philadelphia Inquirer*: „Ich habe zu viele Moves gemacht. Es war zu viel Jelly auf meiner Marmelade." Mit diesem bildhaften und nostalgischen Zitat wollte er wohl seinen Vater ehren. Er war hundemüde, und obwohl Pangrazio zwei Dreier versenkte und neun Punkte erzielte, hinderte John Linehan Lower Merion zu oft daran, seine Offense zu laufen. Linehan hatte allein im ersten Viertel fünf Steals. Chester führte zur Halbzeit mit zwei Punkten. Der Vorsprung fühlte sich größer an.

Nun musste Kobe eine Entscheidung treffen und ein Rätsel lösen. Wenn er sich weiterhin am Perimeter aufhielt, verringerte er das Risiko, dass ein verirrter Ellbogen oder Unterarm ihn an seiner gebrochenen Nase traf und ihn aus dem Spiel warf. Aber wenn er weiter so warf wie bisher und jeder Wurf den Ring streifte oder abprallte, hatten die Aces keine Chance mehr zurückzukommen. „In der Halbzeitpause habe ich mich neu sortiert", sagte er später. „Ich hatte im Sommer zu hart gearbeitet, um mich in Form zu bringen. Ich verliere das Spiel nicht, weil ich müde bin. Ich habe mich einfach gepusht und mir gesagt: ‚Ich mag müde sein, aber ich muss zum Korb gehen.'"

Es dauerte bis zum Ende des dritten Viertels, bis er dem Spiel seinen Stempel aufdrückte, indem er zum Korb zog und den Aces mit einem Dunk eine 41:39-Führung bescherte. Er hatte in diesem Durchgang nur vier seiner zehn Würfe getroffen, aber etwas Erfreuliches zeichnete sich ab: Die Schiedsrichter fuhren eine harte Linie – zumindest gegen Chester –, und je häufiger Kobe zum Korb zog, desto wahrscheinlicher war es, dass er an der Foullinie einfache Punkte erzielen konnte. Er begnügte sich nicht mehr mit Sprungwürfen und die Unermüdlichkeit, mit der er zum Korb zog, lenkte die Aufmerksamkeit und die Ausrichtung der Verteidigung auf ihn und eröffnete seinen Mitspielern neue Möglichkeiten. Im vierten Viertel erzielte er zwölf Punkte. Als Emory Dabney 1:19 Minuten vor Ende der regulären Spielzeit einen Dreier versenkte, führte Lower Merion mit 61:56.

Dann begann der Kollaps. Linehan traf einen Freiwurf. Beim anschließenden Anspiel warf Kobe einen laschen Pass zu Pangrazio, der Linehan beim Kampf um den Ball foulte. Linehan verwandelte beide Freiwürfe. Die Führung war nun auf zwei Punkte geschrumpft. Dabney fing den Einwurf und warf, als könne er den Ball nicht schnell genug loswerden, einen Pass auf Pangrazio mitten in den Schlund der Chester-Presse. Ein weiterer Steal. Als ein Spieler der Clippers einen Jump Shot verfehlte, machte Pangrazio auf der anderen Seite des Spielfelds zwei Schritte zurück, in der Erwartung, dass die Aces den Rebound holen würden. Der Ball flog von Kobes Händen ins Aus, und bei seinem zweiten Schritt setzte Pangrazio seinen linken Fuß auf dem Schuh eines Chester-Spielers ab. Sein Knöchel knickte um. Er ging zu Boden. Ein Zuschauer schrie: „Ist er gebrochen?“ Das war er nicht. Aber er war schwer verstaucht.

Bei dem Gerangel unter dem Korb hatte jemand Kobes Nase mit dem Ellbogen erwischt, sodass diese wieder zu bluten begann. Als er sich die Nase zudrückte, um den Blutfluss zu stoppen, drehte er sich um und sah Pangrazio auf dem Boden liegen, der sich vor Schmerzen krümmte und sein Bein festhielt. *Mist,* dachte Kobe. *Ich habe meinen verdammten Shooter verloren.* Vier Coaches eilten los, um sich um Pangrazio zu kümmern, und ließen Treatman allein zurück, während Kobe und die drei anderen Lower-Merion-Spieler, die im Spiel gewesen waren, wie Zombies zurück zur Bank wanderten. Der Trainerstab transportierte Pangrazio auf einer Trage ab.

Treatman hatte keine aufmunternde Ansprache parat, und selbst wenn er eine gehalten hätte, hätte es wahrscheinlich keinen Unterschied gemacht. Beim darauffolgenden Ballbesitz traf Chester-Guard Tahir Lowrie 27,5 Sekunden vor Schluss einen Pullup-Jumper zum Ausgleich. Bei den Aces machte sich nun Panik breit, vor allem bei einem Spieler. Dabney fing den Pass an der linken Seitenlinie, erstarrte und warf den Ball erneut blind in Richtung Courtmitte. Chesters Garrett McCormick fing den Pass ab und verfehlte mit einem kurzen Bank-Shot, aber der Ball ging erneut von Kobes Hand ins Aus. Die Clippers hatten Ballbesitz und damit die Chance auf den Sieg. Sie nahmen eine Auszeit.

Dabney drehte langsam durch, heiße Tränen bildeten sich in seinen Augen, der Jubel und das Gejohle von 9.000 Menschen im Palestra erdrückten ihn. Kobe konnte sich vorstellen, was er dachte: *Oh Gott, die Saison steht auf dem Spiel und ich werfe den Ball weg.* Doch bevor Kobe oder ein anderer aus dem Team Dabney trösten konnte, sprintete Drew Downer herbei und rief dem jungen Guard über den Lärm hinweg zu.

„NICHT JETZT! SO WERDEN WIR NICHT UNTERGEHEN. GIB VERDAMMT NOCH MAL NICHT AUF! GIB JETZT NICHT AUF. EIN WEITERES PLAY! NICHT AUFGEBEN!“

Hätten Kobe oder ein anderer Coach ihn so … *ermutigt*, hätte sich Dabney vielleicht nie wieder erholt. Aber Drew konnte Dabney erreichen, ihn motivieren und auf ihn eingehen wie niemand sonst im Team. Als Dabney diese drei Spiele zu Beginn der Saison verpasst hatte, war es Drew, der ihn aus seiner akademischen Flaute herausholte. „Er musste mich beiseite nehmen und sagen: ‚Emory, was soll der Scheiß? Manche Kinder haben Probleme und kämpfen, aber du hast diese Probleme nicht. Du machst nur Blödsinn'", erinnerte sich Dabney. „Und ich musste mir sagen: ‚Weißt du was? Er hat recht.'"

Nach der Auszeit schwang Chester den Ball zweimal rund um den Perimeter, ehe er in Linehans Händen auf der rechten Seite des Spielfeldes landete, knapp 14 Meter vom Korb entfernt. Im Huddle der Clippers hatte Fred Pickett einen Spielzug ausgerufen, bei dem Linehan den Ball abgeben musste. Aber Kobe hatte sich in die Mitte der Zone zurückgezogen, um den Ring zu schützen und beim Rebound zu helfen, und Linehan sah, dass sein Verteidiger im Eins-gegen-Eins Dabney war. Er beschloss, den Spielzug zu ändern. Da er spürte, dass er einen schwachen Gegner vor sich hatte, wollte er das Spiel auf eigene Faust gewinnen.

Er dribbelte nach rechts, dann nach links. Dabney klebte an Linehans rechter Hüfte wie ein Walkie-Talkie am Gürtel eines Polizisten. Direkt an der Freiwurflinie stieg Linehan zum Wurf hoch. Dabney, der fünf Zentimeter größer war, sprang mit ihm, streckte seine linke Hand nach oben und blockte den Wurf. Der Ball tropfte über die Mittellinie, während die reguläre Spielzeit ablief.

Kobe sprintete mit erhobener rechter Faust zurück zur Bank. *Wir werden dieses Spiel auf keinen Fall verlieren. Auf gar keinen Fall.* Zwei Minuten vor Ende der Verlängerung schlängelte er sich durch ein Double-Team, drang in die Zone ein und traf einen Korbleger, der Lower Merion mit 67:65 in Führung brachte. Mit zwei Freiwürfen baute er die Führung auf vier Punkte aus. Es waren keine zwanzig 20 Sekunden mehr auf der Uhr, als die Aces mit sieben Punkten in Führung lagen, Linehan einen Dreier vergab, Dabney den Rebound holte und den Ball Kobe zuspielte, der ihn unter seinem rechten Arm einklemmte, nahe der Grundlinie in der eigenen Hälfte. Er konnte darauf warten, dass ein Chester-Spieler ihn foulte, um die Uhr zu stoppen. Falls die Clippers zur Aufgabe bereit waren, konnte er den Rest des Spiels mit einem Lob zu einem Mitspieler oder einem Dribbling durch den Backcourt ablaufen lassen. Er tat nichts von alledem.

All die früheren Spiele, all die Momente, in denen Kobe zur Seite und hinter dem Rücken und wieder zurück gedribbelt hatte, in denen er gegnerische Spieler wie Kegel behandelt hatte, in denen Gregg Downer ihn davor gewarnt hatte, seine Gegner in Verlegenheit zu bringen, nur weil er es konnte: Diese Momente der Zauberei und der unnötigen Prahlerei offenbarten jetzt ihren Sinn und Nutzen. Drei Dribblings brachten ihn zur Mittellinie. Linehan griff für einen letzten verzweifelten Steal zu. Kobe schob sich an ihm vorbei. Zwei Chester-Spieler stellten sich Kobe oberhalb des Perimeters entgegen und versuchten, ihm den Weg zum Korb zu versperren. Bevor sie sich in Position bringen konnten, wackelte er sie aus, flitzte zwischen ihnen hindurch und trieb den Ball vor sich her. Für Gregg Downer war es eine perfekte Kobe-Aktion, bei der man alles sehen konnte: die Seitwärtsbewegung, die Agilität, den Willen. *Da ist der Ring. Ich gehe da hin. Du hältst mich nicht auf.*

Kobe nahm den Ball kurz hinter der Freiwurflinie auf. Als er sprang, blähte sich das weiße T-Shirt, das er unter seinem Tank-Top trug, wie der Anzug eines Fallschirmspringers auf. Ein Chester-Spieler schubste ihn von hinten, gefolgt von einem Pfiff des Schiedsrichters, als Kobe den Ball mit der rechten Hand in den Korb hämmerte. Er reckte die Arme in die Luft. Seine Mannschaftskameraden strömten auf ihn zu. Dann zerstreuten sie sich und er blieb allein zurück, ballte die Fäuste, hielt sich die rechte Hand ans Ohr, um die Menge anzuheizen, und schrie, um zu schreien. Er schaute auf die Anzeigetafel. *Dieses Spiel ist vorbei.* Er swishte seinen Freiwurf.

Von seinen 39 Punkten beim 77:69-Sieg der Aces hatte Kobe 20 im vierten Viertel und der Verlängerung erzielt. Er hatte zwar nur zwölf von 29 Würfen aus dem Feld getroffen, aber vier seiner letzten fünf Field Goals versenkt und nur zwei seiner 17 Freiwürfe vergeben. Als das Spiel zu Ende war und ihm klar wurde, dass er und die Aces im Finale spielen würden, „hatte ich ein breites Grinsen im Gesicht“, sagte er. „Es war so ein tolles Gefühl. All die Reporter, die das ganze Zeug über Chester geschrieben hatten, ich konnte ihnen ins Gesicht lachen.“ In drei Tagen, am Samstag um 20 Uhr, würde Kobe Bryant vor den Kameras des Pennsylvania Cable Network sein letztes Highschool-Basketballspiel bestreiten und um die letzte Highschool-Meisterschaft spielen, die er noch zu gewinnen hatte.

Jimmy Kieserman bewahrte einen Basketball in seinem Auto auf, nur für den Fall, dass sich eine Gelegenheit ergeben würde, ein Autogramm von Kobe zu bekommen. Eines Tages fragte Kobe ihn nach dem Training, ob er ihn nach Hause fahren könne, und der Coach nahm ihn mit.

„Kannst du das bitte für meinen Neffen unterschreiben?“, bat Kieserman.

Klar, sagte Kobe. „Willst du meine Highschool-Nummer oder meine NBA-Nummer?“

Er signierte den Ball mit „KOBE BRYANT #27“. Er sagte, 27 sei seine Lieblingszahl.

Joe Bryant und Sonny Vaccaro blieben den ganzen März 1996 über in Kontakt, meist über ihren Mittelsmann, Vaccaros Freund Gary Charles. Adidas war mit im Boot. Adidas wollte Kobe, und wenn Adidas als Teil eines Deals auch seinen Vater bezahlen sollte, würden Vaccaro und Charles das schon arrangieren. Aber Joe hatte auch nichts dagegen, andere Möglichkeiten auszuloten oder sich die Türen zu ihnen offen zu halten. Head Coach in La Salle zu werden, kam nicht mehr infrage. Speedy Morris war nach seiner Vertragsverlängerung dort fest verankert, und als die Saison in La Salle zu Ende ging, war es auch mit Joes Beziehung zum Coaching Staff mehr oder weniger vorbei. Sharia und Shaya begannen, die Gehaltsschecks ihres Vaters abzuholen.

Also sprach Joe mit anderen Agenten und anderen potenziellen Sponsoren und machte Kobe klar: Wenn er eine andere Richtung einschlagen, bei Nike oder Fila unterschreiben wollte, würden sie es prüfen. In der Überzeugung, dass Kobe und seine Familie so viel wie möglich die Kontrolle behalten sollten, bildeten Joe und Pam das sogenannte „Team Bryant". Es bestand aus ihnen selbst, Sam Rines Sr. und Jr. und Ron Luber – Freunden, denen sie vertrauten, Kobe und seine Interessen an erste Stelle zu stellen. Aber Kobe hatte seine eigenen Ideen. Fila hatte bereits Grant Hill und Jerry Stackhouse unter Vertrag genommen und Kobe hielt Vaccaro für „den tollsten Typen überhaupt ... Er war dabei, als Michael Jordan bei Nike anfing. Er war mit ihm da. Er war bei seinen Fehlern dabei, bei den positiven Dingen. Er weiß, was ich tun muss, um in die richtige Richtung zu gehen. Nike ist an der Spitze. Ich will nicht zu jemandem gehen, der an der Spitze steht. Ich bin an der Reihe, Adidas an die Spitze zu bringen." Joe erledigte die Laufarbeit. Sammelte die Kontakte. Er konnte seinem Sohn Ratschläge geben, ihn vielleicht sogar zu einer Entscheidung drängen, aber nur bis zu einem gewissen Punkt. Kobe war zu jeder Zeit derjenige, der die Macht ausübte. Es ging nur noch darum, zu verhandeln und sich auf einen Preis zu einigen.

1996 fanden die acht State Championship Finals in Pennsylvania (vier Klassifizierungen nach Teilnehmerzahl, Jungen und Mädchen) genau dort – in derselben Stadt und sogar im selben Gebäude – statt, wo sich die größte Offensivleistung in der Geschichte des Sports zugetragen hatte. Hershey zeichnete sich nicht nur durch die von ihrem Namensgeber Milton Hershey gegründete Süßwarenfabrik und den angenehmen Geruch aus, der von den beiden sandbraunen Türmen der Fabrik ausging, die Stadt einhüllte und bei Besuchern das Verlangen nach Schokolade weckte. Am 2. März 1962, etwas mehr als 34 Jahre zuvor, hatte Wilt Chamberlain in der Hershey Sports Arena für die Philadelphia Warriors bei einem Sieg über die New York Knicks 100 Punkte erzielt. Diesem Rekord sollte Kobe näher als jeder andere NBA-Spieler zuvor oder danach kommen, als er im Januar 2006 gegen die Toronto Raptors 81 Punkte erzielte. Als er sich darauf vorbereitete, zum ersten und einzigen Mal in Hershey zu spielen, war er selbstbewusst genug zu glauben, dass er 101 Punkte erzielen könne – und würde, wenn er müsste. Bei einer Schulveranstaltung stand er vor der gesamten Schülerschaft und sagte: „Wir werden dieses Spiel auf keinen Fall verlieren. Wir werden es nach Hause bringen. Das garantiere ich." In dieser Woche hatte er vielleicht das beste Training seiner Karriere. „Ich habe einfach alles in Brand gesetzt", sagte er. „Ich habe keinen einzigen Wurf verfehlt. Ich war gut drauf. Niemand war nervös. Niemand. Na ja, Coach Downer wahrscheinlich schon."

Oh ja, das war er, ebenso wie die Mitglieder seines Trainerstabs. Pangrazios linker Knöchel steckte in einer Orthese. Omar Hatcher sollte ihn in der Starting Five ersetzen, und obwohl er der Mannschaft mehr Schnelligkeit und eine gute Defensivpräsenz verleihen würde und die ungewöhnliche Eigenschaft besaß, Linkshänder zu sein, bedeutete das Fehlen von Pangrazio und seiner Wurffähigkeiten eine empfindliche Schwächung der Aces. Erie Cathedral Prep war mit seiner 24-6-Bilanz so nah an einer Basketball-Dynastie dran, wie es im Westen Pennsylvanias – einer Region, die für ihre Liebe zum Highschool-Football bekannt ist – nur möglich war. Die Ramblers hatten 1993 die Meisterschaft in der Klasse AAAA gewonnen, 1994 das Finale und 1995 das Viertelfinale erreicht. Ihr Coach Marcel Arribi ließ sie eine geduldige, strukturierte Offense spielen, die den Gegner in eine kollektive Starre versetzte, bevor sich ein weit offener Jump Shot oder ein Backdoor-Layup auftat. Sie kontrollierten den Ball und würden innerhalb ihrer Mann-gegen-Mann-Verteidigung einen Plan für Kobe haben, um ihm den Ball zu verweigern oder ihn zu bedrängen, sobald er ihn gefangen hatte. Arribis Plan sah vor, dass Kobe nicht allzu oft den Ball haben und möglichst wenige Chancen zu punkten bekommen würde. Es war unwahrscheinlich, dass die Aces Erie Cathedral Prep mit ihrer Ganzfeldpresse aus dem Konzept bringen konnten, und es würde nicht leicht werden, die Ramblers in ein schnelles, chaotisches Spiel zu verwickeln. Kobe und seine Mannschaftskameraden mussten auf Zack sein und präzise spielen, um dieses Spiel zu gewinnen.

Beim Mittagessen versuchte Kobe, der Downers Unruhe bemerkte, seinen Trainer zu beruhigen. „Coach, mach dir keine Sorgen", sagte er. „Ich habe das im Griff. Ich werde dieses Spiel für dich gewinnen. Nach allem, was du mit uns durchgemacht hast, werden wir auf gar keinen Fall im Finale verlieren." Die Fahrt von Wynnewood nach Hershey am späten Nachmittag sollte einen Zwischenstopp an der Pennsylvania Turnpike für ein Mannschaftsessen beinhalten, damit die Spieler vor dem Spiel entspannen und etwas mentalen und emotionalen Druck abbauen konnten. Während der Busfahrt griff Downer in seine Motivations-Trickkiste: Er ließ den Film *Hoosiers (Deutscher Titel: „Freiwurf")* laufen, der die fiktive Außenseiter-Geschichte der Hickory High School Huskers aus Indiana erzählt, die 1951 mit einem hart arbeitenden Trainer, einem Starspieler und einer fähigen zweiten Reihe die State Championship gewinnen. Kobe hatte *Hoosiers* noch nie gesehen. „Es war wirklich ähnlich wie bei uns", sagte er später. Doch als der Bus zu dem nur wenige Minuten von der Hersheypark Arena entfernten Restaurant abbog, erschütterte eine merkwürdige Abfolge von Ereignissen die Zuversicht, die Downer hatte erzeugen wollen.

Drew Downer war an jenem Morgen mit der Grippe oder einem grippalen Infekt aufgewacht. Anstatt mit dem Rest des Teams in den Bus zu steigen, fuhren er und Treatman daher selbst und folgten dem Bus auf der Schnellstraße. Dehydriert und benommen begann Drew auf dem Beifahrersitz zu stöhnen. „Was soll ich tun?" sagte Treatman. „Soll ich in einem Krankenhaus anhalten?" Drew wurde ohnmächtig, bevor er antworten konnte. Als er im Restaurant ankam, stürzte Treatman hinein, um Gregg mitzuteilen, dass sein Bruder krank sei, woraufhin Gregg sich an die anderen Gäste wandte und halb schreiend fragte: „Gibt es hier einen Arzt?" Gab es nicht, aber das Hershey Medical Center war nur eine kurze Fahrt vom Restaurant und der Arena entfernt. Treatman sagte, er werde Drew in die Notaufnahme bringen und dann versuchen, vor oder während des Spiels wieder zur Mannschaft zu stoßen. Kobe, der am Tisch mit Jermaine Griffin herumalberte, bekam von der ganzen Aufregung nichts mit, bis er wieder in den Bus stieg und sich nach einer Weile fragte, warum dieser immer noch auf dem Parkplatz stand. *Drew ist krank? Was soll das heißen, Drew ist krank? Wie zum Teufel ist er krank geworden?*

Im Krankenhaus legten die Krankenschwestern Drew eine Infusion, um ihn mit Flüssigkeit zu versorgen. Als Freunde der Familie

Downer eintrafen, um sich um Drew zu kümmern, sprang Treatman wieder in sein Auto und fuhr zur Arena. Kobe und die anderen Spieler hatten zu Ehren ihres erkrankten Coaches den Schriftzug „DD" auf ihre Schuhe geschrieben, aber sie hätten vielleicht auch besser „GD" hinzugefügt, denn als sich die Spieler nach Downers Ansprache vor dem Spiel auf dem Parkett aufwärmten, bemerkte Treatman, dass Gregg nicht auf dem Platz war. Er ging zurück in die Umkleide und fand Downer dort, in einer der Toilettenkabinen sitzend, mit bleichem Gesicht.

„Jeremy", sagte er, „ich kann nicht rauskommen. Wir werden dieses Spiel nicht gewinnen."

„Ich sage dir eins", antwortete Treatman. „Wenn du drinbleibst, werden wir nicht gewinnen."

Ob Downer nun an der Seitenlinie stand oder nicht: Während des ersten Viertels schien es, als hätten die Spieler von Lower Merion ihre schlechteste Performance der Saison für das wichtigste Spiel der Saison aufgespart, Kobe inklusive. Indem sie Kobe mit Double- und Triple-Teams verteidigten und die anderen Aces zum Punkten aufforderten, ging Erie Cathedral mit 7:0 in Führung. Der Lauf endete erst, als Hatcher nach mehr als dreieinhalb Minuten zwei Freiwürfe traf. Nach einem Steal von Hatcher bekam Kobe einen offenen Dreier aus zentraler Position. Der Ball prallte vom Ring ab, und als er zurück zum eigenen Korb trottete, wies er die Bank von Lower Merion schreiend darauf hin, dass der Basketball glitschig sei, ein unvorhergesehenes Problem, das die Offensivkraft der Aces merklich beschränkte. „Wir dribbeln den Ball, zwischen den Beinen, hinterm Rücken, machen Crossover, steigen ansatzlos hoch", sagte er später. „Alles, was diese Jungs tun, ist dribbeln, dribbeln, passen." Das Viertel endete mit einem weiteren vergebenen Kobe-Dreier. Die Ramblers lagen mit 13:5 in Führung, und Kobe war noch punktlos. Die Erie-Prep-Fans in der ausverkauften, 7.000 Plätze fassenden Arena skandierten: „ÜBERSCHÄTZT!" Ein Zuschauer schrie Kobe an, er habe „zu viel Jelly auf seine Marmelade getan", ein Zeichen dafür, dass jemand den *Philadelphia Inquirer* gelesen hatte.

Frustriert beschwerte sich Kobe wieder und wieder bei den Schiedsrichtern über die glatte Oberfläche des Basketballs und forderte sie auf, den Ball gegen einen griffigeren auszutauschen. Die Schiedsrichter boten an, den Ball mit einem Handtuch abzuwischen, mehr wollten sie jedoch nicht tun. *Ihr wollt schummeln?* dachte Kobe. *Nun gut. Von mir aus.* In der Viertelpause nahm er eine kleine Dose mit Haftspray in die Hand, die Marcella Shorty bei sich trug. Shorty sprühte damit vor dem Tapen den Knöchel eines Sportlers ein; die klebrige Substanz sorgte dafür, dass das Tape länger auf der Haut blieb. Kobe besprühte seine Hände damit.

Beim ersten Ballbesitz des zweiten Viertels postete Kobe am rechten Zonenrand auf. Hatcher warf ihm den Ball zu und er blieb an Kobes Händen hängen, ohne dass er sie schließen musste. Er warf ohne zu zögern und versenkte den Ball von der rechten Grundlinie mit einem Fadeaway aus viereinhalb Metern. Später dribbelte Kobe den Ball rund zehn Meter vom Korb entfernt und scannte das Spielfeld, während sich drei Erie-Verteidiger amöbenhaft mit ihm bewegten. Er fand Griffin für einen Driving Layup, den einzigen Lower-Merion-Korb des Viertels, den Kobe nicht selbst erzielte. Die Aces lagen zur Halbzeit mit 21:15 zurück, eine gewohnte, aber dennoch unangenehme Situation für sie. Es ist eine Sache, wenn man gegen Chester, Coatesville oder ein anderes viel punktendes Team mit sechs Punkten zurückliegt; die Spielweise dieser Gegner und das Tempo dieser Spiele boten reichlich Gelegenheiten für ein Comeback. Es war etwas ganz anderes, gegen ein langsames, bedächtiges Team wie die Ramblers hinten zu liegen. Wenn die Aces nicht aufpassten und den Rückstand im dritten Viertel nicht aufholten, konnte das Spiel schnell eng werden.

In der nervösen Umkleide konnte sich Kobe nicht vorstellen, dass Erie Cathedral der Full-Court-Mann-gegen-Mann-Verteidigung der Aces weiterhin standhalten könnte. *Sie werden zusammenbrechen. Es ist unmöglich, dass sie unserem Druck das ganze Spiel über standhalten.* Teammanager Tom Pettit griff die Idee von Kobe auf und besprühte die Hände aller Spieler mit Shortys Spray. Downer, der seine Nervosität mit der Überzeugung in Schach hielt, dass die Aces das Spiel mit einem starken Start in die zweite Halbzeit noch in den Griff bekommen konnten, schickte Treatman auf die Tribüne, um Pangrazios Mutter Dorothy zu fragen, ob sie ihn spielen lassen würde. „Er trägt eine Orthese", sagte sie zu Treatman. „Er wird nicht spielen." Während Treatman bettelte, betrat Downer erneut die Kabine und holte, bevor er sich an die Mannschaft wandte, etwas aus seinem Seesack: ein Paar Adidas-Sneaker, weiß mit drei blauen Streifen. Er schlüpfte aus seinen Anzugschuhen und zog die Sneaker an. Die Spieler waren verblüfft, bis er zu sprechen begann.

Ich will einen guten Halt für die Feier nach dem Spiel. Sobald wir das Spiel gewinnen, werde ich über den Platz rennen und wie ein Verrückter herumspringen, und dafür brauche ich meine Adidas.

„Das hat eine Botschaft gesendet", sagte Kobe später. „Wir sind im Finale. Wie kommt es, dass wir so spielen? Wenn wir es schaffen wollen, dann müssen wir es jetzt tun."

Die Aces erhielten einen weiteren positiven Schub, als kurz vor Beginn der zweiten Halbzeit Drew Downer in die Hersheypark Arena taumelte und sich den Weg zur Bank bahnte. Er sah aus, als hätte er einen Kampf hinter sich, mit zerzaustem Haar und aufgeknöpftem Hemd, hatte die Krankenschwestern jedoch erfolgreich davon überzeugt, ihm so viel Flüssigkeit einzuflößen, dass er das Krankenhaus verlassen konnte. Gregg zerrte ihn unter dem Jubel der Spieler in den Huddle. „Ich sagte etwas – ich weiß nicht mehr, was – und wäre fast wieder ohnmächtig geworden", erinnerte sich Drew.

Wenn er das getan hätte, hätte er verpasst, wie Griffin zwei Turnover der Erie Cathedral in Körbe verwandelte. Und wie Dabney einen Dreier traf, dann einen Fastbreak einleitete und Kobe für einen Dunk bediente. Und wie Brendan Pettit sich einen Loose Ball schnappte und nah am Korb scorte. Der 11:0-Lauf brachte Lower Merion einen Vorsprung von fünf Punkten. Nach all den Wochen, all den Spielen, in denen man sich auf Kobe verlassen hatte, trugen nun seine Mitspieler ihren Teil der Last und mehr. Die Aces führten nach drei Vierteln mit 37:31. Sie waren acht Minuten entfernt vom Sieg.

Die Art und Weise, wie wir uns an Dinge erinnern und wie sie im Rückblick vor unserem geistigen Auge erscheinen, ist oft die Art und Weise, wie wir uns wünschen, dass wir sie im Moment des Geschehens gesehen hätten. Es handelt sich um eine Art rückwirkende Voraussicht. *Ich wusste in dem Moment, als ich ihre Hand berührte, dass ich sie heiraten würde Ich war sicher, dass diese Lottozahlen meine Glückszahlen waren, sobald ich sie sah*

„Ich wusste", sagte Kobe einmal, als er sich an dieses Finale erinnerte, „dass wir nicht mehr zurückschauen würden, sobald wir mit vier Punkten führten. In diesem Moment war die Sache erledigt."

War sie nicht. Lower Merion konnte in den ersten viereinhalb Minuten des vierten Viertels nicht punkten und Erie Cathedral holte sich langsam und methodisch die Führung zurück (41:39), indem es mit einem cleveren Setplay zu einem Korbleger kam. Nach dem Führungstreffer der Ramblers leitete Dabney die Aces-Offense ein. Kobe rannte von einer Ecke in die andere, ein Erie-Prep-Spieler verfolgte ihn, und als er Richtung Freiwurflinie zog, rutschte ein zweiter Spieler, Point Guard Julian Blanks, für ein Double-Team in seine Laufbahn. Kobe fing Dabneys Pass, Blanks versuchte zuzugreifen. Foul. Zwei Freiwürfe, mit 3:11 Minuten auf der Uhr. Zwei Treffer, und das Spiel ist unentschieden. Ein Treffer, und der Druck bleibt bestehen. Den ersten verfehlen … dann ist der Traum aller Wahrscheinlichkeit nach vorbei.

Kobe atmete tief aus und führte seinen ersten Wurf aus. In einem Film hätte man den Schwung und die Flugbahn dieses Wurfs für übertrieben choreografiert gehalten: Der Ball traf die Vorderseite des Ringes, wurde sanft nach hinten katapultiert, prallte noch viermal, mit kleinen Hüpfern, auf die Rückseite des Ringes … und fiel durchs Netz.

Kobe atmete erneut aus und machte seinen zweiten Wurf. Swish: 41:41.

Hatcher, der von Kobe in Myrtle Beach gelernt hatte, dass die Performance eines guten Spielers auch in den schwierigsten Situationen und Umgebungen exzellent sein muss, holte sich einen Defensiv-Rebound, wurde gefoult und verwandelte beide Freiwürfe bei noch 2:43 Minuten auf der Uhr. Die Aces führten mit zwei Punkten Vorsprung. Die Teams tauschten Körbe aus, Lower Merion führte nun mit 45:43.

1:22 Minuten vor Schluss warf Keith Neis, Topscorer der Ramblers in diesem Spiel mit zwölf Punkten, einen Jumper von der Grundlinie auf den hinteren Teil des Rings. Nachdem er ihn beim Wurf gestört hatte, schnappte sich Kobe im Gewirr der Spieler den Rebound. Zwei Erie-Prep-Spieler bedrängten ihn, während er wie angewurzelt unter dem Korb stehen blieb. Er konnte nirgends hin. Er sprang und warf den Ball zu Dabney an der rechten Seitenlinie ...

... aber Blanks flitzte an Dabney vorbei, lenkte den Pass ab, warf sich in die Reihe der Reporter, um den Ball vor dem Aus zu retten, und spitzelte ihn zu einem Mitspieler. Die Ramblers waren in Ballbesitz und hatten die Chance, das Spiel auszugleichen. Wegen eines Turnovers. Von Kobe Bryant.

Die Ramblers ließen den Ball um den Perimeter zirkulieren, warteten, testeten die Verteidigung auf der Suche nach einem guten Wurf, dem richtigen Wurf. 30 Sekunden waren noch auf der Uhr, als Blanks vom Perimeter aus penetrierte und einen einhändigen Runner aus knapp vier Metern Entfernung losließ. Der Ball schlug hart auf dem Ring auf und prallte nach rechts. Kobe, der einzige Spieler von Lower Merion in der Zone, der von Blanks und drei anderen Ramblers eingekreist war, tippte den Ball in die Ecke, brachte ihn unter Kontrolle und rannte, bevor Erie Cathedral ihn dort wieder bedrängen konnte, nach vorne, dribbelte mit der linken Hand an der Seitenlinie entlang, an Blanks vorbei, zog nach rechts, weg von einem anderen Ramblers-Spieler, bis er die Spielfeldmitte erreichte.

Was nun? Gegen Chester, in einem Spiel, in dem der Sieg bereits feststand, hatte Kobe den Ball nicht abgegeben, den Ruhm nicht geteilt. Jetzt waren noch 22 Sekunden übrig, sein Team lag mit zwei Punkten in Führung; es war fast acht Monate her, dass er sich in Las Vegas den Wünschen von Sam Rines Jr. ein bisschen gebeugt und den Ball am Ende eines Spiels einem Mitspieler überlassen hatte, und es war fast drei Monate her, dass Gregg Downer sich in jenem Motelzimmer an ihn gewandt und gesagt hatte: *Du musst deine Mitspieler respektieren*, und *du kannst es nicht mit jedem Team allein aufnehmen.* Was also würde Kobe jetzt tun?

Er blickte nicht auf. Ohne sichtbare Anzeichen dafür, dass er wusste, dass Hatcher vor ihm war, spielte er einen Pass nach vorne, auf die linke Seite der Zone. Hatcher nahm ein Dribbling und – als Linkshänder war das für ihn viel einfacher – legte den Ball übers Brett in den Korb. „Kobe hätte durch dieses Double-Team dribbeln können", erinnerte sich Hatcher. „Aber er hat darauf vertraut, dass sein Freund einen Layup zur Meisterschaft trifft. Das, womit wir anfangs zu kämpfen hatten, war am Ende unsere Stärke." Lower Merion führte mit vier Punkten. Die Uhr lief weiter. Neis, der für einen schnellen Wurf wieder nach vorn rannte, beging einen Schrittfehler. Er ließ den Ball aus den Händen fallen; der landete bei Kobe, welcher ihn unter den Arm klemmte, während er aufsprang und mit beiden Füßen auf einmal aufkam, als würde er auf etwas stampfen.

Eine Auszeit … ein Pass auf Kobe … ein Foul. Er vergibt den ersten Freiwurf, trifft den zweiten … ein Airball von Erie … eine Sirene … die Anzeigetafel zeigt LOWER MERION 48, ERIE CATHEDRAL PREP 43 … die Anzeigetafel zeigt Kobe mit 17 Punkten, seine zweitniedrigste Punktzahl in dieser Saison, und ausnahmsweise stört ihn das nicht im Geringsten … ein Dutzend Highschool-Basketballer auf dem Center Court, die sich umarmen … Gregg Downer löst sein Versprechen ein, wie ein Verrückter über den Platz zu rennen … Kobe umarmt ihn … Treatman, Egan, Drew Downer und Jimmy Kieserman beim Feiern … Pam Bryant und der Rest von Kobes Familie auf der Tribüne … Kobe dreht sich um und versucht, über die Sicherheitsseile und -drähte zu klettern, die das Spielfeld umgeben, um zu seiner Mutter und seinen Schwestern und seinen Großeltern zu gelangen und …

„Plötzlich war mein Vater dort unten."

Die Länge ihrer Umarmung ist Mike Egan auch fast 25 Jahre später noch in Erinnerung. Es ist das, was Kobes endgültigen Bruch mit seiner Familie für Egan, Downer, Treatman und alle, die sie damals kannten, so herzzerreißend machte. „Mann", sagte Joe zu Kobe, „ich bin stolz auf dich." Vater und Sohn lagen sich zehn Sekunden lang in den Armen … 20 … Egan schwor, dass es eine ganze Minute war, als ob sie nie mehr loslassen würden.

Wendell Holland – Basketball-Star der späten 1960er-Jahre, Richter, Geschäftsmann, Beamter, Vater, Großvater und der Mann, der glaubhaft behaupten konnte, Kobes indirekter Vorgänger in Lower Merion gewesen zu sein – hatte das Spiel in seinem Haus in Bryn Mawr im Fernsehen verfolgt. Erst 2010, als die Sporthalle der Schule nach Kobe benannt wurde und Holland Kobe bei der dafür stattfindenden Zeremonie auf die Bühne holte, hatte Holland endlich Gelegenheit, dem neuen Schulnamensgeber zu sagen, wie stolz er auf dessen Leistungen war.

„Dank Kobe haben wir eine State Championship gewonnen", erinnerte sich Holland. „Ihr habt keine Ahnung, wie viel mir das bedeutet. Ich bin sehr, sehr, sehr stolz auf meine Schule. Nehmt all diese kleinen Geschichten über Vernon Young und Chester zusammen, so albern sie auch klingen mögen. Darauf bin ich stolz. Und bei den Veranstaltungen der Alumnis und der Hall of Fame sind die Basketball-Absolventen so multikulturell. Downer hat mit einer bunten Mischung an Spielern gewonnen. Ist das nicht so, wie es sein sollte? Ihr ahnt nicht, wie viele Leute jetzt zu mir kommen und über Lower-Merion-Basketball sprechen. Ihr könnte euch nicht vorstellen, wie diese Nummer 33 von Stolz und Schmerz ergriffen war, als Kobe starb, wegen dem, was er und Downer gemeinsam erreicht haben. Es hat mich umgehauen, denn er war der verwirklichte Traum. Er war der verwirklichte Traum für uns alle."

Als das Team am späten Abend wieder in Wynnewood eintraf, waren bereits Vorbereitungen getroffen worden. Lynne Freeland hatte sich mit der Feuerwehr in Verbindung gesetzt. Am Sonntag gab es eine Meisterschaftsparade durch Ardmore: Schüler, Lehrer und Anwohner säumten die Straßen. Kobe und Jermaine Griffin standen auf einem der Feuerwehrfahrzeuge, beide hielten sich an der Reling fest, neben ihnen war ein Dalmatiner angeleint. Kobe schaute auf die Menge hinunter und sah den Vertretungslehrer, der ihm gesagt hatte, er werde nie eine State Championship gewinnen. Der Lehrer stand in einer Ecke und jubelte.

„Das ist alles, was ich je wollte", sagte Kobe später. „Als ich auf die Highschool kam, wusste ich, dass ich ein ziemlich guter Spieler war, und ich wollte hart arbeiten, um all diese individuellen Ziele zu erreichen. Aber nachdem ich 20 von 24 Spielen verloren hatte, sagte ich mir: ‚Mann, ich hasse es zu verlieren. So etwas will ich auf keinen Fall noch einmal durchmachen.' Im nächsten Jahr haben wir uns verbessert. Im Jahr danach haben wir uns verbessert. Ich erinnere mich, dass ich während der ganzen Zeit dachte: ‚Ich will als der Beste bekannt sein – nicht nur als der beste Spieler, sondern als der beste Spieler im besten Team.' Das bedeutete mir so viel. Ich wollte einfach allen beweisen, dass ich uns zu einer State Championship führen kann."

Das alles passierte aber erst am Sonntagnachmittag. Zunächst mussten er und seine Mannschaftskameraden zu einer Party im Haus einer Cheerleaderin gehen. Einige Spieler, darunter Robby Schwartz und Brendan Pettit, waren die ganze Nacht dort und stapften um sieben Uhr morgens nach Hause. Kobe Bryant, der in den vergangenen vier Jahren 2.883 Punkte erzielt hatte – mehr als jeder andere Spieler an einer Highschool im Südosten von Pennsylvania –, der alles erreicht hatte, was er sich von seiner Karriere in Lower Merion erhofft hatte, und der nun die Chance hatte, eine der letzten normalen Nächte seiner Jugend zu genießen, blieb eine Stunde auf der Party, bevor er nach Hause fuhr.

Ich wollte nie jemanden
beleidigen. So war ich nie und
so werde ich auch nie sein.
Ich versuche lediglich,
so aufrichtig wie möglich
zu sein.

KOBE BRYANT

18 | Die Geschwindigkeit, mit der sich Dinge verändern

Tom Konchalski, der angesehenste Basketball-Basisscout Amerikas, war ein so gläubiger Katholik, wie man nur sein konnte, ohne Priester geworden zu sein. Er war 1,98 Meter groß, von schlaksiger Statur, gemäßigt und sanftmütig in seinem Auftreten. Er glaubte gleichermaßen an die Heiligkeit der Sonntagsmesse und an die Fähigkeit des Sports, den Charakter eines Jungen oder eines Mädchens zu formen. Er sagte einmal, dass Gott den Kindern den Sport als Vorbereitung auf das spätere Leben schickt; der Wettbewerb berühre verschiedene Teile ihrer Seele und manchmal seien diese Berührungen schmerzhaft, aber auch immer lehrreich. Konchalski sah seine Mission darin, junge Sportler zu entdecken, die dieses Segens würdig waren. Fast zwei Jahrzehnte arbeitete er bereits als Autor und schließlich auch als Herausgeber eines Scouting-Newsletters, *High School Basketball Illustrated*; seine Scouting-Berichte verschickte er als Fotokopien an die Abonnenten. Hunderte von College-Trainern im ganzen Land betrachteten diese vervielfältigten Seiten als unverzichtbar für ihren Rekrutierungsprozess, weshalb Konchalski jedes Jahr das McDonald's All-American Game besuchte, das prestigeträchtigste Highschool-All-Star-Spiel der Nation. So besuchte er am Sonntag, dem 31. März 1996 auch das Spiel, das in der Civic Arena in Pittsburgh stattfand, sowie das jährliche Bankett vor dem Spiel am Vorabend. Und beim Bankett saß er an einem Tisch mit Kobe Bryant und seiner Familie.

„Er hatte einen eisernen Willen", sagte Konchalski, der im Februar 2021 im Alter von 74 Jahren an Krebs starb. „Er hat einfach so ungewöhnlich hart gearbeitet. Es ist der Wille, der Menschen wie Michael Jordan und Kobe ausmacht." Das McDonaldÄs Game an sich mochte er nicht, weil dort zu viele Spieler versuchten, zu viel zu tun und zu prahlen. (Kobe war da nicht anders, er erzielte 13 Punkte in 19 Minuten, spielte aber nicht besonders gut.) Aber das Bankett war immer einen Besuch wert. Der legendäre UCLA-Coach John Wooden war jedes Jahr der Gastredner; er sprach frei und zitierte Emerson, Thoreau und Shakespeare. Alle Spieler trugen bei der Veranstaltung einen Smoking. „Alle beschwerten sich darüber", sagte Konchalski, „aber wer sieht in Smokings besser aus als die 24 besten Sportler Amerikas? Und Kobe sah einfach königlich aus. Was für ein gutaussehender junger Mann er war."

Als sich das Bankett dem Ende zuneigte, die Kuchengabeln auf den Tellern klapperten und der Kaffee in den Tassen dampfte, wurde das Licht im Raum gedimmt und auf einer Leinwand erschien das Gesicht von Michael Jordan, der eine Videobotschaft an die Spieler richtete. *Es war eine große Ehre, ein McDonald's All-American zu sein,* sagte Jordan ihnen. *Es gab mir das Selbstvertrauen, weiterzuarbeiten. Sorgt dafür, dass ihr eure Ausbildung fortsetzt.* Dann schloss er mit den Worten: *Ich hoffe, ihr schafft es alle in die NBA. Aber wenn ihr es schafft, werde ich auf euch warten.* Und er zwinkerte.

Nach dem Essen blieb Konchalski noch eine Weile und posierte für Fotos mit Kobe, Joe, Pam, Sharia und Shaya. Seine Eltern und Schwestern waren bereits gegangen, als Kobe sich an Konchalski wandte, der zu diesem Zeitpunkt keine Ahnung hatte, dass Kobe das College übergehen wollte.

„Ich kann es kaum erwarten, gegen die besten Spieler der Welt zu spielen", sagte Kobe ihm. „Ich werde bereit sein."

Und er zwinkerte.

Samstag, 6. April 1996: Eine andere Stadt, eine andere Auszeichnung, ein anderes Bankett. Kobe war im Georgia World Congress Center in Atlanta, um den Naismith Award entgegenzunehmen. Da saß Marcus Camby, der College-Spieler des Jahres der University of Massachusetts. Dort saß John Calipari, der College-Trainer des Jahres, ebenfalls von der UMass, der zwei Monate vor der Unterzeichnung eines

15-Millionen-Dollar-Vertrags stand und damit Head Coach und Executive Vice President of Basketball Operations der New Jersey Nets werden würde.

Auf die Frage eines Reporters, ob er es Kevin Garnett gleichtun und direkt von der Highschool in die NBA wechseln würde, zuckte Kobe mit den Schultern. „Ich habe mir das noch nicht überlegt", sagte er. Als Prämie für den Gewinn des Naismith-Preises konnte er eine Gruppe von Familienmitgliedern oder Freunden zum Abendessen einladen, mit freundlicher Genehmigung des Atlanta Tipoff Club, der die Auszeichnung sponserte. Als er wieder zu Hause war, reservierte Kobe in einem Steakhouse in Manayunk einen Tisch für sich und seine Coaches und Mannschaftskameraden von Lower Merion.

Montag, 8. April bis Mittwoch, 24. April 1996. Kobes offizielle Bekanntgabe seiner Ziele rückte näher, und es zeichnete sich immer mehr ab, wie seine Entscheidung ausfallen würde. Mike Krzyzewski rief folglich Gregg Downer an, um zu erfahren, ob noch Zeit sei, Kobe von Duke zu überzeugen.

„Wenn du einen Steilpasse in petto hast", sagte Downer zu ihm, „dann musst du ihn jetzt spielen."

Krzyzewski begann mit der Aufzählung der Gründe, warum Kobe sich für Duke entscheiden sollte. *Ich werde ihn in den nächsten Grant Hill verwandeln … Ich habe viel Erfahrung als Gemmologe, der Diamanten schleift …* Fünf bis zehn Minuten lang hielt er eine inspirierende Ansprache. Wenn Downer, als er für die Penncrest High School spielte, gut genug für die Blue Devils gewesen, wenn er ein Bobby Hurley oder Johnny Dawkins gewesen wäre, dann hätte er nach dieser Ansprache sofort seine Koffer gepackt und wäre nach Durham zur Duke University gefahren. Aber Downer war ja nicht das eigentliche Ziel des Gesprächs, und das Ziel hatte sich bereits entschieden.

Später rief Kobe Krzyzewski selbst an, um ihm seine Entscheidung mitzuteilen. Krzyzewski wünschte ihm Glück und sagte ihm, er solle nicht zögern, ihn anzurufen, wenn er jemals einen Rat brauche. „Ich weiß, dass du zurechtkommen wirst", sagte er zu Kobe. „Du hast eine großartige Einstellung zum Spiel, und du liebst es zu spielen." Bei den Olympischen Sommerspielen 2008 in Peking und 2012 in London bekam Krzyzewski schließlich die Chance, Kobe zu coachen. Er schrieb ihm zu, Standards für Arbeitsmoral und Selbstlosigkeit gesetzt zu haben, die zu den zwei Goldmedaillen von Team USA beigetragen hatten. Kobe als „selbstlos" zu bezeichnen, mag vielleicht etwas eigentümlich klingen. Aber vor den Spielen 2008 klopfte Kobe im Hauptquartier von USA Basketball in Colorado Springs an Krzyzewskis Bürotür und sagte ihm, dass er bei jedem Training und jedem Spiel den besten Spieler des gegnerischen Teams verteidigen wolle. Er war so sehr von dieser selbstauferlegten Verantwortung eingenommen, von seinem Verlangen, mit seinem Land Gold zu gewinnen, dass Krzyzewski einmal scherzte, er sei der einzige Coach, der Kobe jemals ans Werfen erinnern musste.

Keith Morris war 26, angehender Finanzberater bei Prudential Securities und der größte Fan und engste Vertraute seines Vaters. Daher war er nicht völlig überrascht, als seine Assistentin eines Tages Ende April ans Telefon ging und ihm mitteilte, dass Joe Bryant in der Leitung sei. Natürlich hatten sowohl Keith als auch Speedy Morris Joe seit Wochen nicht mehr auf dem Campus von La Salle gesehen. Niemand hatte ihn gesehen.

„Hallo."

„Keith, ich habe ein Problem", sagte Joe. „Kobe will in die NBA gehen."

„Wo ist das Problem?", fragte Keith.

„Ich weiß nicht, wie ich es deinem Vater sagen soll", sagte Joe.

„Sei ein Mann", sagte Keith, „und sag es ihm einfach." Aber Keith wartete nicht ab, ob Joe das tatsächlich durchziehen würde. Er legte auf und rief dann selbst seinen Vater an.

„Ich war froh, als ich hörte, dass er in die NBA geht und nicht zu Duke", sagte Speedy Morris Jahre später. „Ich habe eine Zeit lang viel gebetet: ‚Bitte, Gott, ich hoffe, wir bekommen ihn'. Gott beantwortet alle unsere Gebete. Manchmal sagt er ‚Nein.'"

Freitag, 26. April 1996. *Wie um alles in der Welt bin ich hier gelandet?* Natürlich schwirrte diese Frage Kobe im Kopf, im Bauch und wer weiß wo sonst noch herum, als er an einem Freitagabend bei den Essence Awards 1996 im Madison Square Garden um sich blickte. Halle Berry, Tyra Banks, Naomi Campbell, Toni Braxton – sie alle waren da, wie nicht anders zu erwarten. Aber wie kam es, dass Kobe und Sharia auch da waren? Und wie kam es, dass an diesem Abend die dringendste in Lower Merion kursierende Klatsch-und-Tratsch-Frage beantwortet wurde, die da lautete: Mit wem würde Kobe auf den Abschlussball gehen?

Eine Wintermodenschau in La Salle. So fing es an. Shaya nahm an der Show in einem Ballsaal des Studentenwerks teil. Dort hörte sie zufällig, wie sich ein paar Jungs über Kobe unterhielten, und als sie ihnen sagte, dass er ihr Bruder sei, antwortete einer von ihnen, Mike Harris, ein Marketingmanager und Promoter: *Sag ihm, dass Boyz II Men ihn treffen wollen.* Harris konnte ein solches Treffen arrangieren; er zählte das dreiköpfige R'n'B-Trio aus Philadelphia zu seinen Kunden. Einige Wochen später traf Kobe selbst Harris bei einem Villanova-Spiel. Die beiden tauschten Telefonnummern aus und freundeten sich an. Kobe gestand Harris, dass er in Brandy verknallt war, deren Sitcom *Moesha* gerade auf UPN anlief. Harris rief Kobe bald darauf an und lud ihn zu den Essence Awards ein – eine Geste, die Kobe, der in Angelegenheiten abseits des Basketballs noch immer etwas naiv war, vielleicht als rein großzügig empfand. Harris hatte dabei aber ein zusätzliches Motiv: Hier bot sich ihm die Chance, in den Basketball einzusteigen und Kobe als Kunden zu gewinnen. Wenn Kobe doch nur landesweit auf gesellschaftlichem Parkett Aufsehen erregen könnte …

Nach der Preisverleihung stieg Kobe mit Harris und zwei Mitgliedern von Boyz II Men, Mike McCary und Wanya Morris, in eine Limousine und fuhr zum Four Seasons. Harris und Morris luden Kobe in Morris' Suite ein. Als er und Kobe hereinkamen, begann Harris zu kichern. *Was zum Teufel ist hier los?,* dachte Kobe. Dann drehte er sich nach links. Dort saß Brandy auf dem Bett des Hotelzimmers.

Kobes Kinnlade ging auf. Er lachte auch, aus Nervosität. *Oh mein Gott, das habt ihr mir nicht gerade angetan.* „Wie geht's dir?", fragte Brandy ihn, und Kobe konnte kaum sprechen, sein kleines „Hi" wurde durch das schallende Gelächter von Harris und den Bandmitgliedern übertönt. Er verließ den Raum, kaum in der Lage, sich an das zu erinnern, was er gesagt hatte. Sicher nur, dass er sich blamiert hatte.

Zurück in seinem Zimmer fragte Harris Kobe: „Willst du Brandy zu deinem Abschlussball mitnehmen?" Natürlich wollte Kobe. Das war der einfache Teil. Zuvor hatte Harris bereits ein mögliches Hindernis für seinen Publicity-Stunt aus dem Weg geräumt. Wanya Morris war 22, Brandy 17, und seit einem Jahr führten sie eine Beziehung, die etwas mehr als eine Freundschaft war und etwas weniger als eine offene Romanze; Brandy und ihre Crew hielten diese Verbindung geheim, um ihr mustergültiges Image zu schützen. Laut *Showboat*, einer der beiden Kobe-Biografien des Autors Roland Lazenby, hatte Harris Morris überredet, sich auf seinen Plan einzulassen und Kobe und Brandy die „Awww, sind sie nicht süß zusammen"-Publicity zu bescheren, die mit einem gemeinsamen Abend der beiden einhergehen würde. Also rief Harris Brandy an diesem Abend an und sagte: „Brandy, Brandy, Brandy, mein Freund Kobe möchte dich zu seinem Abschlussball einladen. Es würde ihm die Welt bedeuten, wenn du mit ihm hingehst."

Brandy sagte zu. Sie musste es nur noch mit ihrer Mutter Sonja Norwood abklären, die gleichzeitig ihre Managerin war. So kam Kobe zu einem Promi-Date für den Abschlussball, und er musste sie nicht einmal selbst fragen.

Später an diesem Wochenende nahm Kobe auf Wunsch von Boyz II Men an einem Wohltätigkeits-/Promibasketballspiel am Community College of Philadelphia teil. Brandy begleitete Morris zum Spiel, bei dem Kobe die Menge bei seinem ersten Ballkontakt mit einem Tomahawk-Dunk begeisterte. In der Halbzeitpause unterhielt er sich mit ihr. Er fand sie süß, die Art von Mädchen, mit der er abhängen und reden konnte, als wäre sie eine seiner Schulfreundinnen. Pam Bryant und Sonja Norwood sprachen später miteinander, klärten Details und stellten sicher, dass alle bezüglich des Abschlussballs auf derselben Wellenlänge waren. Kobe und Brandy begannen, regelmäßig zu telefonieren.

„Ich bewunderte sie für das, was sie tat“, sagte Kobe später. „Damals wusste ich, dass ich in die NBA gehen und der junge Kerl im Scheinwerferlicht sein würde. Sie war selbst jung. Sie fing mit 14 Jahren an, stand vor den Kameras und im Rampenlicht. Sie ging mit allem sehr gut um, und das habe ich bewundert und respektiert, abgesehen davon, dass ich ihre Songs liebte.“

Er verbrachte keine Zeit mehr mit Jocelyn Ebron. Er sei immer noch mit Kristen Clement befreundet, sagte er Treatman, obwohl sie schon lange nicht mehr miteinander gesprochen hätten. Als sie erfuhren, wer sein Date war, reagierten seine Freunde ungläubig. Als Treatman hörte, dass Kobe mit Brandy zum Ball ging, dachte er zunächst, es handele sich um eine von Clements Teamkolleginnen an der Cardinal O'Hara, Brandi Batch. Eines Tages fragte ihn Susan Freeland in einer Schulstunde, mit wem er zum Abschlussball gehen würde.

„Brandy“, sagte Kobe.

„Welche Brandy?“

„*Brandy*, Suze.“

„Wo hast du sie kennengelernt?“

„Über einen der Jungs von Boyz II Men.“

„Halt die Klappe!“

Freeland konnte es nicht fassen. *Brandy, Suze. Boyz II Men.* Er hatte es gesagt, als wäre es die normalste Sache der Welt.

Montag, 29. April 1996. Die Idee, seine Entscheidung für den NBA Draft auf einer Pressekonferenz zu verkünden, stammte nicht von Kobe selbst. Joe fragte ihn, ob er eine wolle.

„Ist mir völlig egal“, sagte Kobe. Aber er spürte, dass es für Joe und Pam wichtig war. Eine formelle Bekanntgabe würde Kobes Entscheidung Glaubwürdigkeit verleihen. Nachdem Joe seinen Vorschlag gemacht hatte, lagen er und Pam Kobe eine Woche lang in den Ohren, um sicherzugehen, dass er auf der PK das richtige Maß an Reife, Gelassenheit und Humor zeigen würde. „Ich habe sie ein bisschen aufgezogen: ‚Hey, ihr seid ja noch nervöser als ich‘“, sagte er später. „Es war für mich wirklich keine so große Sache.“ Ihm war es egal, wo und wann die Pressekonferenz stattfand; er überließ Joe die Entscheidung, und der wählte einen Montagnachmittag. Treatman kümmerte sich um die meisten Vorbereitungen und arbeitete mit Tom McGovern zusammen, um die Turnhalle für die vielen Reporter und Studenten vorzubereiten und die Medien über die Veranstaltung zu informieren. Er erzählte ihnen nicht, auch nicht auf Nachfrage, was Kobe beschlossen hatte. Aber musste er das überhaupt? Würde Kobe zu diesem Zeitpunkt eine Pressekonferenz abhalten, wenn er nach Duke oder La Salle ginge?

Den ganzen Vormittag über sprachen ihn Mitschüler an und baten ihn um ein paar Informationen. *Kobe, ich habe heute Nachmittag ein Lacrosse-Spiel. Warum sagst du es mir nicht einfach jetzt?* Kobe hielt sich in Bezug auf die NBA genauso bedeckt wie in Bezug auf den Abschlussball und sagte ihnen, er wisse es noch nicht, er werde sich spontan entscheiden. In seinem Metallschmuckkurs drängten sich die anderen Schüler um ihn und vergaßen für einen Moment die Armbänder, die sie anfertigen sollten. Sogar sein Lehrer versuchte, Kobes Gespräche und vage Antworten zu belauschen. Seine Freundin Deirdre Bobb fragte ihn: „Was wirst du tun?"

„Ich weiß nicht", sagte Kobe. „Was denkst du denn?"

„Unter Freunden, Kobe", sagte Bobb: „Du solltest zur Uni gehen. Deine Gabe wird dich nie verlassen. Was du hast, ist ein Geschenk Gottes, und egal, auf welche Uni du gehst, du wirst der beste Spieler im Team sein. Die NBA wird immer auf dich warten."

Lynne Freeland holte ihn aus dem Unterricht raus. Gregg Downer würde bei der Pressekonferenz anwesend sein und wusste sowieso schon, ohne dass Kobe es sagen musste, was er verkünden würde. Aber Freeland fragte, ob Kobe Drew Downer anrufen und es ihm persönlich sagen wolle. „Gehen Sie vor", sagte Kobe. Freeland brachte ihn zum Büro der Schülerberatung, gab ihm Drews Telefonnummer und sagte den Beratern und Sekretärinnen, dass Kobe etwas Privatsphäre brauche. Als sie die Tür hinter sich schloss, hörte sie ihn sagen: *Ich werde mit den großen Jungs spielen.*

„Ich wollte, dass er weiß: ‚Wir sorgen uns um dich. Uns geht es um dich als Person'", sagte Drew später, „und das sagte ich ihm jahrelang jedes Mal, wenn ich ihn sah, auch als er schon erwachsen war. Besonders als er zum Buhmann der NBA wurde. Ich habe aufgehört, zu Sixers-Spielen in South Philly zu gehen, weil ich Angst hatte, mit jemandem in einen Streit zu geraten. Ich wollte sein Beschützer sein. Wenn zum Beispiel irgendein komisch aussehender Typ auftauchte und sagte: ‚Unterschreib diesen Stapel Zeitschriften', fragte ich: ‚Wer bist du?' Ich habe ein gewisses Vertrauen zu Kobe aufgebaut, weil ich ihn nie wirklich um etwas gebeten habe. Ich habe nie etwas von ihm erwartet."

Kobe schwänzte den Englischunterricht und fuhr nach Hause, um sich fertig zu machen. Pam half ihm bei der Auswahl seines Outfits. Kobe entschied sich für ein weißes Hemd, eine braune Seidenkrawatte und einen beigen Seidenanzug, den ihm Ron Luber und seine Familie geschenkt hatten. (Als Luber den Anzug, der über 500 Dollar kostete, kaufte, hatte der Verkäufer zu ihm gesagt: „Wussten Sie, dass seine Armspannweite 2,20 Meter misst?") Um das Outfit zu vervollständigen, setzte sich Kobe eine ovale schwarze Designer-Sonnenbrille auf die Stirn. „Das war meine Idee", sagte er später. „Ich habe Brillen schon immer geliebt. Ich dachte mir: ‚Warum nicht etwas Neues anfangen?'"

Die Bryants fuhren zurück zur Schule, kamen nicht lange nach dem Läuten der Schlussglocke um 14:25 Uhr an und parkten auf der Rückseite. Das Licht der Fernsehkameras brannte in Kobes Augen, als er die Turnhalle betrat. Es war ein warmer und schwüler Frühlingstag, draußen 23 Grad, drinnen durch den Andrang noch wärmer und stickiger. Joe hielt ein klobiges Mobiltelefon in der einen Hand und wischte sich mit der anderen die Stirn trocken. Kobe bat Matt Matkov, ihn über den verpassten Englischunterricht zu informieren. Als seine Großmutter den Trubel um ihn sah, sagte sie: „Ich muss meinem Baby jetzt einen Apfelkuchen backen", und Kobe spitzte die Ohren. „Oh ja, Oma", sagte er, „davon musst du mir ein paar backen." Er hatte keine Ahnung gehabt, was ihn erwarteten würde, als er das Gebäude betrat, und jetzt war die Turnhalle voll. Alle waren da, um zu hören, was er sagen würde, um zu hören, was Kobe Bryant für das Beste für Kobe Bryant hielt, alle waren für ihn da … und es machte … *Spaß*. Es machte so verdammt viel Spaß.

Der Moment der Enthüllung ist ein Spektakel, das man sich immer wieder ansehen kann. Die braunen Tribünen der Halle boten einen neutralen Hintergrund für jede Kameraeinstellung. Kobe war völlig beherrscht, als er am Rednerpult stand, ein Bündel Mikrofone vor der Brust. Seine Familie, Coaches, Mannschafts- und Klassenkameraden saßen und standen inmitten der Medien, alle Teil einer großen Menschenmenge, die darauf wartete, dass er sprechen würde.

„Ich, Kobe Bryant …"

Pause. Kopfwackeln, als ob er einen Verteidiger abschütteln würde.

„… habe beschlossen, mein Talent … zu ähhh …"

Wieder eine Pause. Diesmal täuschte er Unentschlossenheit oder Vergesslichkeit oder eine Kombination aus beidem vor. Er legte die linke Hand ans Kinn, als würde er über etwas nachdenken, spielte mit den Kameras, mit dem Moment.

Dann brach er in ein riesiges Lächeln aus.

„Nein, ich habe beschlossen, das College zu überspringen und mein Talent in die NBA zu bringen."

Das Ganze dauerte 19 Sekunden. Die Zuschauer jubelten.

1996 hielten viele die Tatsache, dass ein Highschool-Sportler eine Pressekonferenz über seine Zukunft abhielt, für eine Zurschaustellung purer Arroganz. Deirdre Bobb war nach dem Ende des Unterrichts in die Turnhalle gekommen. Ihr Herz wurde schwer, als sie hörte, dass Kobe nicht aufs College gehen würde. *Na gut, Kobe,* dachte sie. *Du bist ziemlich von dir eingenommen. Aber wenn es das ist, was du tun willst, werde ich dich ermutigen und für dich beten.* Neil Cooper, Rabbiner einer Synagoge in der Community, hielt eine Predigt, in der er Kobe kritisierte und argumentierte, dass seine Entscheidung ein falsches Signal an junge Menschen sendete und den Wert und die Bedeutung einer Hochschulbildung untergrub. Bill Lyon schrieb im *Philadelphia Inquirer*: „All das ist schön und wunderbar. Aber er ist auch erst 17 Jahre alt und der Vater in mir hat nur einen möglichen Vorbehalt: Ich hoffe, dass er nicht seine Jugend verpfändet hat." Kobe wurde sofort zu einem

Diskussionsthema im Sportradio, ein mikrowellengeeignetes Gericht der Empörung, das morgens und nachmittags zur Hauptsendezeit kochend heiß serviert wurde.

„Viele Leute hielten diese Pressekonferenz wahrscheinlich für lächerlich", sagte Gregg Downer. „Es gab Leute, die sich mit Sport nicht so gut auskannten und es nicht ganz verstanden. Es gab Leute in diesem Gebäude, die nicht wussten, was passierte. Ich wusste, was los war: Das ist nicht nur ein weiterer groß gewachsener, athletischer Basketballspieler. Das ist etwas anderes."

Dienstag, 21. Mai 1996. Um 10 Uhr morgens, in einem Ausstellungsraum in Manhattans Stadtteil SoHo, war Kobe überall zu sehen. Kobe dunkte an vier verschiedenen Stellen einer Wand und alle vier Dunks wurden auf 1,80 Meter hohen Fotos festgehalten, die alle vier wie riesige Ausrufezeichen wirkten. Ein Highlight-Video zeigte immer wieder Kobe, wie er dunkte, dunkte, dunkte, mit einem oder zwei Jump Shots dazwischen, um die Monotonie zu durchbrechen. Adidas hatte ein neues Logo vorgestellt: drei von links nach rechts länger werdende Streifen, die Fortschritt, Verbesserung und Zukunft symbolisieren sollten. Ein Reporter ging durch den Raum und zählte zusammen: 56 Logos. Logos an den Wänden. Logos auf Basketbällen. Logos auf Stühlen und Mikrofonen. Und das waren nur die, die er gezählt hatte. Es gab noch mehr Logos auf den Presseausweisen, den Shirts der Mitarbeiter und selbst auf den kleinsten Oberflächen. Das Unternehmen hatte keinen Grund, subtil zu sein. Dies war eine Krönung für seinen neuesten Klienten. Dies war die Krönung von Kobe Bryant.

„Er gehört zu einer neuen Generation von Athleten, die den Sport in den nächsten ein bis zwei Jahrzehnten verändern werden", sagte Steve Wynne, der Präsident von Adidas America.

Am Tag nach seiner Pressekonferenz waren Kobe und seine Mannschaftskameraden nach Harrisburg gefahren, um den Gouverneur von Pennsylvania, Ed Rendell, zu treffen. Sie reisten so, wie die meisten Highschool-Basketballmeister reisen: Sie fuhren mit einem undichten Schulbus an einem regnerischen Tag. Es war die Art von Episode, an die Kobe gewöhnt war, die ihn einst vielleicht geerdet hätte und die er nie wieder erleben würde. In Lower Merion war er ein Spieler gewesen. Jetzt war er ein *Player*, der Repräsentant eines Sneaker-Herstellers, eine Rakete, die die Ozonschicht durchbrach – verrückt, wenn man bedachte, wie nahe dieser Deal und das lange Werben von Sonny Vaccaro daran gewesen waren zu scheitern.

Auf Bitten von Joe und Pam hatte Ron Luber Rechtsgutachten von einer New Yorker Firma eingeholt, die über ein Markenabteilung verfügte und theoretisch Kobes Schuhvertrag übernehmen konnte. Die Bryants, so erinnerte sich Luber, mussten eine Entscheidung treffen: Entweder sie blieben bei Vaccaro und Adidas oder sie machten sich selbstständig. Die Wahl ergab sich praktisch von selbst. Bei einem Treffen in Atlantic City schlugen die Mitglieder von Team Bryant vor, Kobes Agenten selbst auszuwählen. Daraufhin legte Vaccaro seine Liste mit Ultimaten vor: Der Sneaker-Deal sollte mit Adidas abgeschlossen werden, Arn Tellem sollte Kobes NBA-Agent sein und die William Morris Agency sollte Kobe in allen Bereichen vertreten, die nichts mit Basketball zu tun hatten – Schauspielerei, Musik, was auch immer Kobe interessierte. Dann stand Vaccaro auf und ging hinaus. „Warum hätte er bleiben sollen?", sagte Sam Rines Jr. „Es gab nichts, was irgendjemand hätte sagen können, denn er war derjenige, der das Sagen hatte." Da Vaccaro wusste, dass er ein Druckmittel hatte, und die Bryants nicht ihr bestes und langjährigstes Werbeangebot verlieren wollten, hatten beide Parteien ein zweites Treffen im *Il Vagabondo* vereinbart, einem italienischen Restaurant an der Upper East Side von Manhattan. Das Treffen gipfelte darin, dass Joe und Pam zustimmten, Tellem zu engagieren, was Rick Bradley, Kobes Vertreter bei William Morris, als „einen bedeutenden Vertrag von Adidas" bezeichnete. Kobe und das Unternehmen einigten sich auf einen Mehrjahresvertrag im Wert von zehn Millionen Dollar, einschließlich einer garantierten Million im ersten Jahr. (Kobe fragte Vaccaro einmal: „Wenn ich nach Duke gegangen wäre, hätte ich dann meinen eigenen Sneaker-Deal bekommen?" Als Vaccaro ihm sagte, dass die NCAA-Bestimmungen dies untersagt hätten, antwortete Kobe: „Dann habe ich ja wohl die richtige Entscheidung getroffen.") Eine landesweite TV-Kampagne für seine neue Schuhkollektion (Slogan: „Feet You Wear") sollte im August an den Start gehen und im Herbst exklusiv auf ihn zugeschnitten sein. Bei einer Partnerschaft dieser Größenordnung konnte Joe seinen eigenen Vertragsbonus erhalten, nur weil er Kobe „geliefert“ hatte. Bei einer Partnerschaft dieser Größenordnung war es für Adidas kein Problem, weitere 150.000 Dollar für Joe bereitzustellen. Was sie auch taten.

Da saßen also Joe und Pam und Sharia und Shaya in der ersten Reihe des Ausstellungsraums und unterstützten ihren Sohn und Bruder wie immer. Joe erzählte den anwesenden Reportern, dass die Bryants Kobe überallhin folgen würden, als wäre er ein wunderschöner Heißluftballon und die Familie würde im Korb unter ihm schweben. Und da war Kobe, der auf die Frage nach den Gefahren, die es mit sich brachte, als Teenager in die NBA zu gehen, antwortete: „Das ist die ultimative Herausforderung. Man hat die Chance, von den Besten zu lernen. Wenn sie dich fertigmachen, wenn sie dich verprügeln, dann bringen sie dir gleichzeitig etwas bei. Daraus kann man nur Positives ziehen.“ Es blieb nur noch die Frage, welches Team ihn einen Monat später auswählen würde.

„Wir würden die Lakers oder die Knicks, Philadelphia oder Chicago bevorzugen, einen großen Markt“, sagte Bradley. „Aber darüber haben wir natürlich keine Kontrolle.“

Offensichtlich. Logisch.

Samstag, 25. Mai 1996. Der Abschlussball konnte warten. Im Fernsehen lief Basketball. Nicht irgendein Basketball. Basketball der Chicago Bulls. Und nicht einfach Chicago-Bulls-Basketball. Michael-Jordan-Basketball. Kobe und Jermaine Griffin faulenzten den ganzen Nachmittag und sahen zu, wie Jordan sich durch eine lausige Wurfleistung quälte (fünf von 14 aus dem Feld, 17 Punkte) und wie die Bulls die Orlando Magic dennoch mit 86:67 besiegten, um die erste Runde der Playoffs in drei Spielen zu gewinnen. Das Spiel begann um 14:30 Uhr Ostküstenzeit und erst nach dem Ende fingen Kobe und Griffin an, sich fertig zu machen. Der Abschlussball würde schließlich kaum ohne Kobe und Brandy stattfinden, oder?

Das Spiel war für Kobe ein ruhiger Moment an einem anstrengenden Wochenende. Team Bryant, insbesondere Sam Rines Sr., hatte sich um alles gekümmert, für Kobe und Brandy Karten für ein Barry-White-Konzert und eine Feuerwerksshow in Atlantic City am Freitagabend besorgt und für Samstag einen weiteren abendlichen Ausflug dorthin geplant (mit Brandys Mutter als Aufsichtsperson). Der Abschlussball fand ausgerechnet an einem von Kobes Lieblingsorten statt: dem Bellevue Hotel in Center City. Vor dem Hoteleingang auf der Broad Street wartete eine Phalanx von Polizisten aus Philadelphia und 15 Fernsehkameras auf die Ankunft des prominenten „Paares", und dieses Paar ließ sie eine Weile warten. Kobe setzte Griffin bei seinem Date Tarvia Lucas (der Tocher von John) ab und fuhr dann in die Stadt, um Brandy im Marriott abzuholen, wo sie residierte. Er trug einen schwarzen Smoking und ein Hemd mit Stehkragen, sie ein champagnerfarbenes Kleid von Moschino, das Haar bis zu den Schultern in wallenden Zöpfen. „Sie sah strahlend aus", sagte Kobe später. Sie fuhren zurück, um Griffin, Lucas und Matt Matkov abzuholen – Matkovs Date war in letzter Minute abgesprungen war, so dass er, wie üblich, Kobes Anhängsel sein würde –, bevor eine weiße Limousine die fünf ins Bellevue brachte, gefolgt von Brandys Entourage aus Bodyguards und Stylisten.

Während sie ungeduldig die Straßen nach dem Auto mit Kobe und Brandy absuchten, hielten die Fernsehreporter am Bellevue andere Seniors an, um ihre Reaktionen auf die Aufregung um ihren Abschlussball einzufangen. „Es ist nicht Kobes Abschlussball, es ist der Abschlussball von Lower Merion", sagte eine Schülerin. Eine andere schloss sich ihr an: „Wir sind nicht die Klasse von Kobe. Wir sind die Klasse von 1996." Für Susan Freeland war dieser Groll unangemessen. Natürlich ging es beim Abschlussball nicht *nur* um Kobe, aber „die Magie und der Schwung, die wir als Klasse hatten, waren seinetwegen entstanden", sagte sie, und auch die Sicherheitsbeamten, Polizisten und Reporter waren nur seinetwegen da.

„Er hat Brandy für sein Image zum Abschlussball mitgenommen", sagte Matkov, der Kobe stets loyal verteidigte, „weil er mit jemandem gehen musste, der seinem Status entsprach. Mit ihr gab es endlich ein Mädchen, das ihn nicht nur mochte, weil er Kobe Bryant war. Das war nicht ihr Motiv, denn sie war genauso bekannt wie er. Für sie war es dasselbe. Er war ein Typ, der sie nicht nur mochte, weil sie Brandy war. Er *brauchte* sie nicht. Das hatten sie also gemeinsam. Das heißt nicht, dass sie füreinander geschaffen waren … Es bedeutete nur, dass er wusste, dass er nicht mit irgendeinem dummen Highschool-Mädchen zum Abschlussball gehen konnte."

Endlich, drei Stunden nach Beginn des Balls, hielt die weiße Limousine vor dem Bellevue an. Die Kameraleute stürmten heran. Die Polizisten und der Sicherheitsdienst bildeten eine Art Ring um Kobe und Brandy, um Platz für sie zu schaffen. Jemand fragte Brandy, ob sie auf dem Abschlussball singen würde.

„Ich bin nur hier, um Spaß zu haben", sagte sie.

Die beiden 17-Jährigen stiegen die Marmortreppe zur zweiten Etage des Hotels hoch, und die Reaktion der anderen Ballbesucher verärgerte Kobe. „Alle meine Klassenkameraden haben vorher über die ganze Sache gelästert", sagte er später. „Aber als wir reinkamen, kamen sie direkt an: ‚Können wir ein Foto mit euch machen? Können wir mit euch reden?' Ich habe gesagt: ‚Geht mir aus den Augen!' Sie waren sauer. Eifersüchtig, denke ich. Das war mir egal. Sie sind sowieso nicht meine Freunde. Meine Freunde sind die Leute, die mir nahestehen und schon die ganze Zeit nahestanden, das Basketballteam. Diese anderen waren falsche Freunde." Sonja Norwood teilte Kobes Verachtung. „Jeder bittet Brandy um Autogramme oder um Fotos", sagte sie. „Als wäre sie bei der Arbeit." Die Ironie des Abends war ihnen anscheinend entgangen: dass sie sich über die Aufmerksamkeit beschwerten, die zwei junge Prominente auf einem Abschlussball erhielten … wo doch die gesamte „Beziehung" arrangiert worden war, um Aufmerksamkeit für zwei junge Stars zu erzeugen.

Doch nicht alle waren vom Glamour geblendet. Kobes Freundin Audrey Price wollte ein Foto mit dem Paar, aber kein Autogramm. „Nicht, weil er ein Superstar war", erinnerte sich Price. „Es ging darum, dass ich mit all meinen Freunden Fotos gemacht habe. Es war einfach eine Erinnerung. Es ging darum, diese Erinnerung zu besiegeln. Ich habe Brandy gesagt, dass ihr Kleid hübsch aussieht, und sie sagte mir, sie sei nervös. Ich glaube nicht, dass das den Abend in irgendeiner Weise negativ beeinflusst hat. Alle machten weiter ihr Ding. Es war immer noch ein normaler Abschlussball."

Nach ihrem zweiten Abend in Atlantic City mit Kobe kehrte Brandy nach Los Angeles zurück. Ein Nachrichtensender aus Philadelphia berichtete, der Abschlussball sei ihr erstes Date gewesen. Ein Detail wie aus dem Bilderbuch, das Wanya Morris vermutlich überrascht hätte, wenn er davon gehört hätte.

Juni 1996. Kobe Bryant verbrachte seinen letzten Tag als Schüler von Lower Merion und seine erste Nacht als offizieller Absolvent von Lower Merion in Lower Merion.

Nach der Abschlussfeier versammelten sich die Absolventen im Schulgebäude, wo sie für eine nächtliche Party eingeschlossen wurden – Tanzen, Schwimmen, Hindernisparcours, geselliges Beisammensein – eine Maßnahme, die sie dazu ermutigen sollte, zusammenzubleiben und Alkoholkonsum, Trunkenheit am Steuer oder sonstiges ausuferndes Verhalten zu vermeiden. Ein Senior trug eine Videokamera mit sich herum und führte Scheininterviews mit den Absolventen. Als die Kamera auf Kobe gerichtet war, sang dieser einen vierzeiligen Rap-Song, der ihm offenbar spontan eingefallen war.

My beeper is beeping
So let me quick pause
As I grab the microphone
For all y'all

Die halbe Turnhalle war zu einer Disco mit DJ abgetrennt worden. Dort ließ sich Kobe auf den Boden sinken, rollte sich zusammen wie eine Schildkröte und drehte sich auf den Rücken, um zu „Jungle Boogie“ von Kool & the Gang zu breakdancen. Er zog sein T-Shirt aus und groovte, immer noch mit dem Mikrofon in der Hand, sang lippensynchron zu LL Cool Js „Doin' It“.

No doubt, I'm the playa that you're talkin' about …
Right, I'm in the zone
One of a kind when it's time to do mine

In einem anderen Teil der Halle tat er das, was ihm am meisten Spaß machte: Er spielte Drei-gegen-Drei auf einen Korb, noch immer ohne

T-Shirt. Zwei Dutzend Schüler an der Seitenlinie schauten zu, einige mit offenem Mund.

„Das war das erste Mal, dass ich sah, was unter Kobe Bryants Shirt war. Für die meisten Mädchen in meiner Highschool war es das erste Mal, dass sie seinen harten, durchtrainierten Körper sahen", erinnert sich Price. „An diesem Abend zeigte sich eine andere Seite von Kobe, die sehr lustig war. Das war nicht er. Er war prüde und anständig. Er war nie der Typ, der ohne Shirt herumlief, seine Bauchmuskeln präsentierte. Ihn auf einmal so locker zu sehen, war ungewöhnlich und urkomisch. Das machte den Abend nur noch spaßiger."

„Er kam aus seinem Schneckenhaus heraus, und es war das letzte Mal, dass ich ihn sah."

Neben sein Abschlussfoto in der 1996er-Ausgabe von *Enchiridion*, dem Jahrbuch der Schule, schrieb Kobe: „Danke Mom, Dad, dass ihr mir die Möglichkeit gegeben habt, hier in den USA zur Schule zu gehen. Dass ihr für mich in guten und schlechten Zeiten da wart. Sharia Shaya Ti Amo Moltissimo. Matt du bist für immer mein bester Kumpel … Thanx 4a great 4 years Love you all."

Er wurde zum (männlichen) Schüler des Jahrgangs 96 gewählt, der „am wahrscheinlichsten Erfolg haben" würde. Auf dem unverstellt wirkenden Jahrbuchfoto trägt er eine schwarze Lederjacke und legt seinen rechten Arm um sein weibliches Pendant, Antje Herlyn, die später Anästhesistin wurde. Weil er die offensichtliche Wahl für diese Ehrung war, wählten ihn seine Klassenkameraden nicht zum besten männlichen Athleten. Diese Auszeichnung ging an Sean Furber, der in Fußball, Ringen und Lacrosse herausragte. Schließlich hatte Kobe nur eine Sportart betrieben.

Das Wichtigste ist, in Form zu kommen. Die Saison ist sehr lang. Ich will hart trainieren, damit ich in Form komme und meine Beine nicht müde werden. Vielen Rookies geht in der Mitte der Saison die Luft aus. Den großen Spieler der Vergangenheit – Magic, Michael – ging nie die Luft aus. Ich will nicht, dass mir die Luft ausgeht. Wenn ich in diesem Sommer so hart wie möglich trainiere und mir geht die Luft aus, dann muss ich noch härter trainieren.

KOBE BRYANT, SOMMER 1996

19 | Jetzt bin ich ein Laker

Die Freundschaft der beiden Männer, die mehr als alle anderen für den orchestrierten Umzug Kobe Bryants von Wynnewood an die Westküste verantwortlich waren, erwuchs aus einem der seltsamsten denkbaren Orte: aus einem Mutter-Kind-Kurs. Arn Tellem und Jerry West waren zeitgleich in der NBA gewesen, West als General Manager der Lakers, Tellem als einflussreicher Spieleragent. Doch erst als Karen West und Nancy Tellem Ende der 1980er-Jahre Söhne (Jonnie und Matty) zur Welt brachten und sich bei besagtem Mutter-Kind-Kurs anfreundeten, während ihre Kinder mit Fingerfarben und Bauklötzen spielten, wurden Arn und Jerry zu mehr als Konkurrenten auf entgegengesetzten Seiten des Verhandlungstisches. Ihre Familien machten gemeinsam Urlaub im Greenbrier, einem Luxusresort in West Virginia, in der Nähe von Wests Elternhaus. Jonnie und Matty wurden beste Freunde. Das Vertrauen zwischen Tellem und West sollte sich als Schlüsselfaktor beim langwierigen und riskanten Schachzug erweisen, den sie durchführten, um Kobe nach Los Angeles zu holen und die Wiederbelebung der Lakers-Dynastie einzuleiten.

Kobe war die große Unbekannte im 1996er-Draft. Er hatte Joe Carbone als Vollzeit-Personaltrainer angeheuert, nachdem er ihm im März mitgeteilt hatte, dass er am Draft teilnehmen würde. Joe Bryant bat zudem seinen Freund Tony DiLeo – einen weiteren La-Salle-Absolventen, der Profi in Europa gewesen und nun Scouting-Direktor der Sixers war –, Kobe auf seine Pre-Draft-Workouts vorzubereiten. DiLeo ließ Kobe jeden Tag etwa eine Stunde lang im Fieldhouse von St. Joseph's eine Übung durchführen, bei der er 300 Würfe nehmen musste: aus dem Dribbling, aus der Bewegung, von der Dreierlinie. Wenn Kobe drei Würfe von einem beliebigen Punkt aus verfehlte, musste er die Übung von vorne starten. „Da habe ich seinen inneren Antrieb gesehen, seinen Drang, großartig zu werden“, erinnerte sich DiLeo. „Wenn er nicht traf, war er frustriert und wollte es noch einmal machen. Er war unerbittlich.“

Aber was hielten die Teams der Liga wirklich von Kobe und seinem Potenzial? Tellem war sich nicht sicher. Rob Babcock, der Spieler-Personalchef der Minnesota Timberwolves, verglich Kobe abfällig mit Kevin Garnett: „Kevins Fähigkeiten als 2,12 Meter großer Spieler waren so überwältigend, dass man sie sofort erkannte. Er ist ein sehr besonderer Spieler. Wenn man Kobe Bryant beobachtet, sieht man das nicht. Sein Spiel sagt nicht: ‚Ich bin ein ganz besonderes Talent.‘“ John Outlaw, der Direktor für College-Scouting bei den Denver Nuggets, hatte lapidar gesagt: „Ich glaube nicht, dass er schon so weit ist.“ Die Sixers, die 1995/96 mit einer 18-64-Bilanz die Draft-Lotterie gewonnen hatten, durften an Nummer eins picken, aber die meisten anderen frühen Erstrundenpicks gingen an Franchises mit kleineren Märkten, und weder Kobe noch Adidas konnten ihre Investitionen maximieren, wenn Kobe in Vancouver, Indianapolis oder Cleveland landete. „Die Lakers waren das Team, für das ich spielen wollte“, sagte Kobe, aber die Lakers standen in der Draft-Reihenfolge erst an 24. Stelle. Wenn sie Kobe so sehr wollten, wie er sie wollte, mussten sie einen Weg finden, einen höheren Pick zu bekommen.

Also fand Tellem einen Weg, die Ungewissheit um Kobe zu ihrem Vorteil zu nutzen. Um ein besseres Gefühl dafür zu bekommen, wo Kobe in der Hackordnung stand, arrangierte Tellem Workouts mit Teams, die in der ersten Runde die frühesten Picks hatten … aber nicht mit allen. Indem er Kobe dazu brachte, das Vorspielen bei bestimmten Teams zu verweigern, indem er diesen Teams die Möglichkeit verwehrte, ihn persönlich zu beurteilen, konnte Tellem den Prozess beeinflussen und diese Teams von der Idee abbringen, Kobe zu verpflichten. Eine solche Strategie würde in der modernen NBA wahrscheinlich nicht funktionieren. Heutzutage würde ein General Manager sich wohl nicht von den Machenschaften eines Agenten beeinflussen lassen und auf jeden Fall den besten verfügbaren Spieler auswählen. Aber dies war nicht die moderne NBA. Dies war 1996. Man nahm Anstoß daran, dass Tellem den Prozess auf Geheiß seines jungen Klienten so manipulieren wollte. *Für wen hielt sich dieser Junge?*

Kobe spielte nur bei ein paar Teams vor. Dann forderte Tellem einen Gefallen bei seinem Freund ein und arrangierte für Kobe eine private Trainingseinheit mit West.

„Ich wollte Jerrys Meinung hören", sagte Tellem. „Ich sagte zu ihm: ‚Ich möchte das vertraulich behandeln. Ich muss wissen, was du denkst.'"

Es folgten zwei Workouts – im Inglewood YMCA, „irgendwo in einer Seitenstraße", wie sich Kobe erinnerte –, die West davon überzeugten, dass Kobe der nächste beste Spieler der NBA sein würde. Im ersten Workout dominierte Kobe den kürzlich in den Ruhestand getretenen Lakers-Guard Michael Cooper (damals 40 Jahre alt, immer noch gut in Form und während seiner Karriere einer der besten Verteidiger der Liga) so sehr, dass West das Training nach 15 Minuten abbrach. „Ich dachte, dass Kobe möglicherweise besser war als die Spieler, die wir damals im Team hatten", schrieb er in seiner Autobiografie „West by West". „Noch nie in meinem Leben hatte ich ein solches Workout gesehen. Als ich sagte, es reicht, meinte ich es." Cooper zeigte sich insbesondere von Kobes körperlicher Kraft beeindruckt, vor allem im Low Post, ein Zeichen dafür, wie sehr das Training mit Carbone geholfen hatte. Im zweiten Workout, vor den Augen von West und Lakers-Coach Del Harris (Joes Coach bei den Houston Rockets), vermöbelte Kobe Dontae' Jones, einen 2,07 Meter großen Small Forward, der Mississippi State erst im März ins Final Four geführt hatte. *Ich mache gerade einen regionalen MVP im NCAA Tournament fertig,* dachte Kobe. *Wenn ich aufs College gegangen wäre, hätte ich dort alle plattgemacht.*

Zurück in seinem Hotel rief Kobe Tellem an.

„Wie ist es gelaufen?", fragte Tellem, dessen Nervosität Kobe deutlich spüren konnte.

„Ich war großartig. Es lief gut."

„Sehr gut. Ist das wahr? Ganz ehrlich? Ich liebe dich, Mann. Ich liebe dich."

„Hey, Arn, nimm eine Beruhigungspille."

Die Lakers hatten in den fünf Jahren seit ihrem Einzug in die NBA-Finals von 1991, die in fünf Spielen gegen Michael Jordan und die Bulls verloren gingen, nur eine einzige Playoff-Serie gewonnen. West sagte zu Tellem: „Ich werde das Team in diesem Sommer umkrempeln. Ich möchte Kobe haben und das Team um ihn und diesen anderen Spieler herum aufbauen, den ich im Visier habe." Der „andere Spieler" war Shaquille O'Neal, der nach vier Jahren bei den Orlando Magic zum Free Agent wurde. Also vereinbarte West schließlich einen Deal mit den Charlotte Hornets, die an Nummer 13 picken durften: Wenn keines der ersten zwölf Teams Kobe auswählte, würden die Hornets ihn draften und dann für Center Vlade Divac zu den Lakers traden. Es lag an Tellem, Sonny Vaccaro und den Bryants, dafür zu sorgen, dass Kobe noch verfügbar war, wenn die glückliche Nr. 13 aufgerufen wurde.

Kobe war zwiegespalten im Hinblick auf die geringe Chance, dass die Sixers ihn an Position eins draften würden. Der „beste Spieler im Draft" zu sein, wäre natürlich schmeichelhaft. Aber sein Förderer John Lucas war nicht mehr da. Die Sixers hatten Lucas im Mai entlassen und einen neuen General Manager, Brad Greenberg, sowie mit Johnny Davis einen neuen Head Coach eingestellt. Wenn Kobe der Nummer-eins-Pick wäre, gäbe es außerdem kein Team, gegen das er einen Groll hegen könnte. Die Nummer eins wird nicht übergangen. Die Nummer eins wird von keinem der anderen Teams der Liga explizit unterschätzt, denn keines von ihnen hatte die Möglichkeit, ihn zu wählen. Die Nummer eins kann niemandem das Gegenteil beweisen. „Ich möchte, dass die Leute sagen: Ihr habt es vermasselt, weil ihr ihn nicht genommen habt'", sagte er nicht lange nach dem Draft. „Das ist es, was ich möchte."

Die Sixers ihrerseits zogen es in Betracht, Kobe zu draften – obwohl sie, wie der Rest der Liga, Georgetown-Guard Allen Iverson als den besten Spieler des Draft ansahen. Sowohl DiLeo als auch Gene Shue, der nun als Scout für das Team arbeitete, drängten Greenberg, sich dieser Möglichkeit zu öffnen, und schlugen sogar vor, dass die Sixers Jerry Stackhouse für einen weiteren Erstrundenpick traden sollten, der es ihnen ermöglichen würde, Iverson *und* Kobe zu draften. „Ich wusste, wie sehr sie an ihn glaubten", erinnerte sich Greenberg, „und ich glaube, wenn Gene oder Tony die Wahl hätten treffen können, hätten sie sich möglicherweise für Kobe entschieden." Mike Egan rief sogar am Tag vor dem Draft in der Geschäftsstelle der Sixers an und sagte der Empfangsdame, er sei einer der Coaches von Kobe Bryant und müsse mit Greenberg sprechen. Egan war fassungslos, als Greenberg ihn später am Nachmittag zurückrief. Greenberg sagte später, er könne sich nicht daran erinnern, mit Egan gesprochen zu haben, aber Egan beschrieb das Gespräch sehr detailliert.

Egan: *Ich weiß, wie ein guter Spieler aussieht. Er ist der beste Spieler in diesem Draft. Und ich würde es mir als Sixers-Fan nie verzeihen, wenn ich dir das nicht sagen würde.*

Greenberg: *Was gefällt dir an ihm?*

Egan: *Er bringt einfach alles mit. Er ist so talentiert, so aggressiv, so reif, arbeitet so hart mit all seinen Fähigkeiten.*

Greenberg: *Mit der Sonnenbrille auf dem Kopf sah er aber nicht sehr erwachsen aus.*

Egan: *Das ist wahrscheinlich das Schlimmste, was man über ihn sagen kann.*

Aber für Greenberg und viele andere war Iverson „der schnellste, wendigste und vielleicht sogar der härteste Spieler des Draft". Die Entscheidung lag bei Greenberg, und die Entscheidung war einfach: Die Sixers würden Iverson nehmen. Tellem hatte die nötigen Erkundigungen eingeholt, um sich sicher zu fühlen, dass es nur zwei andere Teams gab, die Kobe vielleicht nehmen könnten, bevor die Hornets mit Pick 13 an der Reihe waren. Sein Alptraumszenario war es, dass die von Joes ehemaligem Teamkollegen Mike Dunleavy gecoachten Milwaukee Bucks Kobe an Nummer vier draften und ihn in den Südosten Wisconsins verbannen würden. Doch Milwaukee entschied sich stattdessen für Stephon Marbury, der Georgia Tech nach einer Saison verlassen hatte, was ihn in den Augen der NBA-Scouts zu einer sichereren Wahl machte als Kobe. Die Bucks tradeten Marbury dann an Minnesota und holten dafür den Spieler, den die Timberwolves an Nummer fünf auswählen würden: Ray Allen, den Guard der Universität von Connecticut.

„Brad Greenberg und Mike Dunleavy sagten beide, dass sie Kobe genommen hätten, wenn sie die Eier dazu gehabt hätten", erinnerte sich Tellem.

Damit blieben nur noch die Nets an Position 8. Es blieben noch John Calipari und John Nash, der neue General Manager des Teams.

Die Washington Bullets hatten in den sechs Jahren mit Nash als ihrem General Manager keine einzige Saison mit positiver Bilanz erreicht. Im Frühjahr 1996 verließ Nash die Franchise – es war eine Art erzwungener Rücktritt, wie er im Profisport üblich ist, was oft mit beschönigenden Formulierungen übertüncht wird. *Die Bullets und Nash gehen getrennte Wege.* Die Nets stellten ihn bald darauf ein, um mit Calipari zusammenzuarbeiten, der noch nie in der NBA gecoacht hatte. Nashs Vertrautheit mit Kobe und seine Freundschaft mit Joe Bryant verschafften den Nets einen Vorteil. Er spielte dreimal bei ihnen vor, jedes Mal beeindruckender als das vorherige Mal. Willis Reed, Vice President of Basketball Operations bei den Nets und ehemaliger Center der großartigen Knicks-Teams der frühen 1970er-Jahre, war ein stämmiger, 2,08 Meter großer Mann mit Händen, die sich öffneten wie Regenschirme. Er legte eine seiner Pranken auf Kobes Bizeps, ließ ihn wackeln und sagte: „So klein bist du gar nicht." Kobe spielte One-on-One gegen den ehemaligen UCLA-Forward Ed O'Bannon, der 1995 von den Nets in der ersten Runde gepickt worden war. Calipari unterbrach das Duell, um Kobes Shooting Range zu testen. Nachdem Kobe eine Reihe von Dreiern versenkt hatte, forderte Calipari ihn auf, von weiter weg, nahe der Mittellinie zu werfen.

„Mal sehen, ob du von hier hinten etwas treffen kannst", sagte er.

Kobe nahm fünf Würfe und traf sie alle.

„Was zum Teufel?" sagte Calipari. „Wo kommt das denn her? Wir dachten, du kannst nicht werfen."

Kobe schüttelte den Kopf. *Na schön. Sollen die Leute doch denken, dass ich nicht werfen kann. Besser für mich.*

Auch besser für die Nets. Jerry West hatte Nash bereits angerufen und ihm Divac für den achten Pick angeboten. Nash hatte das Angebot abgelehnt. Die Nets, so hatte er West gesagt, waren nicht bereit, sofort zu gewinnen. Sie wollten ihr Team über den Draft aufbauen. „Wir konzentrierten uns auf Kobe", erinnerte sich Nash. „Wir wussten, dass er unser Mann sein würde."

Am Dienstag, dem 25. Juni, dem Abend vor der NBA-Draft, die in diesem Jahr in der Continental Airlines Arena in East Rutherford, New Jersey, der Heimspielstätte der Nets, stattfand, luden Calipari und Nash – die beide noch im Hotel wohnten, weil das Team sie erst kürzlich eingestellt hatte – Joe und Pam Bryant zum Abendessen ein. Sie erzählten den Bryants, dass die Nets Kobe draften würden.

Ich glaube, dass er als Rookie starten und in seiner zweiten Saison ein All-Star sein wird, sagte Joe.

„Nachdem sie gegangen waren", sagte Nash, „dachten wir beide: ‚Typisch Vater, hohe Erwartungen.' Es wäre toll, wenn er das schaffen würde, aber wir haben nicht damit gerechnet."

Mittags am nächsten Tag, der Draft war noch mehr als sieben Stunden entfernt, lag Kobe in dem Hotel, in dem alle angehenden Draftees untergebracht waren, im Bett. Tellem und Joe gingen ein letztes Mal alles mit ihm durch.

„Die Nets können wir auf jeden Fall haben", sagte Tellem. „Willst du immer noch zu den Lakers gehen? Auch wenn ich das Gefühl habe, alles unter Kontrolle zu haben: Es besteht immer noch das Risiko, dass ein anderes Team dich nimmt. Wenn die Nets dich nicht draften, könntest du an einem Ort landen, der dir nicht so gut gefällt wie New Jersey."

Kobe griff nach oben und packte Tellem beim Kragen: „Deshalb habe ich dich eingestellt. Du wirst das schon hinkriegen."

Währenddessen aßen Calipari und Nash mit Joe Taub zu Mittag, dem führenden Mann unter den sieben Mitgliedern der Eigentümergruppe der Nets, um ihn über ihre Draft-Pläne zu informieren. Die Idee, Kobe oder einen anderen Highschool-Spieler auszuwählen, missfiel Taub, der Syracuse-Forward John Wallace bevorzugte. Taub war der Meinung, dass die Nets mit Kobe nur Zeit und Geld verschwenden würden. Das Team hatte in elf Jahren nur zwei Saisons mit positiver Bilanz eingefahren und stand im Schatten der anderen, traditionell überlegenen NBA-Franchise der Region New York, sodass Taub davon ausging, dass Kobe ohnehin bei der ersten Gelegenheit gehen würde. „Die Nets hatten wegen der Knicks eine schreckliche Underdog-Mentalität", erinnerte sich Nash. „Sie dachten, sie würden die Knicks niemals überholen."

Calipari und Nash waren gerade ins Büro zurückgekehrt, als Kobe Calipari und Tellem Nash anrief. Beide übermittelten die gleiche Nachricht: Kobe war dankbar für das Interesse der Nets an ihm, aber er wollte nicht für sie spielen. Sollten sie ihn tatsächlich draften, würde er eher nach Europa zurückkehren und dort bei einem Team unterschreiben, als sich in die Sümpfe von Jersey zu begeben.

Nash, so vermutete Tellem, würde Kobe trotzdem draften, wenn er die Chance dazu bekäme. Aber Calipari war ein leichtes Opfer: ein junger Coach, der es seinen Bossen recht machen und eine neue Spielkultur aufbauen wollte und gut auf einen Spieler verzichten konnte, der ohnehin nicht für die Nets spielen wollte. Nash telefonierte herum und erfuhr vom Deal zwischen den Lakers und den Hornets, aber Tellem erhielt von überraschender Seite Schützenhilfe: von seinem Hauptrivalen, dem Agenten David Falk. Falk vertrat Kerry Kittles und hatte die Nets gedrängt, ihn an Nummer acht zu draften. „Wir mochten Kerry Kittles sehr", sagte Nash, „aber er wäre unsere zweite Wahl gewesen. Also rief Falk Calipari an und versicherte ihm, dass wir niemals einen seiner Free Agents bekommen würden, wenn wir Kittles nicht nahmen."

Nash betrachtete Falks Drohung als leeren Agententrick, aber für Calipari war der Druck, Kobe *nicht* zu nehmen, jetzt doppelt so groß. Als die beiden Männer durch die Katakomben der Arena in Richtung der Nets-Kabine gingen, wo die Mitglieder des Front Office um sechs Uhr zu Abend aßen, kamen sie an Tellem, Falk und Vaccaro vorbei, die dort zusammen hockten. Einer aus dem Trio fragte: „Was werdet ihr tun?"

„Ihr werdet es erfahren, wenn wir den Pick ansagen", schoss Nash zurück.

Allerdings wusste Nash es selbst nicht. Auf dem Weg zur Kabine versuchte Nash, Calipari davon zu überzeugen, all diese Bluffs zu ignorieren, sich an den ursprünglichen Plan zu halten und Kobe zu draften. *John, mach dir keine Sorgen,* sagte Nash. *Du hast einen Fünf-Jahres-Vertrag. Selbst wenn diese Wahl in die Hose geht, das ist ein Freifahrtschein. Du wirst nicht wegen diesem Draft gefeuert.* Er wusste nicht, wie Caliparis Entscheidung ausfallen würde, bis Calipari beim Abendessen aufstand und allen Anwesenden mitteilte: Wenn Kerry Kittles an Nummer acht noch zu haben war, würden die Nets Kerry Kittles draften. Wenn nicht, würden sie Kobe Bryant nehmen.

„Das nahm mir den Wind aus den Segeln", erinnerte sich Nash.

Hätte Kobe die Nets abgelehnt, um in Europa zu spielen? „Das werde ich nicht beantworten", sagte Tellem im Jahr 2020. „Das wird immer unbeantwortet bleiben." Ein solcher Schritt wäre nicht beispiellos gewesen. Nur sieben Jahre zuvor hatte Danny Ferry von Duke, der Nummer-zwei-Pick 1989, bei einem italienischen Team unterschrieben, weil er nicht zu den desolaten Los Angeles Clippers gehen wollte. Bei Ferry standen allerdings keine Marketing- und Werbegelder auf dem Spiel wie bei Kobe.

„Kobe hätte es nicht abgelehnt, der achte Pick des Draft zu sein, um nach Europa zu gehen", sagte Vaccaro. „Benutzt euren gesunden Menschenverstand. Wovor zur Hölle habt ihr Angst, wenn ihr es für das Beste haltet, ihn zu nehmen? Wofür werdet ihr bezahlt? Er geht nach Italien, anstatt die Nummer acht in der N-B-fucking-A zu sein? Seid ihr verrückt? Ich brauchte ihn nicht im verdammten Italien. Das passiert mit Geschichten, die auf Lügen basieren. Sie halten sich selbst am Leben. Je größer man als Unternehmen, als Individuum, als Talent ist, desto größer wird die Lüge. Was soll der Scheiß? Kerry Kittles war ein guter Spieler. Er war ein guter Profi. Aber hört auf, Kobe als Ausrede zu benutzen, weil ihr ‚dachtet, er würde woandershin gehen'. Was ihr gemacht habt, war eure professionelle Entscheidung."

An hohen Stangen hingen entlang der Arena dicke, dunkle Vorhänge. Sie bildeten einen Green Room, in dem die Spieler in unförmigen Anzügen mit ihren Familien und Agenten an Tischen in der Nähe eines

Buffets saßen. Niemand aß. Zu groß war die Nervosität. An Kobes Tisch saßen Joe und Pam, Sharia und Shaya, Chubby und John Cox, Sonny und Pam Vaccaro sowie Tellem. Gregg Downer und Mike Egan saßen auf der Tribüne und blickten jedes Mal zu NBA-Commissioner David Stern herab, wenn dieser einen Pick verkündete. Kobe konnte Stern durch die Vorhänge hören, sehen konnte er ihn aber nur auf einem Fernsehmonitor. Joe und Pam zuckten zusammen. Jeder drückte eine von Kobes Händen.

Iverson zu den Sixers …

Marcus Camby zu den Toronto Raptors …

Shareef Abdur-Rahim zu den Vancouver Grizzlies …

Ob ich der vierte Pick bin, ob ich nach New Jersey oder Sacramento oder sonst wohin gehe, das spielt keine Rolle. So gut bin ich.

Antoine Walker zu den Boston Celtics an Nummer sechs …

Lorenzen Wright zu den Clippers an Nummer sieben …

Wenn Coach Calipari mich pickt, werde ich ein großartiger Spieler sein.

Kerry Kittles zu den Nets …

L.A., ich komme …

Todd Fuller zu den Golden State Warriors an Nummer 11 …

Vitaly Potapenko zu den Cleveland Cavaliers an Nummer 12 …

Kobe, nicht ausrasten. Raste nicht aus.

Als sie hörten, wie Stern verkündete, dass die Hornets Kobe ausgewählt hatten, waren Downer und Egan erfreut. Charlotte war nur einen kurzen Flug oder eine machbare Autofahrt entfernt; sie konnten zu einigen von Kobes Spielen fahren. Joe brauchte 20 Minuten, um sich von den Interviews und dem ganzen Rummel zu lösen und sie zu finden.

„Kobe“, sagte er ihnen, „wird ein Laker sein.“

Und dann sah es plötzlich so aus, als würde doch nichts daraus. Divac sagte, dass er lieber zurücktreten würde, als zu den Hornets zu gehen. Charlottes General Manager Bob Bass rief West an, um ihm mitzuteilen, dass er aus dem Handel aussteige. „Bob, wir haben einen Deal, verdammt noch mal“, sagte West ihm. „Vlade wird sich nicht zur Ruhe setzen. Vertrau mir.“ Tellem rief Bass an und bekam einen Wutanfall, an den sich seine Assistentin Elissa Fisher Grabow noch Jahre später erinnern sollte: Er schrie, stampfte mit den Füßen, seine Halsvenen traten hervor, aus seinem Mund trat Spucke. Und das alles, um Bass zu zwingen, den Trade abzuschließen. Und abgeschlossen wurde er, am 1. Juli, nachdem Divacs Frau ihn davon überzeugen konnte, doch nicht zurückzutreten.

Die Kritik an Kobe und Tellem kam schnell und fiel heftig aus. Der eine war eine 17-jährige Primadonna, die der gesamten NBA ihre Bedingungen diktierte, der andere war der Drahtzieher einer sommerlangen Intrige, die seinem Klienten den gewünschten Zielort sichern sollte. Jerry Reynolds, Spieler-Personalchef der Sacramento Kings, sagte: „Es ist deprimierend, dass ein Spieler und sein Vertreter, die sich frei entscheiden können, ob sie am Draft teilnehmen oder nicht, sich nicht an die Regeln des Draft halten." Timothy Dwyer vom *Philadelphia Inquirer* schrieb, Kobe habe „sich selbst und seinem Image nicht geholfen. Mit seinem pubertären Machtspiel hat er viele Sneaker kaufende Fans vergrault". Der Stress, Kobe zu holen und Mitte Juli auch O'Neal zu verpflichten, stürzte West in einen so tiefen Zustand der Erschöpfung und Depression, dass er mehrere Tage im Krankenhaus verbrachte. Kobe jedoch hatte bekommen, was er wollte – und er fühlte sich weder schuldig noch ermüdet.

„Jetzt bin ich ein Laker", sagte er später im Sommer. „Zuerst war ich etwas überrascht und schockiert. Jetzt ist es einfach so, dass ich eine Meisterschaft gewinnen will. Ich gehe da nicht rein und sage: ‚Ich will eine gute Rookie-Saison haben, und wenn wir eine Meisterschaft gewinnen, wäre das schön. Wenn wir es in die Western Conference Finals schaffen, auch schön.' So ist es nicht. Ich will die Meisterschaft gewinnen. Ich will es *jetzt* schaffen. Das wird jedes Jahr so sein. Wenn ich nächstes Jahr eine Meisterschaft gewinne, werde ich im Jahr danach zurückkommen und sagen: ‚Hört mal, ich will wieder eine Meisterschaft gewinnen. Shaq, komm schon, Mann. Los geht's. Holen wir uns noch eine. Michael hat vier. Dann lass uns fünf holen. Holen wir uns fünf.' So wird es von jetzt an sein."

Independence Day, ein nächtliches Konzert mit Patti LaBelle und dem Philadelphia Orchestra, ein Feuerwerk auf dem Benjamin Franklin Parkway vor dem Philadelphia Museum of Art, die Temperatur stabil unter 24 Grad. Ein Windhauch durchzieht den Abend und macht ihn erfrischend und kühl nach dem Regen der letzten Tage. Acht Tage sind seit dem NBA Draft vergangen, drei Tage, seit der Trade offiziell wurde. Kobe, der mit seinem Cousin Sharif Butler abhängt, trägt seine Baseballkappe tief nach unten gezogen, damit ihn niemand erkennen kann.

Jemand erkannte ihn.

Er hasste es. Es war so dumm, alles so dumm, was die Leute zu ihm sagten, wie sie sich in seiner Nähe verhielten, wie wenig distanziert sie waren. An jenem Wochenende war er auf einer Party in West Philadelphia gewesen, für zehn Dollar Eintritt. Er stand an der Tür, wo ihn ein Mädchen, das er nicht kannte, ansprach und bat, ihr zehn Dollar für den Eintritt zu leihen. Leihen? *Mach dir keine Sorgen,* sagte sie. *Ich werde es dir zurückzahlen. Ich schicke das Geld an die Lakers. Ich weiß, dass du Geld hast.* Kannst du diesen Scheiß glauben? War er die Nationalbank oder sowas? *Tut mir leid,* sagte er ihr. *Ich habe nur Karten dabei. Wenn sie Visa oder Mastercard nehmen, zahle ich für dich.* Es war ihre Dreistigkeit, die ihn wütend machte, ihre ganze Haltung, als ob er ihr das Geld geben müsse, als ob sie das Recht hätte, ihn anzusprechen, obwohl er keine Ahnung hatte, wer zum Teufel sie war.

„Ich traue niemandem“, sagte er später.

Vertrauen? Fehlanzeige. Das Vertrauen war weg. Das Vertrauen war tot. Seht euch den Parkway auf der Vierten an. Ein Mensch sollte die Intelligenz haben, diskret zu sein, sich ihm zu nähern und zu flüstern … *Kobe Bryant? Bist du nicht Kobe Bryant?* Das war klug. Das war rücksichtsvoll. Aber nein, hier waren Hunderte von Leuten um ihn herum, und einer musste sich umdrehen und ihn ansehen und halb schreien: *Kobe Bryant?!* Und jetzt war seine Tarnung aufgeflogen, und es waren so viele Leute da, die ihn um ein Autogramm baten und bettelten und darauf bestanden … *Unterschreib das für mich … Komm schon, Kobe… Ich habe gesehen, wie du*

Chester geschlagen hast, Mann, und du wusstest nicht, wer oder was sich jederzeit auf dich stürzen konnte. Keine Security. Keine Leibesvisitation. Nichts dergleichen. Ein Typ könnte eifersüchtig werden, Streit anfangen. Ein Typ könnte eine Waffe haben …

„Mann", sagte er zu Butler, „ich fühle mich unwohl. Das ist das letzte Mal, dass ich ohne Leibwächter ausgehe."

Sie blieben noch zehn Minuten, insgesamt eine halbe Stunde, sahen sich das Feuerwerk an und gingen. Die Leute hatten ihn schon früher erkannt. Die Leute hatten sein Gesicht gekannt. Aber schon in dieser kurzen Zeit war es ihm aufgefallen: Sie reagierten nun anders auf ihn, erwarteten etwas, stellten Forderungen. Und er hatte noch nie so wie jetzt auf sie reagiert, als wären sie alle lauernde Gefahren, als könne jeder von ihnen etwas Schreckliches in den Händen halten. Das war jetzt sein Leben.

Am 27. Juli 1996 trafen sich Kobe und seine Freunde Kevin Sanchez und Anthony Bannister, die noch immer durch ihre Liebe zum Rap verbunden waren, mit Charlie Mack, einem Bodyguard und Promoter des Schauspielers und Rappers Will Smith, im Jewish Community Center in Wynnewood. Kobe, Sanchez und Bannister hatten eine Gruppe namens CHEIZAW gegründet, ein sperriges Akronym für einen ebenso sperrigen Namen: Canon *Homo sapiens* Eclectic Iconic Zaibatsu Abstract Words. Mack hatte Kobe und Joe Bryant durch die Verbindungen der Bryants zur Musikindustrie kennengelernt und sich bereit erklärt, einige der Songs der Gruppe anzuhören. Drei bis vier Stunden lang, unterbrochen durch eine 15-minütige Pause, in der Sanchez und Bannister zu McDonald's liefen und etwas zu essen holten, reimte CHEIZAW für Mack. Kobe ging gegen 18 Uhr. Das Vorsingen führte dazu, dass CHEIZAW ein paar Monate später einen Plattenvertrag erhielt, aber Kobes Rap-Karriere dauerte weniger als vier Jahre. Sony ließ ihn im Jahr 2000 fallen.

An diesem Nachmittag überfiel ein maskierter Mann einen 7-Eleven an der City Avenue. Ein Zeuge wählte ein Foto von Sanchez, der ein Jugendstrafregister hatte, aus einer Reihe von acht Polizeifotos aus. Sanchez war 1,83 Meter groß und wog 84 Kilo. Der Zeuge beschrieb den Verdächtigen als 1,77 Meter groß und 54 Kilo schwer. Dennoch wurde Sanchez nach einem zweitägigen Prozess im September 1998 wegen bewaffneten Raubüberfalls verurteilt und verbüßte schließlich mehr als fünf Jahre im Gefängnis, bevor er 2007 entlassen wurde. „Es ist nicht Kobes Schuld, dass ich im Gefängnis war", sagte er einmal. Er war davon ausgegangen, dass er den Prozess auf keinen Fall verlieren würde, und hatte daher nicht darauf bestanden, dass Kobe sein Alibi bezeugte. Kobe hatte also nie ausgesagt, und sein Freund hatte ihm diese Abwesenheit nicht übelgenommen. Auch das war jetzt sein Leben.

Sommer 1996. Kobe war in Los Angeles, in einer Halle der UCLA, und dehnte sich auf dem Court, um danach ein paar Runden Pickup zu spielen. Durch die Tür schritt jemand, den er noch nicht getroffen hatte.

Mann, das ist Magic.

Magic Johnson war 37 und hatte in der Saison 1995/96 gerade 32 Spiele absolviert, die letzten 32 seiner Lakers-Karriere. Er war kein Ehemaliger, kein Michael Cooper sechs Jahre nach seinem letzten Spiel in der Liga.

„Hey, wie geht's, junger Mann?"

„Mir geht es gut", sagte Kobe.

Kobe fiel sofort auf, wie Magic gekleidet war: Shorts, ein Tank-Top, Sneaker.

Ich darf gegen Magic spielen. Cool.

Die ersten paar Spiele spielten sie im selben Team, teilten den Ball. Dann spielten sie gegeneinander. Kobes Team gewann drei Spiele. Magic war darüber nicht erfreut, kam am nächsten Tag zurück und gewann selbst drei Spiele. Währenddessen flogen die Sprüche zwischen ihnen hin und her wie Mais in einer Popcornmaschine.

„Ich kann mich an einmal erinnern", sagte Kobe später, „wir hatten ein Pick-and-Roll, und wir zwangen ihn, nach oben zu switchen, also hatte ich den Ball auf dem Flügel. Ich bin also isoliert mit Magic als Verteidiger. Ich schaue um mich rum und passe nicht wirklich auf. Ich denke mir: ‚Warte mal. Ich habe Magic vor mir. Ich gehe an ihm vorbei zum Korb.‘ Also, boom, ich gehe zum Korb und steige zum Layup auf der einen Seite hoch, und er versucht mich zu foulen. Ein anderer Typ kommt und steigt von der Grundlinie hoch, also hänge ich weiter in der Luft und tauche zur anderen Seite und lege den Ball rückwärts übers Brett und bekomme ein And-One. Er sagt: ‚Ja, Mann, OK, OK, OK, guter Move.‘“

Kein Publikum. Kein Jubel. Keine State Championship, die auf dem Spiel steht. Nur Magic, der Mann mit dem berühmtesten Lächeln der Welt, mit einer impliziten und unausgesprochenen Frage, der Frage, die auf jedem Basketballplatz am wichtigsten ist: Was hast du zu bieten? Kein Neid. Keine Verbitterung. Kein Gemecker darüber, dass Kobe zu viel wirft oder einen schwächeren Spieler zurückhält. Nur Magic, der bestätigt, dass er dazugehört. *Ja, Mann. Guter Move.* Auch das war jetzt sein Leben.

Es war schon immer mein
Traum und mein Ziel,
Basketballprofi zu werden.
Ich habe das Spiel immer
geliebt. Ich liebe den Geruch
des Leders, den Parkettboden,
den Beton auf dem Freiplatz,
das Swish des Netzes. Ich liebe
das Spiel. Ich weiß nicht, warum.
Das war schon immer so.

KOBE BRYANT

20 | Open Gym

In ihrem Reihenhaus in Marina del Rey, gegenüber von Jerry's Famous Deli, überlegte Elissa Fisher Grabow, was sie Kobe Bryant sagen würde, wenn er sie anrief. Als sie nämlich sah, wie er im Delta Center in Salt Lake City einen Airball ... zwei Airballs ... drei ... *vier*? ... warf, wusste sie, dass er irgendwann anrufen würde.

Als Assistentin von Arn Tellem erfüllte Grabow in Kobes erster Saison bei den Lakers eine wichtige Aufgabe: Sie war die normale Person in seinem Leben, die nichts mit Basketball zu tun hatte und ihm den Übergang von der Highschool zur NBA erleichtern sollte. Sie verfolgte den Sport nicht und sah sich kein Spiel an, es sei denn, es spielte einer von Tellems Kunden, aber dieses Spiel lief auf ihrem Fernseher: Spiel fünf der Western Conference Semifinals, die Utah Jazz führten mit 3:1 gegen die Lakers, Kobe hatte am Ende der regulären Spielzeit den potenziellen Siegtreffer genommen und ... nichts getroffen, und in der Verlängerung hatte er drei weitere Airballs folgen lassen. Seine Beine waren nach 80 Spielen in der NBA weichgekochte Nudeln, die Lakers hatten ihre Saison mit einer 98:93-Niederlage beendet.

Grabow war Kobes „Frau für alle Fälle", die alles für ihn managte und organisierte. Er nannte sie „E", immer „E". Die ehemalige Vorschullehrerin, die nur elf Jahre älter war als er, hatte das Gefühl, dass sie zu Kobes Generation gehörte oder ihm zumindest so nahestand, dass sie sich besser mit ihm verständigen konnte als Tellem. Sie brauchte nichts von ihm. Sie war nur da, um ihm zu helfen – und sie nahm an, dass er ihre Hilfe jetzt brauchen würde. Sicherlich war er verzweifelt. *Verdammt, wie soll ich seine Stimmung nur heben?*

Endlich, der Anruf. Kobe hatte es nicht für nötig gehalten zu warten, bis das Team-Flugzeug der Lakers in Los Angeles gelandet war. Es war noch in der Luft, als er sie anrief.

„Sorg dafür, dass die Palisades Gym für mich öffnet", sagte er ihr. „Ich will werfen gehen."

Die Palisades High School lag weniger als drei Meilen von Kobes Haus entfernt. Der kurze Befehl hätte für Grabow nicht klarer sein können. Sie sollte wecken, wen auch immer sie wecken musste, anrufen, wen auch immer sie anrufen musste, tun, was auch immer sie tun musste, um ihm in dieser Nacht Zugang zur Basketballhalle der Schule zu verschaffen. Er war nicht wütend. Es gab kein Zittern in seiner Stimme, kein Anzeichen dafür, dass ihn sein Auftritt in irgendeiner Weise beschämt hatte. Es war weit nach 22 Uhr Westküstenzeit, an einem Montagabend im Mai. Am nächsten Morgen würde ein normaler Schultag beginnen.

„Sieh zu, dass sie offen ist", sagte Kobe.

Womöglich hatte er diesen schrecklichen Abend verdient. Vielleicht war die Peinlichkeit dieser Airballs die Karma-Retourkutsche für ein Gespräch, das er im Sommer vor seinem Rookie-Jahr mit Tellem geführt hatte; für elf Monate, in denen er mit all den gegensätzlichen Qualitäten jonglierte, die ihn zu einem unglaublichen Basketballspieler machen würden und die zumindest damals die Frage nahelegten, ob ihm ein Ikarus-Moment bevorstehen könne. Kobe und Tellem diskutierten über alle möglichen Themen – Sport, Politik, Musik, Geschichte –, und eines Tages fragte Tellem ihn, was er von der Aussicht halte, gegen Jazz-Point-Guard John Stockton anzutreten.

„Ich bin damit aufgewachsen, gegen all diese Jungs aus der Catholic League zu spielen", sagte Kobe. „Ich habe gegen eine Menge solcher Jungs gespielt."

Tellem war fassungslos. Er verstand sofort, welche Art von Jungs Kobe meinte: Jungs, die kratzen und beißen und eine Verteidigung spielen, die immer aggressiv und oft ein wenig schmutzig ist, Jungs, die klein und giftig und weiß sind. „Das ist verdammt nochmal John

Stockton“, erinnerte er Kobe. John Stockton, Mitglied des „Dream Teams“ bei den Olympischen Sommerspielen 1992 in Barcelona. John Stockton, der die NBA in jeder der vorangegangenen *neun* Spielzeiten bei den Assists angeführt hatte, der insgesamt bei zehn All-Star-Games mitspielte und die Karriere-Rekorde für Assists und Steals aufstellte, der später in die Naismith Memorial Hall of Fame aufgenommen wurde. Und den Kobe nun zu einem kulturellen Stereotyp schrumpfen ließ.

„Kein Problem“, sagte Kobe. „Ich weiß, wer John Stockton ist.“

Ein ESPN-Reporter hatte ihn gefragt: *Hast du irgendwelche Spiele in deinem Kalender eingekreist?* Woraufhin Kobe entgegnet hatte: *Natürlich nicht …* was nicht stimmte. „Ihr wisst verdammt gut, dass ich mich auf Charlotte freue“, hatte er später gesagt. „Die 76ers, 26. November, da warte ich schon drauf. Ich habe ein Kopfgeld auf Stackhouse ausgesetzt.“ Er kämpfte immer noch die Kriege seines Vaters, so wie er es in Italien gelernt hatte, so wie Anthony Gilbert es auf den Freiplätzen von ihm gesehen und gehört hatte. „Ich hörte es immer wieder von Joe: Er war seiner Zeit voraus. Er hat nie eine faire Chance bekommen“, sagte Tellem. „Ein Sohn nimmt diese Dinge von Kindesbeinen an auf, und die Bryants waren eine sehr enge Familie. Kobe hat das alles aufgesogen, und es hat ihn geprägt.“ Grabow hielt Kobes Übermut immer für eine Fassade, einen Mechanismus, den der ehrgeizige Jugendliche dafür nutzte, um sein Ziel zu erreichen. Was sollte es sonst sein? Nachdem er seinen Adidas-Vertrag und den Dreijahresvertrag über 3,65 Millionen Dollar mit den Lakers unter Dach und Fach gebracht hatte, kaufte er ein Haus auf einem Hügel in den Pacific Palisades. Dort empfing er Grabow zusammen mit Joe, Pam und Shaya, die alle bei ihm eingezogen waren, und mit Sonny und Pam Vaccaro, die ein paar Häuser weiter wohnten. Kobes Haus war spektakulär: eine komplett weiße Außenfassade, Meerpanorama, weiße Marmorböden im Inneren, eine offene Wendeltreppe, Sofas mit riesigen, einladenden Kissen, der allgegenwärtige Duft von Vanillezucker, von Keksen im Ofen, von Pams hausgemachtem Brathähnchen und Makkaroni mit Käse, die ihr Baby so sehr liebte. Kobe hatte eine Mutter und eine Familie, die ihn beschützten, sich um ihn kümmerten und seine Seele nährten.

„Für mich ist das ganz einfach", sagte Kobe vor seiner ersten Saison mit den Lakers. „Ich bin in Italien aufgewachsen. Ich hatte niemanden, auf den ich mich verlassen konnte, nur meine Schwestern, meine Mutter und meinen Vater. Daraus hat sich eine starke Beziehung entwickelt, eine großartige Freundschaft, und als wir hierher zurückkamen, haben wir das fortgesetzt. Wenn ich sah, wie meine Klassenkameraden sich mit ihren Brüdern und Schwestern stritten und sagten ‚Ich hasse sie' oder ‚Ich mag ihn nicht' oder was auch immer, dann konnte ich es kaum erwarten, nach Hause zu kommen, um meine Mutter und meinen Vater zu sehen und unser Familienatmosphäre zu genießen, denn ich weiß, dass sie nicht ewig da sein wird."

„Deshalb ist es sehr wichtig, dass meine Eltern mit mir leben und ich ihre Gesellschaft genießen kann. Wenn es dann an der Zeit ist, dass der Vogel das Nest verlässt, dann ist es halt so weit. Aber ich werde es jetzt genießen, solange ich sie habe, denn man weiß ja nie, was passiert."

Gregg Downer und Jeremy Treatman kamen zum Beginn der Regular Season der Lakers zu Besuch nach Los Angeles. Als sie ankamen, fand gerade der freitägliche Familienfilmabend statt, Sharia und Shaya saßen auf Kobes Bett und aßen Popcorn. Kobe hatte einen Kleiderschrank in der Größe eines Flugzeughangars voller Lakers-Trikots, Adidas-Ausrüstung und Designerkleidung: Tommy Hilfiger, Perry Ellis, Guess, Polo, die ihm Firmen geschickt hatten. Es sei so seltsam, sagte Kobe zu Treatman. Er hatte nun das Geld, sich alle Hemden und Schuhe der Welt zu kaufen, aber es stellte sich heraus, dass reiche Leute keine Dinge kaufen mussten, weil jeder wollte, dass sie ihre Kleidung und Produkte bewerben. Also erhöhten die Unternehmen die Preise für arme Leute und gaben ihm die Sachen umsonst. *Das hat mir zu denken gegeben.*

Er führte sie durchs Haus. Im Umfeld seines Bettes lagen nur zwei Gegenstände: eine VHS-Kassette mit Saison-Highlights von Lower Merion (eine von Treatman produzierte Montage, die er mit dem Song „One Shining Moment", dem Soundtrack der CBS-Berichterstattung über das NCAA Tournament, unterlegt hatte) und seine Medaille für die State Championship, die an einem der Bettpfosten baumelte.

„Wo ist alles andere?“ fragte Treatman.

„Ich brauche nichts anderes!“ sagte Kobe. „Das ist alles, was ich brauche, bis ich in der NBA etwas erreicht habe.“

Es war perfekt, vielleicht zu perfekt, so als hätte Kobe diese Erinnerungsstücke absichtlich dort platziert, nur für Downer und Treatman. Nein, sagten sie. So etwas würde Kobe nicht tun. Kobe liebte einfach Lower Merion.

Die Großspurigkeit war keine Fassade, wie Grabow damals glaubte. Unschuld und Arroganz konnten gleichzeitig in Kobe brodeln und sich in verschiedenen Situationen und auf verschiedene Weisen manifestieren. Drei Wochen vor Beginn des Trainingscamps hatte er sich bei einem Pickup-Spiel in Venice Beach das Handgelenk gebrochen. „Es würde mich nicht davon abhalten, mein Ding durchzuziehen“, sagte er. Wer ihn davon abhielt, war Coach Del Harris. Kobes Handgelenk war so rechtzeitig verheilt, dass er in einigen Spielen der Preseason wieder mitspielen konnte, aber in einem Spiel kam Kobe, der nach einem protzigen Move einen Jump Shot vergeben hatte, an die Seitenlinie, wo er von Harris ermahnt wurde: So etwas hätte vielleicht in der Highschool funktioniert, aber nicht in der NBA. *Mist,* dachte Kobe. *Das wird eine lange Scheiß-Saison werden.* Und aus seiner Sicht kam es tatsächlich so. Die Tatsache, dass Harris Jahre zuvor in Houston Joe gecoacht hatte, brachte Kobe keine besonderen Privilegien bei ihm ein. Und Kobe ließ ihm gegenüber im Gegenzug ebenfalls keine Milde walten.

Was dachte sich Harris, als er Kobe Ende November für zwei Spiele auf die Bank setzte, ihn im Dezember im United Center in seinem ersten Spiel gegen Michael und die Bulls weniger als zehn Minuten spielen ließ und ihn dann im Februar im Rückspiel beider Teams auch bloß drei Minuten länger auf den Court schickte? Sicher, die Lakers würden 56 Spiele gewinnen. Sicher, Shaquille O’Neal würde Kobe unter seine Fittiche nehmen – so sehr, dass Kobe ihn zu sich nach Hause zum Essen einladen und über ihn sagen würde: „Shaq ist wie mein großer Bruder. Wir waren vom ersten Tag an eng befreundet." Sicher, Kobe würde 31 Punkte im NBA Rookie Game erzielen. Aber er dachte immer wieder darüber nach, was er nicht getan hatte oder was Harris ihm nicht erlaubt hatte. Es spielte keine Rolle, dass Kobe in der regulären Saison 71 Spiele bestritt, in denen er im Durchschnitt 15,5 Minuten spielte und 7,6 Punkte erzielte – ein verdammt hohes Pensum für einen 18-jährigen Rookie. Es spielte keine Rolle, dass Harris Kobes offensive Tendenzen überhaupt nicht eindämmte, dass Kobe im Schnitt alle 36 Minuten 13,8 Würfe abgab, die zweithöchste Quote im Team, noch vor den Starting Guards Eddie Jones und Nick Van Exel (nur O'Neal war besser). Es spielte keine Rolle, dass Kobe in seinem ersten Spiel in Philadelphia, einem Sieg über die Sixers, 21 Minuten spielte und zwölf Punkte erzielte, während seine Coaches und Freunde aus Lower Merion ihn anfeuerten. Es spielte keine Rolle, dass Harris ihm genug Vertrauen entgegenbrachte, um ihn in Spiel fünf gegen die Jazz mehr als 28 Minuten spielen zu lassen, dass er die Lakers bei Unentschieden spät im vierten Viertel im Huddle versammelte und ein Play *für* Kobe ansagte. Lasst den Jungen den Ball bringen. Lasst ihn Eins-gegen-Eins gegen Bryon Russell spielen, Utahs besten Verteidiger. Der jüngste Spieler der NBA sollte über das Playoff-Schicksal einer der höchstdekorierten NBA-Franchises entscheiden. Alles, was Kobe sah, waren Fesseln. Alles, was Kobe sah, waren Allen Iverson, der 40 Minuten spielte und 23 bis 24 Punkte pro Abend für die Sixers erzielte; Kerry Kittles, der 36 Minuten spielte und 16 bis 17 Punkte pro Abend für John Calipari und die Nets erzielte; und einen Coach in Los Angeles, der ihn zurückhielt und ihn aus Bosheit auf der Bank begrub.

„Er war gegen alles, was ich vorhatte; dagegen, dass ich überhaupt direkt in die Liga gekommen bin", erklärte er nach der Saison seine Reaktion auf Harris' Coaching. „Er hat die ganze Saison über Kleinigkeiten gesucht, um mich abzuschießen. Das ist lustig, weil die Leute entweder nicht sehen wollen, was vor sich geht, oder es nicht wissen. Aber ich denke, es ist unmöglich, es nicht zu sehen. Shaq hat mir ein paar Mal gesagt: ‚Geh raus und mach dein Ding. Spiel dein Spiel. Lass das Spiel zu dir kommen, aber geh da raus und zieh dein Ding durch. Wenn er dich rausholt, dann holt er dich raus. Er wird dich sowieso rausziehen.' Er sucht immer nach einem Zeitpunkt, um mich hinzusetzen und zu frustrieren. Aber das ist mir völlig egal. Scheiß auf ihn."

Er war isoliert, sehnte sich nach Unabhängigkeit, war aber nicht an sie gewöhnt. Seine Mannschaftskameraden waren erwachsene Männer, er selbst war noch keiner. Im Laufe der Saison kam es immer häufiger vor, dass er nach den Spielen nicht sofort zurück nach Pacific Palisades fuhr, sondern Grabow anrief. *Ich will vorbeikommen.* Er wollte nicht nach Hause, aber er wusste auch nicht, wohin er sonst gehen sollte. Sie war 29 und wie eine weitere große Schwester für ihn. Sie backte ihm Brownies und manchmal sahen sie stundenlang *Mr. Bean*-Episoden auf HBO. „Er war *besessen* von *Mr. Bean*", sagte Grabow. Aber manchmal gab sie auch eine Dinnerparty oder ihre Mitbewohnerin hatte Freunde zu Besuch, und auch dann kam er vorbei. Er saß dann auf Grabows Couch in einem separaten Raum und schaute fern, war nicht einmal selbstbewusst genug, um sich vorzustellen. Das Ganze war so peinlich, dass die Reaktionen der Partygäste irgendwann von *Wow, er ist ein Laker!* zu *Warum genau ist der Typ nochmal hier?* übergingen.

„Er wurde nicht in meinen Freundeskreis aufgenommen", sagte Grabow später. „Kobe hatte keine großen Sozialkompetenzen; er redete nicht gern mit Fremden. Aber er vertraute mir wie nur sehr wenigen Menschen. Also hieß es: ‚Okay, das Babysitten geht weiter.'"

„Er genoss es, umsorgt zu werden. Aber ich sah eine Veränderung, die ganz normal ist: ‚Ich will nicht mehr mit meinen Eltern abhängen, ich will erwachsen sein.' Er war so besessen davon, allen, die sagten: ‚Er ist ein Reinfall', zu beweisen, dass sie falsch lagen. Er hatte diesen Tunnelblick: ‚Ich werde das schaffen.'"

Genau dieser Tunnelblick hatte nun aber zu einem qualvollen Spiel gegen die Jazz geführt, zu einem Wurf aus der Mitteldistanz und drei Dreiern in fünf Minuten, alle weit offen, keiner davon knapp. Das war so, wie wenn ein Sänger den Text der Nationalhymne vergisst; eine Katastrophe, die öffentlich stattfindet, sodass man als Zuschauer dem armen Jungen helfen will. Nur dass dieser Junge dann sagen würde: *Nein, ich brauche dich nicht. Ich komme zurecht. Fick dich. Ich kann das alleine machen. Sieh zu, dass die Halle offen ist.*

Grabow legte auf. Kobe hatte ein Problem, sie würde es lösen. Sie rief die Verwalter und Trainer der Palisades High an. Die würden mitten in der Nacht zur Schule fahren, die Türen aufschließen und Kobe dort so viel Zeit geben, wie er brauchte. Er würde die ganze Nacht bleiben und sich dann von Joe Carbone drei weitere Tage durch Workouts und Drills jagen lassen, bis seine Beine und sein Jumper wieder da waren. Erst dann konnte für ihn die Offseason beginnen.

Das Flugzeug der Lakers landete um zwei Uhr nachts. Vom Flughafen fuhr Kobe direkt zur Palisades High, ohne zuhause anzuhalten. Die Zeitung konnte er natürlich noch nicht lesen. Er konnte den Artikel in der *New York Times* nicht lesen, der seine vier Airballs als „eine Szene direkt aus *Ripley's unglaubliche Welt*" beschreiben würde. Oder den Kommentar eines verblüfften Sportreporters aus San Bernardino: „Wie kommt es, dass der Ball für den letzten Wurf bei Unentschieden in seine Hände gelegt wird? … Im letzten Spiel der Saison haben die Lakers Kobe behandelt, als wäre er Michael Jordan." In der Kabine hatte er vielleicht gehört, wie Van Exel *der Los Angeles Times* sagte: „Er wird ein großer Spieler in dieser Liga sein, aber vielleicht hat ihn die Saison bei diesen Dreiern ein wenig eingeholt. Es hat nicht ganz gereicht." Es sollte aber noch ein paar Tage dauern, bis Rockets-Forward Matt Bullard sagte: „Als ich 18 war, hatte ich in meinem ganzen Leben noch keine vier Airballs geworfen. Ich denke, das bestätigt … dass die Kids nicht lernen zu werfen. Sie arbeiten nicht an ihrem Wurf. Sie arbeiten am Transition-Spiel und daran, Leute auszudribbeln und zu dunken." Kobe saugte das alles in sich auf und erzählte allen, dass ihn keine dieser Kritiken störe, obwohl in Wirklichkeit jede Kränkung, jeder Zweifel, jeder Vorbehalt bezüglich seiner Zukunft in ihn eindrang wie ein Keim und in seinem Gehirn brannte wie ein Fieber. Chester. Utah. Der Draft. Del Harris. Er las alles. Das hatte er schon immer getan.

Er fuhr auf den Parkplatz. Eine State-Championship-Medaille an seinem Bettpfosten. Lila und Gold in seinem Kleiderschrank. Nichts hatte sich verändert. Alles war dabei, sich zu verändern. Er war 18 Jahre alt und stand allein in einer Highschool-Turnhalle, mit Sneakern an den Füßen und einem Basketball in den Händen. Die Welt hielt ihn für einen Versager. Das war in Ordnung. Das war *ideal.* Die meisten Leute sahen ihn nicht so, wie er sich selbst sah. Sie sahen nicht, was er getan hatte und immer noch zu tun bereit war, um seine Träume und Zwänge in etwas Dauerhaftes, Unvergessliches zu verwandeln. Sie kannten seine Geschichte nicht, nicht vollständig, noch nicht. Ein Baby, benannt nach einem Restaurant. Ein Kind, das eine Community zusammengebracht hatte. Ein Teenager, dessen Erinnerung an die Jugendzeit gerade erst begann zu verblassen. Aber sie würden es erfahren, dafür würde er schon sorgen. Er hatte Zeit. Er hatte so viel Zeit.

Der erste Wurf verließ seine Fingerspitzen.

Nachwort: Seine Geschichte und seine Stimme

Jeremy Treatman saß in Abschnitt 121 des Wachovia Center in South Philadelphia, während die Spieler vorgestellt wurden wie vor jedem durchschnittlichen NBA-Spiel. Es war ein spätwinterlicher Freitagabend im März 2007, und Treatman war in die Arena (das heutige Wells Fargo Center) gekommen, um Kobe und die Lakers gegen die Sixers spielen zu sehen. Am Morgen des Spiels hatte Treatman Kobe bei seinem jährlichen Besuch in Lower Merion gesehen und mit ihm gesprochen. Die beiden hatten sich über die Dynamik zwischen Kobe und den Basketballfans in Philadelphia unterhalten, über die Weigerung der Fans, ihn zu akzeptieren – diesen damals 28-jährigen Mann, dessen Verhalten darauf hindeutete, dass er sich für etwas Besseres hielt, sich nicht als einer von ihnen sah. Kobe hatte sich so sehr über den Sieg der Lakers über die Sixers in den NBA-Finals 2001 in fünf Spielen gefreut (er hatte während der Serie gesagt, er wolle den Sixers und ihren Anhängern „das Herz herausschneiden"), dass viele Menschen in Philadelphia einen Groll gegen ihn hegten. Er konnte manchmal gekünstelt wirken, kam nicht als authentisch rüber – die größte Sünde in den Augen eingefleischter Lokalpatrioten. Dennoch hielt Treatman ihm die Treue und war optimistisch, dass ihn die Menschen irgendwann wohlwollender betrachten würden.

„Ich glaube wirklich, dass er Philadelphia liebt", sagte Treatman, „er schätzt Philadelphia und ist stolz auf seine Herkunft."

Mehr als 20.000 Menschen füllten die Arena, die ausnahmsweise voll war. Die Sixers waren längst in der Bedeutungslosigkeit versunken und die Lakers steckten inmitten einer 42-40-Saison, an deren Ende sie in der ersten Playoff-Runde gegen die Phoenix Suns verlieren sollten. Drei Jahre waren seit ihrer letzten Finals-Teilnahme vergangen, fünf Jahre, seit sie mit Shaquille O'Neal und Kobe die dritte von drei aufeinanderfolgenden Meisterschaften gewonnen hatten, und ein Großteil der Schuld für den Absturz in die Mittelmäßigkeit wurde

Kobe in die Schuhe geschoben. Die gegen ihn erhobene Anklage der sexuellen Nötigung, die im September 2004 fallengelassen wurde, verstärkte die Verachtung, die manche ihm entgegenbrachten: Hatte man ihn zuvor als eitel und unangenehm empfunden, so war er nun auch noch kriminell. Er hatte sich einen Machtkampf mit O'Neal um die Vormachtstellung bei den Lakers geliefert. Der kaltblütige Kobe, nicht der joviale Shaq, hatte diesen Kampf gewonnen. O'Neal wurde nach der 2004er-Saison nach Miami getradet, die Lakers hatten seitdem ihre Probleme, und Phil Jackson hatte Kobe schnell als Hauptproblem und Ursache für den Zerfall der Dynastie ausgemacht. Doch Treatman glaubte fest daran, dass sein alter Freund sich die Gunst der Fans zurückerobern würde.

„Wenn er seine Karriere hier beendet", sagte Treatman, „werden sie ihm richtig zujubeln. Ich wette, dass er mit seinem letzten Vertrag hier landen wird. Ich habe da so ein Gefühl."

Es hatte keinen offensichtlichen Hinweis darauf gegeben, dass Kobe seine Karriere in Philadelphia beenden wollte, aber Treatmans Vorschlag hatte angesichts der Historie und der Beziehung der beiden ein gewisses Gewicht. Nach dem Spiel, das die Lakers mit 108:92 verloren, fragte ich Kobe in der Kabine, ob er sich vorstellen könne, eines Tages zu den Sixers zu wechseln. Er räusperte sich, bevor er abwägend antwortete: „Es wäre schön, hier zu spielen. In der Highschool war das das einzige, woran ich dachte."

Die Antwort war Kobe pur. Wollte er dem richtigen Publikum genau das Richtige sagen, unabhängig davon, ob seine Worte wahr waren oder nicht? Seine Äußerungen schienen Teil einer konzertierten Aktion zu sein, sein angekratztes Image aufzupolieren. Das Publikum hatte während des Spiels, bei dem er 30 Punkte aus 27 Würfen holte, auf jede seiner Bewegungen negativ reagiert. Sie hatten ihn bei seiner Einwechslung ausgebuht, jeden seiner 15 Fehlwürfe bejubelt, ihn bei jedem seiner vier persönlichen Fouls ausgepfiffen und mit zähneknirschendem Respekt gestöhnt, wenn er einen Jump Shot traf oder sich wie der Plastic Man für einen akrobatischen Layup um mehrere Verteidiger herumdrehte. Früher am Tag, in Lower Merion, hatte eine ganz andere Stimmung geherrscht; dort sahen die Schüler nur einen Superstar, der bereit war, Zeit mit ihnen zu verbringen.

„Viele Leute wissen nicht, dass ich regelmäßig in meine alte Heimat zurückkehre", sagte er. „Viele Leute denken, ich hätte sie einfach vergessen. Das ist nicht der Fall, und je mehr die Leute das verstehen, desto besser können sie sich ein Bild von mir machen."

Eine weitere kryptische Antwort. Als Kobe mit den Medien sprach, hatte Jeremy Treatman das Wachovia Center bereits verlassen. Kobe sollte 2009 und 2010 noch zwei weitere Meisterschaften mit den Lakers gewinnen und die Vorstellung, dass er sie für die Sixers oder irgendein anderes Team verlassen könne, schien ab einem gewissen Punkt vollkommen lächerlich. Aber Treatman verließ das Gebäude an diesem Abend in der Überzeugung, dass Kobe in die Gegend von Philadelphia zurückkehren musste, um seine Karriere gebührend zu beenden. Los Angeles wurde später immer als Kobes Heimat betrachtet, aber es war nicht sein Geburtsort. Nur diejenigen, die ihn in dieser frühen Phase seines Lebens begleitet hatten und mit ihm befreundet gewesen waren, konnten ermessen, wie sehr ihn diese Jahre geprägt hatten. Alles, was man über Kobe wissen musste, so Treatman, wurzelte in seiner Zeit an der Lower Merion High School. Dort wurden seine Persönlichkeit und sein Charakter geformt.

Jeremy Treatman und ich kennen uns seit 1996. Wir lernten uns kennen, kurz nachdem Kobe die Highschool abgeschlossen und sich in die NBA aufgemacht hatte, kurz nachdem eine Reise zu Ende gegangen war und kurz bevor eine andere begann. Im Jahr 2009 hatte Treatman (der Ende der 1990er-Jahre versucht hatte, als Co-Autor Kobes Memoiren zu schreiben, und dafür Interviews mit ihm geführt hatte) mir vorgeschlagen, an einem Buch mitzuarbeiten. Es sollte sich auf Kobes Senior-Jahr konzentrieren. Er konnte die Aufnahmen dieser Interviews nicht mehr finden, aber er hatte Abschriften mehrerer Interviews und stand in engem Kontakt mit Gregg Downer, Robby Schwartz und vielen anderen Mitgliedern des Aces-Teams von 1995/96. Würde Kobe uns unterstützen? Eher nicht, aber vielleicht konnten wir ihn für ein paar Minuten in seiner alten Highschool oder nach einem Spiel im Locker Room erwischen. Das würde schon reichen. Ein guter Plan.

Der aber nicht aufging, zumindest damals noch nicht. Mir wurde ein neuer Job in New York angeboten, den ich nicht ablehnen konnte. Ich musste umziehen. Wir haben das Projekt abgeblasen.

Kobes Tod und die nahezu universelle posthume Verehrung für ihn gaben seinem Leben jedoch eine neue, intensivere Resonanz. Als ich als Sportjournalist über ihn schrieb, konnte ich nur bis zu einem gewissen Grad in die Tiefe gehen. Es gab noch so viel mehr, und doch schien es, als ob bestimmte Anekdoten über ihn im Laufe der Zeit unaufhörlich wiederholt wurden, als ob diese allein ihn erklären konnten. Mehr noch, aufgrund der Tragweite und der Kontroversen seines Lebens war die Geschichte, wie er Lower Merion zur State Championship führte, zu einer Randnotiz in seiner Biografie verkümmert. Eine durchschnittliche Highschool-Mannschaft gewinnt eine Meisterschaft, die sie ohne diese eine Person nicht gewonnen hätte. Diese Geschichte war es wert, so ehrlich und genau wie möglich erzählt zu werden, indem der Kontext von Kobes Aufstieg und die (vergessenen und oft ungesehenen) Auswirkungen auf die Menschen in seinem Umfeld untersucht wurden. Und es gab Menschen – Downer, John Cox, Kobes Freunde, Coaches, Mannschaftskameraden, Konkurrenten –, die mir gerne dabei halfen, sie zu erzählen. Ich bin ihnen allen dankbar, insbesondere Jeremy Treatman. Wir haben uns ausführlich unterhalten und er hat mir Zugang zu seinen Interviewabschriften gewährt, die für die Einblicke in Kobes Denken von unschätzbarem Wert waren.

Dann rief er mich am 22. Dezember 2020 an, drei Nächte vor Weihnachten. Er war kurz davor, von Manayunk nach Boca Raton zu ziehen. Im Zuge dessen hatte er seine Garage entrümpelt.

„Ich habe die Tapes gefunden", sagte er.

Ich bin immer noch überrascht, dass ich das Telefon nicht fallenließ.

Am nächsten Morgen fuhr ich 45 Minuten von meiner Wohnung zu ihm. Wir trugen beide unsere Masken gegen COVID-19, er griff in einen Pappkarton auf einem Regal und holte eine Plastiktüte mit Mikrokassetten heraus, insgesamt 20, sowie einen Rekorder/Player. Auf einigen der Kassetten stand „KOBE". Auf einer stand „JOE".

Nicht alle enthielten Interviews mit Kobe, aber viele. Sie gewährten Einblicke in den Mann und den Sportler, zu dem er wurde. Besonders ein Mitschnitt stach hervor, in dem er darüber sprach, wie er seine Karriere im Basketball angehen würde.

„Man muss sich darüber im Klaren sein, dass jede Nacht ein anderer kommen und einen fertig machen kann“, sagte er. „Man muss sich darauf vorbereiten, und ich weiß, dass ich mich darauf vorbereiten werde. Wenn ein Typ kommt und mich fertigmacht, werde ich mich nicht einfach zurücklehnen und ihn machen lassen. Ich werde alles tun, was ich kann, um ihn zu stoppen, und wenn er mich plattmacht, muss ich mir das Video ansehen, um zu verstehen, wie er mich geschlagen hat. Wenn ich das nächste Mal gegen ihn spiele, werde ich jede seiner Bewegungen kennen – wann er seine Nase berührt, wann er sein Ohr berührt. Ich werde alles wissen.“

Als ich mir diese Tapes von Kobe im Alter von 18 und 19 Jahren anhörte, überkam mich ein beunruhigendes Gefühl, als ob sich ein Geist in den Raum geschlichen hätte, und eine warme, wehmütige Traurigkeit. Ich wollte für dieses Buch mit Vanessa, Joe und Pam Bryant sprechen (auch Sharia und Shaya habe ich über ihre Eltern gefragt), aber sie haben leider abgelehnt. Ich verstehe ihre Zurückhaltung und muss sie akzeptieren. Ich hoffe, dass sie eines Tages die Gelegenheit haben werden, diese Tapes zu hören, und dass Kobes Stimme ihnen etwas geben wird, das über ihren Schmerz und ihre Trauer hinausgeht, etwas, das sich mehr anfühlt wie Freude.

Dank

In einem Jahr, das für so viele Menschen aus so vielen Gründen das schlimmste aller Jahre war, hatte ich das Glück, vielen Menschen dankbar zu sein. COVID-19 legte meinen Recherchen offensichtliche Hindernisse in den Weg, aber die Großzügigkeit von Fremden, Bekannten und Freunden ermöglichte es mir, die meisten von ihnen zu überwinden. Denke und hoffe ich zumindest.

Im Frühjahr und Sommer 2020 setzten Gregg Downer und ich uns einmal pro Woche zu einem langen Gespräch bei ihm zu Hause zusammen (mit pandemiebedingt gebührendem Abstand natürlich). Auch seine war Tochter dabei. Ich stehe in der Schuld von Gregg, Colleen und Brynn Downer. Und natürlich auch von Jeremy Treatman.

Mike Egan hat nicht nur Kobe-Geschichten erzählt, die nur er kannte. Ich konnte meine Freude kaum zügeln – jeder Reporter kennt dieses Gefühl –, als er mir eine Kiste voller Notizen, Dokumente und Zeitungsausschnitte aus seinen zwei Jahren als Kobes Coach überreichte und sagte: „Behalte sie, solange du sie brauchst." Außerdem hat er einen tadellosen Geschmack, was Sportberichterstattung und Bier betrifft.

Dayna Tolbert und Doug Young haben alles dafür getan, mir die Geschichte und Realität von Lower Merion vor, während und nach Kobes Zeit dort näher zu bringen. Sie stehen an der Spitze einer langen Liste von Menschen, die meine Fragen zu Themen wie den Bryants, Philadelphia-Basketball, dem Leben an der Main Line und darüber hinaus beantwortet haben. Diese Liste umfasst unter anderem Amy Buckman, Joe Carbone, Donnie Carr, John Cox, Drew Downer, Lynne Freeland, Susan Freeland Barber, Anthony Gilbert, Elissa Fisher Grabow, Frank Hartwell, Wendell Holland, Ashley und Mo Howard, Phil Martelli, Evan Monsky, Keith und Speedy Morris, John Nash, Sam Rines Sr. und Jr., Robby Schwartz, Sultan Shabazz, Guy Stewart und Julius Thompson.

Ich hätte gerne einen Highschool-Englischkurs bei Jeanne Mastriano belegt.

Sean Hughes und Sarah Stout öffneten mir die Türen der Lower Merion High School und der Bala Cynwyd Middle School, damit ich dort herumlaufen konnte, wo Kobe herumgelaufen war, und sehen konnte, was er gesehen hatte.

Ted Goldsborough und Jerry Francis von der Lower Merion Historical Society erlaubten mir eine Zeitreise in die Vergangenheit der Community, in die Vergangenheit von Kobe.

Al Tielemans war so großzügig und entgegenkommend, mir viele seiner erstklassigen Fotos von Kobe zur Verfügung zu stellen.

Regina Ventresca Creedon und Meghan Mueller Creedon haben sich freundlicherweise die Zeit genommen, ein ganzes Buch aus dem Italienischen zu übersetzen, was meine Nachforschungen über die Jahre der Familie Bryant in Europa vollständiger und genauer machte.

Die Unterstützung, die ich von meinen Redakteuren beim *Philadelphia Inquirer* – Michael Huang, Pat McLoone, Gary Potosky, Shemar Woods – beim Schreiben dieses Buches erhielt, war ebenso stark und anhaltend wie ihre Unterstützung für meine Zeitungsarbeit.

Mehrere meiner Kollegen boten mir ihre Einsichten und Unterstützung an, als ich versuchte, die richtigen Worte für Kobes Geschichte zu finden: Kevin Armstrong, Dan Barbarisi, Zach Berman, Jerry Brewer, Scott Cacciola, Dom Cosentino, Ray Didinger, Bob Ford, Dan Gelston, Mike Jensen, Abbott Kahler, Tyler Kepner, Rob Knox, Ian O'Connor, Keith Pompey, Mike Sager, Ben Shpigel, Mike Vaccaro, Seth Wickersham, Adrian Wojnarowski. Ihre Beiträge waren maßgeblich, ebenso wie ihre Freundschaft.

Susan Canavan war alles, was ich mir von einer Literaturagentin hätte wünschen können. Sie hat sich von Anfang an für dieses Buch eingesetzt. Ich kann ihr nicht genug danken.

Pete Wolverton versprach von Anfang an, dass er dieses Manuskript einem strengen Lektorat unterziehen und das Buch dadurch besser machen würde. Er hielt Wort und war der perfekte Lektor für dieses Projekt.

Mike und Lauren Triana haben mir einen Rat gegeben, ohne den es dieses Buch wahrscheinlich nicht geben würde.

Die Ermutigung, die ich von all meinen Freunden und Familienmitgliedern erhalten habe, hat mir die Arbeit an diesem Buch erleichtert. Danke, dass ihr mich unterstützt habt.

Ich habe das Glück, eine Familie voller Liebe, Loyalität und Lachen zu haben: Jessica, Martin, Regan und Patrick Cunningham, Bob und Pam Zilahy, Chuck und Ann Sielski. Meine Frau Kate und meine Söhne Evan und Gabe machen mich jeden Tag stolz. Ihnen gehört mein Herz und jetzt und immerdar.

Anmerkungen und Quellen

Mit den Interviews mit Kobe Bryant, die er bereits transkribiert hatte, und den Mikrokassetten lieferte mir Jeremy Treatman mehr als 30.000 Wörter an Einblicken in Kobes Denken und Erfahrungen während seiner Karriere in Lower Merion und seiner ersten Saison bei den Lakers. Treatman führte auch ein Interview mit Joe Bryant, das ich unter den Tonbändern entdeckte. Ich sortierte das von mir verwendete Material in „Kobe-Bryant-Transkripte“ oder „Kobe-Bryant-Tapes“, je nachdem, ob Treatman die Worte von Kobe transkribiert hat oder ich. Alle Zitate von Kobe zwischen den Kapiteln stammen aus diesen Abschriften und Interviews.

In den Monaten nach Kobes Tod habe ich mehrere Artikel für den *Philadelphia Inquirer* über ihn geschrieben, darunter einen gemeinsam mit Gregg Downer verfassten. Ich habe vom *Inquirer* die schriftliche Erlaubnis erhalten, Auszüge aus diesen Artikeln hier wiederzuverwenden.

Für dieses Buch habe ich mehr als 100 Personen interviewt – persönlich, telefonisch oder per E-Mail – und viele weitere Personen kontaktiert, die es abgelehnt haben, mit mir zu sprechen. Einige der Interviews, die ich geführt habe, dienten lediglich dem Hintergrund, dem Kontext und der Überprüfung von Fakten. Sie alle waren von unschätzbarem Wert.

Die Digitalisierung von Zeitungs- und Dokumentenarchiven ermöglichte es mir, mich während der Pandemie in meinem Haus zu verschanzen und trotzdem produktiv zu recherchieren. Ich stützte mich insbesondere auf Ancestry.com, Newspapers.com, die *Philadelphia Daily News*, den *Philadelphia Inquirer* und den *Philadelphia Tribune*. Die bemerkenswerten Mitarbeiter von Basketball-Reference.com haben eine Seite mit den Spielprotokollen von Kobes gesamter Highschool-Karriere erstellt, was für mich ein praktischer und wichtiger Bezugspunkt war. Die Lower Merion Historical Society besaß das *Enchiridion* von 1996 und mehrere Ordner voller Zeitungsartikel über Kobe. Ihre alten Ausgaben von *The Merionite* waren eine wahre Goldgrube. Mike Egan hatte eine Menge toller Sachen, die ich sonst kaum gefunden hätte. In der Charles Library der Temple University sichtete ich im Archiv Artikel des *Philadelphia Bulletin*, die mir dabei halfen, Einzelheiten über Joe Bryant und seine Karriere zu sammeln. Die Ausschnitte waren so empfindlich, dass ich sehr vorsichtig sein musste, um sie nicht durch meine unbeholfene Berührung zu Staub zerfallen zu lassen.

Alle direkten Zitate in diesem Buch stammen aus Abschriften von Interviews, die ich geführt habe, aus Interviews, die Treatman mit Kobe geführt hat, aus veröffentlichten Berichten oder direkt von denjenigen, die das Zitat gesagt oder gehört haben. Wo es unterschiedliche Erinnerungen an das gibt, was jemand gesagt hat (etwa bei Downers „Krebs des Ich"-Rede), habe ich die Worte, die allen Erinnerungen gemeinsam sind, kursiv gesetzt. Wenn es unterschiedliche Erinnerungen an ein Ereignis oder eine Anekdote gab, habe ich versucht, diesen Unterschieden Rechnung zu tragen, indem ich die verschiedenen Perspektiven dargestellt habe. Wenn ich die Zuschreibung „er dachte" oder „sie dachte" und/oder kursiv gedruckte Sätze oder Phrasen verwendet habe, um zu verdeutlichen, was jemand dachte, habe ich dies getan, weil die jeweilige Person es mir so beschrieben hat oder weil meine Berichterstattung und meine Nachforschungen dies mit absoluter Klarheit enthüllten. Dieser Standard galt auch bei Kobe: In den Protokollen und Tonbändern machte er seine Gedanken oft so deutlich, dass niemand sie anzweifeln konnte. Auf YouTube und Facebook schaute ich mir Spiele von Lower Merion aus den Jahren 1992 bis 1996 an, Kobe-Highlights, Kobe-Interviews und Kobes Draft-Pressekonferenz, seinen Abschlussball und die Party nach der Aufnahmeprüfung.

Wo immer es möglich war, habe ich mich auf Zeugenaussagen und Beobachtungen aus erster Hand gestützt, um über Szenen zu berichten und sie zu rekonstruieren. Ich besuchte die Pressekonferenz, die Gregg Downer und Doug Young zwei Tage nach Kobes Tod abhielten. Am Labor Day 2020 führte mich Kate Bayer durch die Remington Road 1224, während ich ihr Fragen stellte, die sie mir ausführlich beantwortete. An einem frühen Morgen im Herbst, bevor die Sonne aufging, fuhr ich von diesem Haus zur Lower Merion High School, auf einer von Kobes üblichen Strecken und zu einer Uhrzeit, zu der er Kobe diesen Weg genommen hätte.

© Bob Zihaly

ZUM AUTOR

Mike Sielski ist Sportjournalist und für den Philadelphia Inquirer tätig, zuvor war er Reporter beim Wall Street Journal. 2015 wählten ihn seine Kollegen zum besten Sportschreiber der USA. Sielski lebt mit seiner Familie in Bucks County im US-Bundesstaat Pennsylvania.

IMPRESSUM

Projektleitung: *Dr. Marten Brandt*
Layout und Satz: *Datagrafix GSP GmbH, Berlin | www.datagrafix.com*
Umschlaggestaltung: *Groothuis. Gesellschaft der Ideen und Passionen mbH | www.groothuis.de*
Lithografie: *Frische Grafik, Hamburg*
Druck und Bindung: *GGP Media GmbH, Pößneck*

1. Auflage 2025
© 2025 Edel Verlagsgruppe GmbH,
Neumühlen 17, 22763 Hamburg
ISBN 978-3-98588-144-4
www.edelsports.com/kontakt
www.edelverlagsgruppe.de/kontakt

MIX
Papier | Fördert gute Waldnutzung
FSC® C014496

LIEBE LESERINNEN, LIEBE LESER

wie schön, dass Sie ein Buch von EDEL SPORTS lesen! Wir lieben große Geschichten, herausragende Persönlichkeiten und starke Meinungen aus der faszinierenden Welt des Sports und freuen uns sehr, dass Sie diese Leidenschaft mit uns teilen. Sport ist Emotion, Entertainment und Business zugleich. Geben Sie uns gern Ihr Feedback auf Instagram (@edel.sports) oder schreiben uns an: *info@edelsports.com*

UNSER VERLAGSHAUS

Mit Standorten in Hamburg und München zählt die Edel Verlagsgruppe zu den größten unabhängigen Buchanbietern Deutschlands. Zur Gruppe gehören die Verlage Dr. Oetker Verlag, Edel Sports, KARIBU und ZS.

EDEL Sports – Ein Verlag der Edel Verlagsgruppe
www.edelsports.com
www.instagram.com/edel.sports